AF532733

Yvonne Schymura

Käthe Kollwitz

Yvonne Schymura

Käthe Kollwitz
Die Liebe, der Krieg und die Kunst

Eine Biographie

C.H.Beck

Mit 38 Abbildungen

Satz im Verlag
Druck und Bindung: Ebner & Spiegel, Ulm
Gedruckt auf säurefreiem, alterungsbeständigem Papier
(hergestellt aus chlorfrei gebleichtem Zellstoff)
Printed in Germany
ISBN 978 3 406 69871 2

www.chbeck.de

Inhalt

Vorwort

Käthe Kollwitz starb an einem kühlen, regnerischen Frühlingstag in Moritzburg bei Dresden.[1] Es war der 22. April 1945. Das Ende des Zweiten Weltkriegs stand unmittelbar bevor. Das Ruhrgebiet hatte sich bereits ergeben. Die Rote Armee übertrat gerade die Stadtgrenze von Berlin, und im ganzen Land fürchteten sich Menschen vor einer ungewissen Zukunft.

Käthe Kollwitz allerdings fürchtete sich nicht. Sie wartete auf den Tod. In den letzten Monaten hatte sie vollkommen zurückgezogen gelebt, betreut von ihrer Enkelin Jutta und weit weg von ihrem Sohn Hans, deren Besuche sie stets sehnsüchtig erwartete. Immer öfter war sie morgens verstimmt aufgewacht, weil der Tod sie noch immer nicht geholt hatte, weil sie noch einen weiteren Tag würde leben müssen.[2] Das Eckzimmer im verwinkelten Rüdenhof war ihre letzte Zuflucht (Abb. 1). Dort starb sie.

Trotz des allgemeinen Elends der letzten Kriegswochen zeichnete Hans Kollwitz ein recht idyllisches Bild vom Lebensende seiner Mutter: «Mein letzter Besuch war am Karfreitag 1945. Ich las ihr die Ostergeschichte aus dem Matthäusevangelium, die sie früher so oft als Oratorium gehört hatte, und den Osterspaziergang aus ihrem geliebten Faust vor. Wie eine Königin im Exil wirkte sie, trotz aller Zerstörungen von einer bezwingenden Güte und Würde. Das ist das letzte Bild, das ich von ihr habe. Meine Tochter erlebte ihren Tod am 22. April 1945. Ihre letzten Worte waren: ‹Grüßt alle›.»[3]

Mit letzten Worten ist es so eine Sache und mit idyllischen Sterbeszenen auch, denn seit gut zwei Jahren ist bekannt: Käthe Kollwitz starb

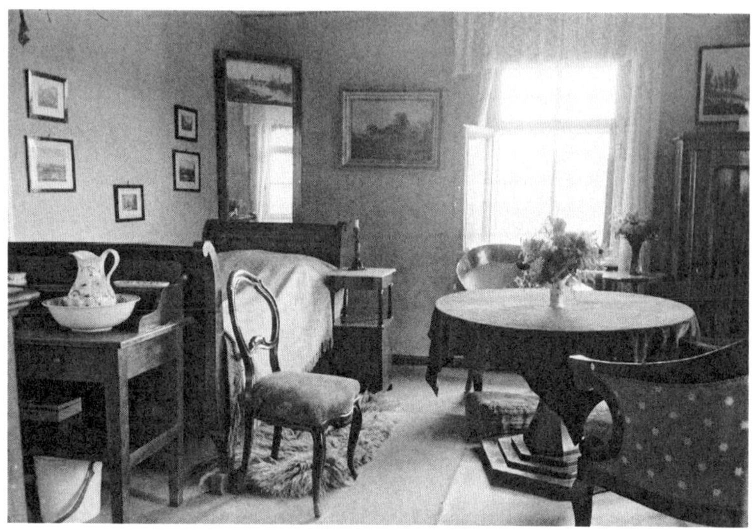

1 Sterbezimmer von Käthe Kollwitz im Rüdenhof, Moritzburg, 1945

nicht im Kreise ihrer Lieben. Sie starb allein. Jutta und ihre Zwillingsschwester Jördis hatten an diesem 22. April 1945 den Rüdenhof schweren Herzens verlassen, aus Angst vor der näherrückenden Roten Armee.[4] Ein einzelner Absatz in einem Brief von Kollwitz' Freundin Beate Bonus-Jeep brachte ans Licht, was die Enkelin Jutta Bohnke-Kollwitz mittlerweile in einem Interview bestätigt hat.[5] Hans Kollwitz wusste davon, als er die kleine Sterbeszene inszenierte. Seine Entscheidung, die Ereignisse zu verschleiern, mag auf menschlicher Ebene verständlich sein, für die historische Betrachtung ist sie wenig förderlich gewesen. Wo gesicherte Überlieferungen fehlen, ist der Weg frei für Legenden und Verklärungen. Um dem entgegenzuwirken, bedarf es eines besonders kritischen Umgangs mit den Quellen, und daran hat es gerade im Fall von Käthe Kollwitz zuweilen gefehlt.

Die Lebensgeschichte von Käthe Kollwitz ist in den hundertfünfzig Jahren seit ihrer Geburt unzählige Male erzählt worden. Zu ihren Lebzeiten achtete die Künstlerin selbst darauf, was an die Öffentlichkeit drang, und verhinderte zuweilen eine Veröffentlichung, wenn es ihr notwendig erschien.[6] Nach ihrem Tod übernahm die Familie die Aufgabe, das öffentliche Bild von Käthe Kollwitz zu pflegen.

Durch die Publikation von Tagebuchauszügen, Briefen und autobiographischen Texten bemühte sich erst der Sohn, dann die Erbengemeinschaft, das Andenken der Künstlerin lebendig zu halten und ein vielschichtiges Lebensbild zu zeigen.[7] Insbesondere die Tagebücher erweisen sich als wertvolle und reichhaltige Chronik des frühen 20. Jahrhunderts und geben darüber hinaus einen intimen Einblick in das Leben und Arbeiten einer herausragenden Künstlerin. Dass Käthe Kollwitz in den siebzig Jahren seit ihrem Tod nicht in Vergessenheit geriet, verdankt sie nicht zuletzt diesen Publikationen.

Gleichzeitig griffen Akteure mit ganz unterschiedlicher Motivation die Lebensgeschichte der Künstlerin auf und benutzten sie für ihre eigenen Zwecke. Das Material war so reich, dass sich gegensätzliche Geschichten erzählen ließen. Die einen sahen in Käthe Kollwitz eine überzeugte Sozialistin, die anderen konzentrierten sich auf die religiöse Sozialisation. Sie galt als große Mutter, als Trösterin, als Kämpferin, als Vorreiter und moralische Instanz. Für jede dieser Annahmen finden sich in den Tagebüchern Belege. Sie einzeln herauszugreifen macht sie nicht wahr.

Was lange fehlte, war eine quellenkritische biographische Erzählung, die nicht ein bestimmtes, politisch gewolltes Kollwitz-Bild zu bestätigen suchte und sich auch nicht von der Künstlerin selbst auf eine falsche Fährte führen ließ. Denn Käthe Kollwitz kannte die Schwächen ihres Journals sehr genau: «Fing neulich an in den alten Tagebüchern zu lesen. Bis zurück vor den Krieg. Allmählich wurd mir beklommen zumut. Das kommt wohl daher, daß ich nur schrieb, wenn Hemmungen und Stauungen im Lebenslauf da waren. Selten wenn alles glatt und eben war. (...) Gerade hierin hatt ich beim Lesen recht das Gefühl der Halbwahrheit eines Tagebuchs. Sicher, was ich schrieb hatte seinen Grund, aber nur eine Seite des Lebens nämlich die, in der es hapert und heddert, wird festgehalten.»[8]

Die Künstlerin brachte hier auf den Punkt, was die Kollwitz-Biographik lange Zeit ignorierte: Auch eine scheinbar authentische Quelle entsteht unter bestimmten Bedingungen; diese zu kennen und zu durchschauen ist eine wesentliche Voraussetzung für eine schlüssige Argumentation. Bei der Betrachtung der Lebensgeschichte von Käthe Kollwitz arrangierten Kulturpolitiker, Journalisten und Autoren viel zu oft ein gefälliges Bild, das in den gesellschaftlichen Rahmen der beiden konkurrierenden deutschen Staaten passte. Die Vielschichtigkeit, die Gegensätze, die Brüche und Umschwünge in der Biographie interessierten nicht so sehr wie eine hochrangige Künstlerin, die sich im Sinne des Systemkonflikts des Kalten Krieges instrumentalisieren ließ. Und während die schematischen Biographien die Runde machten, wuchs die Künstlerin zur nationalen Heldenfigur heran.

Heute ist Käthe Kollwitz in der kulturellen Inszenierung allgegenwärtig. Berlin und Köln sind die Zentren der Kollwitz-Verehrung und auch die Standorte der beiden Museen, die sich dem Leben und Schaffen der Künstlerin widmen.[9] Am Rhein erinnert ihr Denkmal «Die trauernden Eltern» schon seit 1959 an die Toten des Zweiten Weltkriegs. In der Hauptstadt steht ihre «Mutter mit totem Sohn» in der Neuen Wache und damit im Zentrum der bundesrepublikanischen Gedenkpolitik. Dazwischen haben viele Städte zumindest eine Straße nach Käthe Kollwitz benannt, und über hundert Schulen tragen ihren Namen. Es gibt Fernsehdokumentationen zu Kollwitz, Romane, Filme und Theaterstücke.[10] Die Anzahl an Büchern, Ausstellungskatalogen und Zeitungsartikeln ist unüberschaubar.

Das Andenken von Käthe Kollwitz ist 2017, im Jahr ihres hundertfünfzigsten Geburtstags, lebendiger denn je. Auch die vorliegende Biographie, die sich darum bemüht, Käthe Kollwitz frei von politischen und persönlichen Verbindlichkeiten zu betrachten, möchte ihren Teil dazu beitragen, indem sie bisher vernachlässigte Seiten im Leben dieser Künstlerin sichtbar macht.

Bochum, im April 2016 Yvonne Schymura

1. Mädchenjahre

Der Aufbruch

Die Sonne schien warm auf die zwei Mädchen, die im Frühsommer 1886 die halb gepflasterte Hauptstraße in Erkner hinuntergingen.[1] Die eine fast schon eine Frau, ein freundliches Wesen, mit rundem Kopf und einem ernsten Blick in den dunklen Augen. Ihre Kleidung, sorgfältig gewählt, war von bescheidener Art. Der ungebleichte Wollstoff schmiegte sich weich an die dünnen Arme. Schlicht war auch das Haar, straff gescheitelt, im Nacken ein geflochtener Knoten. Ein paar feine Strähnen umrahmten das Gesicht, unregelmäßig, aber mit verstohlener Anmut.[2] Die andere war kaum dem Backfischalter entwachsen. Ihre Augen schauten heiter unter dem blonden Scheitel hervor. Im Dorf kannte man die Zwei als Gäste des Herrn Doktor Hofferichter. Unverkennbar waren es die Schwestern seiner jungen Frau Julie. Sie machten mit der Mutter auf dem Weg ins schweizerische Engadin ein paar Tage Halt in Erkner.

Käthe und Lisbeth Schmidt, so die Namen der beiden Mädchen, folgten der Dorfstraße bis zum Ende. Fast schon im Wald lag die ‹Villa Lassen›, wo sich der spätere Literaturnobelpreisträger Gerhart Hauptmann mit Frau und Neugeborenem eingemietet hatte. Der Dichter war noch jung, gleichwohl nicht ganz unbekannt. Sein «Promethidenlos» war im Jahr zuvor erschienen. In Erkner, unweit von Berlin, lebte er wegen der guten Luft. Gegen die Langeweile lud er Freunde, Kollegen und Künstler ein. Auch der Chemiker Paul Hofferichter, Käthes Schwager, war bei Hauptmanns gern gesehen. Man hatte sich in der Stadtbahn kennengelernt und verkehrte freundschaftlich miteinander.[3]

Als Hauptmann für diesen Abend zur Soiree lud, waren die beiden Schwestern selbstverständlich willkommen. Die überschaubare Gästeliste bot mit dem Maler Hugo Ernst Schmidt, einem Freund und Logiergast des Hauses, dem Bruder Carl Hauptmann und Arno Holz ein paar höchst interessante Persönlichkeiten.[4] Zumal für zwei junge Frauen aus Königsberg, von denen die eine im kommenden Herbst Malerei studieren würde.

Die Mädchen betraten die Villa über die stattliche Vordertreppe. Der Saal, in den man sie führte, war festlich geschmückt. Blumen lagen auf den Tischen drapiert. Rosenkränze schmückten die Häupter der Gäste. Ausgewählte Gerichte standen bereit, später las Gerhart Hauptmann aus Shakespeares «Julius Cäsar» vor. Man unterhielt sich glänzend.[5]

Käthe und Lisbeth waren nicht scheu, den Umgang mit Akademikern, Künstlern und Geistesmenschen waren sie gewohnt. Die Eltern und Großeltern luden regelmäßig zum Salon. Mit den stürmischen Naturalisten in Erkner konnten die Schwestern durchaus mithalten. Sie waren literarisch bewandert, hatten einen klaren Verstand und wussten sich auch in der intellektuellen Konversation zu behaupten. Das wichtigtuerische Gehabe der Jungliteraten konnte sie daher nicht allzu sehr beeindrucken. Bis das Gespräch sich der Malerei zuwandte. Ausgerechnet auf ihrem Spezialgebiet sollte sich die angehende Künstlerin blamieren.

Die 1880er Jahre waren in der bildenden Kunst eine Zeit großer Veränderungen. Das Leben, in all seiner bunten Vielfältigkeit, versuchte sich als Gegenstand der Kunst zu behaupten. Mit den Motiven änderte sich auch die Darstellungsweise. Die Maler konzentrierten sich auf Licht, Luft und Form. Max Liebermann zeigte seine Waisenmädchen in der «Holländischen Nähschule» (1867). Max Uhde präsentierte im Pariser Salon «Das Abendmahl» (1886), mit einer Luft so glasklar, wie man sie kaum je gesehen hatte. In Deutschland blieb das Meisterwerk allerdings unbeachtet, weil die offizielle Kunstpolitik mit aller Macht am akademischen Historismus festhielt.

Wer auf sich hielt, jung und fortschrittlich war, prangerte das an. Käthe Schmidt stimmte selbstverständlich in den Ruf nach Erneuerung ein und führte als rühmliches Beispiel für die Zukunft der Malerei Emil Neides «Die Lebensmüden» (1885) an. Das Genrebild des Königsberger Malers zeigt ein Liebespaar, das sich gemeinsam und zusammengebunden in die tosenden Fluten eines Flusses stürzen will. Es hatte in ganz Preußen für Aufsehen gesorgt und den Künstler überregional bekannt gemacht. In Königsberg war die Wahl des Motivs geradezu eine Sensation und so muss sich Käthe bei der Erwähnung dieses Gemäldes auf der sicheren Seite geglaubt haben. Wie begrenzt ihr Blick auf die Kunst war, realisierte sie erst, als Holz, Schmidt und die Hauptmann-Brüder ihre naive Kunstauffassung verspotteten. Sie nannten das Werk Neides ein «Bild für Dienstmädchen» und eine derartige Kunst «ein Lämmchen mit dem rosa Band».[6]

Der Lapsus traf ins Innere. Sonst hätte Käthe Kollwitz die Episode fünfundfünfzig Jahre später, als sie längst eine berühmte Künstlerin war, kaum zum Gegenstand ihrer Lebenserinnerungen gemacht. Zum ersten Mal erkannte sie, wie eindimensional sie geschult, wie eng ihre Perspektive noch war. Ihre Unwissenheit war verzeihlich, denn Königsberg war alles andere als eine Kunstmetropole. Weit draußen in der Provinz hielten sich die Künstler an die hergebrachten Traditionen. Sie malten geschichtliche Großereignisse und wohlgefällige Alltagsszenen. Auch im örtlichen Kunstmuseum hatte Käthe nie etwas anderes gesehen als historische, biblische oder literarische Stoffe, Werke der Genremalerei, ein paar Landschaften und eine kleine Sammlung deutscher, flämischer und holländischer Gemälde.[7]

Was blieb ihr übrig, als das Missgeschick mit erhobenem Haupt hinzunehmen. Sie war jung, stand noch am Anfang ihres Weges. Sie konnte sich den Fehler leisten und nahm ihn als Ansporn. Künftig würde sie mit offenen Augen und wachem Geist durch die Welt gehen. Das Studium in Berlin war nur noch ein paar Wochen entfernt. Schon jetzt war sie nicht mehr das Mädchen, das in Königsberg aufgebrochen war. Das hier war der Anfang. «Es war ein wundervoller Auftakt zu dem Leben, das sich dann allmählich, aber unaufhaltsam mir eröffnete.»[8]

Grundsätze und Geist – die Königsberger Herkunft

Das neue Leben war verheißungsvoll. Käthe wusste, was sie wollte. Ihr Glück lag nicht da, wo andere Frauen es fanden, in der Familie, an der Seite eines Mannes, in Kirche, Küche, Kinderzimmer. Käthe wollte Malerin werden, Künstlerin, eine Ausnahmeexistenz. Es gab nichts, was sie mehr wünschte. Und hätte man ihr die Wahl gelassen, so hätte sie bedenkenlos «ihr ganzes geistiges Vermögen aufgehoben und ihrer künstlerischen Fähigkeit zugeschlagen, damit doch bloß dieses Feuer hell brannte».[9]

Für ein Königsberger Mädchen aus gutbürgerlichen Verhältnissen war das ein außergewöhnlicher Plan. Zwar waren die Frauen in ihrer Familie respektierte Persönlichkeiten, die über Politik und Philosophie nachdachten, sich in der Freien Gemeinde Königsberg engagierten und in den Versammlungen selbstverständlich das Wort ergriffen. Trotzdem übten sie keinen Beruf aus. Sie waren Ehefrauen, Mütter oder Tanten, sorgten für die Familie, kümmerten sich um den Haushalt, unterstützten ihre Ehemänner, Väter und Brüder. In Käthes Elternhaus stellten das auch die fortschrittlichsten Denker nicht in Frage.[10]

Religion und Freiheit, Fleiß und soziale Verantwortung waren die Grundfesten im Leben von Carl Heinrich Schmidt, dem Vater von Käthe Kollwitz. Er war 1825 geboren, ein gebildeter und gottgläubiger Mann mit einer bewegten Lebensgeschichte. Früh verwaist, war er fest entschlossen, sein Glück zu machen. Als Fünfzehnjähriger zog er auf eigene Faust nach Königsberg, schrieb sich am Gymnasium ein, ohne eine Unterkunft oder ein Auskommen zu haben, und gewann Sympathien durch sein offenes Wesen und sein gefälliges Benehmen. Die Eltern eines Mitschülers erklärten sich bereit, den fremden Jungen zunächst für zwei Wochen aufzunehmen. Aus vierzehn Tagen wurden fünf Jahre, in denen er bei der nicht wohlhabenden, aber äußerst wohltätigen Familie lebte wie ein leibliches Kind. Es sollte nicht das letzte

Mal sein, dass Wagemut, Talent, Tüchtigkeit und sein freundliches Wesen Carl Schmidt über alle Hürden hinweghalfen.[11]

Nach dem Abitur studierte er Jura und hätte damit ein sicheres Auskommen haben können. Doch Carl Schmidt war ein Freigeist. In der Revolution von 1848 sprach er sich öffentlich für die Republik aus. Später schloss er sich der «Freien evangelisch-katholischen Gemeinde Königsberg» an, einer freireligiösen Gruppierung unter geistiger Führung des Theologen Julius Rupp.

Liberalismus und freigeistiges Auftreten waren im preußischen Justizdienst der Reaktionsära ein Stein des Anstoßes. Carl Schmidt ignorierte alle Aufforderungen, sich von der Freien Gemeinde zu lösen, und verlor schließlich seine Stellung als Justiz-Referendar. Gewissensfreiheit und Staatsdienst ließen sich in Preußen nicht vereinbaren. Schmidt kam übergangsweise bei einem Rechtsanwalt unter und suchte nach einer Zukunftsperspektive, für die er sich nicht verbiegen musste.

Das Maurerhandwerk war ein solider Beruf und frei von politischen Winkelzügen. Mit neunundzwanzig Jahren band sich Carl Schmidt das Schurzfell um und begann noch einmal von vorne, als Bursche, Polier und Geselle. Fünf Jahre später legte er die Meisterprüfung ab. Er baute sich ein Geschäft auf und heiratete.

Von seiner Braut, Katharina Rupp, ist wenig mehr als der Name bekannt. Geboren wurde sie am 5. Dezember 1837 in Königsberg, als erstes von sechs Kindern des freichristlichen Theologen Julius Rupp.[12] Katharina war noch keine fünf Jahre alt, als ihr Vater seine Anstellung als Prediger der Garnisonskirche wegen einer staatskritischen Rede über die Religionsfreiheit verlor und seine Anhängerschaft, eine über einhundertköpfige Schar, ihn überredete, eine freikirchliche Glaubensgemeinschaft zu gründen.

Die «Freie evangelisch-katholische Gemeinde Königsberg» entsagte den landeskirchlichen Dogmen und berief sich allein auf die persönliche Glaubensfreiheit. Jeder Mann und jede Frau trat selbstverantwortlich in eine persönliche Beziehung zu Gott und lernte, der Stimme des eigenen Gewissens zu vertrauen. Jedes Gemeindemitglied widmete sich selbständig dem Studium der Bibel. Der gemeinsame Gottesdienst sollte sie in ihrer moralischen Entwicklung lediglich unterstützen. Man betete zusammen und diskutierte religiöse und tagespolitische Themen.[13]

Diese moderne Form der Religionsausübung sorgte Mitte des 19. Jahrhunderts für Konfliktstoff. Das «Allgemeine Landrecht für die preußischen Staaten» garantierte zwar jedem Bürger die Glaubens- und Gewissensfreiheit, stellte bei der Gründung einer neuen Glaubensgemeinschaft aber doch einige Hürden auf: Zunächst einmal musste ein Beweis erbracht werden, dass die Gemeinde allein aus geistlichen Motiven zusammenkam und nicht etwa, um politische Themen zu diskutieren oder einen Aufruhr anzuzetteln. Ein gemeinsam verfasstes Glaubensbekenntnis sollte die alleinige Grundlage sein. Für die Freie Gemeinde Königsberg lag genau da das Problem. Hier ordnete man sich keinem religiösen Glaubensgrundsatz unter. Jeder Gläubige vertrat ein eigenes, individuelles Bekenntnis. Eine Anerkennung als Religionsgemeinschaft war damit unmöglich. Die Gemeinde wurde als politischer Verein eingestuft und überwacht. Frauen und Kinder waren von der Teilnahme an den Gemeindeversammlungen, die als politische Veranstaltungen galten, ausgeschlossen.[14]

Die Gemeinde ignorierte diese Direktiven und kämpfte jahrelang mit der örtlichen Polizei um ihr Recht auf Glaubensfreiheit – allen voran Käthe Kollwitz' Großvater Julius Rupp. Der geistige Führer der Gemeinschaft wehrte sich vehement gegen das Eingreifen des Staates in die religiösen Angelegenheiten seiner Anhängerschaft. Repressalien nahm er für die eigene Gewissensfreiheit selbstverständlich in Kauf. Er verlor seine Anstellung als Lehrer am Altstädter Gymnasium, stand mehrmals vor Gericht, wurde zu Geld- und Haftstrafen verurteilt. Unterstützt von der Gemeinde, die sich buchstäblich wie ein Schutzwall um ihn scharte, als er während einer Predigt abgeführt werden sollte, arbeitete er unbeirrt weiter und leistete der Staatsmacht Widerstand.[15] Seine Anhänger nahmen ebenfalls massive Nachteile in Kauf.

Die Moral steht über aller staatlichen Macht: Das war die wichtigste Lektion, die Katharina Rupp aus dieser Kampfzeit, die ihre ganze Kindheit und Jugend bestimmte, fürs Leben mitnahm.

Katharina Rupp und Carl Schmidt heirateten am 19. September 1859 und bekamen bald ihren ersten Sohn, den sie nach Katharinas

Vater Julius nannten. Das Kind starb früh. Mitte des 19. Jahrhunderts war die Säuglingssterblichkeit noch immer sehr hoch. Jedes vierte Kind erlebte seinen ersten Geburtstag nicht. Die Gründe waren vielfältig: falsche Ernährung, unzureichende Pflege oder, wie im Fall der Familie Schmidt, Infektionskrankheiten, die noch nicht behandelt werden konnten.

In ihrem freiprotestantischen Elternhaus hatte Katharina Schmidt gelernt, die Schicksalsschläge gottesfürchtig hinzunehmen. Trotzdem trauerte sie lange um den Erstgeborenen und um ihr zweites Kind, das ebenfalls im ersten Lebensjahr starb. Sie trauerte noch, als vier gesunde Kinder das Haus mit Leben füllten. Als Käthe am 8. Juli 1867 zur Welt kam, standen bereits der vierjährige Conrad und die zweijährige Julie an ihrer Wiege. Drei Jahre nach ihr kam noch Lisbeth dazu, die Lieblingsschwester, die Käthe zeitlebens eine enge Vertraute sein sollte.[16]

«Eine Gabe ist eine Aufgabe», hieß es bei Julius Rupp, und unter diesem Sinnspruch gestaltete sich der familiäre Alltag. Katharina versorgte die Kinder und beaufsichtigte das Dienstpersonal. Sie unterstützte ihren Vater und ihren Mann bei der Arbeit in der Gemeinde und widmete sich dem Bibelstudium. Carl versorgte die Familie, engagierte sich als Presbyter, als Stadtverordneter der Fortschrittspartei, im Handwerkerverein, später in der Sozialdemokratie. Ende der 1870er Jahre zog er sich aus dem Baugeschäft zurück, nachdem der Versuch, seine Firma in eine Genossenschaft umzuwandeln, gescheitert war. Er wollte zukünftig von den Zinsen seines Vermögens leben, widmete sich dem Studium religiöser und sozialer Themen und übernahm in der Freien Gemeinde Königsberg nach und nach die Aufgaben seines Schwiegervaters, der altersbedingt und aus gesundheitlichen Gründen immer seltener zur Gemeinde sprechen konnte.[17]

Arbeiten, das hieß nicht nur, die täglichen Pflichten gewissenhaft zu erfüllen. Es hieß auch, nach geistiger Vollkommenheit zu streben: Sich bilden, die Bibel studieren, aus der Literatur lernen, mit den Gemeindemitgliedern eigene Erkenntnisse und das Tagesgeschehen diskutieren – all das verstand man in der Gemeinde unter einem gottgefälligen Leben.

Die «Veredelung des Menschen zum Wohle der Menschheit» war

einer der maßgeblichen Grundsätze.[18] Julius Rupp bezog sich bei dieser Vorstellung auf eine Idee, die Gotthold Ephraim Lessing in seiner Schrift «Die Erziehung des Menschengeschlechts» entwickelt hatte.[19] Die Menschheit durchlaufe, so Lessing, drei Stadien der moralischen Entwicklung, ehe sie das Paradies erreichen könne: In der ersten Phase hatten die Menschen die Folgen ihrer Handlungen unmittelbar erfahren. Mit Sintflut, Feuerregen und der Zerstörung des Tempels strafte Gott die Sünder im Alten Testament. Das Neue Testament verlegte Lohn und Strafe dagegen ins Jenseits. Die Lehre von der Unsterblichkeit der Seele und die Vorstellung, das Jüngste Gericht stehe unmittelbar bevor, bewegten die Gläubigen, sich von der Sünde fernzuhalten. Ziel dieser Entwicklung war nach Lessing aber die dritte Phase, in der die Menschheit die höchste Stufe moralischer Reife erklommen und das moralische System vollständig verinnerlicht hätte. Eine göttliche Belohnung oder Strafe wäre dann unnötig. Die Menschen würden das Gute aus sich selbst heraus schätzen, nicht weil willkürliche Belohnungen darauf ausgesetzt wären.

Julius Rupp griff in seiner Theologie die Ideen Lessings auf und prognostizierte ein Zeitalter, in dem die «ewige Vernunft» in der Menschheit voll ausgereift sein würde. Durch die kontinuierliche Weiterentwicklung der individuellen moralischen Fähigkeiten käme die Menschheit schließlich in einen Zustand, den Rupp «das Gottesreich auf Erden» nannte, ein Zeitalter wahrhaftiger Tugend und Nächstenliebe.[20] Viele Mitglieder der Freien Gemeinde Königsberg, allen voran Carl und Katharina Schmidt, fühlten sich diesem Glaubensgrundsatz verbunden und bemühten sich, im Geiste dieser christlichen Vernunft zu leben. Für die mittlere Tochter des Ehepaares Schmidt sollte die Vorstellung vom moralischen Fortschritt und einer Höherentwicklung der Menschheit zeitlebens prägend bleiben.

Barmherzigkeit, Gerechtigkeit, Freiheit, Gleichheit und Liebe waren die Leitsterne im familiären Alltag. Auf Außenstehende wirkte das ungewöhnlich. Wer an Strenge und Strafe gewöhnt war, staunte über das Familienleben der Schmidts. «Wunderschön war das Verhältnis der Kinder zu ihren Eltern», schwärmte Käthes Jugendfreundin Helene Freudenheim in einem kurzen Erinnerungstext. «Die Kinder hatten vollkommene Freiheit, (...) und doch war der Respekt und der Gehorsam den Eltern gegenüber oberstes Gesetz.»[21]

Käthe Kollwitz selbst schilderte ihre Kindheit und Jugend ausführlich in ihren «Erinnerungen», der einzigen historischen Quelle, die von ihren Königsberger Jahren berichtet und 1923 auf Bitten ihres Sohnes entstand. Kollwitz verheimlichte darin nicht, dass sie aus einem bestimmten Wunsch heraus schrieb: Sie wollte zeigen, «wie der Mutterboden beschaffen war», der sie hervorgebracht hatte. Entsprechend idyllisch ist das Bild, das sie von ihrer Kindheit zeichnete, die sie zunächst am Königsberger Weidendamm verbrachte.[22]

Kindheit in Königsberg

Im ehemaligen Speicherviertel, zwischen den Flussarmen des Alten und Neuen Pregels, genossen die Kinder der Familie Schmidt eine friedliche Kindheit. Sie bewegten sich ungehemmt in Gärten und Höfen rund um das Elternhaus, bauten zwischen Ställen, Fabrikgebäuden und Lagerhäusern Verstecke, kletterten zwischen Ziegeln, Gips und Kohle herum, veranstalteten Lehmkugelschlachten und spielten Kegeln und Kricket. Die Nähe zur Arbeitswelt war selbstverständlich. Kollwitz schilderte, wie sie mit Freude die Pferdeställe besuchte, die Ziegelkähne am Ufer beim Ausladen ihrer Fracht beobachtete, dem Gipsgießer bei der Arbeit zusah und den staubigen Ziegelwagen folgte, die vom Hof der Eltern langsam zu den Baustellen zockelten.

Unter den Kindern zählten Mut und Einfallsreichtum. Als eine der Jüngeren hatte Käthe wenig zu melden. Conrad und Julie gaben den Ton an. Sie bestimmten die Spiele, dachten sich Geschichten aus und gewährten oder verweigerten der kleinen Schwester die Teilnahme. In den Familienlegenden trat Conrad als der Furchtlose auf, Julie übernahm die Rolle der Fürsorglichen, die von Sorge getrieben den Geschwistern hinterherrannte, um sie vor Unheil zu bewahren. Der kleinen Lisbeth sagte man Anmut und Liebreiz nach, während Käthe in der Familie als dickköpfig und melancholisch galt. In ihren «Erinnerungen» schilderte sie sich als bockiges Kleinkind, vor dessen Gebrüll man sich fürchtete. Im Schulalter sei sie dann still und nervös gewesen. Unsicher im Umgang mit den anderen Kindern, wurde sie auf ihrer eigenen Geburtstagsfeier vom Spielen ausgeschlossen. Das soziale Unbehagen kleidete sie zuweilen in Bauchschmerzen, die ihr Ruhe und die Nähe der Mutter sicherten.

Als Käthe neun Jahre alt war, zog die Familie vom Weidendamm in den historischen Stadtkern von Königsberg. In einem vom Vater erbauten Gebäude auf der Königstraße bezog die Familie 1876 eine Parterrewohnung. Die Mädchen packten ihre Habe in freudiger Erwartung. Doch die Jahre in der Königstraße waren in der Erinnerung eine Zeit des Verlusts und der Trauer. Die Familie Schmidt verlor noch einmal ein Kind, den Jüngsten. Benjamin, der im Jahr des Umzugs geboren wurde, erkrankte mit einem Jahr an Meningitis und starb bald darauf.

Der Tod begegnete Käthe damit schon zu diesem frühen Zeitpunkt und nahm in ihren «Erinnerungen» einen großen Raum ein.[23] Sie hatte im Kinderzimmer gerade mit Bauklötzen einen antiken Altar errichtet, auf dem sie der Göttin Venus ein Opfer brachte, als die Eltern eintraten. Gott habe den kleinen Benjamin zu sich genommen, erklärte der Vater. Käthe, ohne jede Vorstellung vom Tod, verband das Sterben des Bruders mit der unfrommen Opferung und fühlte sich gleich schuldig. Als hätte Gott sie für das heidnische Spiel bestraft.

Der Tod blieb ihr ein Rätsel, auch als der kleine ‹Benno›, blass und schön, aufgebahrt in der Vorderstube lag und sie glaubte, er müsse doch nur die Augen wieder öffnen, um ins Leben zurückzukehren. Sie wollte die Mutter darum bitten, doch wäre ihr die Frage respektlos erschienen. Die Mutter in ihrem Kummer zu sehen, nicht fassungslos, doch schmerzerfüllt, war erschreckend genug.

Rückblickend wurde der Tod des kleinen Bruders ein einschneidendes Erlebnis. Viele frühe Erinnerungen verbanden sich damit: die Mutter, wie sie tapfer weiter Suppe schöpfte, äußerlich ruhig, aber innerlich verzweifelt; der Moment, in dem sie selbst davon erfuhr, die Aufbahrung der Leiche und der Transport zum Friedhof; der Anblick der Mutter, der sie sich nicht zu nähern wagte. Auch die erste Erinnerung an ihren Großvater Julius Rupp verknüpfte sich mit Benjamins

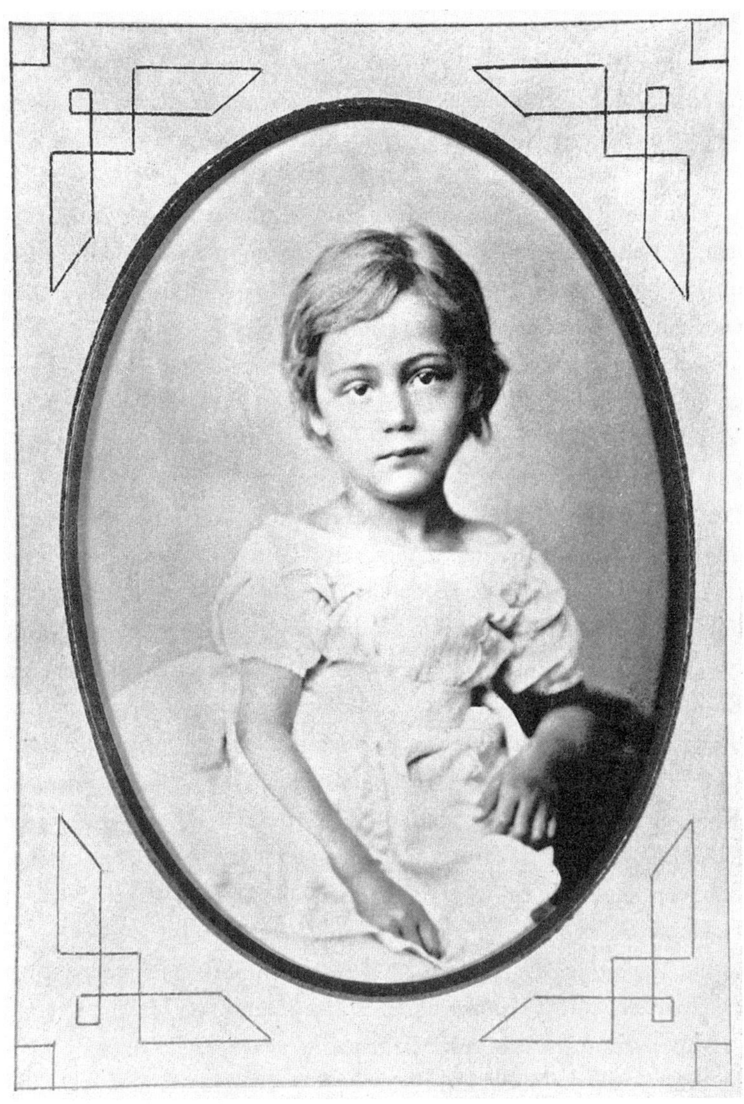

2 Käthe Kollwitz mit fünf Jahren

Tod. «Siehst du nun, wie vergänglich alles ist?», soll er den dreizehnjährigen Conrad gefragt haben. Die ernsten Predigerworte blieben Käthe im Gedächtnis. Ob Conrad sie verstanden hatte, wusste sie nicht. Ihr selbst waren sie damals herzlos und grausam vorgekommen.

Der kleine Benjamin Schmidt fand auf dem Friedhof der Freien Gemeinde seine letzte Ruhestätte. Er hinterließ eine Schwester, die fortan um das Leben ihrer Angehörigen bangte. Da passt es, dass Käthe Kollwitz sich als stumme und schwermütige Jugendliche beschrieb. Die Melancholie war eine Last, von der sie sich zuweilen nicht befreien konnte. Hinzu kamen Ängste, Albträume und ein Gefühl der Schuld, weil sie wusste, wie sehr ihre Verstimmung das Familienleben störte.

Der Umgang im Hause Schmidt war nicht unbedingt kindgerecht. Katharina und Carl vertrauten darauf, dass die Kinder ihrem guten Beispiel folgen und zu gottesfürchtigen, besonnenen Menschen heranwachsen würden. Das hieß nun keinesfalls, dass die Kinder sich selbst überlassen waren. Im Gegenteil: Das Vorbild der Eltern wirkte stark. Kollwitz behauptete später, es wäre ihr niemals in den Sinn gekommen, die Handlungen ihrer Eltern in Frage zu stellen oder offen zu widersprechen. Nie hätte sie gelogen, nie wäre sie ungehorsam gewesen. Nicht die Angst vor Strafe, sondern der Respekt vor den Eltern hätte sie davon abgehalten.[24] Wenn diese Aussagen auch übertrieben waren, zeichnen sie doch ein klares Bild vom moralischen Rigorismus im Hause Schmidt.

Im Gegenzug genoss Käthe ungewöhnliche Freiheiten. Sie erhielt ein Taschengeld, über das sie frei verfügen durfte, und spazierte ohne Misstrauen und Nachspürerei allein mit ihrer Schwester oder im Freundeskreis durch die Stadt. Für die meisten ihrer Freundinnen war so etwas undenkbar. Im Hause Schmidt war es Ausdruck eines gottgegebenen Selbstbestimmungsrechts, von dem auch die heranwachsenden Töchter nicht ausgeschlossen waren.

Der Alltag der Familie verlief insgesamt ruhig. Die Kampfzeit der Gemeinde war längst zu einer Geschichte geworden, die man den Kindern erzählte, einer Parabel über die Kraft des Gewissens. Lisbeth schrieb über das Familienleben: «Es war in allerbestem Sinn streng bürgerlich mit guter Ordnung und regelmäßiger Tageinteilung, und wir Kinder waren mit den Eltern, den Großeltern und den Freunden der Eltern gut und ehrfürchtig verknüpft.»[25]

Die Geistesbildung stand an erster Stelle. Für Theateraufführungen und Bücher war immer Geld vorhanden.[26] Im elterlichen Bücherschrank durfte man sich jederzeit nach Herzenslust bedienen.[27] Käthe liebte die Literatur. Sie las viel, und die Werke von Heinrich von Kleist, Friedrich Schiller, Ludwig Uhland und Johann Wolfgang von Goethe waren für sie mehr als nur Unterhaltung. Wie die Bibel waren sie eine moralische Lebenshilfe. Besonders «ihren» Goethe verehrte das junge Mädchen sehr. In den Gedichten, Dramen und Romanen des Dichterfürsten suchte sie Trost und Rat.

Käthe mochte auch die Stunden der gemeinsamen Lektüre, ein beliebter Zeitvertreib in der Familie. Wenn der Vater mit Leidenschaft die revolutionären Gedichte von Ferdinand Freiligrath vortrug, dann träumte sich Käthe auf die Barrikaden, wo sie gemeinsam mit Vater und Bruder für die Freiheit kämpfte.

Die wichtigste Freundin ihrer Mädchenjahre war Lisbeth. Die Schwestern standen sich so nah, dass sie sich ganz ohne Worte verstanden. Schon als Kinder hatten sie alle Interessen geteilt. Statt Puppen zu hüten, sammelten sie Papierfiguren, Bilderbögen mit Theaterpuppen, mit denen sie im Kinderzimmer Werke von Schiller und Uhland, griechische Mythen und selbsterfundene Dramen aufführten. Da ging es über Tische und Bänke. Im Spielzimmer gab Käthe den Ton an und herrschte freundlich und gerecht über die kleine Schwester. Lisbeth ließ sich bereitwillig führen und bewunderte die Ältere aufrichtig.

Später kamen auch andere Freundinnen hinzu. Eine Vertraute wurde Helene Freudenheim. Sie war bei gelegentlichen Tanzfesten im Hause der Schmidts eingeladen und erinnerte sich später, wie leidenschaftlich Käthe tanzte und wie oft sie verliebt war. Kollwitz selbst berichtete, sie sei in ihrer Jugend immer verliebt gewesen. Das konnte ihr jedoch nichts anhaben. Quälend empfand sie die Zustände, «die, ohne sich auf ein bestimmtes Ziel zu richten, den Pubertätsmenschen peinigen».[28] Das Aufkeimen der Sexualität empfand sie als Schuld. Gerne hätte sie sich der Mutter anvertraut, aber das war schwierig, und so blieb ihr das Unwissen über die körperlichen Dinge noch lange erhalten. Auch von der Fortpflanzung hatte sie nur vage Vorstellungen und lebte, nachdem sie Heinrich von Kleists «Marquise von O» gelesen hatte, beständig in der Sorge, unwissend schwanger zu sein. Das Zeichnen verschaffte ihr Erleichterung.

Käthes Schulbiographie war überschaubar. Ihre Eltern und Großeltern lehnten das preußische Schulsystem ab und organisierten den Unterricht selbständig. Die Töchter, so meinten sie, würden keinen Beruf ergreifen oder studieren. Folglich konnten sie auf akademische Bildungszertifikate verzichten. Es reichte aus, sie in kleinen Lernzirkeln zusammen mit anderen Mädchen aus der Gemeinde privat zu unterrichten.

Die Unterweisungen waren mäßig, so das spätere Urteil der Schülerin. «Die Leiterin war eine lungenkranke Dame, die Lehrerinnen waren, scheint mir, ohne Qualität.»[29] Der Fächerkanon konnte sich trotzdem sehen lassen: Neben Literatur und Geschichte – Käthes Lieblingsfächern – erhielt sie Stunden in Mathematik, Französisch und Religion, vermutlich auch Geographie, Naturwissenschaften und Philosophie. Auch ohne Abitur erwarb Käthe eine fundierte Allgemeinbildung mit einem geisteswissenschaftlichen Schwerpunkt.

Wichtiger als alle Lektionen war ihr jedoch das Zeichnen. Mit vierzehn Jahren war ihr Talent deutlich sichtbar und Carl Schmidt suchte ihr einen Lehrer. Seine Wahl fiel auf Rudolf Mauer. Er war Historienmaler, arbeitete als Konservator der Kupferstichsammlung an der Universität Königsberg und betreute die Bibliothek der Kunstakademie.[30] Im Vorraum seiner Wohnung unterrichtete er zwei bis drei Mädchen, bei ihm lernte Käthe die Grundlagen der Malerei, das Zeichnen. Noch Jahrzehnte später sah sie sich dort sitzen und nach Gipsen zeichnen, während draußen vor dem Fenster die Steinsetzer rhythmisch stampfend Pflastersteine verlegten und die brütende Sommerluft reglos über der Stadt stand.[31]

Neben dem klugen Conrad, der häuslichen Julie und der charmanten Lisbeth hatte Käthe endlich gefunden, was sie auszeichnete. Sie fühlte sich nicht länger unbegabt und plump.[32] Im Zeichnen konnte sie glänzen und fand Anerkennung. Über ihre neue Stellung wachte sie daher eifersüchtig. Dass die Eltern Conrad für talentierter hielten, konnte sie akzeptieren. Anders war es bei Lisbeth, die ebenfalls zeichnete. Sie konkurrierte auf dem eigenen Gebiet und es schmerzte Käthe sehr, als sie zufällig hörte, dass der Vater die Begabung der Schwester höher einschätzte als ihre.[33]

In ihren Lebenserinnerungen behauptete Käthe Kollwitz, ihr Vater hätte den ausgesprochenen Wunsch gehabt, sie zur Künstlerin auszubilden. Darum habe er sie schon früh und von ausgewählten Lehrern unterrichten lassen. So schmeichelhaft diese Aussage sein mag, so unwahrscheinlich ist es, dass sie der Wahrheit entspricht.[34] Alle Kinder der Schmidts erhielten die Möglichkeit, ihre musischen Fähigkeiten nach den eigenen Wünschen zu entfalten. Sie schrieben, inszenierten, rezitierten und zeichneten. Die Eltern unterstützten und förderten jedes dieser Talente gleichermaßen. Mit Lebensplanung hatte das zunächst wenig zu tun. Nichts deutet darauf hin, dass die Eltern für Käthe einen anderen Plan verfolgten als für Julie und Lisbeth. Sie gingen davon aus, dass die Mädchen früher oder später den Wunsch verspüren würden, ihre «natürliche Bestimmung» als Frauen zu erfüllen, zu heiraten und eine Familie zu gründen. Das Malen wäre dann, wie das Musizieren oder Lesen, eine willkommene Abwechslung und Entspannung.

Zwischen den Zeilen ihres autobiographischen Textes gesteht Käthe Kollwitz dann auch ein, dass nicht der väterliche Wille, sondern vor allem der eigene Ehrgeiz ihr zur beruflichen Ausbildung verhalf.[35] Sie spürte den unbedingten Wunsch, Malerin zu werden, den starken Drang, ihre künstlerischen Fähigkeiten voll zu entfalten. Ihr Ziel war ein ordentliches Studium. Für ein Mädchen war das allerdings kostspielig und nur in wenigen Städten möglich. Käthe brauchte die tatkräftige und finanzielle Unterstützung ihrer Eltern und forderte diese hartnäckig ein. Trotz aller Anstrengungen dauerte es Jahre, bis Katharina und Carl Schmidt an die künstlerischen Ambitionen ihrer Tochter glaubten und eine ernsthafte Karriere für möglich hielten. Schließlich gaben sie die Erlaubnis: Käthe durfte im Wintersemester 1886 zum Studium an die Berliner Mal- und Zeichenschule gehen. Das sogenannte Probejahr sollte über den weiteren Verlauf ihrer Ausbildung entscheiden.

Künstlerin auf Probe

Wieviel leichter wäre es gewesen, wenn Käthe Schmidt ihr Studium an der Königsberger Kunstakademie hätte aufnehmen dürfen. Das Gebäude befand sich nur wenige hundert Meter vom Wohnhaus der Schmidts entfernt. Käthe hätte für eine festgesetzte Gebühr eine umfangreiche und fundierte Ausbildung in allen wichtigen Fächern erhalten und in ihrer Heimatstadt ein Auskommen als Künstlerin finden können. Leicht wäre es gewesen, aber doch unmöglich: Die Pforten der Königsberger Kunstakademie blieben Frauen bis 1902 verschlossen.

Das weibliche Geschlecht, so die landläufige Meinung, war für die hohe Kunst genauso wenig geschaffen wie für die Wissenschaft oder die Politik.[36] Allen Emanzipationsbestrebungen traten die Institutionen vehement entgegen. Gerade die Kunstakademien wehrten sich massiv gegen den Vormarsch weiblicher Konkurrenz. In Salons und Zeichensälen pflegten sie ihre exklusive Haltung noch bis zum Ende der Weimarer Republik, deutlich länger als die preußischen Universitäten, die Frauen 1908 endlich Zugang gewährten.

Die Argumente waren hier wie dort fadenscheinig: Weil die Kunstgeschichte nie eine meisterliche Frau hervorgebracht hatte, hätten Frauen hinter der Leinwand nichts verloren. Dass sie seit jeher von der Kunstausbildung ausgeschlossen waren, dass sie keinerlei Vorbilder hatten und auf allen Seiten auf Ablehnung und Hindernisse stießen, wenn sie diesen Beruf ausüben wollten, blendete man in der Debatte geflissentlich aus.

Stattdessen konstruierte man eine sittliche Gefahr. Der renommierte Kunstkritiker Karl Scheffler führte noch 1908 in seinem Werk «Die Frau und die Kunst» aus: Mädchen, die versuchten, ihrer natürlichen Rolle als Hausfrau und Mutter zu entfliehen, und sich in der Kunst zu männlicher Geistesleistung zwängen, stürzten sich ahnungslos in den Abgrund emotionaler und körperlicher Leiden. Sie verkümmerten, litten an einem «krankhaften Geschlechtsgefühl», würden pervers oder impotent. Obwohl er einräumte, dass es für diese wilden Spekulationen keine Belege gab, präsentierte er seine Behauptungen als Tatsache: «Besäßen wir zahlenmäßige Angaben, so würde es sich zeigen, daß zwei Drittel aller Künstlerinnen und mehr im Geschlechtsempfinden irgendwie anomal sind.»[37]

Besonders heftig wehrten sich die Kunstakademien gegen die Zulassung von Frauen zum Aktstudium. Es galt als unsittlich, wenn Frauen den männlichen Körper studierten, auch wenn sie es im privaten Rahmen taten und die Genitalien des Modells dabei bedeckt waren. Frauen war es also verboten, die Grundlagen der menschlichen Anatomie am lebendigen Körper zu studieren. Sie durften das Muskelspiel unter der Haut nicht sehen, nicht lernen, es abzubilden. Die daraus resultierenden Defizite gingen wieder zu Lasten der Frauen. Ihre anatomischen Ungenauigkeiten legte man ihnen als Talentlosigkeit aus.[38]

Die Argumentation drehte sich im Kreis: Frauen können keine Kunst erschaffen, weil sie es nicht lernen dürfen. Und weil sie es nicht lernen dürfen, können Frauen keine Kunst erschaffen. Wo derartige Zirkelschlüsse an Schlagkraft verloren hatten, verlegte man sich auf Probleme der Architektur. Die Zeichensäle, hieß es etwa in Berlin, seien bereits überfüllt. Es sei einfach kein Platz für Frauen. Und selbst wenn es Platz gäbe, fehlten immer noch die sanitären Einrichtungen.[39]

Auch die Öffentlichkeit nahm Künstlerinnen lange Zeit nicht ernst. Nur langsam setzten sich Frauen im Bereich der Landschafts- und Porträtmalerei durch. In der angesehenen Historienmalerei hatten sie bis zum Ende des Kaiserreichs kaum eine Chance. Die wenigen Künstlerinnen, die es schafften, waren lange auf sich allein gestellt. Es gab keine öffentliche Förderung, keine Hilfskassen, die bei Krankheit oder Alter einsprangen, keinen Austausch – bis eine neue Generation von Malerinnen diesen Teufelskreis durchbrach. In Städten mit einer großen Kunstszene wie München, Berlin und Karlsruhe schlossen sich Frauen in Vereinen zusammen, um sich gegenseitig zu unterstützen und ihre Interessen nach außen zu vertreten.

In Berlin gründete sich 1867 der «Verein Berliner Künstlerinnen und Kunstfreundinnen».[40] Wie sein männliches Pendant, der «Verein Berliner Künstler», wollte der Künstlerinnenverein seinen Mitgliedern in Kunst und Leben helfen, finanziell – durch die Einrichtung von Unterstützungskassen – und beruflich – durch die Organisation von Ausstellungen. Außerdem gehörte die Gründung einer Schule zu den wichtigsten Zielen des Vereins, denn für angehende Künstlerinnen war es schwer, gute und bezahlbare Lehrer zu finden. Zwar gab es in den meisten Städten private Ateliers bedeutender Maler, deren Lehrfähigkeit ließ aber oft zu wünschen übrig. Außerdem war es mit einem einzelnen Kurs nicht getan. Um das Malen gründlich zu erlernen, brauchte es verschiedene Hilfswissenschaften und Spezialkurse, wie jede Kunstakademie sie anbot. Anatomie und Proportionslehre, Perspektive, Kostümkunde, Kunst- und Literaturgeschichte sowie Komposition konnten Frauen in Privatateliers selten studieren.

Das änderte sich mit der Gründung der Berliner Mal- und Zeichenschule, die 1868 ihre Pforten öffnete. Zum ersten Mal konnten sich angehende Künstlerinnen gründlich und vielseitig ausbilden lassen. Der Preis war endlich kalkulierbar und im Vergleich zu Privatateliers auch erschwinglich. Zwar erhielten die Damenakademien, anders als die Kunstakademien, selten eine finanzielle Unterstützung von Seiten der Staatskasse; der Verein Berliner Künstlerinnen und Kunstfreundinnen konnte als Träger der Berliner Schule dank privater Spenden und Mitgliedsbeiträge die Gebühren trotzdem gering halten.

Die Berliner Schule erwarb sich überregional einen guten Ruf. Ihr Kursangebot orientierte sich am Lehrplan der Kunstakademien. Das Studium gliederte sich in zwei Phasen: Zunächst lernten die Schülerinnen in den Elementarklassen die Grundlagen der Zeichenkunst. Wer Drahtkörper und Ornamente kopieren konnte, durfte im nächsten Schritt antike Abgüsse zeichnen. Erst danach begann die zweite Phase der Ausbildung. Die Schülerinnen wählten einen von zwei möglichen Schwerpunkten und erhielten Unterricht im Bereich Landschaftsmalerei oder Zeichnen nach lebendigen Modellen.[41]

Als Lehrkräfte verpflichtete die Mal- und Zeichenschule angesehene Künstlerinnen und talentierte junge Künstler. Als Käthe Schmidt zum

Wintersemester 1886/87 nach Berlin kam, war Karl Stauffer-Bern der bekannteste Name im Verzeichnis der Lehrerschaft. Der beliebte Schweizer Porträtmaler unterrichtete zwei Jahre lang an der Mal- und Zeichenschule. Für die meisten Lehrer war die Damenakademie nur eine Zwischenstation auf dem Weg zu einer festen Anstellung an der Akademie. Für Karl Stauffer-Bern aber war sie der Höhepunkt seiner Laufbahn. Er ging 1888 mit Max Klinger nach Rom, wo er später mit seiner verheirateten Muse ein Verhältnis einging, wegen dieser ehebrecherischen Beziehung verhaftet wurde und sich nach seiner Entlassung 1891 das Leben nahm.[42]

Diese dramatische Wendung war 1886 freilich nicht absehbar. Seine Schülerinnen bewunderten in Stauffer-Bern einen hervorragenden Lehrer und einen begabten Künstler. Der Besuch seiner Zeichenklasse war ein Privileg, das den talentiertesten jungen Frauen vorbehalten blieb. Käthe Schmidt hatte bereits in Königsberg solide Kenntnisse im Zeichnen erworben. Die Drahtgestelle, Vasen und Ornamente, die sie im Vorzimmer von Rudolf Mauer kopiert hatte, gehörten längst der Vergangenheit an. Auch am lebenden Modell hatte Käthe, dank ihrer Schwester Lisbeth, schon einige Erfahrungen gesammelt. Sie zählte an der Berliner Schule also bereits zu den fortgeschrittenen Schülerinnen.

Jeden Tag machte sie sich auf den Weg zur Königgrätzer Straße, wo der Verein Berliner Künstlerinnen und Kunstfreundinnen Räume in der ehemaligen Kunstgewerbeschule angemietet hatte. Mit Bleistift, Kohle und Papier ausgerüstet, versammelten sich die Schülerinnen im Zeichensaal, rückten die Staffeleien zurecht und studierten, skizzierten, zeichneten ein Modell, das in der Mitte ihres Halbkreises posierte.

Käthe brannte darauf, endlich zu malen. Sie wollte ein Motiv voll ausführen, von der Skizze bis zur Ölfarbe. Doch Stauffer-Bern hielt sie an, das Zeichnen zu üben, immer wieder führte er sie zum Zeichenstift zurück. Ob er damit ein besonderes Talent fördern oder eine Schwäche ausgleichen wollte, ist nicht mehr zu ermitteln.[43] Sicher ist aber: Käthe schulte ihre Hand und ihr Augenmaß und konnte später mit einer herausragenden Technik glänzen. Das Zeichnen war die Grundlage aller Malerei. Nur wer es meisterlich beherrschte, konnte es auch an der

Leinwand zur Meisterschaft bringen. Dieses Credo verfolgte auch die Mal- und Zeichenschule, die überhaupt nur deswegen Malkurse anbot, damit ihre Schülerinnen die Lust am Zeichnen nicht verloren.

Von ihrem Lehrer war Käthe in jeder Hinsicht sehr angetan. Er war jung, unvoreingenommen, trat seinen Schülerinnen von gleich zu gleich entgegen und respektierte die jungen Frauen als angehende Künstlerinnen auf der Suche nach der richtigen Ausdrucksweise. Er war ihnen als Künstler zunächst einen Schritt voraus, aber sie könnten ihn schon bald eingeholt haben. Während er beriet und korrigierte, gestand er eigene Schwächen unverhohlen ein. Käthes Mitschülerin Henni Lehmann erinnerte sich, dass Stauffer-Bern einmal bei der Betrachtung einer Kopfstudie seiner Schülerin Maria Wenzel halb scherzend geseufzt hatte: «Wenn Sie so zeichnen könnten wie ich, und ich so malen könnte wie Sie, dann könnte aus uns beiden etwas werden, – aber so ...»[44]

Eines Tages sah Stauffer-Bern Käthes Zeichenmappe durch und entdeckte dort Blätter, die sie in Königsberg angefertigt hatte. Die kleinen Szenen waren von Gedichten inspiriert, ein Blatt zeigte ein Motiv zu Ferdinand Freiligraths «Die Auswanderer». Der Lehrer erkannte Potential in diesen Zeichnungen und machte seine Schülerin auf die Arbeiten seines Freundes Max Klinger aufmerksam.[45]

Der Leipziger Künstler war in Berlin noch ein Geheimtipp. Käthe sah ein paar seiner Werke schlecht gehängt in einer Ausstellung und war beeindruckt. Ihre Begegnung mit den Werken des Symbolisten schilderte sie später als «ganz großes Erleben». Zusammen mit vielen anderen Studierenden drängte sie sich ins Berliner Kupferstichkabinett, um seine Graphik zu betrachten. «Was uns fortriß, was wir liebten in diesen Blättern, war nicht die technische Meisterschaft. Der ungeheure Lebensdrang, die Energie des Ausdrucks waren es, was uns daran packte. Wir wußten: Max Klinger bleibt nicht an der Oberfläche der Dinge haften, er dringt in die dunkle Lebenstiefe. In diesen Blättern brauste und tönte es (...). Alle Register des Lebens zog er auf, das gewaltige herrliche und traurige Leben faßte er und deutete es uns.»[46]

Weil Kollwitz so respektvoll über Klinger sprach und schrieb, weil sie ihn selbst als ihre wichtigste Inspirationsquelle nannte, galt der Leipziger Symbolist lange Zeit als bedeutender Einfluss ihrer frühen

Jahre. Betrachtet man die Werke von Kollwitz und Klinger aber genauer, ist die Wirkung nicht sehr augenfällig.[47] Formal oder hinsichtlich des Aufbaus sind kaum Einflüsse auszumachen. Klinger leitete zwar mit seinen Zyklen «eine neue Ära der Originalradierung in Deutschland» ein, von der auch Kollwitz profitierte, es waren aber in erster Linie die Themen, die sie fesselten. Klinger widmete sich in seinen Werken immer wieder der Geschlechterproblematik und zeigte Frauen als Opfer verlogener moralischer Konventionen. Armut, Trunkenheit, Prostitution, ungewollte Schwangerschaften und Selbsttötungen sollten auch Kollwitz' Themen werden. Klinger hatte diese gesellschaftlichen Probleme abbildungswürdig gemacht.

Später, als ihre Ausbildung abgeschlossen war und sie als Künstlerin in Berlin lebte, las Käthe Kollwitz Klingers Abhandlung «Malerei und Zeichnung», die 1891 zum ersten Mal erschien.[48] Dort fand sie programmatisch erläutert, was sie in seinem Werk bereits erkannt hatte. Der Zeichner müsse die Welt in ihrer Schwäche und Schlechtigkeit zeigen. Anders als die Malerei, die sich der Schönheit widme, sei die Zeichnung ein kritisches Instrument. Klinger selbst zeichnete, um die «Fülle der Gesichte», die ihn bedrängten, zu beherrschen. So hielt er sich den Kopf frei für die großen Aufgaben.[49] Er benutzte das Zeichnen als Ventil, um mit der dunklen Seite des Lebens umzugehen, und genau das tat Kollwitz auch. Zumindest beschrieb sie es so in ihrem «Rückblick auf frühere Zeiten», den sie 1941 verfasste.

Weltanschaulich verband sie dagegen wenig mit Klinger. Während Kollwitz ihre sozialkritischen Arbeiten mit einem Auftrag verknüpfte, während sie eine Anklage formulierte und forderte, die mangelhaften Verhältnisse zu verändern, bewunderte Klinger die pessimistische Lebensauffassung eines Arthur Schopenhauer, der die Welt als unveränderlich betrachtete. Klinger mochte die Schlechtigkeit der Welt kritisieren, anders als Kollwitz fand er sich mit den gegebenen Verhältnissen jedoch ab.[50]

Klingers Einfluss liegt also in der sozialkritischen Thematik. Er öffnete eine Tür, durch die Käthe Kollwitz hindurchgehen konnte – hinter dem Türpfosten trennten sich ihre Wege dann wieder. Käthe Kollwitz experimentierte nur für kurze Zeit mit symbolistischen Themen. Als

Schülerin an der Berliner Mal- und Zeichenschule schwärmte sie einstweilen für die Lebenskraft und die schonungslose Darstellungsweise des Graphikers und bemühte sich gleichzeitig, die eigenen Fähigkeiten zu entwickeln.

Nach einem Jahr in Berlin kehrte Käthe nach Königsberg zurück. So war es geplant gewesen und so geschah es, obwohl die junge Frau gehofft hatte, das Abenteuer um ein Jahr verlängern zu dürfen. Sie hatte mit Stauffer-Bern darüber gesprochen und er hatte angeboten, beim Vater ein gutes Wort für sie einzulegen. Doch aus der Verlängerung wurde nichts.

Die Gründe dafür bleiben im Dunkeln. Möglich, dass die Ausbildung zu teuer war. Käthes Bruder Conrad hatte inzwischen sein Studium der Philosophie und Nationalökonomie beendet und reiste nach London, wo er einen tieferen Einblick ins Fabrikwesen erhalten wollte. Diese Reise, die er als Abschluss seiner Studienzeit betrachtete, war ebenfalls mit einigen Kosten verbunden. Wenn die Familie seine Ausbildung vorrangig behandelte, wäre das nicht ungewöhnlich gewesen.[51]

Käthe kehrte ungerne in den Schoß der Familie zurück. Als gehorsame Tochter wäre es ihr nie in den Sinn gekommen, die Entscheidung der Eltern offen zu kritisieren, doch ihrem Förderer Max Lehrs gestand sie später: «Es war eine triste Zeit, ich hatte reichlich Malkater.»[52]

Der Unterricht beim Königsberger Akademieprofessor Emil Neide half da wenig, auch wenn sie unter den Augen des Historienmalers allmählich daran denken durfte, richtige Bilder zu malen. Die Zeit in Berlin war voller Eindrücke und Anregungen gewesen. Nun saß sie wieder in der Provinz. Statt Ausstellungen, Gesprächen mit Kommilitoninnen und Rundgängen durch eine Stadt, die sich aufmachte, eine Metropole zu werden, hieß es: Familienalltag, Gemeindeversammlungen, Spaziergänge durchs altbekannte Königsberg. Was war schon der Königsgarten gegen das bunte Treiben auf der Friedrichstraße?

Und doch war es nicht zu ändern. Der Vater animierte Käthe, ein Genrebild ganz zu Ende zu bringen. Etwas Vorzeigbares sollte es sein, nach nunmehr sechs Jahren Unterricht. Sie tat ihm den Gefallen, wenn auch ohne Begeisterung. Käthe malte ein Genrebild mit dem Titel «Vor dem Ball», das der Vater später auf einer Wanderausstellung unterbrachte und das sogar einen Käufer fand.[53] Käthe war es gleichgültig. Sie träumte davon, die Provinz hinter sich zu lassen. Sie wollte nach München.

München – ein Fest

München war seit Mitte der 1880er Jahre die «Kunstzentrale des ganzen deutschen Reiches», ein Erfahrungsraum, in dem Interessierte und Begeisterte aus aller Herren Länder aufeinandertrafen.[54] Die Rahmenbedingungen waren besser als überall sonst. Die Wertschätzung der Kunst hatte in der bayerischen Residenzstadt Tradition. Das Königshaus förderte Künstler, Lehranstalten und Ausstellungen mit hohen Investitionen und Aufträgen. Das Engagement des bildungsbürgerlichen Publikums ermöglichte es auch freischaffenden Künstlern, sich auf dem Kunstmarkt zu behaupten. Die Kunst war präsent. Der städtische Raum war mit Baukunst, Denkmälern und Ausstellungsgebäuden durchwirkt, der Künstler ein selbstverständlicher Anblick und Gast. Und die Stadt genoss ihren Ruf. Ob man nun Kunstliebhaber war oder dieser Angelegenheit gleichgültig gegenüberstand, die Überzeugung, nach Paris die bedeutendste Kunststadt Europas zu sein, gehörte zum Selbstverständnis der Münchener.[55]

«Die ganze Atmosphäre ist hier von Kunst durchtränkt», pries der Kunsthistoriker Richard Muther die Stadt.[56] Das einzigartige Klima war getragen vom ungezwungenen Umgang und von der Möglichkeit, auch ohne akademisches Amt oder die Anbiederung an einen ästhetischen Salon zu bestehen. In Ruhe zu leben und zu arbeiten, das – so Muther – sei überhaupt das Beste, was ein Künstler sich wünschen könne.

Kunstförderung, Ausstellungsmöglichkeiten, eine aktive Kritik, die sich den aktuellen Entwicklungen nicht verschloss, und ein interessiertes Publikum: Diese Faktoren machten München auch als Ausbildungsort attraktiv. Käthe Schmidt wollte gerne an der Damenakademie studieren, die seit 1884 talentierten Schülerinnen mit dem nötigen finanziellen Hintergrund eine solide Ausbildung ermöglichte. Die Eltern aber erlaubten es nicht. Viele Gründe sprachen dagegen: die Entfernung zu Königsberg, die Kosten und dass niemand aus der Familie in der Nähe sein würde.

Die abschlägige Entscheidung der Eltern geriet erst ins Wanken, als Käthe ein lang gehütetes Geheimnis offenbarte: Sie war verlobt. Drei Jahre waren vergangen, seit der Medizinstudent Karl Kollwitz sie im September 1884 zu einem Spaziergang abgeholt hatte. An sich war das nicht ungewöhnlich, der junge Mann war ein Mitschüler ihres Bruders und verkehrte regelmäßig im Hause Schmidt, seit er sich bei Conrad wegen einer Rauferei entschuldigt hatte.

Der 28. September 1884 war ein trüber Herbstsonntag. Karl Kollwitz und Käthe Schmidt verließen das Haus Richtung Festungsgraben. Sie unterhielten sich nett und unbefangen, spazierten durch das Glacis vorm Königstor, als Karl der Siebzehnjährigen zwischen den Wällen ein paar Rosen überreichte. Er sammelte seinen ganzen Mut und bat Käthe um ihre Hand.

Seitdem waren sie einander versprochen. Niemand wusste davon.[57] Als die Verlobung dann ans Licht kam, herrschten Skepsis und Vorbehalte, zuallererst beim Vater, den Käthes Hochzeitspläne ernsthaft enttäuschten. Zu lange hatte er die Tochter unterstützt, sie gegen alle Widerstände in ihrem Wunsch, Künstlerin zu werden, bestärkt und viel Geld für die Ausbildung zur Verfügung gestellt. Obwohl sie «nur ein Mädchen» war, hatte er ihr den Weg zur freien Künstlerschaft geebnet. «Er rechnete damit, daß, da ich kein hübsches Mädchen war, mir Liebessachen nicht sehr hinderlich in den Weg kommen würden», erklärte Käthe später in ihren «Erinnerungen». «Darum war er wohl auch sehr enttäuscht und aufgebracht, als ich mich bereits mit siebzehn Jahren an Kollwitz band.»[58]

Carl Schmidt war überzeugt, Kunst und Eheleben gingen nicht zusammen. Allerdings war er nicht der Mensch, der seiner Tochter vorschrieb, wie sie ihr Leben führen sollte. Stattdessen machte er ihr ein Angebot, das sie kaum ablehnen konnte. Bevor sie sich für die Ehe entschied, sollte sie das freie Künstlerleben kennenlernen. Käthe durfte also ihre Studien fortsetzen. Sie packte noch einmal ihre Koffer und machte sich im Herbst 1888 auf die Reise.[59] Selbstverständlich ging es nach München, dem einzigen Ort in Deutschland, an dem eine talentierte junge Frau das Malen ordentlich erlernen konnte.[60] Sie fand ein Zimmer in der Nähe der Akademie der Künste, in der Georgenstraße, mitten im Künstlerviertel Schwabing, dem Zentrum der deutschen Bohème.

Der Zeitpunkt war günstig. Was Kunst bisher gewesen war – Schönheit, an der sich das Publikum aufrichtete, Meisterschaft in der Abbildung, erhebende Auseinandersetzung mit Mensch, Ding, historischem Ereignis – und was sie im 20. Jahrhundert werden würde, konnte man nirgendwo besser studieren als in München.

Seit ihrem ersten Besuch in der Stadt zwei Jahre zuvor war Käthe begeistert von der Pinakothek, wo sie Rembrandt, Dürer und Brueghel bewundert hatte.[61] Vor allem die kraftvollen und detailreichen Werke des Flamen Peter Paul Rubens beeindruckten sie: «Der Raub der Töchter des Leukippos», «Der Höllensturz der Verdammten», «Der Kindermord zu Bethlehem». Käthe war hingerissen von den leuchtenden Farben und der rahmensprengenden Dynamik. Hier sah sie ihren eigenen Weg in eine verheißungsvolle Zukunft vorgezeichnet. Mit Goethes «Künstlers Morgenlied», das sie damals in einem kleinen Bändchen bei sich trug, beschwor sie den künstlerischen Schaffensrausch, von dem auch sie sich forttragen lassen wollte. Gingen die Gefühle mit ihr durch, schrieb sie begeistert «Rubens! Rubens!» an den Rand ihres Büchleins. Für denjenigen, der die Verzückung aus dieser schlichten, mädchenhaften Geste nicht herauszulesen vermochte, sagte sie es im Rückblick noch einmal ganz direkt: «Goethe, Rubens und mein eigenes Gefühl, das war immer ein Ganzes.»[62]

In München vereinten sich die alte und die neue Kunstauffassung zu einem Feuerwerk inspirierender Eindrücke und Gelegenheiten.[63] Die Kunstwelt befand sich im Umbruch, der Kunstkonsens der vergangenen Jahrzehnte ging seinem Ende entgegen. Endlich feierte die Moderne auch in Deutschland einen großen Erfolg. Käthes Semesterbeginn überschnitt sich knapp mit der III. Internationalen Kunstausstellung, mit der die Naturalisten triumphalen Einzug in den Münchener Glaspalast hielten. Die Münchener Kunstgenossenschaft zeigte hier 3200 zeitgenössische Werke. Zum ersten Mal überwog die Freilichtmalerei gegenüber der Atelierskunst. Der Realismus war auf dem Vormarsch, schlichte Genrebilder und Milieustudien lösten die theatralische Effekthascherei der Historienmalerei ab. Die intime Naturanschauung trat an die Stelle der oberflächlichen Naturnachahmung. Die junge Generation der Maler hatte ihren Blick an Jean François Millet geschult und brach mit den konventionellen Gewohnheiten des malerischen Sehens.[64]

Max Liebermann galt als Vorkämpfer der Moderne in Deutschland. Sein «Altmännerhaus in Amsterdam» (1880/81), der «Biergarten» (1884), die «Holländische Dorfstraße» (1885) und die «Flachsscheuer in Laren» (1887) hingen in der III. Internationalen Kunstausstellung.[65] Neben Liebermann, den Käthe Kollwitz späterhin zu ihren Vorbildern und Förderern zählte, stand Fritz von Uhde im Scheinwerferlicht dieser ersten großen Inszenierung der Moderne in Deutschland. Er zeigte in München aktuelle Arbeiten: «Das Abendmahl» (1886), «Die Bergpredigt» (1887), «Die heilige Nacht» (1888), «Prozession bei beginnendem Regen» (1888). Auch Franz von Stuck war mit einem Bild vertreten. Im folgenden Jahr würde der Jugendstilkünstler mit seinem «Wächter des Paradieses» für Furore sorgen. Die neue Generation der Malerei eroberte München im Sturm, und die Studentinnen stärkten sich am frischen Luftzug, der durch die Kunstwelt fegte.

An der Damenakademie in der Türkenstraße wählte sich Käthe Schmidt den prominentesten Künstler als Lehrer aus: Ludwig Herterich. Der Porträt- und Historienmaler ist heute nur noch Wenigen bekannt. Er hatte sich zunächst mit derb-drastischen Soldaten- und Bauernszenen hervorgetan, suchte 1888 aber Anschluss an die moderne Strömung der Freilichtmalerei.

Da rang die «dekorative Tendenz» und der «Pinsel vollführte akrobatische Kunststücke», erinnerte sich Rosa Pfäffinger, eine Mitschülerin.[66] Was das bedeuten sollte, damit hatten die Schülerinnen ihre liebe Not. Käthes Freundin Beate Jeep schilderte ausführlich die Ratlosigkeit, mit der sie vor der Staffelei stand und auf die spitzen Schulterblätter eines Greisen starrte, die sie in künstlerischer Meisterschaft auf die Leinwand bannen sollte. Unerschrocken stolperte man los, ohne zu wissen, wohin die Reise gehen würde, so Jeep in ihren Erinnerungen. Sie dachte erst einmal nur «bis zum nächsten Korrekturtermin, wo Herterich, der Maler und Lehrmeister, kam, schlecht fand, was wir vollbracht hatten, und uns ratlos zurückließ bis zum nächsten Mal.»[67]

«Immerhin schaffte das urwüchsige Temperament unseres jungen Lehrers Atmosphäre, ein frischer Wind wehte», urteilte Pfäffinger.[68] Immerhin, denn Herterich versuchte zwar, die lichten Farben der Freilichtmalerei mit der dunkleren Farbpalette der tonigen Malerei zu verbinden, schuf aber weiterhin Historienbilder und Porträts und blieb letztendlich auch dabei. Das mochte Käthes Vater zufrieden stimmen, denn er wollte seine Tochter zur Historienmalerin machen. Sie selbst aber hatte für diese Kunstgattung längst nichts mehr übrig. Wie ihre Kommilitoninnen reizten sie Alltagsszenen, die französischen Impressionisten und der Symbolismus.

Bei ihrer Ankunft sorgte Käthe in der Klasse erst einmal für einen Skandal. Neugierig und misstrauisch betrachteten die Schülerinnen den glatten, goldenen Verlobungsring, der auffällig unauffällig an ihrem Finger steckte. «Verlobt, schlechtweg bürgerlich verlobt!» – noch mehr als sechzig Jahre später klingt das Erstaunen aus dem Erinnerungstext der Freundin Jeep heraus.[69] Unter den angehenden Malweibern herrschte ein unausgesprochenes, aber nicht minder klares Zölibatgebot. Niemand hielt es für möglich, dass sich die Aufgaben einer Ehefrau und Mutter mit denen einer Künstlerin verbinden ließen. Wer sich für die Kunst entschied, der musste der Ehe entsagen. Wer der Ehe nicht entsagte, war zum Dilettantismus verdammt und als Künstlerin nicht ernst zu nehmen. Die Zeit sollte den jungen Frauen in gewisser Weise recht geben. Viele Talente ließen nach der Hochzeit den Pinsel ruhen und nahmen ihn nie wieder auf. Dass Käthe eine der seltenen Ausnahmen werden würde, konnten die Kommilitoninnen nicht wissen. Doch ahnten sie es vielleicht.

Die Debatte um die Verlobung endete jedenfalls durch ein Machtwort der Klassenprima. Linda Kögel urteilte, die Neue sei ein Ausnahmetalent, da müsse man ein Nachsehen haben. Die ‹Schmidt› – man nannte sich unter den Schülerinnen burschikos beim Nachnamen – ertrug das alles mit schweigender Würde, «den Ring, die stille Entrüstung und die herablassende Entschuldigung».[70]

Kaum hatte sich jedoch die Aufregung um die Verlobung gelegt, kursierte schon die Bewerbungsmappe der Neuen im Zeichensaal. Darin befand sich ein Historienbild, über das sich hinreißend herziehen ließ. «Die Toga spielte eine Rolle bei den Figuren», erinnerte sich Jeep. Wie das Bild hieß, weiß heute niemand mehr, aber Jeep witzelte, es sei etwas Erhabenes gewesen, wie es sich für einen solchen Schinken gehörte, etwa: «Cäsar weist den königlichen Stirnreif zurück, den der Senat ihm darbietet.»[71]

Käthe ertrug auch das und knurrte nur leise vor sich hin. Sie hätte das Werk wohl am liebsten verleugnet. Alle anderen Zeichnungen aus ihrer Mappe waren Alltagsdarstellungen. Jeep erinnerte sich, wie neu und überraschend diese wirkten, weil die ‹Schmidt› ganz unerschrocken und souverän mit Licht und Schatten umsprang. «Wenn so ein Schatten wie ein dunkler Klumpen dalag, mochte er doch. Es sprang einem das, worauf es ihr ankam, was ihr wichtig war, eben durch ihn geradezu entgegen.»[72]

Problemlos reihte sich Käthe unter die Besten ihrer Klasse ein. Jeden Tag malte sie im Kreise der Kommilitoninnen Akte und Köpfe so, wie der Herr Professor es wünschte. Aber sie war nicht mit dem Herzen dabei. Herterichs koloristische Kunst entsprach nicht ihrer Art, Farben zu sehen.[73] Sie kopierte ihn dennoch, denn der Unterricht war nicht der Ort, die eigene Kunstauffassung hervorzukehren. Anerkennung vor dem Lehrer fand, wer sich seiner Methode beugte. Käthe gelang das immerhin so gut, dass sie sich mühelos den Respekt von Lehrer und Mitschülerinnen erwarb. Weil es noch eine weitere ‹Schmidt› in der Klasse gab, erhielt sie schon bald den Beinamen «die Talentvolle».

«Der Tag war besetzt mit Arbeit, abends genoss man, ging auf Bierkeller, machte Ausflüge in die Umgebung und fühlte sich frei, weil man seinen eigenen Hausschlüssel hatte.»[74] Der Haustürschlüssel, ein Symbol der Freiheit und Unabhängigkeit. Die Stadt, die Studienzeit, die Freundinnen sollten Käthe zeitlebens in freundlicher Erinnerung bleiben. Diese Jahre prägten das Bild des freien Künstlerlebens, das sie als vagen Gegenentwurf zu ihrem eigenen Leben im Kopf behielt, ein geheimer Sehnsuchtsort, zu dem sie gedanklich zurückkehrte, wenn sie im Alltag überfordert und unzufrieden war.

Das Besondere in München waren nicht die Stunden, die sie unter der Anleitung von Herterich im Zeichensaal stand. Die Begegnungen, die Gespräche, die Feste und Entdeckungen machten den Reiz der Studienjahre aus. Käthe war beliebt, nicht allein wegen ihrer künstlerischen Fähigkeiten, auch weil sie freundlich war, aufmerksam und eine begabte Zuhörerin. Still hörte sie die Ausführungen der Sorgenvollen an und würdigte deren schwierige Lage ohne Herablassung oder Überlegenheit.[75] Man schüttete ihr gerne das Herz aus, aber sie war auch lustig, berühmt für ihr Lachen. Und sie kannte eine unerschöpfliche Zahl an Liedern, die sie bei Gelegenheit zum Besten gab, etwa auf der Reise nach Venedig, die sie mit zwei Kommilitoninnen unternahm.[76] In ihrem «Rückblick» fasste sie es in einem kleinen, fast unbedeutenden Satz zusammen: «Das Leben, das mich dort umgab, war anregend und beglückend.»[77]

Käthe Kollwitz lebte nun zum ersten Mal ohne familiäre Aufsicht. Keine Verwandten oder Bekannten der Eltern, auch nicht der Bruder, niemand hatte ein Auge auf die junge Frau. Sie widmete sich ganz dem eigenen Empfinden, der Kunst, dem Studium und dem sozialen Miteinander. Eine aufregende Zeit, frei von der strikten elterlichen Moral, vollständig eingetaucht in eine neue Welt, in der sie die Regeln selbst definierte.[78]

Ging der Plan des Vaters auf? War die junge Frau drauf und dran, den Gedanken an die Ehe aufzugeben? «Die freie Künstlerschaft lockte sehr», schrieb Kollwitz im Rückblick. Die Frage, ob es eine kluge Entscheidung gewesen war, sich so früh zu binden, schob sie einstweilen beiseite. Ihr Vater erlaubte und finanzierte ein weiteres Studienjahr und sie nahm dieses Angebot gerne an. Wieder ging sie nach München, obwohl Berlin die bessere Wahl gewesen wäre. Dort kam zu dieser Zeit

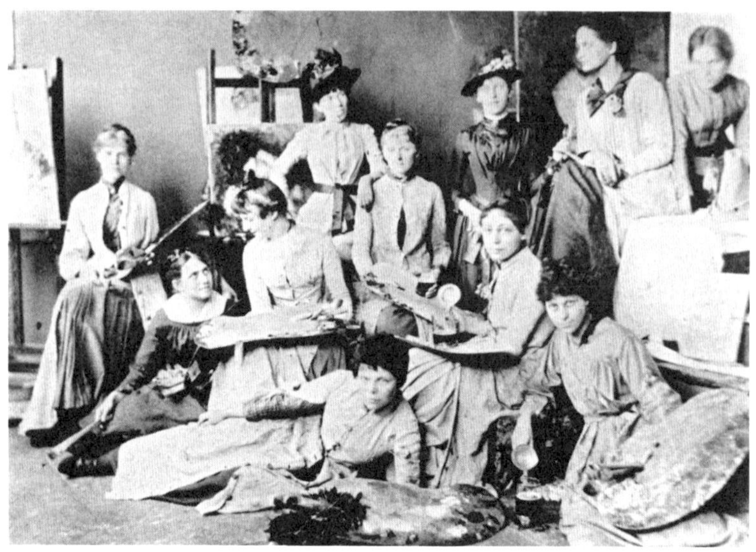

3 Malklasse von Ludwig Herterich an der Münchner Damenakademie, in der Mitte mit Bierseidel Käthe Kollwitz, 1889

ein sehr anregender Kreis junger Literaten und Künstler zusammen. Gerhart Hauptmann hatte sein soziales Drama «Vor Sonnenaufgang» aufführen lassen, Käthes Verlobter lebte bereits dort und Conrad Schmidt arbeitete in der Stadt als Redakteur. «Das Leben hatte dort, verglichen mit München, etwas Brausendes», urteilte Kollwitz im Nachhinein.[79] Sie war nun aber im Süden und genoss auch das zweite Jahr an der Damenakademie.

Bei Herterich fanden sich wieder einige begabte junge Frauen ein. Auf einer Fotografie aus dem Atelier (Abb. 3) präsentierte sich die Klasse in Malkitteln, mit Paletten und Pinseln in den Händen. Die ‹Schmidt› sitzt in der Mitte, links am Boden liegt die ‹Pfäffinger›. Rechts von ihr hockt Maria Slavona, die sich später einen Ruf als Porträtmalerin machen sollte. Linda Kögel, die schräg hinter Käthe steht, zeigt ihr Gesicht im Profil. Sie kam nur noch in den Unterricht, wenn Herterich ein interessantes Modell bestellte, arbeitete gewöhnlich im eigenen Atelier und stellte 1891 zum ersten Mal im Münchener Glaspalast, 1893 auf der Münchener Sezessionsausstellung aus. Später wandte sie sich der

Freskenmalerei zu und gestaltete Kirchenwände in ganz Deutschland.[80] Die anderen Gesichter lassen sich den Namen nicht zuordnen. Es waren Beate Jeep, Eugenie Sommer, Marie von Geyso und Rose Plehn, mit denen Käthe ihre Tage in München verbrachte.

Die Malweiber gefielen sich in der Rolle der Unangepassten. Obwohl sich ihre Rebellion im Kleinen abspielte, hatten sie in München einen recht zweifelhaften Ruf. Schon am Vormittag seien sie betrunken, hieß es. Sie liefen ohne Hut und im farbverschmierten Mantel auf der Straße herum und kauften am helllichten Tag Schnaps, den sie krügeweise in ihr Atelier trügen. Was die guten Bürger der Gegend nicht wussten: Die steinernen Krüge, mit denen die Mädchen im Malkittel auf die Straße traten, waren keineswegs für Hochprozentiges bestimmt. Darin bewahrten sie das Terpentin auf, das sie zum Reinigen der Pinsel und Leinwände brauchten. Im Laden gegenüber konnte man es kaufen.[81] So harmlos ging es bei den ‹Malweibern› zu, doch sahen sie sich gerne verrufen und aufsässig. Auf dem Gruppenfoto der Malklasse ließen sich Käthe, Maria Slavona und zwei andere Schülerinnen wohl wegen der Gerüchte mit geöffneten Bierseideln ablichten. Insgesamt war den jungen Frauen einerlei, was die Leute von ihnen dachten. Käthe fühlte sich frei und unabhängig. Geistig und emotional hatte sie sich von Königsberg entfernt und glaubte längst, dort würde niemand ihre Art zu leben verstehen.

Die moderne Kunst studierten die Kunststudentinnen nicht im Zeichensaal, sondern in den Ausstellungen der Akademie und den großen Schauen der Kunstgenossenschaft. In der Pinakothek und der Graphischen Sammlung entdeckten sie, was mit einem einzelnen Pinselstrich, mit einer Linie, mit Flächen und Farben auszudrücken möglich war. Sie schulten die Augen und übten sich in Bildfindung und Komposition. Regelmäßig veranstalteten sie Kompositionsabende, an denen sie sich ein Thema stellten, zu dem jeder eine figürliche Zeichnung entwerfen musste. «Zu spät» hieß eines der Themen. «Da gab es unter anderem ein Blatt, auf dem ein eimertragendes Frauenwesen sich erschrocken zum Herd hinwandte, wo eben ein Suppentopf überkochte.»[82]

Zur Präsentation und Bewertung dieser Skizzen trafen sich die Kandidatinnen und Kandidaten – zu den Kompositionsabenden waren auch einige Studenten der Kunstakademie eingeladen – in einer engen Spelunke in der Glückstraße. Für nur zehn Pfennig bekamen sie einen waschbeckengroßen Napf mit heißem Milchkaffee, pinnten die eigenen Entwürfe kurzerhand an die Wand und taxierten mit kritischem Blick, was die Konkurrenz ausgehängt hatte. Das zeichnerische Talent der ‹Schmidt› fiel gleich ins Auge. Der junge Otto Greiner, später selbst ein bedeutender Graphiker, der als Erster die Lithographie als eigenständige künstlerische Technik verwandte, begutachtete ihr Blatt und fragte bewundernd: «Zeichnen bei Ihnen alle so gut?»[83]

Als das Thema «Kampf» aufkam, wählte Käthe eine Szene aus dem Bergarbeiterroman «Germinal» von Émile Zola: Zwei junge Männer kämpfen in einer verrauchten Kneipe um eine Frau. Mit dieser Komposition erlangte sie erstmals großen Beifall. In ihrem «Rückblick» erinnerte sie sich: «Zum ersten Male fühlte ich mich bestätigt auf meinem Wege, große Perspektiven öffneten sich meiner Phantasie, und die Nacht war schlaflos vor Glückserwartungen.»[84]

Die Dichtung war von Anfang an ein Fundus der Bildfindung für Käthe Kollwitz. Schon im Zeichenunterricht hatte sie sich von Freiligrath inspirieren lassen, später von Zola, von Goethe, Hauptmann, Dickens und Max Halbe. Neben der Kunst war die Literatur ein wesentlicher Einfluss in ihren Studienjahren. Die Naturalisten wirkten nachhaltig. Mit den Dramen von Hendrik Ibsen und Björnstjerne Björnson näherte sich Käthe der Frauenfrage. Seit ihr Vater und ihr Bruder der Sozialdemokratischen Partei beigetreten waren, beschäftigte sie sich intensiv mit den Schriften der Partei. Sie las «Karl Marx' ökonomische Lehren» von Karl Kautsky und «Die Frau in der Vergangenheit, Gegenwart und Zukunft» von August Bebel, den sie auch bei einem Vortrag sprechen hörte.[85] In Zeiten des Sozialistengesetzes war ihr Bekenntnis zur Sozialdemokratie ein mutiger Schritt, der im Freundeskreis zunächst auf Irritationen stieß. Doch diese relativierten sich schnell. Käthe drängte ihre Weltanschauung niemandem auf. Dass sie Sozialdemokratin war, schien ausgemacht, aber ihre Freundin Jeep erinnerte sich nicht daran, «die Schmidt je an den Verhandlungen beteiligt gesehen zu haben, die es in den Pausen und beim Pinselauswaschen unter den Malerinnen gab».[86]

Käthe Schmidt hatte ihren eigenen Kopf und dem folgte sie schon in den Münchener Studienjahren. Sie besaß eine außergewöhnliche Begabung und war auch in ihrer Persönlichkeitsentwicklung den Kommilitoninnen voraus. Während ihre Freundinnen noch nach dem passenden Lebensmodell suchten und dabei auch auf Abwege gerieten – Pfäffinger experimentierte in Paris mit einer nihilistischen Wohngemeinschaft, heiratete einen charismatischen Schwerenöter, der sie um ihre Erbschaft brachte und mit dem gemeinsamen Kind sitzen ließ –, war Käthe in ihrer Lebensperspektive bereits gefestigt. In künstlerischer, politischer und persönlicher Hinsicht kannte sie ihren Standpunkt. Sie war zur Künstlerin gereift. Ihr Weg wich in wesentlichen Punkten vom gängigen Künstlerinnenhabitus ab, doch tat das ihrer Position keinen Abbruch. Im Gegenteil: Ihre Abkehr von festgelegten Rollenerwartungen war Ausdruck ihres ausgeprägten Individualismus und stärkte ihre Position als Künstlerin.

Nach zwei Jahren in München kehrte Käthe als Künstlerin nach Hause zurück. Ihre Ausbildung war abgeschlossen. Die Hochzeit mit Karl Kollwitz wurde auf den nächsten Sommer festgesetzt. Bis dahin ließ sie sich von ihrer Mutter in die Haushaltsführung einweisen und machte sich an die Arbeit.

Die Abgeschiedenheit tat ihr gut. Vom Lohn erster Auftragsarbeiten mietete sie sich ein Atelier. An den Studienfreund Paul Hey schrieb sie: «Denn wenn ich auch davon überzeugt bin, daß mir die 2 Jahre bei Herterich und in München außerordentlich genutzt haben, so hab ich doch in diesem einen Winter ungleich mehr zustande gebracht als in der ganzen Münchener Zeit. Hier gibt es gar keine Ablenkung und Zersplitterung und das ist mir sehr heilsam.»[87] Käthe übernahm erste Porträtaufträge und versuchte, sich die Grundlagen des Radierens anzueignen.

Gleichzeitig widmete sie sich eigenen Themen und suchte ihre Motive in der Königsberger Arbeiterschaft. Sie trieb sich am Hafen herum, kehrte in eine Kneipe ein, die sie Hey schaudernd, aber nicht ohne Stolz als «wahre Mördergrube» beschrieb: «Abends ist ein riesiger Spektakel drin. Ich hab mich mit dem Wirth angefreundet und am Vormittag, wenn der Saal leer ist, zeichne ich dort, mit Zittern und Zagen.»[88]

Sie suchte die ‹Wirklichkeit›, die sie auf den Bildern der Modernen gesehen hatte. Das Kneipenabenteuer war harmlos, persönlichen Kontakt zu Arbeitern hatte sie nicht und betrachtete das ‹einfache Volk› mit der Naivität der höheren Töchter, überzeugt, ein von gesellschaftlichen Konventionen und Zwängen befreites Leben zu sehen. Wie unrealistisch diese frühe Einschätzung war, sollte sie erst nach der Hochzeit erfahren.

2. Das Leben und die Kunst

Inspiration

Es gibt Ereignisse, die verändern ein Leben für immer. Während man sie erlebt, weiß man es nicht, aber im Rückblick sind die Wendepunkte leicht auszumachen. Die Uraufführung der «Weber» von Gerhart Hauptmann war so ein Wendepunkt: ein Ereignis, das nicht nur Theatergeschichte schrieb, sondern auch dem Leben von Käthe Kollwitz einen entscheidenden Anstoß gab. Der 26. Februar 1893 war ein Sonntag. Die Aufführung war für den Vormittag angesetzt. Käthe verließ die Wohnung und machte sich auf den Weg zum «Theater am Schiffbauerdamm», wo der Theaterverein «Freie Bühne» das umstrittene Stück zeigte, dem es nicht gelang, die Zensurbehörde zu passieren. Es hieß, das Werk über den Weberaufstand von 1844 sei subversiv, staatsfeindlich und stachele zum Klassenhass an.[1]

Otto Brahm, der Präsident der «Freien Bühne», trat an, der Berliner Polizeibehörde das Gegenteil zu beweisen. Mit dem Regisseur Cord Hachmann inszenierte er ein Großprojekt, das rund fünfzig Schauspielerinnen und Schauspieler der verschiedenen Berliner Bühnen zusammenbrachte. Die Veranstaltung war als private Vereinsvorführung deklariert, eine der wenigen Möglichkeiten, unliebsame und von der Zensur beanstandete Stücke aufzuführen. Wenn es gelang, den künstlerischen Eindruck der «Weber» hervorzuheben und jede politische Funktionalisierung unwahrscheinlich erscheinen zu lassen, dann, so die Hoffnung, könnte das Drama die Zensur passieren und am Deutschen Theater aufgeführt werden.

Wie Käthe an eine der begehrten Karten kam, wusste sie später nicht mehr zu sagen. Sie wusste nur, dass sie ohne Begleitung im Zuschauerraum saß. Ihr Mann Karl war beruflich bereits so eingespannt, dass er nicht dabei sein konnte.[2]

Von Hauptmanns «Webern» hatte man schon einiges gehört. Die Berliner waren neugierig, alles, was Rang und Namen hatte, trat kurzerhand der «Freien Bühne» bei und harrte gespannt der Dinge, die da kommen sollten. Im Publikum saß selbstverständlich kein einziger Weber und auch sonst kein Arbeiter. Dafür waren viele Pressevertreter erschienen, die nun selbst überprüfen wollten, ob «die kraftvollen Schilderungen des Dramas (...) einen Anziehungspunkt für den zu Demonstrationen geneigten sozialdemokratischen Theil der Bevölkerung Berlins bieten würden», wie es in der Begründung für das Aufführungsverbot geheißen hatte.[3]

Als der Vorhang sich schließlich hob, blickte das Publikum auf ein altbekanntes Genrebild zur Weberthematik: den Zahltag im Kontor. Hauptmann knüpfte direkt an Carl Wilhelm Hübners Ölgemälde «Die schlesischen Weber» von 1846 an: Ein herablassender Fabrikbesitzer prüft die angebotenen Stoffe und setzt selbstherrlich die Preise fest. Eine Schar Weber erwartet verzweifelt und ohnmächtig das Urteil. Die Jugend rebelliert, allerdings noch erfolglos.[4] Hauptmann hauchte dem bekannten Gemälde Leben ein und schilderte den Aufstand mit der «Treue des Historikers» in vier weiteren Bildern:[5] die Not der Menschen, die Ausbeutung, das Aufbegehren und schließlich das Scheitern.

Das Absingen des «Blutgerichts», des historischen Kampfliedes der schlesischen Weber, brachte den Saal zum Toben. «Hauptmann! Hauptmann!», tönte es aus allen Reihen. Der strahlende Dichter musste hervortreten, um die Menge zu beruhigen, die mit «fieberhaft wachsender Spannung» die Vorgänge auf der Bühne verfolgte.[6]

Überschäumende Gefühle, stürmischer Applaus – die Zuschauer waren gerührt, erschüttert, niedergedrückt. Denn dieses außergewöhnliche Drama rang dem Publikum zwar nach allen Regeln der Kunst Mitleid ab, versagte ihm aber die Erlösung, die Läuterung, den versöhnlichen Ausklang.

«Der Eindruck war gewaltig», erinnerte sich Käthe Kollwitz noch fünfzig Jahre später. «Am Abend war ein festliches Zusammensein in großem Kreise, wo Hauptmann als Führer der Jungen auf den Schild gehoben wurde.»[7] Zum ersten Mal erlebte sie die immense Wirkung, die ein Kunstwerk entfalten kann, das soziale Missstände authentisch und ungeschönt schildert. Dabei blieb die Anklage der Verhältnisse in der Aufführung implizit. Brahm und Hachmann hatten auf die Mitleidsdramaturgie gesetzt, um den Vorwürfen der Zensurbehörde zu entgehen. Dem Drama war die politische Spitze genommen. Alkoholismus und Sexualität blieben außen vor, die kantigen Figuren wurden zur Projektionsfläche einer bürgerlichen Rührseligkeit abgeschwächt.[8] Der Aufruhr war der Forderung nach Menschlichkeit gewichen. Der ungeheuren Wirkung des Stückes tat das keinen Abbruch.

Für Käthe Kollwitz markierte die Uraufführung der «Weber» ihren künstlerischen Neubeginn. Es war die Geburtsstunde der Künstlerin als Sozialkritikerin. Noch ganz ergriffen von den Ereignissen im Theater am Schiffbauerdamm entschied sie sich, das Weberthema graphisch zu bearbeiten. Sie fand damit einen Motivkomplex, mit dem sie das eigene politische Unbehagen ausdrücken konnte. Ihr Werk, zunächst als Illustration von Hauptmanns Drama angelegt, sollte in gleicher Weise wahrhaftig und unverstellt die sozialen Missstände enthüllen.

Fünf Jahre später war aus der Idee ein genuin eigenes Werk geworden: ein Zeugnis der verheerenden Bedingungen, unter denen Arbeiterfamilien in Berlin leben mussten. Der «Weberzyklus» legte den Grundstein für eine beispiellose Karriere und begründete den Ruhm von Käthe Kollwitz bis in die Gegenwart.

Die Familie als Fundament

Als Käthe Kollwitz die Aufführung der «Weber» besuchte, lebte sie noch keine zwei Jahre in Berlin. Sie stand noch ganz am Anfang ihrer Karriere, befand sich in der künstlerischen Findungsphase. Daneben war sie die Ehefrau eines Kassenarztes und die Mutter eines Säuglings. Viel hatte sich verändert in diesen zwei Jahren.

Der Schritt in die Ehe war Käthe bis zum Schluss nicht leichtgefallen. Die Hochzeit fand am 14. Juni 1891 statt. Käthes Vater vollzog die Trauung vor den Augen der Königsberger Gemeinde und segnete die Ehe ein. Carl Schmidt hatte sich mit dem Entschluss seiner Tochter abgefunden. «Du hast nun gewählt», sagte er ihr kurz vor der Zeremonie. «Beruf und Familie wirst du schwerlich vereinen können. Also sei das, was du gewählt hast, ganz!»[9]

Käthe hatte andere Pläne. Sie wollte beides schaffen, Familienleben und Karriere. Im ausgehenden 19. Jahrhundert gab es für dieses ungewöhnliche Unterfangen weder Vorbilder noch Unterstützung. Ihr Mitstreiter war der achtundzwanzigjährige Karl Kollwitz, der kürzlich bei der Krankenkasse der Schneider im Berliner Norden eine erste Anstellung als Arzt gefunden hatte.

Der 1863 geborene Karl war der Sohn einer Familie, die sieben ihrer neun Kinder früh beerdigen musste.[10] Nur die beiden Jüngsten überlebten das Kleinkindalter: Karl und Lisbeth. Sein Vater Friedrich Kollwitz war Sattelmeister und Gastwirt, ein lebensfroher, aber auch jähzorniger Mann, der den Sohn mit aller Härte erzog. Er starb früh an den Folgen einer Lungenentzündung, die er sich beim Löschen einer Feuersbrunst zugezogen hatte, Karl war noch keine acht Jahre alt. Seine Mutter Dorothea, geborene Dannenberg, war mit dem wilden Jungen überfordert und brachte ihn ins Waisenhaus nach Königsberg. Karl war schockiert von diesem Schritt, fand sich aber gut zurecht. «Der Umgang mit lauter Jungen war ihm lieb. Die spartanische Erziehung kräftigte ihn, so daß er in seinem späteren Leben viele Strapazen aushalten konnte.»[11]

Karl lebte nicht ununterbrochen im Waisenhaus. Die Mutter verkaufte den Gasthof im ostpreußischen Rudau, zog nach Königsberg und holte den Jungen wieder zu sich. Kurz darauf erkrankte sie schwer. Wenn sie nachts stöhnend im Bett lag, lief Karl von einer Arztwohnung zur nächsten, bis er einen Mediziner fand, der bereit war, ihn für einen Hausbesuch zu begleiten. Die Angst dieser Nächte und die Dankbarkeit, die er empfand, wenn endlich ein Arzt gefunden war, sollte er zeitlebens nicht vergessen.

Als die Mutter 1878 starb, war Karl vierzehn, seine Schwester Lisbeth elf Jahre alt. Die Familie Dannenberg verwaltete das schmale Erbe der Waisen, zeigte ansonsten aber wenig Interesse am Werdegang der Kinder. Die Not war groß, die Verhältnisse erinnerten an die Romane von Charles Dickens.[12] Glanzpunkte dieser schweren Jahre waren die Sommerferien auf dem Gutshof der Familie Dannenberg. Dort erholten sich die Kinder, halfen bei der sommerlichen Feldarbeit, aßen gut und reichlich und hatten für ein paar Wochen fast wieder ein Elternhaus.

Trotz der widrigen Umstände seiner Jugendjahre gelang es Karl Kollwitz, das Abitur am renommierten Königsberger Wilhelmsgymnasium abzulegen. Es war der Wunsch der verstorbenen Mutter, dass die Geschwister einen nützlichen Beruf erlernten. Lisbeth sollte als Erzieherin ein sicheres Auskommen finden. Karl hatte die Wahl zwischen der Medizin und der Theologie. Er wählte den Arztberuf.

Das kleine Vermögen, das seine Eltern ihm hinterlassen hatten, war bei Studienbeginn jedoch bereits aufgebraucht. Was er zum Studium benötigte, musste er sich zusammenborgen. Nach der schweren Kindheit sollte also auch das Studentenleben nicht frei von Sorgen sein. Umstellt von finanziellen Nöten und Verpflichtungen kämpfte er sich durch. Unter den Kommilitonen und in der Freien Gemeinde Königsberg fand er treue Weggefährten, die ihm Halt gaben. Auch die Familie Schmidt stand ihm zur Seite.

Trotzdem litt Karl immer wieder unter Selbstzweifeln. Er machte sich Vorwürfe, die Schulden quälten ihn. Auf jedes Hoch folgte unweigerlich ein Tief, voller Reue und Selbstvorwürfe. Dann zweifelte er daran, ob es richtig gewesen war, sein unsicheres Leben mit dem seiner jungen Braut zu verbinden.

Zweifel kannte auch Käthe, die nicht sorglos in die Ehe ging. Die

Jahre in München und die Zeit als freie Künstlerin hatten ihre Wirkung entfaltet. Eine eigene Familie zu gründen mochte eine Bereicherung sein, für die künstlerische Karriere einer Frau stellte es eine kaum zu überschätzende Gefahr dar. Es ist anzunehmen, dass die dreiundzwanzigjährige Käthe bereits Frauen getroffen hatte, die mit vielen guten Vorsätzen den Pinsel beiseitegelegt hatten, um zu heiraten: talentierte Frauen vielleicht, die nicht wie geplant an die Staffelei zurückgekehrt waren, deren Begabung verkümmerte, während sie die Kinder versorgten. Nicht umsonst galt unter den angehenden Künstlerinnen das Zölibat als unabdingbare Voraussetzung für eine ernsthafte Karriere.

Käthe machte aus ihren Zweifeln kein Geheimnis. Anlässlich ihrer Silberhochzeit erinnerte sie sich: «Es war kein festes Bauen auf festem Grund. In meinem Gefühl waren schlimme Widersprüche. Zuletzt war es nur dieses Empfinden bei mir: Spring herein – es wird schon gehen.»[13] Auch Karl erinnerte sich an ihr Zögern: «Du hast lange geschwankt, ob Du den Schritt thun wolltest».[14] Am Ende ging sie beherzt und zielstrebig. Ein Leben ohne Liebe war eben nicht vorstellbar und sie hatte Karl ein Versprechen gegeben. Sie war fest entschlossen, ihr Glück zu machen.

Berlin sollte Käthe und Karl Kollwitz zur Heimat werden. Ihre Wohnung lag nicht im brausenden Zentrum der Stadt, sondern weit im Norden, in einem Arbeiterviertel am Wörther Platz. In der Weißenburger Straße 25, einem Eckhaus zur Treskow Straße, richtete sich das frisch vermählte Paar ein. Sie sollten fast ihr ganzes Leben lang dort wohnen bleiben.

Dass die Armut gleich nebenan hauste, war auf den ersten Blick nicht zu erkennen. Breit und geschäftig lagen die Straßen und Alleen des Viertels da, gesäumt von endlosen Reihen hoher Häuser mit schwerem Ornament und nutzlosen Balkonen.[15] Um den Wörther Platz prägten die vielgescholtenen Mietskasernen das Straßenbild. «Schuster Wilhelm aus der Mansarde und die alte bettlägerige Frau Schulz im Hinterhaus, deren Tochter durch Nähen oder Putzarbeiten den notdürftigen Lebensunterhalt besorgt, werden in dem 1. Stockwerk bekannte Persönlichkeiten. Hier ein Teller Suppe zur Stärkung bei

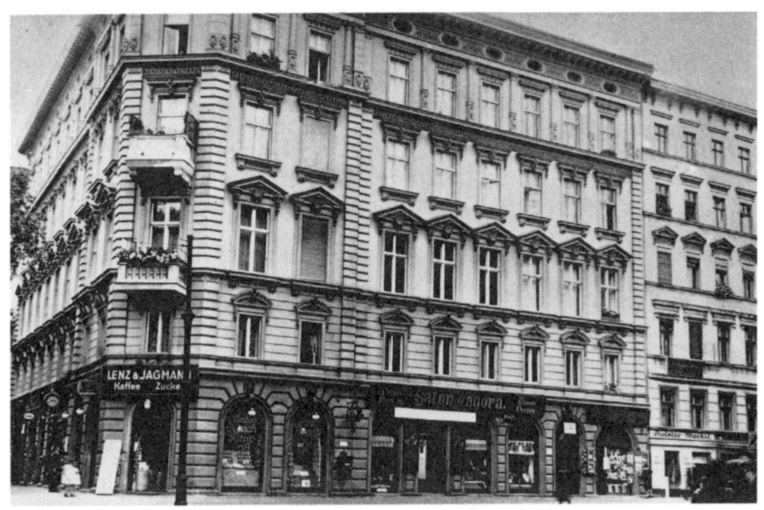

4 Berlin, Ecke Weißenburger Straße/Treskowstraße, 1940

Krankheit, da ein Kleidungsstück, dort die wirksame Hilfe zur Erlangung freien Unterrichts oder dergleichen.»[16] So idyllisch malte sich der Stadtplaner James Hobrecht das Leben in der Mietskaserne aus.[17] Die Realität sah freilich anders aus. Hinter den verschwenderischen Quadersteinen und aufwändigen Fassaden verbarg sich die Not. Im Vorderhaus mochte die Welt noch in Ordnung sein, aber schon in den Seitenflügeln wurde es eng, und wer hinter dem Innenhof in einem Querflügel unterkam, der hatte kaum Licht, kaum Luft.

Als der Kiez um den Wörther Platz in den 1860er Jahren entstand, lebten Handwerker, Akademiker, Beamte und Arbeiter noch dicht beieinander. Doch im Frühsommer 1891, als Käthe und Karl Kollwitz in die Weißenburger Straße zogen, war die soziale Entmischung in vollem Gange. Wer es sich leisten konnte, mietete in den Villenvierteln des Berliner Südwestens.[18] Rund um den Wörther Platz blieben die Arbeiterfamilien zurück. Die Beschäftigten der Textilindustrie drängten sich in den Mietskasernen. Von der stadtplanerischen Idylle keine Spur.

Käthe und Karl Kollwitz zogen hier mitten hinein, auch wenn die Weißenburger Straße 25 als Eckhaus keine Flügel besaß und mit zehn

Mietparteien eine recht übersichtliche Belegschaft zu verzeichnen hatte. Die direkten Nachbarn waren Kaufleute, Beamte und Freiberufler.[19] Aber die Entbehrung wohnte nur ein paar Häuser weiter. Sie wartete auf der Treppe, kam in die Praxis und manchmal auch ins Atelier.

Infektionskrankheiten hatten es leicht in den Mietskasernen. Im Sommer raffte die Cholera die kleinen Kinder nur so dahin. Schlechte Luft, verdorbene Milch und Hitze, etwas anderes kannten diese Knirpse nicht.[20] Auch die Eltern waren geschwächt. Zu viele Menschen auf zu engem Raum, das Zusammenleben mit Kranken, schlechte Ernährung, schlechte Luft, schlechte Arbeitsbedingungen – selbst an sich gesunde und kräftige Männer und Frauen hatten dem wenig entgegenzusetzen. Wer an den Infektionen nicht starb, landete häufig beim Alkohol oder auf dem Tisch einer Engelmacherin. Die häufigen Schwangerschaften waren eine massive Belastung für Frauen aus der Arbeiterschaft. Wirksame Verhütungsmittel existierten nicht, und so sahen viele Frauen nur diesen einen Ausweg. Sie kratzten die letzten Pfennige zusammen und nahmen das Risiko einer Abtreibung auf sich, trotz der Gefahr für Leib und Leben.[21]

Hinzu kamen Gewalt und Prostitution. Schwere Schlägereien waren an der Tagesordnung. Prellungen, Blutergüsse, kleinere, aber auch lebensbedrohliche Wunden mussten medizinisch versorgt werden. Und alle paar Wochen betrat ein Arzt die finsteren Behausungen der Arbeiterschaft, um den Totenschein auszustellen für einen, der das Elend nicht mehr ertragen und seinem Leben ein Ende gesetzt hatte.[22]

Körperverletzungen, Geschlechtskrankheiten, verpfuschte Abtreibungen, Lungentuberkulose, Seuchen und Suizide gehörten zur traurigen Realität, mit der sich Käthe und Karl Kollwitz konfrontiert sahen. Die Zeiten waren schlecht. Seit dem Gründerkrach von 1873 befand sich Europa in einer wirtschaftlichen Depression.[23] In der ersten Hälfte der 1890er Jahre stagnierte die Wirtschaft auf einem niedrigen Niveau. Berlin bekam den Konjunktureinbruch besonders deutlich zu spüren. Die Zahl der Arbeitslosen wuchs hier stärker als anderswo. Im Winter 1890/91 waren rund 70 000 Berliner ohne Arbeit und damit ohne Einkommen. Der Staat zahlte keinerlei Unterstützung und die Gewerkschaften hatten kaum die Mittel, ihren Mitgliedern zu helfen. Gleichzeitig stiegen die Preise für Lebensmittel, was die Lage der Arbeiterfamilien drastisch verschärfte. Die Menschen hungerten, und die Sozialdemokratie veranstaltete Arbeitslosenversammlungen und aufsehenerregende Demonstrationen.

In Käthes erstem Berliner Winter plünderten Hungernde in den südlichen und östlichen Arbeitervierteln der Stadt Geschäfte, um sich mit dem Nötigsten zu versorgen.[24] Das machte einen tiefen Eindruck auf die junge Künstlerin, nie zuvor war sie mit den Auswüchsen der Armut so direkt konfrontiert worden. Die Armen, denen sie in Berlin begegnete, waren nicht von einem Dichter verklärt, nicht von einem Maler veredelt. Sie waren real, hatten hässliche Probleme, geschundene Körper, blaugeschlagene Augen und hungrige Kinder, die an ihnen zerrten. Die Wirkung war außerordentlich und folgenreich, denn die Konfrontation mit dem Großstadtelend veränderte Kollwitz' Sicht auf die Welt und prägte ihre Kunst zutiefst.

Doch zunächst einmal galt es, ein Leben aufzubauen. Käthe und Karl Kollwitz fingen in Berlin klein an. Im Vergleich zur Nachbarschaft waren die Verhältnisse respektabel. Die Wohnung in der Weißenburger Straße lag im zweiten Stock, der sogenannten Beletage, und gehörte damit zu den komfortableren und teuersten des Hauses.[25] Gerade richtig für einen jungen Mann, der sich als Arzt nicht nur der Beschäftigten der Konfektionsschneidereien annahm, sondern auch eine Privatpraxis aufzubauen versuchte.

Das erste eigene Heim hatte vier repräsentative Zimmer. Zwei davon waren durch die Praxis belegt. Daneben gab es ein Wohn- und ein Schlafzimmer sowie eine Küche. Für ein Atelier reichten die Mittel lange nicht aus. Käthe arbeitete daher tagsüber in der Wohnung ihrer Schwägerin. Lisbeth Kollwitz war Lehrerin und lebte im ersten Stock des Hauses, bis sie 1900 an Tuberkulose starb.

«(...) daß man 52 Jahre in Berlin in einem Haus wohnte, das einem nicht gehörte, das auch gar nicht besonders schön war, das ist wohl eine Seltenheit», erinnerte sich Hans Kollwitz 1949 in einem Brief an den Künstler Herbert Tucholski.[26] Immerhin, über die Jahre breitete sich die Familie aus und mietete nach und nach weiteren Wohnraum an. Als die Kinder älter waren und das Geld nicht mehr so knapp, zogen sie in den dritten Stock. Hans hatte ein Zimmer im Stockwerk darüber und Peter wohnte im Eckzimmer mit Balkon. Die Praxis verblieb in der zweiten Etage. Nebenan richtete Käthe endlich ihr eigenes Atelier ein, wo von da an alle ihre frühen Arbeiten entstanden. Erst 1912 mietete sie für ihre Bildhauerei einen Arbeitsraum außerhalb des Hauses an. Mit den Graphiken zog sie 1928 aus, als die Akademie der Künste ihr zwei geräumige Ateliers anbot.

Zentrum des gemeinsamen Lebens war das Wohnzimmer: Käthes Schwester Lisbeth nannte die Stube mit dem Tisch in der Mitte und der Hängelampe darüber «das Fundament der Familie», unveränderlich über all die Jahre, fast wie «ein frommer Ort mit seinen religiösen Symbolen».[27] Hier versammelten sich die Familienmitglieder zum Essen und zum Feiern. Hier wurde gelesen, diskutiert, getanzt, wurden die Aufführungen der Kinder beklatscht und Pläne geschmiedet. Jahrein, jahraus deckte die Haushälterin Lina den Kaffeetisch für die unzähligen Besucher, Weggefährten und Ratsuchenden.

Karl und Käthe waren einander in Liebe zugetan. Sie lebten glücklich miteinander, probierten sich aus, erprobten die Ehe und richteten sich das Leben nach ihrem Geschmack ein. Das Fernsein von Königsberg hatte Käthe schon in den Münchener Studienjahren gefallen. Ihre Eltern lebten traditionsverbunden und religiös, was ihr veraltet und überholt schien. In Berlin fiel es ihr leichter, sich zu entfalten. Käthe und Karl suchten ihren Weg jenseits der alten Strukturen und Vorbilder. Und dabei waren sie nicht allein.

Käthes Lieblingsschwester Lisbeth heiratete 1893 den Ingenieur Georg Stern und lebte mit ihm ebenfalls in Berlin. Die Schwestern nahmen ihre enge Beziehung wieder auf. Der Bruder Conrad kehrte mit seiner Frau Anna Mitte der 1890er Jahre aus der Schweiz nach Berlin zurück und nahm eine Stelle in der Redaktion des «Vorwärts» an. Über ihn stand Käthe in Kontakt zu sozialdemokratischen Theoretikern und Journalisten. Auch die Jugendfreundin Helene Freudenheim zog nach der Hochzeit mit dem Publizisten Joseph Bloch in die Hauptstadt des Deutschen Reiches. Berlin wuchs zum politischen und kulturellen Zentrum heran und Käthe Kollwitz war, noch ganz in stiller Arbeit versunken, ein Teil davon. Jeden Tag bewies sie, dass es ihr ernst war mit der Kunst. Karl unterstützte sie dabei und verschaffte ihr Raum und Zeit zum Arbeiten, soviel er konnte.

Er selbst arbeitete hart und war im Viertel bald ein gefragter Arzt. Die Kranken kamen zu ihm in die Praxis, warteten im engen Flur oder bis hinaus auf die Treppe, denn das Wartezimmer war gewöhnlich überfüllt. Wenn alle versorgt waren, machte sich Karl Kollwitz auf den Weg, die Bettlägerigen zu Hause zu besuchen. Für Notfälle hatte man eine Nachtglocke installiert. Karl wollte helfen und tat es, wo immer es nötig war. Die Arbeitslast war enorm – für das Privatleben blieb ihm wenig Zeit.

Auch Käthe hatte viel zu tun. Sie war entschlossen, das Radieren zu erlernen, und das kostete sie einige Mühe. Schließlich war sie eine ausgebildete Malerin, zwar mit erheblichem Zeichentalent, aber eine fundierte Ausbildung im Bereich der Druckgraphik hatte sie nie erhalten. Das Radieren war ein Zugeständnis, ein Kompromiss, den sie einging, weil sie Kunst und Familie verbinden wollte. Ihrem Studienfreund, dem späteren Illustrator Paul Hey, erklärte sie Monate vor der Hochzeit: «Ich habe angefangen zu radieren (...) aus der praktischen Überlegung, daß ich in Berlin für die ersten Jahre meiner Verheiratung kaum Geld genug haben werde, um mir ein Atelier zu mieten. Und in engen Stuben, die man bewohnt, Ölbilder zu malen, das ist ein trauriger Gedanke. Das Radieren ist doch lange nicht so umständlich.»[28]

Im Vergleich zur Ölmalerei mochte die neue Technik praktischer erscheinen, doch ganz so leicht war der Wechsel vom Pinsel zur Radiernadel nicht. Vor der Abreise von Königsberg war wenig Zeit geblieben. Käthe hatte ihren ehemaligen Zeichenlehrer Rudolf Mauer gebeten, ihr zu zeigen, «wie man eine Platte grundiert und was für Ätzwasser man gebraucht».[29] In Berlin musste sie nun allein zurechtkommen. Weitergehenden Unterricht konnte sie sich nicht leisten, und so blieb ihr nichts übrig, als auf eigene Faust zu arbeiten. Das war langwierig und zeitaufwändig – und dann kamen auch schon die Kinder.

Bis weit ins 20. Jahrhundert hinein war Ehe gleichbedeutend mit Familie. Wo ein Mann und eine Frau heirateten, ließ die erste Schwangerschaft meist nicht lange auf sich warten. Von Enthaltsamkeit abgesehen gab es keine zuverlässigen Verhütungsmethoden. Aus diesem Grund hegten die angehenden Künstlerinnen aus Käthes Studienzeit so große Vorbehalte gegen die Ehe. Wo eine Hochzeit unweigerlich die Mutterschaft nach sich zog, waren die Bedingungen für das freie künstlerische Schaffen schlecht. Dass es nicht ganz unmöglich war, dafür ist Käthe Kollwitz eines der seltenen Beispiele.

Wenige Monate nach der Eheschließung war Käthe Kollwitz schwanger. Sie freute sich und hatte gleichzeitig das Gefühl, sie müsse sich vor den Münchener Freundinnen für ihren Zustand rechtfertigen. Ihr ginge es ganz schön «kodderig», schrieb sie an die Freundin Jeep, die ihr zeitlebens eine Vertraute war. Das sei in den ersten Monaten der Schwangerschaft wohl üblich. Trotzdem bat sie um Verschwiegenheit: Die jungen Kolleginnen beäugten ihre Ehe ohnehin schon skeptisch. Sie würden die Bedeutung ihres Zustands missverstehen und «gleich wieder eine Verfemung des Heiratens daraus machen.»[30]

Müdigkeit, Unwohlsein und Schwerfälligkeit schreckten Kollwitz nicht. Sie arbeitete weiter, mühte sich mit der Kaltnadel ab und entwarf Bildmotive, die sich um Émile Zolas Roman «Germinal» drehten. Die Monate vergingen und die Schwangerschaft schritt voran. Mittlerweile war der Frühling des Jahres 1892 angebrochen. Käthe tauschte mit Jeep erwartungsvolle Briefe. «Es war wie ein gemeinsames Abenteuer, über dessen Fortgang ich auf dem Laufenden blieb», erinnerte sich diese später. Sie lebte zu der Zeit bei ihren Eltern auf dem Land und wartete ungeduldig auf die Ankunft des kleinen Menschen. Ihre Mutter amüsierte sich: «Ihr tut so, als wenn es mit einer Droschke angefahren käme.»[31]

Mit einer Droschke kam Hans Kollwitz freilich nicht. Als die Wehen einsetzten, waren sie sehr heftig.[32] Käthe arbeitete gerade an einer kleinen Radierung (Abb. 5): Ein Ehepaar steht vor einer angedeuteten Landschaft beisammen. Auf dem Arm des Mannes ein Kleinkind, dem er sich liebevoll zuwendet. Halb verborgen hinter seinem Bein hat er einen Henkelkorb abgestellt, der wohl seine Mittagsmahlzeit enthält. Das Bild zeigt eine unbeschwerte Familienszene aus dem Arbeitermilieu. Sie trägt den Titel «Begrüßung», was besonders gut in den Entste-

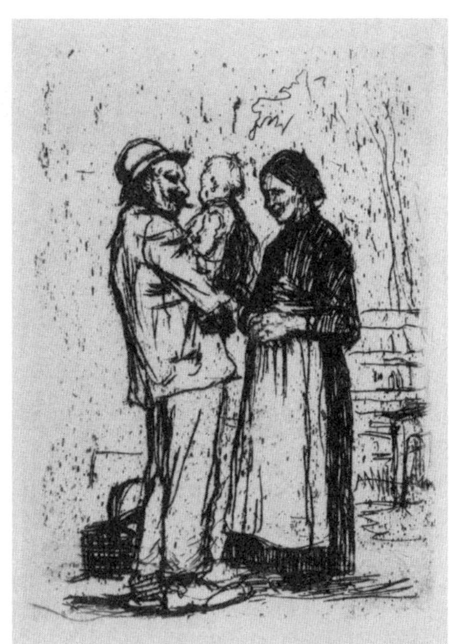

5 Käthe Kollwitz, Begrüßung, 1892, Radierung, Hannover, Sprengel Museum

hungszusammenhang passt. Wegen der einsetzenden Wehen lag die Platte zu lange im Ätzwasser. Darum sei sie etwas zu dunkel geraten, wie Käthe Kollwitz später zu erzählen pflegte.[33] «Begrüßung» erinnerte sie zeitlebens an die Geburt ihres ersten Sohnes. Noch im letzten Tagebucheintrag vom Mai 1943 erwähnte sie die kleine Radierung, «die mit seinem Geburtstag eng zusammenhängt». Kollwitz hatte sie dem Sohn noch einmal auf den Gabentisch gelegt.[34]

Nach der Entbindung am 12. Mai 1892 war die Stimmung verändert. Käthe war schwach und von Krankheiten geplagt, Fieber, Entzündungen, Magenkrämpfen und Kraftlosigkeit. Von der freudigen Aufbruchsstimmung war nichts geblieben. Jeep schickte vom Land einen hüfthohen Karton mit Fliederblüten,[35] ein Frühlingsgruß, der sich ebenfalls mit Hans' Geburtstag verband.

Die Mutterschaft war für Käthe ein berauschender und zugleich beängstigender Gedanke. Die Arbeit ließ sich mit ihren neuen Pflichten scheinbar gut vereinbaren. Kollwitz' Handzeichnungen zeugen davon.

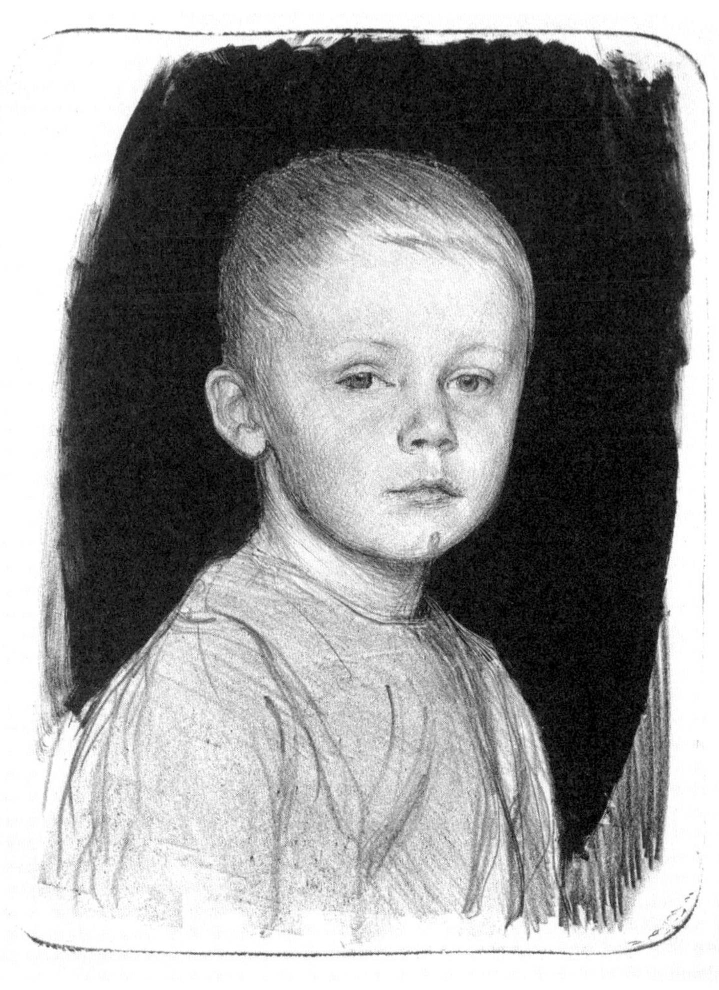

6 Käthe Kollwitz, Bildnis von Hans Kollwitz, 1898, Radierung, Staatliche Museen zu Berlin, Kupferstichkabinett

In unzähligen Skizzen hielt sie den kleinen Hans als Säugling fest: friedlich schlafend, mal von der einen, mal von der anderen Seite, das Köpfchen geneigt, die Arme gereckt, mal schaut er und lächelt.[36] Für die junge Mutter ein optimales Modell.

Käthe Kollwitz äußerte sich später immer positiv über die Mutterschaft. Sie ging die neue Aufgabe sehr pragmatisch an: «Während der Hans in seinem Wägelchen unten auf dem Wörther Platz herumgefahren wurde, war sie oben um eine ihrer Darstellungen bemüht», berichtete Jeep.[37] Daran änderte auch die Geburt des zweiten Sohnes nichts. Fast vier Jahre nach Hans kam am 6. Februar 1896 Peter zur Welt. Zu diesem Zeitpunkt war Käthe das Leben als Mutter und Künstlerin schon zu einer Selbstverständlichkeit geworden. Von ihrer zweiten Schwangerschaft, von Geburt und früher Kindheit des Kleinen haben sich kaum Anekdoten, Notizen oder Zeichnungen erhalten.

Zeit war auch schon damals das teuerste Gut für eine berufstätige Mutter. Kollwitz hatte Glück, sie konnte sich Zeit verschaffen, indem sie Personal einstellte. Lina Mäkler kümmerte sich um die zeitraubende Hausarbeit und ein Kindermädchen half in den ersten Jahren bei der Kinderbetreuung. Unterstützt von diesen tatkräftigen Händen konnte Käthe ihre Arbeit fortsetzen.[38] Trotzdem waren die Möglichkeiten begrenzt, die Zeit immer zu knapp, als dass die Bedürfnisse von Mutter und Kindern gleichermaßen hätten befriedigt werden können. 1898, als Hans bereits zur Schule ging und Peter zwei Jahre alt war, erwähnte Käthe in einem Brief an die Königsberger Freundin Helene, es blieben ihr am Tag nicht mehr als zwei bis drei Stunden für die Arbeit.[39]

Hans Kollwitz schilderte Käthe als «eine unzärtliche Mutter», der es schwergefallen sei, ihre Gefühle zu zeigen.[40] Ein überraschendes Urteil, denn im Folgenden entwarf er das Bild einer Mutter, die sehr eng mit ihren Kindern zusammenlebte, sich Zeit nahm und sich an den «phantastischen Spielen» der Söhne begeisterte. Sie ließ sich von Hans Dramen diktieren und verfolgte die Aufführungen der Kinder, ja, in Ausnahmefällen übernahm sie sogar selbst eine Rolle.[41] Entsprechend dem bürgerlichen Wertekanon förderte sie die musischen Fähigkeiten der Söhne, unterstützte Hans beim Schreiben und Peter beim Malen. Ge-

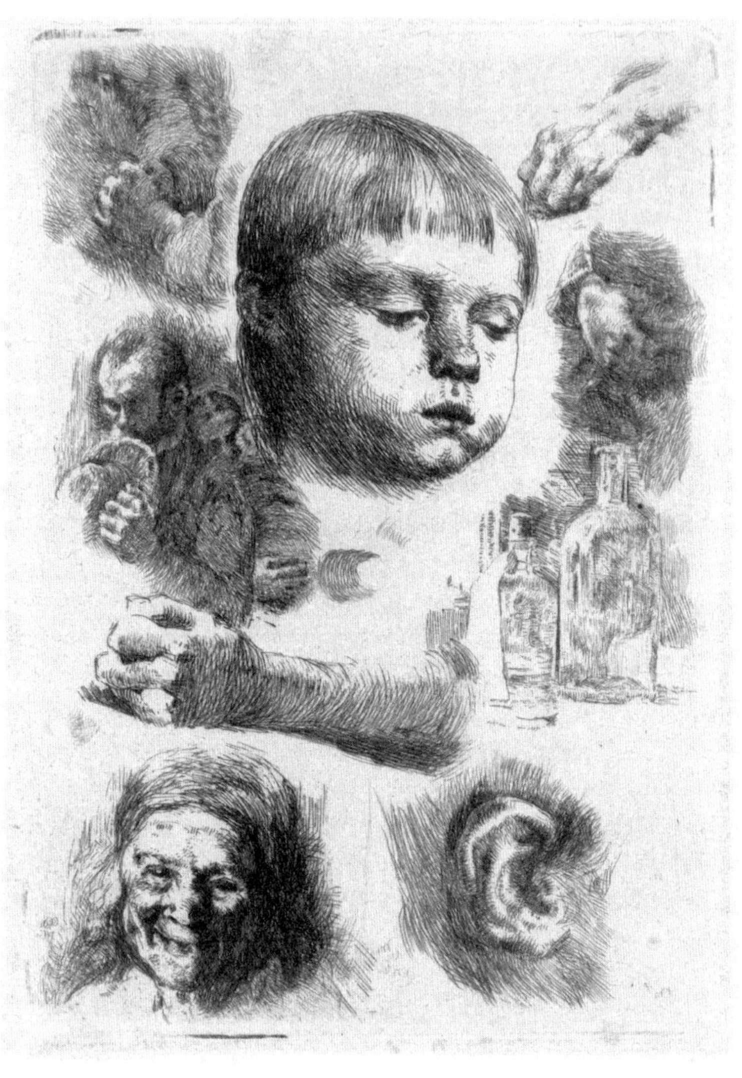

7 Käthe Kollwitz, Studienblatt, 1890/91, Radierung und Kaltnadel, Staatliche Museen zu Berlin, Kupferstichkabinett

meinsam lasen sie Märchen, Gedichte, literarische Klassiker und naturalistische Dramen, manches Fremdsprachige im Original.[42]

Auch als die Söhne dann älter waren, stand Käthe Kollwitz ihnen nahe. Sie wünschte sich eine kameradschaftliche, vertrauensvolle Beziehung, wollte die Zwei unterstützen, ohne starre Vorgaben zu machen. Hans und Peter sollten eigene Vorlieben und Perspektiven entwickeln, nicht blind den elterlichen Einflüssen folgen. Das Erziehen fiel Käthe schwer, sie fühlte sich oft selbst noch zu unreif.[43] Doch sie erfüllte ihre Rolle als Mutter gewissenhaft und engagiert, kritisch und wertschätzend. Die Tagebücher und Briefe präsentieren das Bild einer zugewandten Mutter, und nie klagte sie über ihre Pflichten. Anders als ihre Ehe stellte sie die Mutterschaft auch nie in Frage oder malte sich ein Leben ohne Kinder aus. Käthe Kollwitz war gerne Mutter – und schuf ausgerechnet in der Zeit, als die Kinder klein waren und viel Aufmerksamkeit brauchten, ein Kunstwerk, das ihren Ruhm begründen sollte.

Talent und Glück

«Unendlich Vieles was ich machte war direkt zum Zerreißen», gestand Kollwitz einem Bekannten, den die Familie 1903 im Urlaub kennengelernt hatte.[44] Ein früher Kritiker bestätigte diesen Eindruck: «Zuweilen haut sie auf die Kupferplatte mit einer allzu großen Wucht ein. Der Strich ihrer Radiernadel verrät Ungeduld und Ermüdung an dem Handwerksmäßigen. (…) Kurz ihre Drucke ertragen eine zu eingehende Untersuchung in allen Einzelheiten nicht, sie müssen als Ganzes wirken.»[45]

Immerhin wirkte ihr Werk. Die wenigen Radierungen, die vor dem «Weberzyklus» entstanden und erhalten geblieben sind, zeigen meist Detail- und Einzelstudien: einen Mann mit Hut, eine Hand, das Gesicht einer alten Frau, ein Ohr, Flaschen, einen Kinderkopf, alles auf einem Blatt versammelt (Abb. 7). Das «Lesende Mädchen mit einem Weinglas» arbeitete Kollwitz bereits voll aus. Radierungen mit männlichen und weiblichen Aktdarstellungen entstanden vermutlich noch vor der Eheschließung. Außerdem radierte sie Selbstporträts und sparte sich damit die Kosten für ein Modell.

Ihr erstes großes Projekt ging von Zolas Bergarbeiterroman «Germinal» aus. Ursprünglich hatte sie dazu ein Ölgemälde schaffen wollen. Als dann aber klar war, dass sie es vor dem Umzug nach Berlin nicht mehr fertigstellen würde, machte sie alle notwendigen Vorarbeiten, um das Motiv als Radierung auszuführen.[46] Dann kam die «Weber»-Aufführung. Käthe legte die «Szene aus Germinal» beiseite und widmete sich dem neuen Thema. Es war ein folgenreicher Wechsel, denn sie tauschte nicht einfach einen naturalistischen Autor gegen einen anderen aus. Vielmehr wurde die Kunst zum ersten Mal in ihrer Laufbahn zum politischen Instrument.

«Das Arbeiterleben in seinen charakteristischen Situationen» war von Anfang an ihr Thema gewesen. Schon in Königsberg hatte sie schaudernd in Hafenkneipen gesessen und Arbeiter skizziert. Sie wollte aus dem Leben schöpfen, zeigen, was in der Kunst bisher kaum zeigbar gewesen war. Ursprünglich hatte ihre Hinwendung zur Arbeiterschaft jedoch rein ästhetische Gründe.

In ihren Lebenserinnerungen erklärte Kollwitz: «Das eigentliche Motiv aber, warum ich von jetzt an zur Darstellung fast nur das Arbeiterleben wählte, war, weil die aus dieser Sphäre gewählten Motive mir einfach und bedingungslos das gaben, was ich als schön empfand.»[47] Schön, das war für sie das einfache Volk wie die Königsberger Lastenträger oder die Gäste in den Hafenkneipen. Ohne jeden Reiz dagegen waren ihr Menschen aus dem Bürgertum. Sie kamen als Modelle nicht in Frage. «Das ganze bürgerliche Leben erschien mir pedantisch.»[48] Anders die Arbeiterschaft: «Eine Arbeiterfrau zeigt mir von ihrer Gestalt und ihrem Wesen viel mehr, als die durch Konventionen überall in ihrem Tun und Lassen eingeengte Dame. Sie zeigt mir ihre Hände, ihre Füße, ihre Haare, sie läßt mich durch das Kleid hindurch ihren Körper sehen; sie gibt sich auch in ihren Gefühlsäußerungen viel unverhüllter.»[49]

Kollwitz zeigte eine Arbeiterfamilie bei der «Begrüßung», präsentierte «Heimkehrende Arbeiter am Lehrter Bahnhof», ließ sich von

Zola zur Kampfszene aus «Germinal» inspirieren und setzte das verzweifelte Gretchen aus Goethes «Faust» in einfachen Kleidern «An die Kirchenmauer». In ihrem Frühwerk porträtierte sie Gesichter aus der Arbeiterschaft, aber sie erhob keine Anklage gegen die bestehenden Verhältnisse. Das änderte sich erst mit dem Weberthema. Hier fand sie zum ersten Mal eine Möglichkeit, ihr Unbehagen an den gesellschaftlichen Zuständen auszudrücken.

Die Veränderung schien zunächst graduell. Käthe ließ sich erneut von einem literarischen Werk inspirieren und plante ihren «Weberzyklus» als Illustration von Hauptmanns Drama. Ein Jahr nach der Uraufführung informierte sie den Dichter über ihr Vorhaben und lud ihn ein, sich die bereits vorhandenen Blätter anzusehen. Hauptmann solle sich selbst ein Urteil bilden, «ob und in wieweit meine Arbeit Ihnen zusagt. Außerdem werde ich – freilich ganz skizzenhaft – eine Reihe von Zeichnungen bei der Hand haben, die ungefähr zeigen könnten, wie ich mir die Illustrierung der Weber denke», schrieb sie ihm im April 1894.[50] Ob Gerhart Hauptmann tatsächlich in die Weißenburger Straße kam und die Vorarbeiten kommentierte, ist nicht überliefert. Am Ende ist es auch unerheblich, denn was Käthe Kollwitz im Frühjahr 1898 der Öffentlichkeit präsentierte, war eine eigenständige künstlerische Leistung, die mit dem naturalistischen Drama nur noch das Thema gemein hatte.

«Niedrige Stuben, Löcher, verdorbene Luft, halbnackte Kinder, am rasselnden Webstuhl sitzen im schlecht geheizten Raum die bleichen abgehärmten Gestalten.»[51] Gerhart Hauptmann ging das Elend der schlesischen Weber nah. Sein Großvater hatte zu Beginn des 19. Jahrhunderts eine Zeit als Weber gearbeitet, ihm war das Stück gewidmet, das von den historischen Ereignissen des Jahres 1844 erzählte. Als naturalistischer Dichter machte Gerhart Hauptmann ausführliche Recherchen, führte Interviews vor Ort und erlernte sogar selbst einzelne Arbeitsschritte der Leinenweberei.

Für die Arbeit von Käthe Kollwitz waren derartige Nachforschungen nicht nötig. Sie nutzte das historische Thema, um ihr politisches Missfallen an den zeitgenössischen Verhältnissen auszudrücken. Die einzelnen Blätter ihres «Weberzyklus» – «Not», «Tod», «Beratung», «Weberzug», «Sturm» und «Ende» – zeigen die Ausweglosigkeit, das

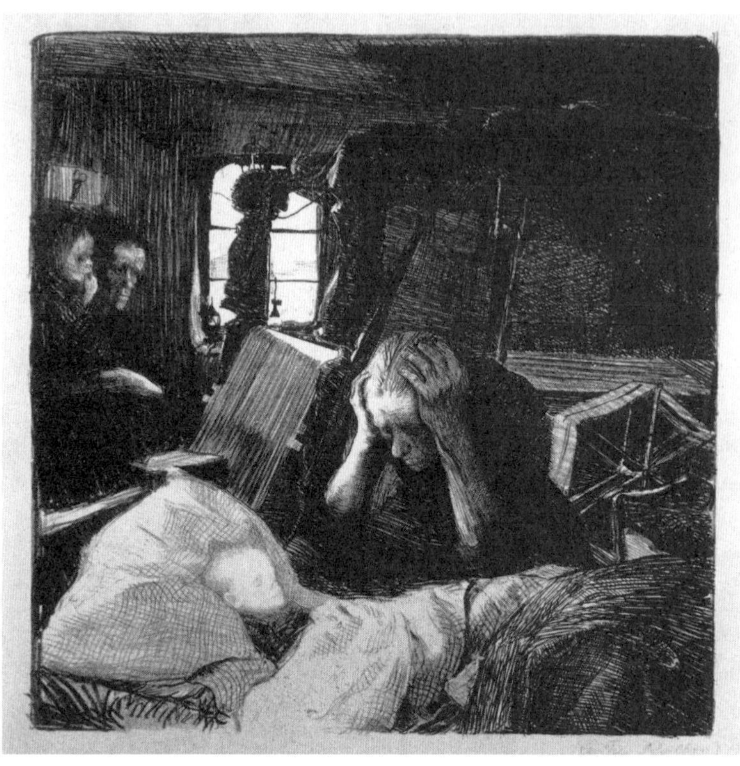

8 Käthe Kollwitz, Not, Blatt 1 aus dem Zyklus «Ein Weberaufstand», 1893–1897, Lithographie, Staatliche Museen zu Berlin, Kupferstichkabinett

Aufbegehren und das Scheitern von Menschen, die ihr tägliches Brot in harter Heimarbeit verdienen. Mit diesem Thema hatte Käthe Kollwitz in Berlin eigene Erfahrungen gemacht, denn die Schneiderinnen und Schneider der Konfektionsindustrie arbeiteten wie die schlesischen Weber im historischen Beispiel nicht in großen Werkstätten, sondern unter fragwürdigen Bedingungen in den eigenen Wohnungen. Auch sie litten unter den miserablen Konditionen des Agentursystems. Käthe Kollwitz trug das Elend vor ihrer Haustür in die Kunst. Sie klagte die Missstände an, die ihr selbst jeden Tag vor Augen standen.

Darum schilderte sie auch nicht die konkrete Ungerechtigkeit eines einzelnen Fabrikanten. Sie thematisierte vielmehr die allgemeinen Aus-

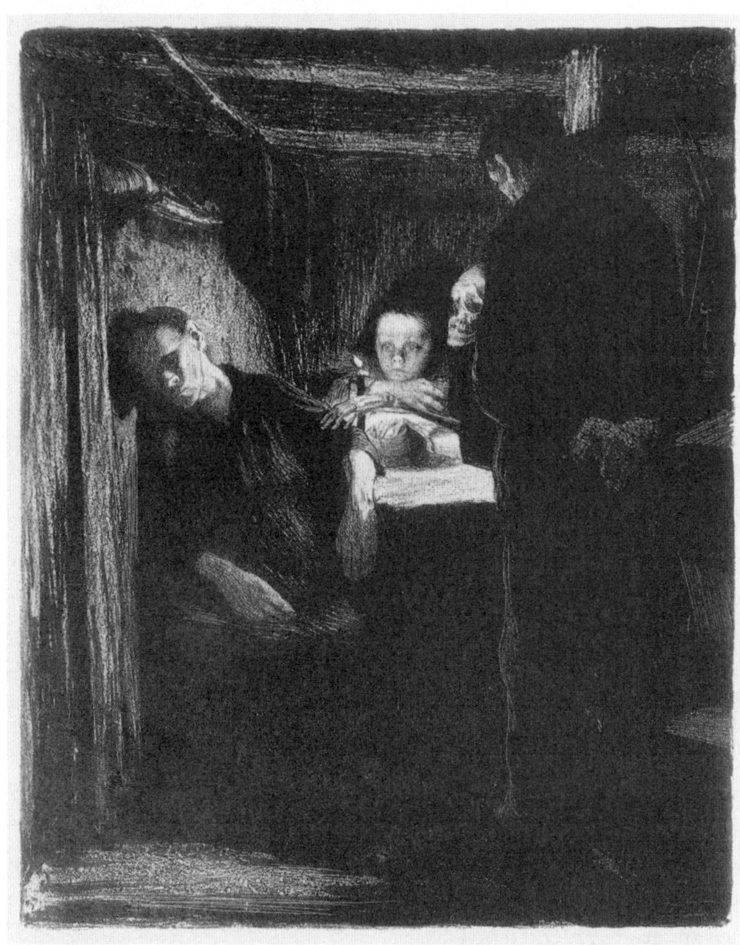

9 Käthe Kollwitz, Tod, Blatt 2 aus dem Zyklus «Ein Weberaufstand», 1893–1897, Lithographie, Staatliche Museen zu Berlin, Kupferstichkabinett

wüchse der Ausbeutung: Auf dem ersten Blatt «Not» (Abb. 8) erblickt man die stumme Verzweiflung einer Mutter am Krankenbett ihres vom Tod gezeichneten Kindes. Auf dem zweiten Blatt «Tod» (Abb. 9) holt sich der Knochenmann die Mutter selbst. Die Familie hat sich am leeren Tisch versammelt, der Tod sitzt schon dabei. Er greift über das Kind hinweg und berührt die erschöpfte Mutter sanft am Arm. Die umgestülpte Schale lässt keinen Zweifel daran, dass sie an Hunger stirbt. Und auch ihr Kind schaut mit bedenklich hohlen Hungeraugen vor sich hin. Der Tod ist elementarer Bestandteil der düsteren Familienszene. «Not» und «Tod» sind die Ausgangspunkte des Weberaufstands. Käthe Kollwitz drang gleich zu Beginn ihres Zyklus in die Familie vor und zeigte das persönliche Leiden als Ursache der Erhebung. Sie ging damit über Gerhart Hauptmann hinaus, der in seinem zweiten Akt mit Moritz Jäger eine Hoffnungsfigur auftreten lässt, die den Webern einen Ausweg weist.

Die Kneipenszene «Beratung» spricht mit ihrem starken Hell-Dunkel-Kontrast von Selbstbehauptung und Aktion. Noch beraten sich die vier Männer, die da am hintersten Ende eines Tisches die Köpfe zusammenstecken, doch ihre Fäuste sind geballt und der Aufbruch ist schon fast beschlossen. Darauf folgt der «Weberzug». Männer, Frauen und Kinder machen sich auf den Weg zur Fabrikantenvilla. Nur wenige Männer im Hintergrund singen, wahrscheinlich das «Blutgericht». Die anderen senken den Blick. Insgesamt herrscht nicht der Eindruck entschlossener Kampfbereitschaft – Erschöpfung und Skepsis sprechen aus den Gesichtern. Schon hier muss sich der Betrachter fragen, ob diese Revolte überhaupt erfolgreich sein kann. Der Eindruck erhält sich auch im nächsten Blatt, «Sturm». Während Hauptmann das Innere der Villa zeigt, bleibt Käthe Kollwitz bei den Webern. Die Gegner treten nicht in Erscheinung, weil der Kampf sich nicht gegen konkrete Menschen und Familien richten kann, sondern immer nur gegen das System, gegen die ausbeuterische Struktur, die den einen im Überfluss, den anderen in Elend leben lässt.

Die stürmenden Weber wirken klein angesichts der Mauern der Villa. Sie sind in Rückenansicht zu sehen, recken die Fäuste, klauben Steine vom Boden, einer schwingt eine Axt. Der Protest, man ahnt es schon, wird an dem gusseisernen Tor wirkungslos zerschellen. Den Webern gelingt es nicht, das Haus zu erstürmen, sie jagen den Fabrikanten nicht in die Flucht, sie zerstören nicht sein Hab und Gut und denken auch nicht darüber nach, ob das Haus feuerversichert ist oder ob es sich lohnt, das Dach anzuzünden.[52]

Das letzte Blatt bestätigt diese Ahnung. Viel deutlicher als Hauptmann zeigt Kollwitz das Scheitern der Revolte. Die brutale Niederschlagung des Weberaufstands ist im vollen Gange. Die Toten, 1844 hatte es elf gegeben, werden in eine Weberstube getragen und betrauert.

Käthe Kollwitz machte im Frühling 1893 die ersten Skizzen und stellte den Zyklus im Sommer 1897 fertig. Gewidmet ist er dem Vater, dem Käthe die sechs Blätter im August 1897 auf den Geburtstagstisch legte.[53] Der Siebzigjährige war begeistert. Sein Lob – «Es ist gut, du kannst doch etwas!»[54] – scheint barsch, wenn man bedenkt, welchen Weg Käthe Kollwitz bis dahin zurückgelegt hatte. Sie war in eine fremde Stadt gezogen, hatte einen Hausstand begründet, versorgte ihre Familie, unterstützte ihren Ehemann und fand trotzdem Zeit und Energie, um ihre Arbeit fortzusetzen. Sie hatte das Radieren autodidaktisch erlernt, war ihren Weg unbeirrt gegangen und hatte sich dabei stetig weiterentwickelt. Käthe nahm den Kommentar nicht übel. Das Urteil des Vaters hatte für sie noch immer einen besonderen Wert. Dass er starb, ehe sie den Zyklus der Öffentlichkeit präsentieren konnte, hätte das ganze Unterfangen fast verhindert. Der Studienfreundin Anna Plehn ist es zu verdanken, dass «Ein Weberzyklus» 1898 schließlich doch auf der «Große Berliner Kunstausstellung» zu sehen war. Sie reichte das Werk für Käthe Kollwitz ein.

In einer unvertrauten Technik zu zufriedenstellenden Ergebnissen zu kommen und die Arbeit zu bewältigen, das war eine Sache. Eine andere war es, die erbrachte Leistung auch präsentieren zu dürfen. Was für jeden unbekannten Künstler eine Herausforderung darstellt, war für eine Frau am Ende des 19. Jahrhunderts umso schwerer.

Die Berliner Kunstwelt war noch ganz der traditionellen Malerei verhaftet. Die modernen Einflüsse des Naturalismus, der Freilichtmalerei und des Impressionismus hatten es schwer. Kaiser Wilhelm II. versuchte, den Ton anzugeben. Vehement wehrte sich der Monarch gegen das Aufkommen moderner Kunstströmungen. Er verhinderte den musealen Ankauf und die Auszeichnung, ja sogar die Ausstellung von Werken der modernen Kunst. Kunstwerke müssten, so Wilhelm II., «eine Botschaft von eindeutiger Staatstreue, von Stolz, Kraft und positivem Staatsvertrauen ausstrahlen.»[55] Sie sollten erziehen, indem sie «auch den unteren Ständen nach harter Mühe und Arbeit die Möglichkeit geben, sich an den Idealen wieder aufzurichten (...), sich an dem Schönen zu erheben und sich aus ihren sonstigen Gedankenkreisen heraus- und emporzuarbeiten.»[56]

Die offizielle Kunstpolitik förderte lange Zeit nur Künstler und Kunstwerke, die diesen Vorgaben entsprachen. Adolph von Menzel war sehr beliebt. Seine Holzschnitte und Ölbilder zum Leben Friedrichs II. und historische Gemälde wie die «Krönung Wilhelms I. in Königsberg» brachten ihm Anerkennung und Aufträge aus den staatstragenden Kreisen. Allerdings ging er auch in andere Richtungen. Mit der «Aufbahrung der Märzgefallenen» hatte Menzel den ersten Beitrag einer engagierten Kunst in Preußen geschaffen. Sein berühmtes «Eisenwalzwerk» läutete die künstlerische Auseinandersetzung mit der Industrieproduktion ein.

Menzels Pionierleistung auf diesen Gebieten machte ihn auch in der modernen Künstlerschaft beliebt. Auf der Gegenseite stand Anton von Werner, der Hauptvertreter der wilhelminischen Kunstauffassung. Sein «Sedanpanorama», die «Kapitulationsverhandlungen von Donchery», das «Etappenquartier vor Paris» und schließlich «Die Proklamation des Deutschen Kaiserreichs» bilden detailgenau, fast fotografisch ab, was sich vermeintlich zugetragen hatte, und prägten, in Ermangelung alternativer Quellen, das Bild der Zeitgenossen von diesen Ereignissen. Anton von Werner war außerdem Direktor der Hochschule der Künste in Berlin sowie Vorsitzender des Vereins Berliner Künstler und damit der erste Kunstpolitiker im Reich. Als solcher vertrat er eine denkbar konservative Position. Die aufkommende Moderne lehnte von Werner vehement ab, was sich nicht zuletzt auf der wichtigsten Berliner Verkaufsausstellung zeigte.

Die «Große Berliner Kunstausstellung», der Verein Berliner Künstler und die Akademie der Künste gaben modernen Künstlern kaum eine Chance. Ausstellungsflächen, Auszeichnungen, Stipendien, überhaupt Förderung jeder Art war für die neue Generation der Künstler knapp bemessen. Kein Wunder, dass sie sich von den angestammten Institutionen distanzierte. «Die großen, berühmten Persönlichkeiten in der

Kunst scheuen immer mehr davor zurück, sich an dem Massen-Aufgebot zu beteiligen», hieß es etwa in der «Neuen Preußischen Zeitung». «Sie geben wohl gleichsam ihre Visitenkarten ab, indem sie ein kleines Werk einschicken, erwarten aber im übrigen, daß man sie aufsucht, sei es im Atelier, sei es in intimen Sonderausstellungen.»[57]

Die moderne Künstlerschaft suchte nach neuen Organisationsstrukturen und Experimentierfeldern, um ihre Werke zu präsentieren. In Berlin gründete sich um Max Liebermann, Walter Leistikow und Dora Hitz eine kleine Künstlergruppe mit einem avantgardistischen Ausstellungskonzept. Die «Vereinigung der XI» präsentierte ab 1893 im modernen Ambiente des Kunstsalons Eduard Schulte eine handverlesene Auswahl von Werken in einem räumlichen Gesamtkonzept und brachte die homogene Ausstellungslandschaft der Reichshauptstadt in Bewegung.

Publikum und Presse fanden sich ein, und schon bald stritten Kritiker aller Couleur um die Bedeutung der Werke, einzelner Künstler und der Gruppe als Ganzer. Von euphorischem Lob bis zur wüsten Beschimpfung war alles dabei. Die Gegner verdammten die «Sudelei», glaubten, in den Werken eine «krankhafte» Kunst zu erkennen. Der Dirigent Hans von Bülow soll sogar von einem «Verbrechen» gesprochen haben. Die Befürworter lobten die Suche, die «Darstellung des Selbstgesehenen, Selbsterlebten, Selbstersträumten», den Mut und die Persönlichkeit jedes Einzelnen.[58]

Selten war bis dahin eine Gruppe hervorgetreten, deren einzelne Mitglieder sich derart stark unterschieden. Die «Vereinigung der XI» bildete die Vielfalt der Kunststile im ausgehenden 19. Jahrhundert ab und führte mit dem Symbolismus gleichzeitig die modernste der modernen Richtungen in Berlin ein.[59] Ihre Bedeutung für das Berliner Kunstleben war immens. Die «Vereinigung der XI» war ein wesentlicher Vorläufer der «Berliner Secession», mit der sich die moderne Künstlerschaft kurz vor der Jahrhundertwende endgültig von der akademischen Kunst abspalten sollte.

Käthe Kollwitz zählte sich selbstverständlich zu den modernen Künstlern und kritisierte, schon lange bevor sie nach Berlin zog, die Kulturpolitik der Reichshauptstadt. «Wie ist es möglich», fragte sie ihren Freund Paul Hey, «daß eine so große Stadt, die soviel krampfhafte Anstrengungen dazu macht, Kunststadt zu werden, so unglaublich weit hinter einer Stadt wie München zurückbleibt?» Sie würde selbstverständlich Teil der Veränderung sein: «Es bleibt uns eben nichts übrig, Hey, wir müssen, wenn wir später erst dort wohnen, die Geschichte in die Höhe bringen.»[60] Das war ein ehrwürdiges Ziel, doch als unbekannte Künstlerin und als Frau hatte Käthe Kollwitz kaum Zugang zu den Künstlerkreisen der Hauptstadt. Die tonangebenden Vereine und Vereinigungen nahmen keine Frauen auf. Den neuen, alternativen Gruppen war sie noch nicht aufgefallen. Sie musste sich zunächst im System der konservativen Kunstpolitik behaupten.

Vergeblich versuchte Käthe Kollwitz anfangs, ihre Bilder in der «Großen Berliner Kunstausstellung» unterzubringen. Die akademische Jahresausstellung war das Kunstereignis des Jahres. Sammler und Museen informierten sich hier über aktuelle Strömungen, Käufer und Künstler kamen ins Geschäft, Journalisten und Kritiker fällten ihr vielbeachtetes Urteil und umwarben neue Talente. Wer in der Berliner Kunstszene etwas werden wollte, musste an den überladenen Wänden des Landesausstellungsgebäudes zu finden sein.

Die Königliche Akademie der Künste veranstaltete die Verkaufsausstellung zusammen mit dem Verein Berliner Künstler und stellte selbstverständlich auch die Jury. Als staatliche Institution vertraten die Mitglieder eine traditionelle Kunstauffassung. Aber die festgefahrenen Strukturen wankten, und so wurde Käthe Kollwitz zwar auf der Akademieausstellung abgelehnt, kam aber auf der Gegenveranstaltung unter. Die «Freie Berliner Kunstausstellung» präsentierte im Juni 1893 Werke, die von der Jury der Akademie zurückgewiesen worden waren. Sie formierte sich infolge eines Kunstskandals, der sich im Winter 1892 ereignet hatte.

Der Verein Berliner Künstler hatte den Norweger Edvard Munch eingeladen, seine Werke in Berlin zu zeigen. Die Verantwortlichen kannten die Arbeiten des Symbolisten offenbar nicht genauer, denn schon bei der Eröffnungsfeier empörten sich erste Vereinsmitglieder und Besucher über die vermeintliche Provokation. Eine Woche hielt der Verein der vielstimmigen Kritik stand, dann brach er die Ausstellung ab. Der Skandal war perfekt. «Die (...) Alten hatten einen Pyrrhussieg zu verzeichnen, indem sie das Ärgernis hinauswarfen und einstweilen weiterwursteln konnten; die Jungen konnten ihren Hass gegen die Reaktion verstärken und sich in ein noch helleres Licht als Märtyrer der Kunst setzen, und das Karnickel, um den die ganze Balgerei ging, Edvard Munch, hatte den allergrößten Vorteil; er war urplötzlich der berühmteste Mann im ganzen Deutschen Reich.»[61]

Die Affäre hatte weitreichende Folgen, denn sie führte schließlich zur Spaltung der Berliner Künstlerschaft. Zunächst aber gab sie den aufstrebenden jungen Künstlern den Anstoß für erste eigene Ausstellungsprojekte. Selbstbewusst, fast schon dreist veranstalteten die Jungen ihre «Schau der Zurückgewiesenen» zeitgleich und in direkter Nachbarschaft zur «Großen Berliner Kunstausstellung» und provozierten die Etablierten, indem sie mit der Aufschrift «Zurückgewiesen!» versahen, was bei der Jury durchgefallen war: Pastelle von Edmund Edel, eine Reiterstatue von Max Klein, ein Gemälde von Adolf Meckel. Auch Edvard Munch hatte etwas eingeschickt: «Zwei zahme Bilder, die sich von den wilden Farbenphantasien, deren Ausstellung die alten Herren hier so erbost hat, ganz fern halten».[62]

Käthe Kollwitz befand sich in dieser Schau mit ihrem Bild einer dunklen Straße und dem Porträt eines Mannes, der um die Dämmerstunde phlegmatisch eine Zigarre raucht, in guter Gesellschaft. Dass sie ihre erste Ausstellungsmöglichkeit von den Gegnern der akademischen Kunst erhielt, mag ihr gefallen haben. Vor allem weil sie die Ehre hatte, in einer Kritik erwähnt zu werden, die ihr entschiedenes Talent lobte und ihr eine große Zukunft in Aussicht stellte.[63] Das war im Sommer 1893. Nach nur zwei Jahren in Berlin war das Lob aus der Feder des renommierten Kunstkritikers und Sammlers Julius Elias ein beachtlicher Erfolg. Und Elias sollte Recht behalten, auch wenn der große Durchbruch noch ein paar Jahre auf sich warten ließ.

Im Frühjahr 1898 hatte Käthe Kollwitz schließlich auch ihren Auftritt in der «Großen Berliner Kunstausstellung». Ihr Zyklus «Ein Weberaufstand» war in der Landesausstellungshalle am Lerther Bahnhof zu bewundern und machte die Dreißigjährige mit einem Schlag bekannt.[64] Eine Jury unter Max Liebermann wollte sie sogar mit einer kleinen goldenen Medaille ehren. Das wurde jedoch von staatlicher Seite verhindert. Der Kultusminister, Robert Bosse, prüfte das Werk und beschied letztlich abschlägig. Zwar lasse Käthe Kollwitz mit dem «Weberaufstand» eine technische Kunstfertigkeit und ein Ausdrucksvermögen erkennen, die eine Auszeichnung vom rein künstlerischen Standpunkt aus gerechtfertigt hätten, das Thema und die naturalistische Darstellungsweise, der ein versöhnliches Element fehle, disqualifiziere sie aber grundsätzlich von jeder staatlichen Ehrung.[65]

Kaiser Wilhelm II., der zu dieser Zeit häufiger mit Ausbrüchen zur «Gossenkunst» hervortrat, verwehrte Kollwitz die Medaille dann allerdings mit einer anderen Begründung: «Ich bitte Sie, meine Herren, eine Medaille für eine Frau, das ginge dann doch zu weit. Das käme ja einer Herabwürdigung jeder hohen Auszeichnung gleich. Orden und Ehrenzeichen gehören an die Brust verdienter Männer.»[66]

Als sozialkritische Künstlerin und als Frau musste Käthe Kollwitz also ohne preußische Belobigung auskommen. Ihrem Ruhm tat das keinen Abbruch. Die «Weber» wurden für Ausstellungen angefragt, besprochen und gekauft. Höhepunkt war wohl die Präsentation auf der «Münchener Jahresausstellung im königlichen Glaspalast», wo der Rezensent der «Kunst für Alle» Kollwitz' technische Fähigkeiten feierte und sie kurzerhand zur «bedeutenden Darstellerin des Volkes» erklärte.[67] Als erste öffentliche Sammlung trat das Dresdener Kupferstichkabinett hervor, dessen Direktor, Max Lehrs, zu einem langjährigen Freund und Förderer werden sollte. Er lud Käthe Kollwitz ein, ihr Werk auf der «Deutschen Kunstausstellung Dresden» zu zeigen, und sorgte dafür, dass sie im Mai 1899 die silberne Plakette erhielt.[68]

Damit war es geschafft. Käthe Kollwitz hatte es allen bewiesen, ihren Eltern, ihren Kommilitoninnen, der Welt und natürlich auch sich selbst. Sie hatte Anerkennung gefunden und war nun ganz offiziell eine ausgezeichnete Künstlerin, deren Werke man sah und besprach. Sie nahm es gelassen und arbeitete längst an den nächsten Projekten. Ihr künstlerisches Rezept sollte sich auch in Zukunft bewähren, indem sie weiterhin zeitgenössisches Elend anhand literarischer Themen zeigte.

Ungewöhnlich war, dass sie Frauen zu Protagonisten ihrer Graphik machte. Eine Frau, die ungewollt schwanger ist, ihre Verzweiflung und den Kindsmord stellte Käthe Kollwitz am Beispiel von «Gretchen» aus Goethes «Faust» dar. Auch im «Tanz um die Carmagnole» wählte sie ein literarisches Thema. Der Roman «A Tale of Two Cities» von Charles Dickens spielt in London und Paris zur Zeit der Französischen Revolution. In einer Szene tanzen fünfhundert Franzosen auf der Straße zum Sturmlied, der «Carmagnole». Die Begeisterung steigert sich zur besinnungslosen Ekstase. Wieder wich Käthe Kollwitz schnell vom literarischen Vorbild ab. Auf ihrer Radierung tanzen hauptsächlich zerlumpte Frauen um die Guillotine. Außerdem versetzte sie die Szene ins Deutschland ihrer Zeit. Die Menschen tragen zeitgenössische Arbeiterkleidung und tanzen zwischen Fachwerkhäusern, wie sie im Hamburger Gängeviertel, aber auch im Königsberger Speicherviertel standen.

Keines dieser Werke fand seinen Weg in die «Große Berliner Kunstausstellung», dabei hätte Käthe Kollwitz ihre Arbeiten nach dem ersten Erfolg leicht durch die Jury bringen können. Daran hatte sie allerdings kein Interesse mehr. Sie würde nie wieder etwas im Rahmen dieser Veranstaltung zeigen, weil in Berlin endlich geschah, worauf die Kunstwelt schon seit Jahren gewartet hatte.

Die Farce einer homogenen Kunstanschauung fand ihr Ende. Die Künstler der neuen Generation verweigerten sich den Glaubensgrundsätzen der Alten. Sie wollten die Wahrheit zum Ausdruck bringen, nichts verschleiern und vor allem nicht nationale Interessen mit Bildmaterial garnieren. Die kunstinteressierte Öffentlichkeit folgte diesem Aufbruch. Obwohl von offizieller Seite überall behindert, fand die Moderne ihr Publikum, auch in Berlin. Dass sie in der Nationalgalerie und auf den großen Ausstellungen von Akademie und Künstlerverein nicht ihrer Stellung entsprechend gewürdigt wurde, war ein Affront, gegen den man sich zu wehren begann.

Walter Leistikow trommelte am 2. Mai 1898 eine Gruppe fortschrittlicher Künstler zusammen, die über das weitere Vorgehen berieten. Die Gruppe war weder revolutionär noch sonderlich streitbar und keineswegs zur sofortigen Abspaltung von den offiziellen Organen der Berliner Künstlerschaft entschlossen. «Kein Berliner hätte sich damals die Finger verbrennen wollen, eine Secession zu gründen, die eine Unmasse Arbeit, sehr wenig Dank, dafür desto mehr Feindschaft einbringen mußte.»[69] Statt den Bruch zu beschließen, forderten die Künstler eigene Ausstellungsräume und eine eigene Jury auf der «Großen Berliner Kunstausstellung». Dieses Privileg hatte man der Münchener Sezession im Vorjahr zugestanden, wies die Forderung im Fall der lokalen Künstlerschaft aber mit Hinweis auf den Monarchen zurück. Erst mit dieser Absage vollzog sich die Spaltung, dann allerdings mit großer Wucht. Die Akademie sollte die Bedeutung der Konkurrenz deutlich zu spüren bekommen.

Innerhalb weniger Monate formierten sich die Secessionisten und versammelten alle namhaften Vertreter der Moderne in ihren Reihen: Max Liebermann, der einst vor der konservativen Kunstauffassung ins Ausland fliehen musste, war mittlerweile zum Professor der Akademie der Künste ernannt und 1897 anlässlich seines fünfzigsten Geburtstags in der Jahresausstellung besonders gewürdigt worden. Nun kehrte er den Konservativen erneut den Rücken und ließ sich zum Präsidenten der «Berliner Secession» wählen. Walter Leistikow, dessen Gemälde «Grunewaldsee» angeblich ausschlaggebend für die Spaltung gewesen war,[70] saß im Vorstand, neben Otto Heinrich Engel, Ludwig Dettmann, Oskar Frenzel, Curt Herrmann und Fritz Klimsch. Eine zentrale Rolle spielten die Vettern Bruno und Paul Cassirer, die als geschäftsführende Sekretäre innerhalb kürzester Zeit die erste Ausstellung organisierten.[71] Nur vier Monate nach der endgültigen Abspaltung und nur drei Wochen nach der Akademieausstellung eröffnete die Schau der «Berliner Secession» am 20. Mai 1899 ihre Pforten. Das Gebäude in der Kantstraße hatte man zu diesem Zweck eigens bauen lassen. Erst tags zuvor war es fertig geworden. Die Wandfarbe, so hieß es, war kaum trocken, als die Ausstellung unter Andrang des neugierigen Publikums eröffnet wurde.

Den forschen Schritt der Spaltung milderte die Secession schon im Eingangsbereich ab. Dort stand die Büste «Sr. Majestät Kaiser Wilhelm II.» des Berliner Hofbildhauers Walter Schott. Die prominente

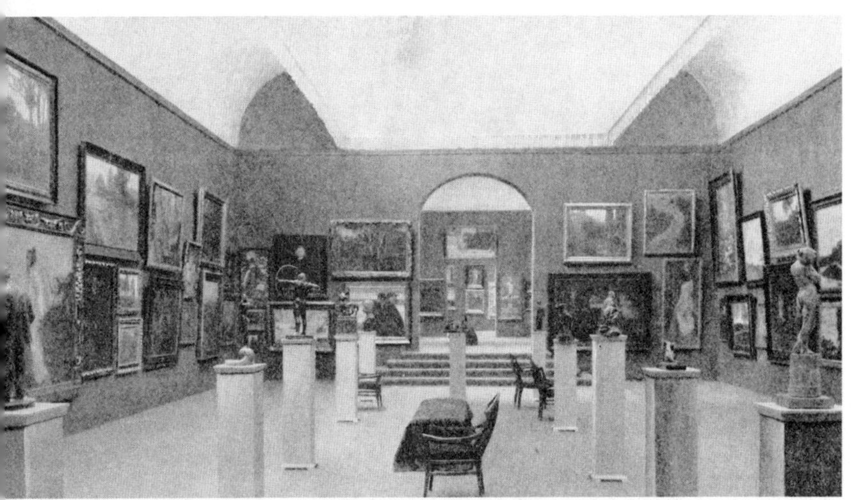

10 Großer Ausstellungssaal der «Berliner Secession», 1899

Platzierung der Kaiserplastik war ein Friedensangebot an die Konservativen. Die Secession hatte kein Interesse daran, sich auf die Rolle als unversöhnlicher Kontrahent der traditionellen Kunstauffassung festlegen zu lassen. Sie wollte vielmehr den Raum der Kunst öffnen und jedes Werk unabhängig von seiner Stilrichtung oder Strömung würdigen. Jedes Werk, das eine aufrichtige Empfindung ausdrücke, sei ein Kunstwerk, so Liebermann in der Eröffnungsansprache. Eine allein seligmachende Kunst gebe es nicht, darum war man in der Secession stolz, neben modernen Künstlern auch anerkannte Meister wie Adolph von Menzel und Arnold Böcklin präsentieren zu dürfen.[72]

In den Galerien des Ausstellungshauses waren die Wände dann überraschend leer. Mit knapp vierhundert Werken fiel die Secessionsausstellung deutlich kleiner aus als die der etablierten Konkurrenz. Das war Absicht, wie Max Liebermann versicherte: «Wir führen nur eine kleine Anzahl von Werken dem Beschauer vor (…). Denn wir sind der Überzeugung, daß die massenhafte Anhäufung von Kunst ebenso sehr gegen das Interesse des Publikums wie das der Kunst selbst verstößt. Das Auge des Beschauers wird nur zu leicht durch die lange Flucht der mit Bildern angefüllten Säle ermüdet, und die wahrhaft guten Werke,

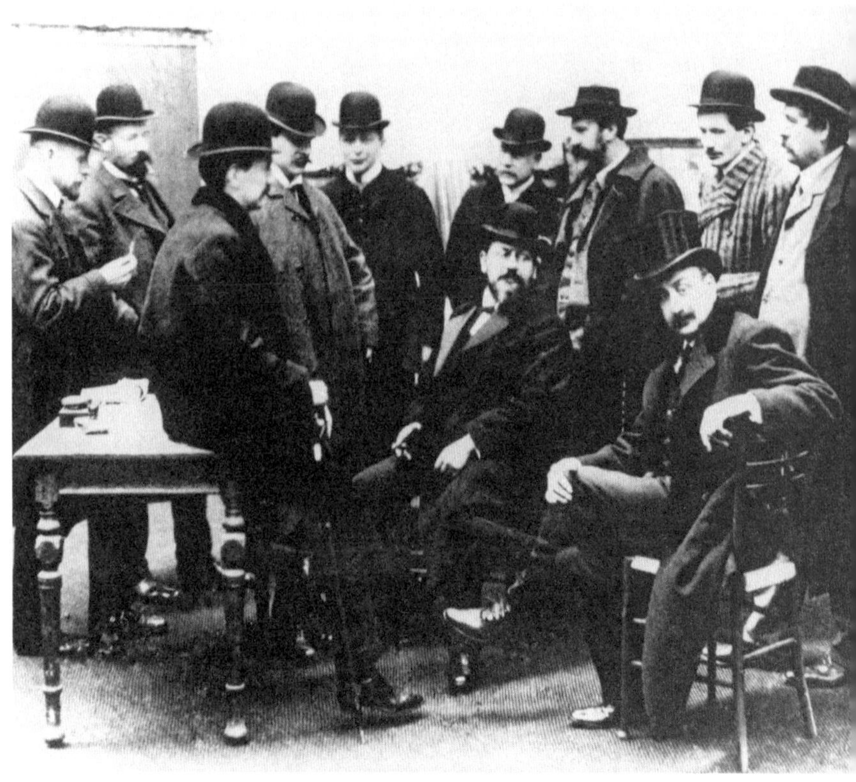

11 Jury für die Ausstellung der «Berliner Secession» 1908, von links: Fritz Klimsch, August Gaul, Walter Leistikow, Hans Baluschek, Paul Cassirer, Max Slevogt (sitzend), George Mosson, Max Kruse, Max Liebermann (sitzend), Emil Rudolf Weiß, Lovis Corinth

deren es natürlich nur wenige gibt, werden durch den Wust der Mittelmäßigkeit erdrückt.»[73] Anders als in der überlaufenen Akademieausstellung hatte man die Hängung in der Kantstraße sorgfältig durchdacht. Die Werke hingen nicht wahllos beieinander. Sie waren ausdrucksstark präsentiert und wirkten gerade im Zusammenspiel.

Die Secessionisten brachen mit den traditionellen Sehgewohnheiten des Publikums. Man war auf Anfeindungen vorbereitet, vertraute letztlich aber auf die «siegreiche Kraft der Jugend und das wachsende Verständnis der Beschauer».[74] Die Berliner waren zuallererst neugierig und strömten nach Charlottenburg, um zu sehen, was sie so lange erwartet hatten. Beunruhigt waren dann lediglich die Konservativen. Schon dass sich eine Künstlergruppe von den staatlich subventionierten Körperschaften lossagte und sich dem ästhetischen Urteil des Staatsoberhaupts widersetzte, mutete aufrührerisch und gefährlich an. Die Mehrheit des Publikums betrachtete den Wandel hingegen wohlwollend. Der modernen Künstlerschaft war es gelungen, den Kunstkonsens der wilhelminischen Ära aufzubrechen, und die «Berliner Secession» wurde ihr maßgebliches Forum.

Selbstverständlich gehörte auch Käthe Kollwitz zu den fortschrittlichen Kräften. Sie hatte spätestens nach dem Erfolg auf der «Großen Berliner Kunstausstellung» Bekanntschaft mit führenden Vertretern der Berliner Künstlerschaft gemacht. Max Liebermann hatte sich für sie eingesetzt, und auch wenn er Käthe Kollwitz am Ende nicht zu einer Medaille verhelfen konnte, war sie Teil der Berliner Kunstszene geworden und an verschiedenen Veranstaltungen und Zusammenkünften beteiligt. Der «Berliner Secession» trat Käthe Kollwitz erst 1901 offiziell bei. Sie beteiligte sich aber seit 1899 regelmäßig an den Ausstellungen. Für die Premiere wählte sie mit «Gretchen» und «Aufruhr» zwei aktuelle Arbeiten und zeigte außerdem die Studie einer Schwangeren.

Ab dem Winter 1901/02 präsentierte die «Berliner Secession» ein weiteres Ausstellungsformat: die «Schwarz-Weiß-Ausstellung». Sie sollte dem Publikum anspruchsvolle Werke aus den Bereichen Zeichnung und Graphik näherbringen. Für Kollwitz war die «Schwarz-Weiß-Ausstellung» die wichtigste Veranstaltung des Jahres. 1903 durfte sie zum ersten Mal eine größere Zahl ihrer Werke auf einer eigenen Wand zusammenstellen. Für eine Frau war das eine einzigartige Ehrung. Sie wählte einige Studien und Skizzen aus, zeigte Altbekanntes wie den «Weberzyklus» und «Begrüßung», aber auch aktuelle Arbeiten wie «Beim Dengeln», «Bewaffnung in einem Gewölbe» und einen farbigen Akt.[75]

Künstlerinnenhimmel

«Das Jahrzehnt zwischen dreißig und vierzig war ein sehr glückliches in jeder Beziehung», erinnerte sich Käthe Kollwitz später. «Ein Weberaufstand» war erschienen. Karl war als Arzt erfolgreich und engagiert, die Söhne waren noch klein. Das Leben zeigte sich von seiner besten Seite. «Wir hatten, was wir zum Leben brauchten, die heranwachsenden Kinder gediehen, Reisen wurden gemacht.»[76] Nach ihrem großen Durchbruch wollte Kollwitz nun ihre Möglichkeiten weiter ausloten. Nirgendwo ging das besser als in der Hauptstadt der modernen Kunst.

1901 reiste Käthe Kollwitz zum ersten Mal nach Paris, ein spontaner Kurzbesuch, den sie in Begleitung des sozialdemokratischen Publizistenehepaars Lily und Heinrich Braun unternahm.[77] Sie traf dort ihre alte Studienfreundin Maria Slavona, die seit mehr als zehn Jahren in Paris lebte und kurz zuvor den Kunsthändler Otto Ackermann geheiratet hatte. Über ihn erhielt Käthe Zugang zu den angesagten Künstlerkreisen der Stadt und besuchte Théophile-Alexandre Steinlen in seinem Atelier. Der Künstler und Karikaturist begegnete ihr als «typisch Pariser Erscheinung, mit losem Tabak in den weiten Hosentaschen, den er dauernd zu Zigaretten drehte».[78] Steinlen stand wie Käthe Kollwitz im Ruf, ein Arbeiterkünstler zu sein. Er zeichnete die kleinen Leute von Paris, Straßenszenen, Arbeiter, Handwerker und Wäscherinnen. Heute sind vor allem seine bunten Werbeplakate bekannt: die schwarze Katze mit den leuchtend gelben Augen etwa, die er für das Kabarett «Chat Noir» schuf, oder der schwarze Hahn mit dem stolzen Kamm, der das Plakat für die Kunstzeitschrift «Cocorico» zierte. Käthe nutzte die Begegnung und zeigte dem Idol Probedrucke von «Carmagnole», die ihn sehr interessierten. Er revanchierte sich und gewährte ihr einen Blick auf seine farbigen Arbeiten, darunter die Radierung «Lesendes Modell», die Käthe Kollwitz in mehrfacher Hinsicht inspirierte.[79]

Farbige Graphiken, nicht als Werbung oder Anzeigen, sondern als Kunstwerke, waren in Berlin noch ganz undenkbar. Seriöse Kunstdrucke gab es ausschließlich in Schwarzweiß, alles andere galt als kommerzielle Spielerei. In Paris dagegen sah man farbige Radierungen und Lithographien überall. Besonders beeindruckt war Kollwitz von Werken der Künstlergruppe der «Nabis». Die Interieur-Drucke von Édouard Vuillard und die flächigen Graphiken und Lichtreflexionen eines Pierre Bonnard beschäftigten sie nachhaltig. Schon im Herbst 1901 präsentierte Käthe Kollwitz in der Ausstellung der «Berliner Secession» die Radierung «Frau mit Orange» (Abb. 12), in der sie zahlreiche Eindrücke ihrer Parisreise verarbeitet hatte. Nach dem Vorbild der Nabis ist ihre Graphik äußerst flächig, zeigt kaum Raumwirkung, und auch der weibliche Körper ist plastisch kaum modelliert. Flach steht die Frau vor einem planen Hintergrund. Die leuchtende Hängelampe, ein zentrales Motiv der Nabis, erhellt nur einen kleinen Teil des Gesichts und die Hand mit der farbigen Orange.[80]

Die Einflüsse stachen ins Auge und brachten Käthe Kollwitz den Ruf einer graphischen Avantgardistin ein. Farbe, Fläche und vor allem der Kombinationsdruck von Lithographie und Radierung sorgten für Aufsehen. In der populären Kunstzeitschrift «Die Kunst für Alle» diskutierte man im Anschluss an die Ausstellung das Für und Wider dieser Verbindung und erklärte Kollwitz kurzerhand zur «Erfinderin» der Technik.[81]

Für mehrere Jahre experimentierte Käthe Kollwitz mit Farben, Kombinationsdrucken und verschiedenen Papierarten. Lichtreflexionen, Körper, deren Konturen sich im Schatten auflösen, und vor allem die weiblichen Aktbilder zeigen den nachhaltigen Eindruck der kurzen Parisreise. Auch den Zyklus «Bauernkrieg» hatte sie zunächst als Farbdruck konzipiert.[82]

Kein Wunder, dass Käthe Kollwitz es nicht erwarten konnte, noch einmal nach Paris zu fahren. Ihren Aufenthalt von 1904 plante sie gründlich voraus.[83] Zwei Monate blieb sie und wollte so viel wie möglich aus dieser Zeit mitnehmen. Sie mietete sich ein Zimmer in einer Pension südlich vom Boulevard Montparnasse, etwas abseits; die Gegend war fast schon dörflich, mit faulen Katzen, die sich auf den Dächern sonnten, und Hühnern, die über die Straße flatterten. Ganz in der Nähe lag das Café de Dôme, wo sich ein deutscher Zirkel aus Künstlern, Händlern, Sammlern und Literaten etabliert hatte.[84]

Vormittags besuchte Käthe Kollwitz einen Kurs an der angesehenen, privaten Académie Julian. Sie wollte die Bildhauerei erlernen. Nach den Stunden im Unterrichtssaal schlenderte sie nachmittags durch Museen und die Frühjahrsschau der «Société des Artistes Indépendants», einer juryfreien Ausstellungsgemeinschaft. Abends begleitete sie dann ihre deutschen Kolleginnen Ida Gerhardi, Sophie Wolff und Maria Slavona in die Markthallen und Tanzlokale der Stadt. Käthe schwärmte besonders für die Halbwelt der Kellerkneipen, die kein Reiseführer kannte. Hier tanzten die Prostituierten, und die Gauner planten ihren nächsten Coup. Käthe skizzierte die düsteren Gänge, die zwielichtigen Trinker und die heimlichen Zärtlichkeiten unverheirateter Liebespaare.[85]

Schon in Königsberg hatte die düstere Atmosphäre der Hafenkneipen Käthe Kollwitz beeindruckt. Jetzt war sie eine gestandene Frau in ihren späten Dreißigern und fürchtete sich nicht mehr vor den rauen Verhältnissen dunkler Spelunken. Während Ida Gerhardi sich in ihren Ölgemälden den bürgerlichen Tanzveranstaltungen zuwandte, kehrte Käthe Kollwitz zu ihren alten Motiven zurück. Sie versuchte sich erneut an der Kampfszene von «Germinal» und griff auch ihre Radierung «Junges Paar» noch einmal auf. Die brennende Lampe und die gemusterte Tapete lassen den Einfluss der Nabis erkennen. Ihr «Pariser Kellerlokal» zeigt eine Frau, die vor einer Gruppe Arbeiter gefühlvoll ein Lied darbietet. Das Bild fängt die müde Stimmung des späten Abends ein und ist wohl die bekannteste farbige Arbeit von Käthe Kollwitz.[86] Sie präsentiert die Welt der Unterprivilegierten noch einmal ganz ohne jede Sozialkritik.

In Paris hatte Kollwitz außerdem Gelegenheit, Auguste Rodin zu treffen. Der von ihr sehr verehrte Bildhauer empfing sie in der Villa des Brillants, einer Mischung aus Museum und Werkstatt, vor allem aber einer Anlaufstelle für Freunde, Förderer und Bewunderer. Noch dreizehn Jahre später, als Kollwitz seinen Nachruf in den «Sozialistischen Monatsheften» mit den Worten «Rodin ist tot» begann, stand ihr «der untersetzte alte Mann vor Augen. Der lange weiße Bart, die gütig und schlau blickenden kleinen Augen, die Stirn, die im oberen Teil zurücktrat und über den Augen so gewaltig und gebuckelt auslud. Die großen

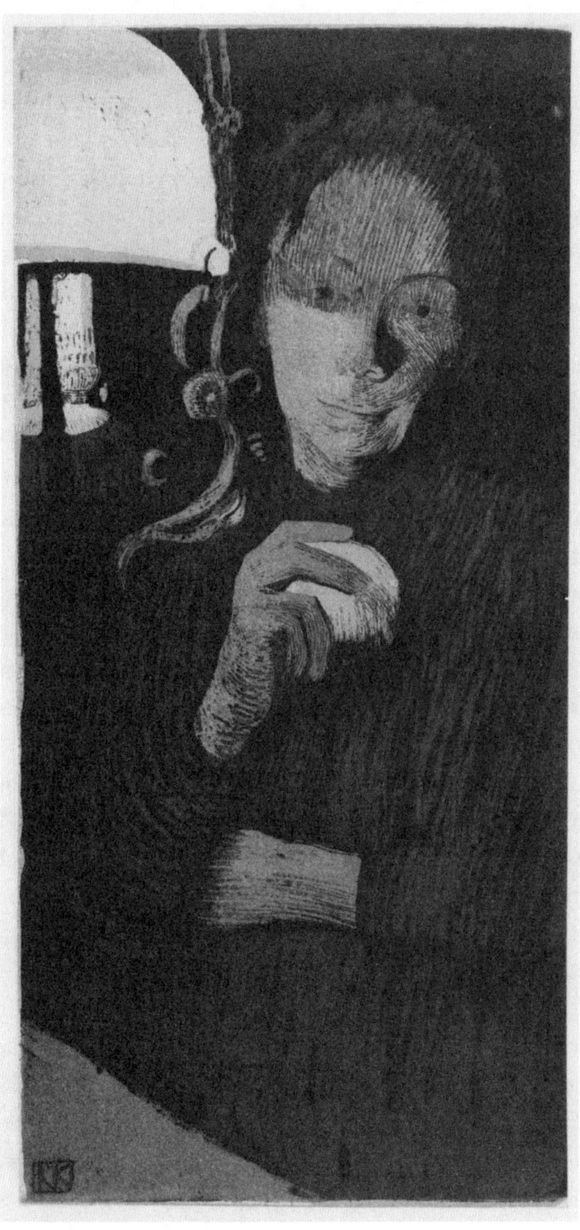

12 Käthe Kollwitz, Frau mit Orange, 1901, Radierung und Lithographie, Staatliche Museen zu Berlin, Kupferstichkabinett

Filzschuhe, mit denen er auf dem Steinboden herumhuschte.»[87] Obwohl sie ein Empfehlungsschreiben vom Direktor der Berliner Nationalgalerie bei sich trug, fand der Meister keine Zeit, sich ausführlicher mit Kollwitz zu beschäftigen. «Er forderte mich freundlich auf in dem Museum mir alles anzusehen. Sein ganzes Oeuvre fand ich da zusammen.» Was sie sah, überwältigte sie. Rodin besaß die Fähigkeit, «dem seelischen Gehalt die plastisch überzeugende, nur diesem Gehalt zugehörende Form zu finden».[88] Käthe Kollwitz selbst würde zeitlebens nach dieser Ausdruckskraft streben.

Die Pariser Eindrücke waren stark. Auch später blieb die Stadt ein Sehnsuchtsort. Lange träumte sie davon, noch einmal an die Seine zu fahren. Wenn die Kinder sie nicht mehr brauchten, wollte sie für längere Zeit dort leben und ihre plastische Arbeit gründlich voranbringen.[89] Einstweilen blieb ihr nichts übrig, als die frischen Eindrücke und neuen Ideen in konkrete Impulse zu verwandeln.

Allerdings brachte sie noch etwas anderes aus Paris mit, oder vielmehr jemand anderen: den zwölfjährigen Georg Gretor, den Sohn ihrer Kommilitonin Rosa Pfäffinger und des Malers und Kunsthändlers Willy Gretor. Käthe Kollwitz hatte die alte Freundin in Paris zufällig getroffen und war erschüttert von den Lebensumständen, unter denen die ehemalige Gutsbesitzertochter lebte. Spontan bot sie an, den Jungen mit nach Berlin zu nehmen, wo er zusammen mit den Kollwitz-Söhnen in sicheren Verhältnissen aufwachsen sollte. Georg Gretor, der sich später nach seinem Geburtsort Georges Barbizon nannte, lebte einige Jahre in der Weißenburger Straße und brachte Peter und Hans in Kontakt zur Jugendbewegung.

Der Flirt mit der Pariser Boheme war Kollwitz' Sache nicht. Die Begegnung mit Pfäffinger zeigte das deutlich. Nach Berlin kehrte sie mit einem Kopf voller Pläne zurück, doch das autodidaktische Lernen war ihr schon bei der Graphik schwergefallen. Mit der Plastik ging es ihr nicht anders. Bis sie zu vorzeigbaren Ergebnissen kam, dauerte es Jahre. 1909 übergab sie ihr erstes Werk der Öffentlichkeit. Die Freie Gemeinde Königsberg ehrte ihren Gründer, Julius Rupp, zu seinem hundertsten Geburtstag mit einem Denkmal: einem Porträtrelief auf einem

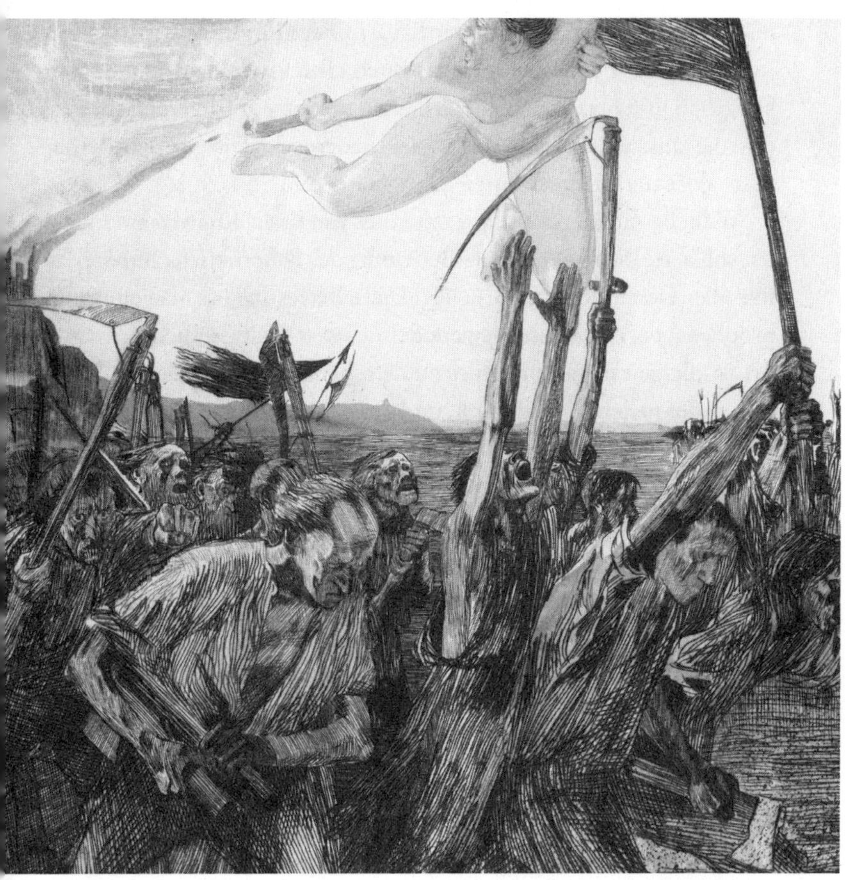

13 Käthe Kollwitz, Aufruhr, 1899, Radierung und Aquatinta mit Wasserfarbe und Tusche, Staatliche Museen zu Berlin, Kupferstichkabinett

Gedenkstein, der hinter dem Königsberger Dom aufgestellt wurde. Kollwitz war bei der feierlichen Enthüllung dabei, fand das Relief «nicht kitschig, im Gegenteil etwas plump», immerhin charakteristisch.[90] Auf dem Gebiet gab es noch viel zu lernen. Unterdessen widmete sich Käthe Kollwitz weiterhin ihrer graphischen Arbeit.

Kurz nach Fertigstellung des «Weberzyklus» hatte sie die Radierung «Aufruhr» erarbeitet, ein Ausblick auf ihr nächstes großes Thema. Erneut zeigte sie das Aufbegehren der Schwachen und Unterdrückten, nun im historischen Kostüm der Bauernkriege des frühen 16. Jahrhunderts. Inspiriert hatte sie dazu das Buch «Der große deutsche Bauernkrieg» (1840–1843) von Wilhelm Zimmermann, ein Sachbuch diesmal, das die aussichtslosen Kämpfe der Bauernschaft gegen eine erbarmungslose und ausbeuterische Obrigkeit schilderte.

Wilhelm Zimmermann, wie der Vater von Käthe Kollwitz ein Liberaler, stilisierte die revolutionäre Bewegung des Bauernkriegs zum Urkonflikt aller Gesellschaftsumbrüche. «Diese Bewegung hat man sinnig das prophetische Vorbereitungswerk der neueren Weltgeschichte genannt. Sie ist die gewaltige Ouvertüre zu dem Schauspiele, das sich auf dem Boden der neuern Zeit abspielt, und dem das Tragische nicht fehlt. Alle Erscheinungen der späteren sozialen Bewegungen in Europa liegen in der Bewegung von 1525 eingeschlossen: sie ist nicht nur der Anfang der europäischen Revolutionen, sondern ihr Inbegriff im Kleinen.»[91]

Das Ziel der Menschheit sei die Freiheit, so Zimmermann in seinem Vorwort. Er war damit der erste Autor überhaupt, der dem Bauernkrieg der Frühen Neuzeit eine weltgeschichtliche Legitimität zusprach. Gleichzeitig setzte er den Konflikt in Beziehung zu den politischen Auseinandersetzungen des 19. Jahrhunderts. Die Forderung nach politischer Selbstbestimmung wohne jedem Volk zu jeder Zeit inne, so Zimmermann. Es kämpfe so lange, bis es diese Freiheit erstritten habe oder aber vernichtet sei. Zimmermanns Buch war ein Standardwerk mit aktueller Note, das nicht nur dem Bauernkrieg einen festen Platz in der deutschen Geschichte erstritt, sondern auch bis weit ins 20. Jahrhundert zu den meistgelesenen und meistverkauften Bauernkriegsdarstellungen gehörte. Ein ganz und gar kämpferisches Buch, das auch Käthe Kollwitz nicht losließ.

Mit ihrer Radierung «Aufruhr» (Abb. 13) näherte sie sich dem Thema Bauernkrieg zum ersten Mal an. Sie zeigte vor dem Hintergrund einer brennenden Burg eine wilde Horde Bauern, die, mit Sensen und Äxten bewaffnet, voranstürmt. Über ihren Köpfen schwebt eine nackte, geisterhafte Frauengestalt mit brennender Fackel, Sinnbild der Rache und des Zorns. Mit der Ausführung war die Künstlerin nicht unzufrieden, trotzdem hoffte sie, das Thema noch einmal auf andere Weise darstellen zu können.

In Zimmermanns Buch las sie von einer Bäuerin, die zusammen mit dem Radikalen Jakob Rohrbach eine Schar württembergischer Bauern antrieb. «Als eine ganz eingenthümliche Gestalt im Bauernheer ragte die Böckingerin hervor, die man unter dem Namen ‹die schwarze Hofmännin› in der ganzen Gegend kannte. Der Volkskrieg dieser Zeit hatte auch seine Heldinnen; und klebt ihr auch Blut und Grausen an, und scheint sie der Menschlichkeit fast wie der Weiblichkeit entwachsen, den Ruhm der Heldin hat selbst die Parteileidenschaft durch treue Aufbewahrung der Akten der schwarzen Böckingerin eher gerettet als geraubt.» Zauberkräfte dichtete man dieser Bäuerin an, die Fähigkeit, Segens- und Bannsprüche auszusprechen, und die Gabe der Wahrsagerei. «Gott wills!», versicherte sie den Bauern und zog mit ihnen gemeinsam gegen den Feind.[92]

Diese «schwarze Anna» stellte Kollwitz ins Zentrum ihres nächsten Blattes, das zunächst unter dem Titel «Bauernkrieg», dann, als fünftes Blatt der Serie, unter dem Titel «Losbruch» bekannt wurde. Es zeigt eine angriffslustige Menschenmenge, die sich, angetrieben von einer kämpferischen Frau in Rückenansicht, buchstäblich in die Schlacht stürzt. Eine einzige Bewegung reißt die Meute voran. Die Kontur verliert sich in kraftvollen Strichen, aus denen lediglich vereinzelte Sensen, Knüppel, Schwerter und Mistgabeln herausstaken. Mit diesem dynamischen, eindringlichen Blatt bewarb sich Käthe Kollwitz 1904 bei der «Verbindung für historische Kunst», einem Zusammenschluss aller deutschen Kunstvereine, und erhielt den Auftrag, eine Serie zum Bauernkrieg zu schaffen, die als Vereinsgabe an die Mitglieder ausgegeben werden sollte. Ein Prestige-Auftrag, der Kollwitz' Stellung in der ersten Reihe deutscher Künstler weiter festigte und ihren Bekanntheitsgrad noch einmal deutlich steigerte.

Vier Jahre arbeitete sie an den sieben Radierungen des «Bauernkriegs». Wieder entfernte sie sich schnell von der historischen Vorlage, verallgemeinerte die Motive, verzichtete fast durchgängig auf historisierende Elemente und modernisierte damit die Handlung ihrer Folge. Außerdem stellte sie die Frauen ins Zentrum des Geschehens. Sie werden zu Akteurinnen im bewaffneten Konflikt.

Schon im «Losbruch» tritt eine Frau hervor. Die «schwarze Anna» stachelt die Meute zum Kampf auf. Fast kann man ihr wütendes Geschrei hören, fast glaubt man ihr verzerrtes Gesicht zu sehen – obwohl sie dem Betrachter den Rücken zuwendet. Ihre Arme sind nicht zum Segen erhoben, sie treiben an und beschwören die Rache. Mit der Illustration «Die schwarze Hofmännin segnet die Bauern» bei Zimmermann verbindet sie nur noch die Rückenansicht.[93]

Das nächste Blatt, das Käthe Kollwitz fertigstellte, war «Beim Dengeln», das sie bereits 1905 in der Ausstellung des «Deutschen Künstlerbundes» zeigte. Auch hier steht eine Frau im Zentrum des Geschehens, eine alte, ausgemergelte Frau, die ihre Sense schärft. Hinter ihren leeren Augen, die fast blind wirken, reift der Entschluss zum Kampf. In einem ersten Entwurf, «Inspiration», hatte Kollwitz der Frau einen Racheengel auf den Rücken gesetzt. Dort hockt er und presst ihr die geballte Faust auf die Schulter. Seine Rechte packt ihre Hand, die den Stiel einer Sense hält. Er flüstert ihr zu, setzt ihr die Rebellion in den Kopf, lässt sie erkennen, dass ihr Werkzeug eine Waffe ist. Kollwitz verwarf diese allegorische Fassung, weil die bedrohliche Wirkung des Racheengels der Bildaussage schadete. Diese sollte nämlich eine positive sein, denn Käthe Kollwitz sah im Bauernkrieg ein legitimes Aufbegehren gegen die Unterdrückung.

Spannungsgeladen führte Kollwitz den «Bauernkrieg» fort. In «Bewaffnung in einem Gewölbe» erklimmen die dicht gedrängten Aufständischen mit den Sensen im Anschlag eine nur vom Fackelschein erhellte Wendeltreppe. Es ist das einzige Blatt der Serie, das direkt auf das historische Ereignis verweist. Alle anderen Blätter verzichten auf Details, die eine konkrete zeitliche Einordnung des Motivs ermöglicht hätten.

Bei der Arbeit am nächsten Blatt wäre Käthe Kollwitz sogar fast vollständig vom historischen Thema abgekommen. Sie wollte den Verlust darstellen. Im Zentrum eines ersten Entwurfs steht noch einmal die «schwarze Anna», die am Abend eines unglücklichen Kampftages ihren Sohn begräbt. Mit aufgestütztem Oberkörper ruht der Leichnam im Bildvordergrund. Dahinter gräbt ihm die Mutter im Schein einer Lampe sein Grab.[94] Das Motiv war schlüssig und fügte sich problemlos in den Zyklus ein, doch Kollwitz versuchte in mehreren Anläufen, den

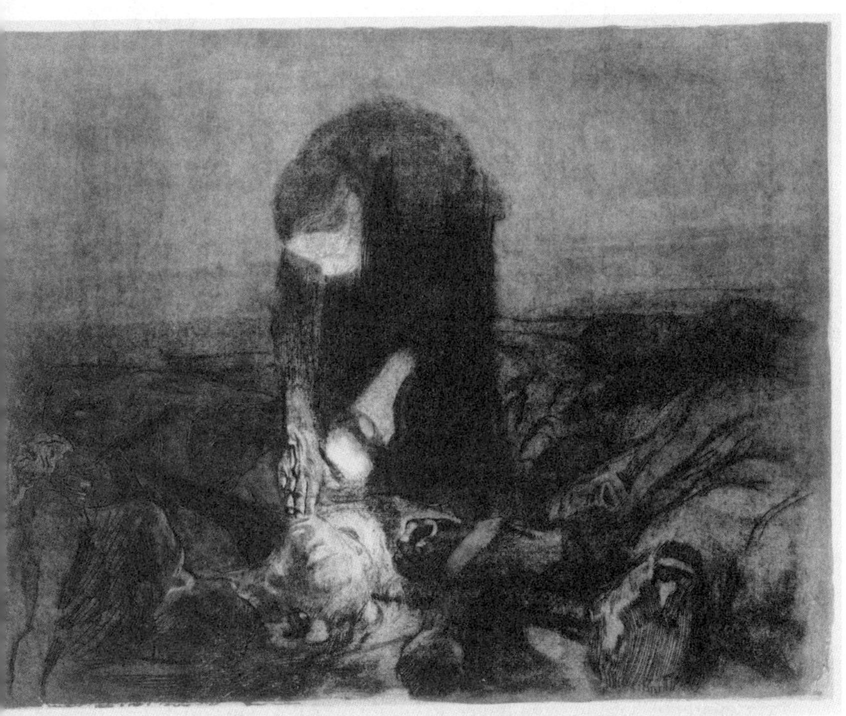

14 Käthe Kollwitz, Schlachtfeld, Blatt 6 aus dem Zyklus «Bauernkrieg», 1907, Strichätzung, Kaltnadel u. a., Staatliche Museen zu Berlin, Kupferstichkabinett

Verlust auf unterschiedliche Weise zu gestalten. Es entstanden Skizzen und Zeichnungen, die Mutter und Sohn ineinander verschlungen zeigen, eine einzige Figur, ohne Hintergrund, eine Frau, die auf dem Boden kauernd ihren Sohn umschlingt. Schließlich verwarf Kollwitz diese Motive für den «Bauernkrieg», weil sie keinen direkten Bezug zum Thema hatten, sondern von der Trauer als allgemein menschlicher Grunderfahrung handelten. Später entstanden daraus die Werke «Frau mit totem Kind» (Abb. 18) und die Lithographie «Pietà». Für den «Bauernkrieg» wählte Kollwitz ein Motiv, das der zuvor entworfenen Begräbnisszene vorgelagert ist: Die «schwarze Anna» sucht im Schein der Lampe den toten Sohn unter den Gefallenen auf dem «Schlachtfeld» (Abb. 14).

Vier Bilder des Bauernkriegs waren damit fertiggestellt: die Vorbereitung, der Losbruch, die Folge. Es fehlte die Ursache, der Grund, aus dem sich die Bauern zu ihrem – am Ende aussichtslosen – Kampf hinreißen ließen. Kollwitz wollte die Unterdrückung selbst thematisieren. Zum ersten Blatt der Folge haben sich zahlreiche Entwürfe erhalten, die zeigen, wie die Künstlerin mit der Themenfindung rang. «Die Pflüger» zeigt schließlich zwei Menschen, Vater und Sohn, die wie Zugtiere vor den Pflug gespannt ihr Land bestellen. Gebückt und unter Aufbietung aller Kräfte ziehen sie den schweren Pflug durchs Erdreich, um sie herum nur die Weite des Himmels und das Feld.

In einer frühen Zeichnung zeigte Käthe Kollwitz die Zwei in einiger Entfernung am Horizont arbeitend. Im Vordergrund beobachtet die «schwarze Hofmännin» die buchstäbliche Unterjochung der Bauern. In einer anderen Fassung stellte Kollwitz den Bauern einen Wachposten zur Seite, einen Mann mit Helm, der die Pflüger niederhält. Am Ende ließ sie die Unterdrückung für sich selbst sprechen.

Genauso verfuhr sie im zweiten Blatt der Folge, «Vergewaltigt» (Abb. 15). Kollwitz beschrieb das Bild in einem Brief: «Eine Frau ist im verwüsteten Krautgarten liegen gelassen worden. Sie wurde von umher streifenden Söldnern vergewaltigt. Das Bauernhaus ist zerstört, hinter dem Zaun steht ihr Kind, das davon gelaufen war und nun herüber sieht.»[95] Ganz verdreht liegt sie da, den Kopf überstreckt. Zwischen den zertretenen Pflanzen ist sie kaum als Mensch zu erkennen. Noch schwerer zu finden zwischen der üppigen Pflanzenwelt ist nur das Mädchen, deren zartes Köpfchen gerade über den Zaun ragt. Sie ist die unschuldige Zeugin des Schreckens und gleichfalls als Opfer der Unterdrückung schutzlos ausgeliefert.

Auch im letzten Bild des «Bauernkriegs», «Die Gefangenen», stellte Käthe Kollwitz den Opfern gesellschaftlicher Missstände Kinder zur Seite, einen Jüngling und einen Jungen, die zusammen mit den eingepferchten Bauern ihre Hinrichtung erwarten. Schmal und zart stehen die Kinder zwischen den muskelbepackten Bauern. Mit nackten Oberkörpern und einer eigentümlichen Körperhaltung stechen sie aus der Gruppe stark hervor. Ihre Unschuld verlängert das dargestellte Unrecht, sie weist in eine verheerende Zukunft und verstärkt den Appell,

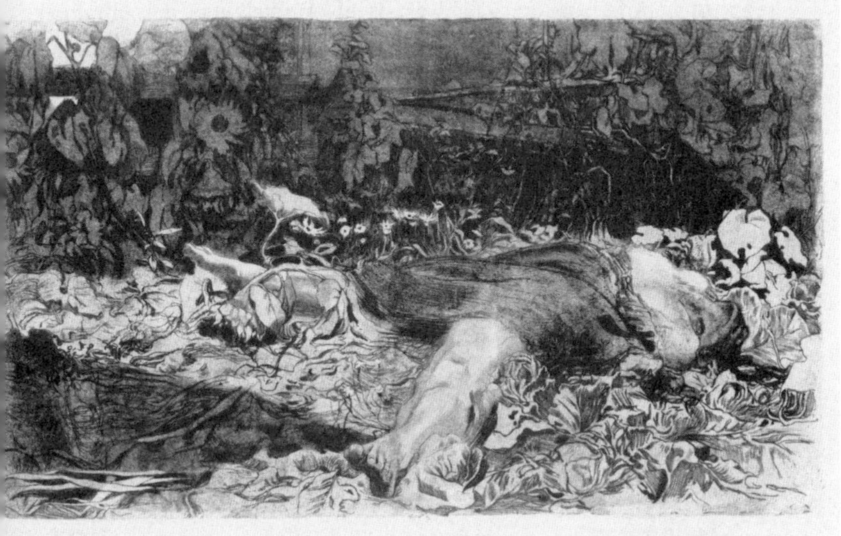

15 Käthe Kollwitz, Vergewaltigt, Blatt 2 aus dem Zyklus «Bauernkrieg», 1907/08, Strichätzung, Kaltnadel u. a., Staatliche Museen zu Berlin, Kupferstichkabinett

der im Motiv mitschwingt: Nicht nur die Mütter und Väter sind unterdrückt und geschunden. Die Kinder erleben deren Ausbeutung mit, sie hungern und leiden auch. Ihr Leben wird davon geprägt sein, wenn sich nichts ändert.

Die Fülle der erhaltenen Skizzen und Blätter zeugen von einer produktiven Zeit. Käthe Kollwitz arbeitete in den glücklichen Jahren nach der Jahrhundertwende an verschiedenen Werken gleichzeitig, probierte hier ein Bildmotiv aus, schuf ein paar Zeichnungen, Skizzen, Detailstudien, verwarf sie wieder und wandte sich für ein paar Tage einem ganz anderen Thema zu. Bis ein Blatt ihren Ansprüchen genügte, vergingen bestenfalls Wochen, meistens Monate, manchmal sogar Jahre. Was gelungen war, sollte gezeigt, wenn möglich auch verkauft werden. Käthe Kollwitz stellte regelmäßig aus: beim Verein Berliner Künstlerinnen, beim Deutschen Künstlerbund, in der Jahresausstellung im Münchener Glaspalast, in Galerien in Berlin, Dresden und Königsberg und ab Winter 1901 natürlich in der «Schwarz-Weiß-Ausstellung» der «Berliner Secession». In Dresden hatte man bereits 1898 begonnen, Werke der Künstlerin für das dortige Kupferstichkabinett anzukaufen, und auch in Berlin legte man schon vor der Jahrhundertwende den Grundstein für eine öffentliche Sammlung ihrer Arbeiten.

Die Kritiker lobten, was sie sahen. «Käthe Kollwitz bietet in ihrem Blatt aus dem Bauernkrieg [gemeint ist der ‹Losbruch›] wieder etwas höchst Packendes und Starkes», hieß es etwa in einer Rezension der auflagenstärksten und einflussreichsten deutschsprachigen Kunstzeitschrift «Die Kunst für Alle».[96] Ein Jahr später, 1904, fiel «Beim Dengeln» besonders auf.[97] Julius Elias, der Käthe Kollwitz 1893 als erster Kritiker ein paar Zeilen gewidmet hatte, kommentierte ihre Werke aus der «Schwarz-Weiß-Ausstellung» von 1905: «Käte [sic] Kollwitz setzt ihr heiliges Revolutionspathos fort und sucht durch Studien am weiblichen Modell akademisch in Übung zu bleiben».[98]

Käthe Kollwitz war etwas gelungen, von dem die meisten ihrer Kolleginnen nur träumen konnten: Sie wurde von der männlichen Kunstwelt fast ausnahmslos anerkannt. Käufer, Sammler, Aussteller und Rezensenten interessierten sich für ihre Arbeit, während sie Künstlerinnen im Allgemeinen ignorierten.

Selten wagte sich ein Kritiker in den Saal der alten Musikhochschule, wo der Verein Berliner Künstlerinnen und Kunstfreundinnen die Werke seiner Mitglieder präsentierte. Tat es doch mal einer, konnte er sich den arroganten Ton nicht verkneifen: «Ist auch, wie immer bei Damenausstellungen, viel Minderwertiges und Überflüssiges da, so kann man doch nicht umhin, im allgemeinen einen größeren Ernst im Arbeiten zu konstatieren.» Die Werke einiger ausgewählter «Damen» hielt der Kritiker für anständig, wirksam oder annehmbar. Selbst Hedwig Weiss, von Max Liebermann als das zweite große Talent nach Käthe Kollwitz bezeichnet, bekam gerade mal ein «gut» für ihre Zeichnungen. Nur an Kollwitz selbst kam auch dieser Herr nicht vorbei. Sie nutzte und unterstützte das Frauennetzwerk weiterhin und erhielt dort große Aufmerksamkeit: «Käthe Kollwitz überragt auch ohne besondere Anstrengungen ihre sämtlichen Kolleginnen», heißt es etwa, und weiter: «Eine Zeichnung, eine sorgenvoll die Hand am Kinn haltende Frau, ist sogar sehr gut.»[99]

Frauenkunst gering schätzen war leicht. Auch der bekannte Kunstkritiker Karl Scheffler war sich nicht zu schade, ein Pamphlet gegen Frauen in der Kunst zu veröffentlichen. Obwohl er in der Vergangenheit einzelne Künstlerinnen, darunter auch Käthe Kollwitz, durchaus positiv beurteilt hatte, sprach er ihnen in seinem Buch «Die Frau und die Kunst» (1908) grundsätzlich jede Schöpfungskraft ab. Frauen, so Scheffler, hätten weder das Talent noch die Persönlichkeit, Großes zu schaffen, und könnten allerhöchstens im Bereich der Dekoration glänzen oder sich als Modell oder Muse hervortun.[100]

Scheffler vertrat seine frauenfeindlichen Ideen mit einer Selbstverständlichkeit, als gäbe es objektive Maßstäbe, an denen der Betrachter den Wert eines Kunstwerks messen könnte. Und sein Urteil hatte Gewicht. Niemand hinterfragte die Vorstellung vom Künstler als gottgleichem Schöpfergenie. Dass dieser geniale Schöpfer männlich sein musste, hatte aber auch 1908 nur noch wenig mit der Realität zu tun. Die kleine Gruppe ausgewählter Frauen, die in der Öffentlichkeit Anerkennung errungen hatten, entlarvte Schefflers ohnehin löchrige Argumentation als reaktionären Wunschtraum. An keiner Stelle brachte er einen handfesten Kritikpunkt gegen Künstlerinnen vor. Stattdessen fantasierte er von einer ‹guten, alten Zeit›, als Frauen noch Haushalt und Kinder versorgten und in der Kunst keine Rolle spielten. Sein Buch war immerhin eine konservative Momentaufnahme. Auch wenn einzelne Frauen Anerkennung fanden, rief das Gros der Künstlerinnen als Konkurrentinnen auf dem umkämpften Kunstmarkt weiterhin Unbehagen hervor.

Käthe Kollwitz bildete da eine Ausnahme: «Hier ist Wahrheit, Tiefe des Empfindens und kraftvolles zeichnerisches Können, wie man es selten vereint findet», schrieb der Kunstjournalist Paul Schumann. Das Ausnahmetalent erklärte er sich aus einer einzigartigen Kombination von «tiefer seelischer Kraft» und «männlichem Können».[101] Eine gefällige Erklärung für Kollwitz' Sonderstellung. Sie hob ihr Werk aus den Reihen der Kolleginnen heraus und setzte sie gleichwertig neben Künstler wie Max Liebermann, Max Slevogt oder Ludwig von Hofmann. Was das explizit ‹Männliche› an Kollwitz' Fähigkeiten gewesen sein soll, erklärt im Detail keiner der Rezensenten und Bewunderer. Immerhin sei festgehalten, dass Käthe Kollwitz mutig genug war, sich den gängigen Vorstellungen von einer Künstlerin zu entziehen. Sie hatte eine traditionelle, bürgerliche Ehe zu ihrer Lebensgrundlage gemacht und arbeitete jenseits der gesellschaftlichen Konventionen, gestört und gefördert von einer Familie, die ihre Arbeitszeit beschränkte und sie gleichzeitig inspirierte.

Käthe Kollwitz machte keine Kompromisse, auch nicht bei der Themenwahl. Sie erarbeitete die Motive, für die sie brannte. Sie zeigte die Welt aus einer weiblichen Perspektive, zeigte Frauen mit ihren spezifischen Problemen, aber auch als Akteurinnen. Oft, aber bei weitem nicht immer waren es kritische Themen, die sie herausstellte, was nicht zuletzt ein Grund dafür sein mochte, dass sie sich in die gängigen kunsthistorischen Kategorien und Strömungen nur schwer einordnen ließ.

Käthe Kollwitz wollte Frauen eine Stimme geben, doch sie arbeitete für den moralischen Fortschritt aller Menschen. Sie schuf Kunst als Frau, nutzte feministische Netzwerke und bemühte sich, Frauen in der Kunst zu unterstützen. Dabei konnte sie in den herrschenden Strukturen kaum vermeiden, dass sie gerade in der Rolle der singulären Ausnahmeerscheinung das bestehende System der Ausgrenzung von Frauen stützte. Hinter Käthe Kollwitz, die in vielen Fällen die einzige Frau in führender Position blieb, konnten sich Vereine, Museen und Ausstellungsmacher verstecken. Sie diente als Aushängeschild, als eine Frau, die geschafft hatte, was theoretisch allen Frauen möglich war, auch wenn ihr auf dem Weg bis ganz an die Spitze dann doch kaum eine folgen konnte.

Noch vor Fertigstellung des «Bauernkriegs» erhielt Käthe Kollwitz im Februar 1907 eine interessante Nachricht. Walter Leistikow erkundigte sich im Auftrag des Deutschen Künstlerbunds, ob sie sich vorstellen könnte, eine Weile nach Florenz zu gehen. Man wolle ihr den «Villa Romana Preis» verleihen, doch käme sie für diese Ehrung nur in Frage, wenn sie das Stipendium nutzen und in das Florentiner Künstlerhaus ziehen könnte.

Käthe Kollwitz reagierte zunächst verhalten und fragte nach, wie lange sie denn in Italien bleiben müsse. Ihre Söhne waren vierzehn und elf Jahre alt, und als Mutter war es ihr möglich, ein paar Wochen, keinesfalls aber mehrere Monate zu verreisen. Walter Leistikow konnte sie beruhigen: Über die Dauer des Aufenthalts dürfe sie selbst bestimmen, und so erhielt Käthe Kollwitz den mit zweitausend Mark dotierten «Villa Romana Preis» anlässlich der «Ersten Graphischen Ausstellung» des Deutschen Künstlerbunds in Leipzig.

Anfang Mai 1907 machte sie sich mit ihrem jüngeren Sohn auf den Weg nach Italien. Sie wollte nicht arbeiten, sondern Florenz kennenlernen, Rom und Genua besuchen, Eindrücke und Ideen sammeln und nach ihrer Rückkehr dann mit neuer Energie weitermachen.

Mit Peter hatte sie eine lustige Zeit. Sie probierten ihr Italienisch an den Kellnern der Restaurants aus und machten Ausflüge nach Fiesole und zum Monte Ceceri. Nach der Abreise des Jungen packte Käthe Kollwitz jedoch fürchterliches Heimweh. Florenz blieb ihr fremd, die Galerien verwirrten sie, das «geschwollen Italienische» schreckte sie ab. Botticelli fand sie meist unausstehlich, dekadent und affektiert. Sie konzentrierte sich auf die Kirchen und Klöster, bewunderte die Fresken von Masaccio und die Skulpturen von Michelangelo und schrieb Briefe nach Berlin.[102]

Die Zeit in Italien wäre alles in allem wohl ein Reinfall gewesen, hätte Käthe nicht eine eindrucksvolle junge Engländerin kennengelernt.[103] Constance Harding, genannt Stan, war zwanzig Jahre alt und ein abenteuerlustiger Freigeist. Schlank, die dunklen Haare knabenhaft zum Pagenkopf geschnitten, den Kopf voller Rebellion und Kritik am Gesellschaftsleben, hatte sich Stan während einer Italienreise im Streit von ihren Eltern losgesagt. Mittellos, aber unerschrocken blieb sie in Florenz zurück und hielt sich mit Englischstunden und dem Kopieren alter Meisterwerke über Wasser. Beim Sprachunterricht lernte sie einen jungen und rechthaberischen deutschen Arzt kennen. Der Schwabe verliebte sich hoffnungslos in die schöne Engländerin, die sich seine Liebe und seinen häuslichen Wohlstand gefallen ließ, ihn sogar heiratete, sich ansonsten aber nicht von ihren Aktivitäten abhalten ließ.

Käthe war hingerissen, als sie die furchtlose Schöne kennenlernte. Stan lud sie ein, nach Rom zu wandern, und so zogen sie gemeinsam los. «Das Volk sah sie für Mutter und Tochter an, die sich eines Gelübdes wegen diese unglaubliche Mühsal auferlegt hätten, Rom und den Heiligen Vater zu erwandern.»[104] Man beköstigte die beiden Frauen auf ihrer Reise und verlangte nur, dass sie in St. Peter ein Gebet für die Gastgeber sprächen.[105] Weil es tagsüber zu heiß war, wanderten sie nachts: «Mit allem was dazu gehört: Vollmond, Leuchtkäfern, daß es einem vor den Augen flimmert, und Heuschreckengesang. Wir gingen viele Stunden längs der See, und der Mond ging unter, und die Sonne ging auf», schrieb Käthe an die Freundin Jeep, die mit Mann und Kindern ebenfalls in Italien lebte. «Ich sehe aus wie Leder, hab wenigstens zehn Pfund abgenommen.»[106]

In Rom traf sie den gerade fünfzehnjährigen Hans, besuchte pflichtschuldig die Sehenswürdigkeiten, war aber nicht begeistert von der Ewigen Stadt. So blieb die falsche Pilgerwanderung der Höhepunkt der Italienreise, die schließlich ein überstürztes Ende fand, weil Käthes Schwester Lisbeth mit der jüngsten Tochter im Wochenbett lag und man nach einer schweren Geburt um ihr Leben fürchtete.[107]

1908 erhielt Käthe Kollwitz zum ersten Mal die Gelegenheit, ihr Werk einem breiten und kunstferneren Publikum vorzustellen. Die politisch-satirische Wochenzeitschrift «Simplicissimus» bot ihr eine freie Mitarbeit an. Ein Meilenstein in der Karriere eines jeden graphischen Künstlers – so auch für Käthe Kollwitz, die, wie so oft, eine der ersten Frauen war, der diese Ehre zuteil wurde.

Für dieses Projekt nahm Kollwitz erneut die Arbeiterin in den Blick. Diesmal thematisierte sie ganz konkret und zeitgenössisch, was sie um sich herum erfuhr. Die Frauen in ihrer Umgebung, ihre Nachbarinnen, ihre Modelle, die Patientinnen ihres Mannes – sie alle waren Arbeiterinnen, die mit der Künstlerin über ihre Probleme und Sorgen sprachen. «Sobald der Mann trinkt oder krank und arbeitslos ist, immer dieselben Erscheinungen. Entweder er hängt als toter Stein an seiner Familie und läßt sich ernähren – von allen Familienangehörigen verwünscht – (siehe Schwarzenau, Frank), oder er wird schwermütig (Pankopf, Gönner) oder [er] wird verrückt (ebenfalls der Idiot Frank) oder er nimmt sich das Leben. Bei der Frau dann immer derselbe Jammer. Sie behält die Kinder, die sie ernähren muß, schimpft und klagt über den Mann.»[108]

Dabei hatte das Leben der Familie Pankopf ganz hoffnungsvoll angefangen: Lehrer hatte der Mann werden sollen, sich stattdessen aber für die einträgliche Arbeit der Schildpattherstellung entschieden. Dann wurde er plötzlich krank – Atemnot, Schwindel, Beklemmungen und Herzrhythmusstörungen. Die Diagnose: ein vergrößertes Herz. Es war ein harter Schlag für die Familie. Herr Pankopf musste die gut bezahlte Arbeit aufgeben und fand nichts Neues. Einen Winter lang ging er als Drehorgelspieler durch die Straßen, aber auch das bekam ihm nicht. Er litt, wurde schwermütig und unruhig. Seiner Frau und den Kindern war er keine Hilfe. Zuletzt tobte er, schlug die Frau, wahrscheinlich auch die Wohnung zusammen und kam in die psychiatrische Klinik. Frau Pankopf stand allein mit ihren sechs Kindern da, vielleicht war sie sogar wieder schwanger.[109]

Diese Geschichten hatte Käthe Kollwitz täglich vor Augen. Nicht individuelle Schuld, sondern strukturelle Probleme brachten die Frauen in Not. Die unzulängliche Bezahlung machte es den Menschen unmöglich, für den Ernstfall vorzusorgen. Zahllose Schwangerschaften zehrten die Frauen aus, wirksame Verhütung gab es nicht, Abtreibungen waren verboten. Immer mehr Mäuler verlangten Brot und Suppe, und alles hing an den Müttern. Wer wollte es ihnen da vorwerfen, wenn sie sich für die Miete und ein paar Groschen prostituierten? Die Heimarbeit, die Frauen bis zur Erschöpfung an die Nähmaschine band, reichte oft nicht aus, den Lebensunterhalt zu bestreiten. Verfiel der Mann dann noch dem Alkohol, war das traurige Schicksal besiegelt. Der Tod mochte den Frauen zum einzigen Ausweg werden. Viele gingen ins Wasser, nahmen die Kinder mit, die sich vertrauensvoll an sie klammerten.

Käthe Kollwitz erzählte vom Schicksal dieser Frauen in ihrer Serie «Die Bilder vom Elend», die sie 1909 beim «Simplicissimus» unterbrachte.[110] «Die vielen stillen und lauten Tragödien des Großstadtlebens» waren ihr eine Herzensangelegenheit.[111] Kollwitz bezog Stellung, nicht zum ersten Mal, denn 1906 hatte ihr Plakat zur Deutschen Heimarbeitsausstellung bereits für einen Eklat gesorgt. Das verhärmte Gesicht einer Arbeiterin erzürnte die Kaiserin Auguste Viktoria, die sich weigerte die Veranstaltung zu besuchen, solange diese mit dem

Kollwitz-Plakat beworben wurde. Doch das war eine städtische Angelegenheit gewesen. Diesmal ging es um nationale Reichweite.

Kollwitz' kleine Alltagsszenen aus dem Arbeitermilieu schleuderten dem Betrachter die Auswirkungen von Armut und Elend geradezu ins Gesicht. Nicht in ironischen Karikaturen, sondern mit bitteren Zeichnungen zeigte die Künstlerin Problemfelder auf, die buchstäblich vor ihrer Tür lagen: Obdachlosigkeit, Heimarbeit, Alkoholismus, Kindersterblichkeit und ungewollte Schwangerschaften. Hatte Käthe Kollwitz ihr Entsetzen über die gesellschaftlichen Verhältnisse in den großen Zyklen noch hinter historischen Ereignissen verborgen, nahm sie im auflagenstarken «Simplicissimus» kein Blatt vor den Mund. Die «Bilder vom Elend» und die neun Einzelblätter, die sie dort veröffentlichte, klagten eine Gesellschaft an, die ihre Schwachen in der Not alleine ließ: Eine Obdachlose ist in herzlicher Umarmung mit einem gutgekleideten Bekannten zu sehen. Der Betrachter sollte sich fragen, woher die beiden sich wohl kennen, die einen so vertrauten Umgang pflegen. Und in welcher Situation muss die Frau sein, wenn sie diesem Mann dann das Geld aus der Tasche zieht? Hier ging es nicht um Mitleid oder Humanität, sondern um die harten Fakten der sozialen Frage.

Ganz besonders prangerte Kollwitz die Geburtenpolitik an.[112] Sie zeigte eine Wöchnerin, die dem Tode nah ist. In ihren Armen liegt der Säugling, klein, unschuldig und schon jetzt zu einem Leben in Not verdammt. Eine Gebärende lehnt hilflos an einem Bretterzaun, eine Schwangere im fortgeschrittenen Alter klopft demütig an die Tür eines Arztes. Die Bilder sollten dem Betrachter die Kehle zuschnüren, ihn aufrütteln und ihn zum Handeln bewegen. Er sollte sich schämen und die Verantwortung übernehmen. Kein läuterndes Mitleid, keine Spur von christlichem Erbarmen, sondern die direkte und bewusste Anklage spricht aus diesen Bildern. Die kranken Säuglinge, die dürren, blutarmen Kinder, die Gewalt, der Suff, die Arbeitslosigkeit, die Not, das alles berührte Kollwitz und ließ sie nicht los. Sie schnürte das Elend in packende Bilder: der Mann, der betrunken aus der Kneipe kommt, die Frau, die mit ihren Kindern ins Wasser geht. Sie hatten einen Namen, eine Adresse, eine Geschichte.

Und tatsächlich erweiterte Käthe Kollwitz das Themenspektrum

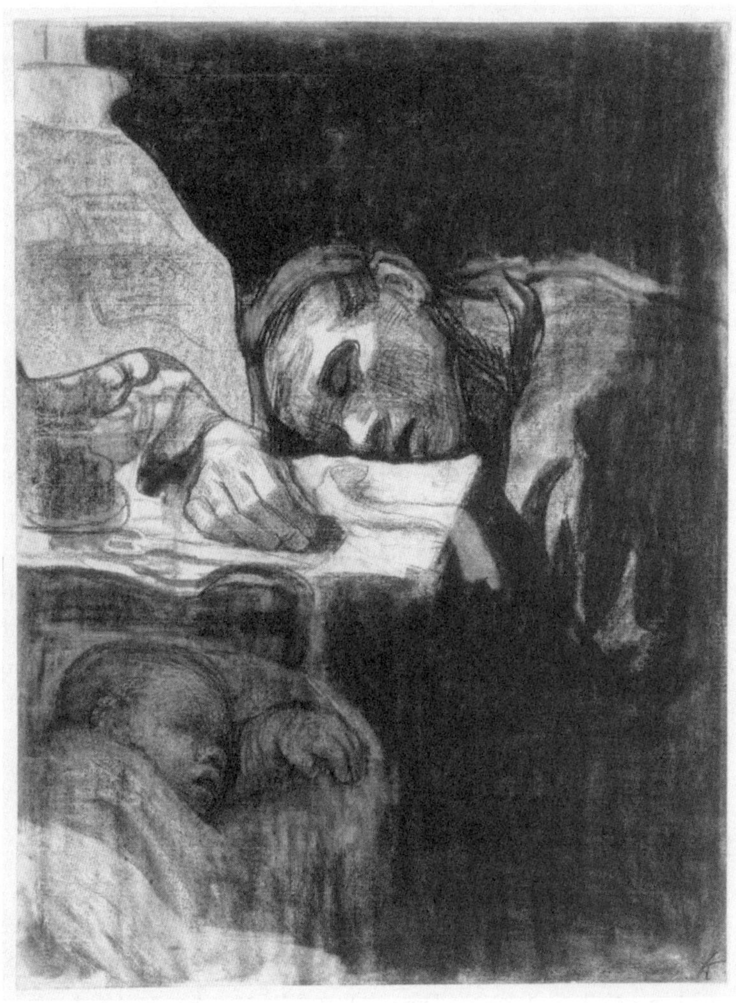

16 Käthe Kollwitz, Heimarbeit (oder Schlafende Mutter), 1909, Kreide, Kunsthalle Bremen

des Magazins.[113] Vor ihr war es keinem Künstler in den Sinn gekommen, die soziale Frage aus der weiblichen Perspektive zur Anschauung zu bringen. Erst Kollwitz zeigte, dass die Situation der Frau sich von der des Mannes unterschied. Die Proletarierin war zweifach unterdrückt: Sie lebte in Verhältnissen, die ihr kaum genug zum Leben ließen, aber sie hatte oft auch die Brutalität und das Versagen ihres Ehemannes zu erdulden. Sie war abhängig und gleichzeitig verantwortlich für das Wohl der Kinder. Während der Mann sein Elend als Einzelkämpfer oder in der Gemeinschaft einer sozialen Gruppe erlebte, war die Frau in der Regel isoliert. Sie erlebte die Unterdrückung oft als Mutter, die den eigenen Hunger ertragen musste und am Hunger der Kinder zusätzlich litt.

Für die Künstlerin waren die Blätter eine Art Ventil, um mit dem täglichen Elend umzugehen. Gleichzeitig hatte sie Gelegenheit, ihren französischen Vorbildern nachzueifern und ihre Arbeiten einem breiten Publikum zu präsentieren. 1906 erschien der «Simplicissimus» in einer Auflage von 100 000 Exemplaren.[114] Viele Leser hatten vielleicht noch nie eine Kunstausstellung besucht, und genau sie wollte Käthe Kollwitz mit ihren allgemeinverständlichen und künstlerisch doch hochwertigen Zeichnungen erreichen.[115]

Entwicklungswege

«Heute Versuch gemacht eine neue Arbeit vorzunehmen. Fühl mich ganz leer und hab zu wenig Dingen Lust.»[116] Mit diesem Satz beginnt am 18. September 1908 das Tagebuch von Käthe Kollwitz. Die Familie war nach dem Sommerurlaub zurück in Berlin und fand sich schwer in den Alltag ein. Käthe war müde. Die Reisestimmung war verflogen, Ernüchterung machte sich breit. Nach zwei Einträgen verstummte das Tagebuch wieder.

«Bei dem wie mir scheint schon abnehmenden Gedächtnis ist es wohl gut wieder etwas aufzuschreiben», setzten die Aufzeichnungen nach fast einjähriger Pause am 19. August 1909 erneut ein.[117] Käthe Kollwitz schrieb nicht täglich, aber über lange Zeiträume doch mehrmals die Woche. So ist das Tagebuch nicht nur eine reichhaltige biographische Quelle, sondern auch eine beeindruckende Chronik des frühen 20. Jahrhunderts. Eintrag für Eintrag führt es durch die Abgründe deutscher Geschichte. Es erzählt von den letzten Jahren der Monarchie und den Schrecken des Ersten Weltkriegs; es zeichnet den Aufschwung und die Verzweiflung der Revolutionsjahre nach und führt uns die Hoffnungen in der Phase der demokratischen Konsolidierung vor Augen; es endet in den dunklen Jahren der nationalsozialistischen Herrschaft, im Mai 1943, gut zwei Jahre vor dem Tod der Künstlerin. Aus vielen Seiten des Tagebuchs spricht das pure Leben. Da ist die Arbeit, da sind die Kinder mit ihren Freuden und Problemen, da sind Theaterbesuche und Gespräche, große Urlaubsreisen und kleine Ärgernisse. Ausstellungen sind zu besuchen, Entscheidungen zu treffen, Erkältungen zu verwinden und Feierlichkeiten zu begehen. Die Rede ist von gemeinsam gelesenen Büchern, gemeinsam gehörter Musik und Vorträgen, Begegnungen mit der Familie, mit Freunden, Diskussionen, von Lachen, Sorge, Langeweile. Auf den Seiten ihres Tagebuchs trug Käthe Kollwitz ihre Welt zusammen. Sie schrieb auf, was sie umgab, was sie bewegte. Das Panorama strahlt bis heute vor Lebendigkeit und Lebensfülle.

Umso erstaunlicher ist es, dass der Blick sich lange Zeit überwiegend auf die von Kollwitz geschilderten Unsicherheiten richtete. In der Forschungsliteratur galten die Jahre vor dem Ersten Weltkrieg als Krisenjahre, in denen Kollwitz ihre aufrührerische Schaffensphase beendete und neue Ausdrucksformen und Themen suchte.[118] Sie selbst gab an, dass sie sich in dieser Zeit menschlichen, sogar urmenschlichen Motiven zuwandte, doch wurden diese neutralen Begriffe in der Rezeption nicht aufgegriffen.[119] Stattdessen bekam die Neuorientierung der Jahre vor dem Ersten Weltkrieg einen negativen Beiklang. Als Begründung diente das Tagebuch, das in Auszügen schon in den späten vierziger Jahren veröffentlicht worden war.[120] Tatsächlich entfaltet sich hier das Bild einer sehr selbstkritischen Künstlerin, die in ihren persönlichen Aufzeichnungen Ängsten und Unsicherheiten freien Lauf ließ. Da das Tagebuch nicht zur Veröffentlichung bestimmt war, finden sich darin neben nachdenklichen Passagen und Heimlichkeiten auch viele Äußerungen des Selbstzweifels. Das Schreiben sollte für Käthe Kollwitz äußeren Druck abbauen, ihre Gedanken strukturieren und Ereignisse festhalten. Sie wandte sich dem Papier zu, wenn es ihr schlecht ging, wenn sie unzufrieden oder unglücklich war. Rund ein Drittel des Tagebuchs verfasste Kollwitz in den vier Jahren des Ersten Weltkriegs. Fühlte sie sich gut, ging die Arbeit ihr leicht von der Hand, war sie inspiriert und zufrieden, dann notierte sie das selten.[121]

Bei quellenkritischer Betrachtung gerät die These von einer heraufziehenden Melancholie oder gar Depression in der Zeit von 1910 bis 1914 schnell ins Wanken.[122] Nicht nur, weil erst mit Einsetzen des Tagebuchs überhaupt Material vorhanden ist, das Rückschlüsse auf die emotionale Verfassung der Künstlerin zulässt. Auch inhaltlich fällt schnell auf, dass Kollwitz keineswegs in Melancholie versank, als sie sich neuen Herausforderungen stellen musste. Sie suchte vielmehr entschlossen nach Lösungswegen und eroberte sich neue Räume des öffentlichen Wirkens.

Das Tagebuch erlaubt einen intimen Einblick in ein Leben, das sich in den Jahren vor dem Ersten Weltkrieg im Umbruch befand. Viele Faktoren kamen dabei zusammen. Das familiäre Umfeld veränderte sich. Die Söhne wuchsen heran und begannen ihr eigenes Leben zu führen. Das lang gepflegte Gleichgewicht zwischen den Bedürfnissen der Familie und den Anforderungen des künstlerischen Alltags geriet ins Wanken. Als Mutter erlebte Käthe Kollwitz eine sorgenvolle Zeit der Ablösung.

Hans war ein etwas steifer junger Mann, der im Frühjahr 1910 das Abitur ablegte. Seine Zukunft war ungewiss. Nicht, weil er von der Schauspielerei träumte, sondern weil er für dieses Fach, wie es schien, keinerlei Talent besaß. Hans Wegener, der unter Max Reinhardt am Deutschen Theater den Macbeth und Mephisto gab, begutachtete den Kollwitz-Spross in einer Laienaufführung und sprach ihm jede Begabung ab. Hans war bestürzt und ließ sich vom Vater überreden, erst einmal Medizin, Nationalökonomie und Philosophie zu studieren.[123]

Käthe sorgte sich um ihren Sohn, der weiterhin eine große Sehnsucht nach kreativer Arbeit zu haben schien. Im Tagebuch kritisierte sie seine Nabelschau genauso wie sein fehlendes Durchsetzungsvermögen. Wenn er so leidenschaftlich Schauspieler werden wollte, warum setzte er nicht alles daran und überwand die Widerstände?

Die Bedenken blieben auch, als Hans sich auf die Philosophie konzentrierte, um später als Regisseur oder Journalist groß rauszukommen. Gerade die freien Berufe bräuchten eine besondere Spannkraft, gab ein Freund der Familie zu bedenken. Käthe fürchtete, dass es dem Sohn an Tüchtigkeit fehle. «Hans sagt, man muss weniger etwas tun, als etwas sein. Er wünscht sich viel Zeit, um über sich nachdenken zu können», notierte sie. Weiter heißt es: «Die Befürchtung, daß Hans bei einer solchen Auffassungsweise verbummelt hab ich kaum, aber daß er stagniert, eng bleibt. Weil ich nicht das Vertrauen habe, daß seine Persönlichkeit eine große ist.»[124] Mit ihrem Erstgeborenen ging Käthe Kollwitz im Tagebuch hart ins Gericht. Sie zweifelte an seiner Arbeitsmoral und stellte seinen Charakter in Frage. «Möglich, seine Leistungen bleiben immer klein. Wenn seine Auffassung dieselbe bleibt wie jetzt von der Arbeit, so ist es möglich, er verliert die guten Jahre mit Hätscheln und Pflegen seines Ich und dieses Ich ist vielleicht schwächlich.»[125]

Die Situation war vertrackt, weil Hans seinen Weg finden musste, sich aber gleichzeitig stark von seiner Mutter beeinflussen ließ. Gemeinsam entschied man, den Sohn zum Studium wegzuschicken. Wohin? Hans träumte von München, was seiner Mutter gar nicht gefiel: «Wenn ich ans Verbummeln denke, so liegt mir sehr fern der Gedanke, dass er zu viel trinkt. Ja selbst die Gefahr des sexuellen Lebens fürchte ich nicht so sehr für ihn. Aber dass er Beziehungen bekommt zu Kreisen, die psychische Abnormalitäten kultivieren und da ist München der richtige Ort.»[126] Er ging letztlich nach Freiburg und wechselte später nach Bonn.

Während Käthe Kollwitz ihren Älteren, seine Äußerungen, seine Persönlichkeit, sogar seine Physiognomie immer wieder kritisierte, war ihr Blick auf den jüngeren Sohn Peter auffällig freundlich. Sie schätzte sein charmantes Wesen und seine lustige Art, selbst wenn er zuweilen vorlaut und grob war. Peter Kollwitz war ein aufmüpfiger Schüler, der die Schule nicht mochte, zerstreut und rebellisch war. 1911 war seine Versetzung gefährdet und die Eltern überlegten, ihn in die «Freie

Schulgemeinde Wickersdorf» zu schicken. Das reformpädagogische Internat war 1906 von Gustav Wynecken mit viel Enthusiasmus und wenig Geld gegründet worden. Freiheit, Kameradschaft und ein tief verwurzeltes Misstrauen gegen die überkommenen Strukturen der wilhelminischen Gesellschaft hätten Peter Kollwitz vermutlich gefallen. Wyneckens Schulkonzept lehnte sich an das Gedankengut der Jugendbewegung an, der sich Peter schon 1909 angeschlossen hatte. Da der Reformgedanke der Schulgemeinde aber nicht auf die Unterrichtsmethoden angewandt wurde, riet Peters Ziehbruder Georg Gretor, der das Internat seit einiger Zeit besuchte, schließlich vom Schulwechsel ab. Peter hätte ein Jahr wiederholen müssen, um den Stoff nachzuholen, und das kam offenbar nicht in Frage.

Peter hatte ohnehin ganz andere Pläne. «Übrigens werde ich bestimmt Maler», verkündete er seinem Bruder schon im April 1911.[127] Er wollte Künstler werden – da passte es gut, dass seine schlechten schulischen Leistungen die Frage nach seiner Zukunft unvermeidbar machten.

Käthe jubilierte. Zwar gebe es allerlei Bedenken, berichtete sie der Freundin Mathilde Rüstow, gestand aber dann: «Im innersten lacht mein Herz, daß der Junge jetzt aus vollen Segeln auf die Kunst lossteuert.»[128] Im Tagebuch erwog sie die Vor- und Nachteile. Peter war gerade erst sechzehn Jahre alt geworden. Wenn er sein Abitur ablegte, hätte er Zeit, sein Talent wachsen zu lassen, es zu festigen. Dann würde sich zeigen, ob er für ein Leben als Künstler gerüstet war. Einstweilen sollte Max Liebermann die Arbeiten des Sohnes beurteilen. Der Maler äußerte sich verhalten: «Er könne wenig sagen. Charakter, das wär worauf es ankäme.»[129] Talent sah er durchaus, aber alles sei noch sehr unentwickelt. In erster Linie komme es ohnehin auf die Arbeitseinstellung an. Wenn Peter bereit sei zu arbeiten, dann könne etwas aus ihm werden.[130]

Liebermann empfahl, den Sohn zur Akademie oder besser noch zur Schule des Kunstgewerbemuseums zu schicken. Da versammelten sich gute Lehrkräfte und das Angebot ermögliche den Absolventen eine praktische Tätigkeit.[131] Peter erhielt die Erlaubnis, die Schule ohne Abitur, aber mit der Mittleren Reife zu verlassen. Im «Studienatelier für

Malerei und Plastik» der «Lewin-Funcke Schule» bereitete er sich auf die Aufnahmeprüfung an der Kunstgewerbeschule vor, wo er zum Wintersemester 1913 sein Studium aufnahm.

Dass Peter Künstler werden würde, gefiel Käthe Kollwitz sehr gut. Sie beobachtete amüsiert und stolz, wie er Fortschritte machte. Gleichzeitig meinte sie in dieser Zeit, die Mutterschaft als wichtigste Grunderfahrung ihres Lebens ausmachen zu können. Eine Frau ohne Kinder, so schien ihr, müsse auch als Künstlerin verkümmern.[132] Junge Frauen wie Anna Erika Gampp ermunterte sie: «Sie müssen Mutter werden», und erklärte: «Je älter ich werde, desto mehr kommt es mir wie das Allerschönste im Leben vor.»[133]

Dass die Söhne sie nicht mehr so brauchten, war zuweilen schmerzlich. Umso schöner war es, neue Gemeinsamkeiten mit Peter zu entdecken und ihm den Weg in die Kunst zu ebnen. Kollwitz stellte sich der Veränderung und zog nach Jahren der Verfügbarkeit als Mutter aus der Selbständigkeit der Kinder eine neue Perspektive. Zumal auch ihre Ehe in einer Krise steckte.

«Wie war mein Leben stark in Leidenschaft, in Lebenskraft in Schmerz und Freude», heißt es im Tagebuch von Käthe Kollwitz.[134] Das darf man ganz wörtlich nehmen. Käthe liebte und wurde geliebt, weitaus vielschichtiger und verschlungener, als es sich in Lebensbeschreibungen üblicherweise darstellt. «Immer verliebt» sei sie gewesen, gestand die Künstlerin in ihren «Erinnerungen» von 1923.[135] Nach Otto Kunzemüller, dem Nachbarsjungen, mit dem sie in einem Königsberger Keller erste harmlose Küsse austauschte, war das Verliebtsein ein «chronischer Zustand», der sie mal schwächer, mal stärker im Griff hatte. In der Wahl der Objekte war sie frei. Sie verliebte sich in Frauen und Männer gleichermaßen – bemerkt hat es ohnehin selten jemand.

Käthe und Karl hatten sich gegen alle Widerstände behauptet und aus Liebe geheiratet. Sie betrachteten sich als Gefährten auf dem gemeinsamen Weg durchs Leben. Von außen gesehen, führten sie eine im Großen und Ganzen bürgerliche Ehe. Karl war der Ernährer und das Familienoberhaupt, Käthe lenkte den Haushalt und war für die Kinder verantwortlich. Modern im heutigen Sinne war diese Ehe, weil beide gemeinsam alles daran setzten, Käthe ein Leben außerhalb der Familie zu ermöglichen. Das war ungewöhnlich, aber nicht einzigartig.

Von der durchschnittlichen bürgerlichen Ehe unterschied sie sich auf andere Weise: Karl und Käthe gestanden sich die Freiheit zu, ihre Leidenschaft auch außerhalb der Ehe auszuleben. Das hieß nicht, dass sich die beiden permanent anderweitig vergnügten. Vielmehr gaben sie einander das Recht, derartige Gelegenheiten auszunutzen, wenn sie sich ergaben. Und sie ergaben sich.

Das Thema Sexualität war im bürgerlichen Zeitalter mit einem Tabu belegt, doch bedeutete das nicht, dass alle Menschen sich den gesellschaftlichen Konventionen unterwarfen. Man schwieg darüber, aber hinter verschlossenen Türen gab es Dreiecksbeziehungen, gleichgeschlechtliche Liebe und Ehebruch. Die freie Sexualität war Gegenstand von Büchern, Artikeln und Gesprächen. Schon 1879 hatte sich der ‹Arbeiterkaiser› August Bebel in seinem Werk «Die Frau und der Sozialismus» des Themas angenommen.[136] Käthe las es als Studentin. Später propagierte ihre Bekannte Helene Stöcker im «Bund für Mutterschutz» das Recht auf freie Liebe und entwarf die Utopie einer ehelosen Gesellschaft, in der Männer und Frauen gleichberechtigte Partner wären, die allein aus Zuneigung und Respekt miteinander lebten und nicht, weil ein Trauschein oder ein Sakrament sie aneinander fesselte.[137]

In Käthe Kollwitz' direktem Umfeld experimentierten Menschen mit neuen Liebeskonzepten. Gleichgeschlechtliche Liebe war selbstverständlich. Die Freundinnen Anna Plehn und Marie von Geyso liebten sich seit Studientagen und lebten zusammen auf einem Gutshof in Lubochin, wo Käthe sie gelegentlich besuchte.[138] Rosa Pfäffinger und Maria Slavona experimentierten in Paris mit der Polyamorie.[139] Die Cousine Gertrud Goesch und ihr Mann Heinrich gerieten in die Fänge des Psychoanalytikers Otto Gross, der die freie Liebe propagierte und seine Anhänger in emotionale Abgründe führte, die mehr als einen in den Freitod trieben.[140] Die Schwester Lisbeth schließlich hatte ihren Liebhaber ins eheliche Haus einziehen lassen, eine Dreiecksbeziehung, die viele Tränen kostete.[141]

Käthe selbst hielt sich für eine sehr sinnliche Frau und schätzte sich glücklich, ihre Sexualität in der Ehe auf gesunde Weise verkapselt zu haben. «Hätte ich nicht Karl geheiratet», sinnierte sie etwa 1922 im Tagebuch, «so hätte ich meine Ledigkeit wohl schlecht benutzt. Wenn jemand fortgesetzt voll Sinnlichkeit um mich warb, wär meine eigene gleich erregt [worden], der Geschlechtstrieb hätte mich, schlimmer als in der Ehe, untergehabt.»[142]

Neben der fundamentalen Liebe, auf die sich das gemeinsame Leben gründete, erlaubten sich Karl und Käthe die Lust an der zufälligen Begegnung, die den Alltag nur bereichern sollte. Käthes Tagebuch ist zu entnehmen, dass beide das Arrangement nutzten. Käthe litt zuweilen an der eigenen Unlust und an der Langeweile des Immergleichen. Da konnte ein Flirt schon mal Abhilfe schaffen. Im Winter 1914 notierte sie: «Mit meiner sachten Liebe hielt es an bis zum Monatshefteball und da hab ich geküsst und bin ich geküsst [worden] und das hat mich wieder ganz umgekrempelt. Ich merke, dass ich noch gehörig sinnlich bin, aber es musste einmal ein anderer Mensch sein. Immer derselbe, bei dem man jede Nuance schon kennt, das kann die schlappere Sinnlichkeit nicht mehr reizen. Man müßte ganz andere Kost haben, um wieder starken Appetit zu bekommen. – Und weil es die nicht gibt will man lieber gar nicht mehr essen. So arg hungrig ist man nicht mehr.»[143] Kurz nach dem Höhenflug kam jedoch der Absturz: «Wegen dieser frisch erregten Gefühle, die sich naturgemäß wieder verlaufen müssen, (…) seh ich Karl anders und unbefriedigt an. Mitunter wieder dieses entsetzlich fremde Gefühl.»[144] Flirten und Küssen war das eine. Etwas anderes war es, wenn Gefühle ins Spiel kamen. Für Käthe Kollwitz gab es vielerlei Begegnungen, harmlose und ernste, solche, die sie herbeisehnte, und solche, bei denen sie die Herbeigesehnte war.

Unbedarft verlief etwa die stille Annäherung des Schriftstellers Friedrich Huch, mit dessen Schwester und Mutter Käthe viele Jahre befreundet war. Er forderte nichts und setzte der Geliebten ein literarisches Denkmal.[145] Ganz anders entwickelte sich dagegen die Liaison mit dem Österreicher Hugo Heller, den Kollwitz vermutlich über seine Frau Hermine Ostersetzer-Heller kennenlernte, als das Ehepaar 1902 für ein Jahr in Berlin lebte. Heller arbeitete als Redakteur der sozialistischen Theoriezeitschrift «Die Neue Zeit». Seine Frau war Graphikerin und widmete sich wie Käthe Kollwitz sozialkritischen Themen. Die beiden Künstlerinnen hatten wahrscheinlich viele Anknüpfungspunkte, doch war es Hugo Heller, der auf Käthe einen bleibenden Eindruck machte.

Wie weit die Beziehung wirklich ging, darüber gibt es keine gesicherten Erkenntnisse. Briefe darüber oder andere Aufzeichnungen aus dieser Zeit haben sich nicht erhalten. Auch als die alte Leidenschaft 1909 noch einmal aufflammte, schrieb Käthe Kollwitz keine Details nieder. Der Name «Heller» genügte ihr später, um sich an die Unruhe zu erinnern, an die Möglichkeiten, die plötzlich im Raum gestanden hatten, nachdem Hermine Ostersetzer-Heller im März 1909 an Tuberkulose gestorben war.[146] Was Käthe sich zuvor verwehrt hatte, stand in diesem Frühjahr noch einmal ernsthaft zur Debatte. Wollte sie mit Heller ein neues Leben aufbauen? Das Paar tauschte ein paar atemlose Briefe. Er bot ihr unumwunden eine gemeinsame Zukunft an, doch sie zögerte. Heller stand in ihrem Leben immer für «Spontanität, Emotionalität, Selbstverwirklichung».[147] Die Ehe mit Karl hatte dagegen im Laufe der Jahre an Leidenschaft verloren. Immer wieder fühlte Käthe sich eingeengt, von Karls Gefühlen erdrückt und unfähig, seine grenzenlose Liebe zu erwidern. Neben dem überarbeiteten Arzt wirkte Heller, der engagierte Buchhändler, Verleger und Galerist, frisch, lebendig und aufregend. Trotzdem gab sie der Verlockung nicht nach. Vielleicht dachte sie an die Kinder: Hans war siebzehn, aber Peter erst dreizehn Jahre alt. Vielleicht fürchtete sie auch, dass diese überschäumenden Gefühle früher oder später abebben müssten, oder sie dachte an das Versprechen, das sie Karl bei der Hochzeit gegeben hatte.

Karl seinerseits hatte wenig Möglichkeiten, sie zu binden. Er fasste seine Liebe in einem Gedicht zusammen, das er «An den Zugvogel» nannte.[148] Der Kummer spricht aus jeder Zeile, aber auch die Erinnerung an den gemeinsamen Lebensplan. Karl überließ seiner Frau die Entscheidung, er gab ihr die Freiheit: «Ich bleibe und sehne mich. / Du aber fliege.»

Doch Käthe flog nicht. Sie blieb in Berlin, bei Karl, bei den Söhnen. Es war keine leichte Wahl. «Heller mir ist so wund und weh so wund und weh. Es presst mir die Tränen aus den Augen», notierte sie noch im Mai 1909 auf einem Zettel, den sie nicht abschickte, sondern zusammen mit eigenen und Hellers Briefen und Karls Gedicht in ihr Tagebuch legte.[149] Neun Jahre später holte sie die Sachen noch einmal hervor, um sie zu verbrennen, denn die alte Geschichte war lange vorbei. Doch dann begann sie zu lesen und war überwältigt von der Erinnerung. «Ich glaubte, ich würde das alles als etwas mich nichts mehr Angehendes wegtun können und nun ergreift mich doch die verflossene Zeit. Zwar ist alles vorüber, die Schmerzen sind vorüber, die Sehnsucht ist vorüber. Aber ergriffen hat mich das Rückerinnern jener Jahre. Es waren schmerzhafte Zeiten. Es war kein Spaß. Ergriffen am meisten das Zettelchen von Karl.»[150] Das Gedicht hatte seine Wirkung entfaltet. Die Dokumente blieben vom Feuer verschont.

Viel später, 1923, geriet auch Karl in eine länger währende Liebesbeziehung. Else war eine junge Frau, die ihm als Sprechstundenhilfe zur Seite stand. Käthe hatte ihrem Mann zwar die Lizenz zum Fremdgehen gegeben, aber hier war alle Theorie grau, denn die Gefühle folgten ihren eigenen Gesetzen. Käthe tobte vor Eifersucht, allerdings nur innerlich. Sie kam sich kleinlich und lächerlich vor und konnte es doch nicht ändern, litt unter fast schon körperlichen Eifersuchtsanfällen und hielt nur mit Mühe an der bestehenden Abmachung fest. Immer wieder analysierte sie die Situation ausgiebig im Tagebuch, fragte sich, ob wirklich Eifersucht oder eher Neid sie quälte, weil Karl neben der alten Liebe zu ihr «noch ein junges frisches Gefühl hat für einen anderen Menschen».[151] Sie musste sich eingestehen, dass Else ihr überhaupt nicht ähnlich war. Die junge Frau war munter, kokett, sang und plauderte gerne. Sie bereicherte Karls Leben und nahm Käthe nichts weg.[152] Seine gesteigerte Lust, so dachte diese, käme sogar ihrer Ehe zugute, denn die Affäre vertrieb die banale Gewohnheit.[153]

Auch diese Krise überwand das Paar schließlich. Gut ein Jahr nach ihrer ersten Erwähnung hatte sich die Romanze verlaufen, zumindest in den Aufzeichnungen von Käthe Kollwitz. Wie viel Else und Karl einander bedeutet hatten, muss offenbleiben, doch ist es unwahrscheinlich, dass die Ehe der Kollwitz' an dieser Stelle ernstlich gefährdet war.

Die Veränderungen im Privaten waren nur ein Teil der Herausforderungen, denen sich Käthe Kollwitz in dieser Zeit stellte. Auch im Beruflichen war sie unzufrieden. Sie suchte nach neuen Themen, neuen Wegen, denn auf den alten, ausgetretenen konnte sie nicht das zum Ausdruck bringen, was sie bewegte. Der «Bauernkrieg» war ein Abschluss gewesen. Käthe beherrschte die Technik und das Genre. Auf diesem Gebiet der sozial engagierten Graphik war viel, womöglich alles erreicht. Sie hatte die Ausbeutung, die Erniedrigung, die Dramatik spürbar gemacht, ihre technische Brillanz immer wieder bewiesen. Als Künstlerin war sie vollständig anerkannt, galt als «bedeutende Darstellerin des Volkslebens» und als «geniale Radiererin».[154] Es war Zeit für Neues. Nur wohin es ging, wusste sie noch nicht.

Käthe Kollwitz hatte sich an weiblichen Akten probiert, an farbigen Drucken, sie zeichnete für den «Simplicissimus» und entwarf Plakate etwa für die Heimarbeitsausstellung von 1906. Mit der Bildhauerei hatte sie sich ein hochgestecktes Ziel gesetzt, dem sie sich in kleinen Schritten, aber doch unermüdlich annäherte.

«Ich rücke allmählich in die Periode meines Lebens herein, wo Arbeit an erster Stelle steht», stellte Käthe Kollwitz im April 1910 fest.[155] Als die Söhne zu Ostern ein paar Tage verreisten, drehte sich ihr Tag nur noch um die Arbeit. Ein paar Happen essen, ein paar Stunden schlafen, ein paar Schritte durch die Straßen, aber vor allem arbeiten. Kollwitz war sich zunächst gar nicht sicher, ob ihr dieser neue Arbeitsalltag gefiel: «Ob einer solchen Arbeit nicht der ‹Segen› fehlt», fragte sie sich. «Die Hände arbeiten, arbeiten und der Kopf meint weiß Gott was zu produzieren und doch war ich früher in meiner so arg beschnittenen Arbeitszeit produktiver (?) weil ich sinnlicher war, lebte, wie ein Mensch leben muss, mit Leidenschaft an allem interessiert.»[156]

Die Radierung «Tod und Frau» (Abb. 17) entstand zu dieser Zeit. Wie so oft hält das Tagebuch nur das Gefühl der Unsicherheit fest: «Mitunter verliebt in meine Arbeit glaube ich weit über mich heraus zu gehen. Nach einer Pause von zwei Stunden, wo ist da der genaue Wurf? Es ist dann gar nicht besonders, was ich da gemacht.» Zweifel an der eigenen Begabung, Angst vor dem Alter und vor dem Nachlassen der kreativen Kraft finden sich im Tagebuch immer wieder.

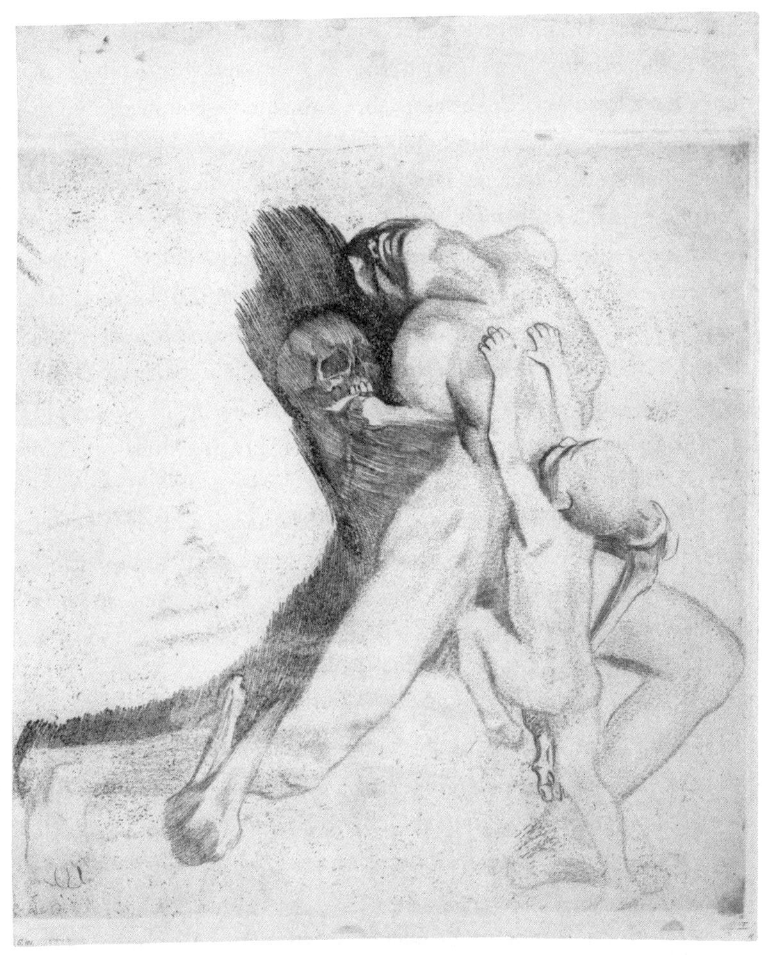

17 Käthe Kollwitz, Tod und Frau, 1910, Strichätzung und Kaltnadel, Staatliche Museen zu Berlin, Kupferstichkabinett

Käthe Kollwitz' vierzigster Geburtstag lag schon ein paar Jahre zurück, der künstlerische Durchbruch zwölf Jahre. Kaum hatte sie sich in diesem Status eingerichtet, rückten schon neue Kräfte nach: junge Maler, deren farbensprühende Leinwände und scharfkonturierte Objekte den Betrachter förmlich ansprangen. Mit der Arroganz der Jugend machten sie den Älteren den gerade eroberten Platz an der Spitze streitig.

Wie einst Anton von Werner vor den «Gänserupferinnen» eines Max Liebermann standen nun Käthe Kollwitz und ihre Kollegen vor dem «Tanz» von Max Pechstein. «Ihre Arbeiten sagen mir gar nichts – ich halte sie für talentvolle Schmierereien wie jeder begabte Akademieschüler sie fertigbringt. Doch sie halten sich für die kommenden Manets», schrieb Kollwitz über den jungen Künstler.[157] Eine Generationenfrage. Dass jede herrschende Kunstrichtung von einer neuen abgelöst werden muss, das hatte sich die «Berliner Secession» zehn Jahre zuvor auf die Fahnen geschrieben. Damals hatte man aber selbst noch zu den Jungen gehört und überholte Kunstbegriffe unbedacht vom Sockel vergangener Zeiten gestoßen. Der Wert der Farbexplosionen eines Max Pechstein oder der mageren Nackten eines Otto Müller erschloss sich erst mit der Zeit.

«Abgelehnt!», hieß es dann auch in der Jury der «Berliner Secession». Die Refüsierten liefen Sturm. Ohne lange nach Kompromissen zu suchen, brachen sie mit der Secession und organisierten eine Schau der Zurückgewiesenen, wie die späteren Secessionisten es 1893 getan hatten. Mit der Gründung der «Neuen Secession» war der Bruch perfekt. Die relativ kleine Anzahl der Austritte konnte die «Berliner Secession» verkraften. Dass es ihr aber nicht gelungen war, die jungen, aufstrebenden Künstler zu integrieren und ihnen den notwendigen Raum zu gewähren, war eine Niederlage. Die Zeiten hatten sich geändert, doch die «Berliner Secession» war zu träge gewesen, die neuen Wege zu beschreiten.

Käthe Kollwitz mochte Probleme haben, den Zielen und Phantasmen der Jugend zu folgen, aber sie war offen für neue Konzepte. So geriet sie in den Kreis um den Maler Hermann Sandkuhl, der mit seiner «Juryfreien Kunstschau» ein bahnbrechendes Projekt initiierte. 1911 organisierte er zum ersten Mal seine unzensierte Ausstellung, auf der jeder Künstler, unabhängig von Stand und Rang, sein Werk präsentieren und anbieten konnte. Käthe war sehr interessiert. Sie hatte in Paris den «Salon des Indépendants» besucht und gesehen, dass das Konzept funktionierte.

Man forderte sie auf, dem Organisationsausschuss beizutreten, aber sie lehnte ab. Sie sei zu alt und zu beschäftigt. Außerdem hatte sie sich bei den Kollegen von der Secession erst kürzlich unbeliebt gemacht, weil sie den «Protest deutscher Künstler» von Carl Vinnen unterschrieben hatte. Die Schmähschrift warnte vor einer Überfremdung deutscher Kultur durch französische Einflüsse. Unerklärlich bleibt, warum sich Käthe Kollwitz auf die Seite der Nationalisten stellte, und blieb es auch für sie selbst.[158] Bei den «Juryfreien» bekleidete Kollwitz jedenfalls kein offizielles Amt, stand den Organisatoren aber nah.

Nicht ohne Stolz berichtete sie in einem Brief an Hans von der Vernissage im Landesausstellungsgebäude am 14. Oktober 1911: «Gestern war ein fröhlicher Tag. Es wurde die Juryfreie eröffnet unter entsetzlichem Andrang des Publikums. Durch alle drei Stockwerke ein rasendes Gedränge. Die Ausstellung macht einen sehr guten Eindruck. Mit großem Geschick sind die langweiligen Sachen zusammen gruppiert und die Besseren hängen in würdiger Gesellschaft. Es scheinen so weit ich gesehn habe viele gute und interessante Sachen da zu sein.»[159]

Den beachtlichen Erfolg feierte man am Abend bei einem großen Festessen im Künstlerhaus. Käthe Kollwitz ließ sich mehrfach telefonisch bitten, ehe sie gegen 22 Uhr dann doch auftauchte. Alle saßen an langen Tafeln zusammen und aßen. «Denk dir meinen Schrecken», berichtete sie an Hans, «als wie ich reinkam, mich gleich Sandkuhl erspähte, aufstand und ein Hoch auf mich ausbrachte und die Musik blies Tusch und alle schrien Hoch. Ich war so verlegen, dass ich gar nicht wusste, wo ich bleiben sollte. Zum Glück entdeckte ich die Lene Bloch und kam an ihrer Seite zur Ruh('). Es waren überhaupt sehr viele Bekannte auch anderer Art, dass ich rasch noch an Vater telegraphierte, der auch noch kam.»[160] Die halbe Nacht feierten die Kunstschaffenden und Kunstfreunde den Erfolg dieser einzigartigen, freien und gleichberechtigten Veranstaltung.

In der «Berliner Secession» nahm man den neuen Konkurrenten dagegen missmutig zur Kenntnis. Der Kunstmarkt war hart umkämpft. Max Liebermann stellte Käthe Kollwitz bei nächster Gelegenheit zur Rede. Auf dem «Corinthschen Bierabend» wetterte und fluchte er über den Rivalen und goss seinen ganzen Zorn über Käthe aus. Sie selbst kam gar nicht zu Wort. Am Ende gingen sie versöhnt auseinander. «Aber er sagt, raus (aus den Juryfreien) muss ich».[161]

Kollwitz fügte sich. Doch sie verfolgte die Arbeit der «Juryfreien Ausstellung» weiterhin. In den 1920ern, als die führenden Mitglieder der Secession und Käthe Kollwitz mit ihnen längst in der Akademie der Künste saßen, war die «Juryfreie Kunstausstellung» noch immer ein wichtiges Experimentierfeld am Puls der Zeit. Eine Ausstellung zu konzipieren, die unabhängig von der Qualität einzelner Arbeiten harmonisch wirkte, die Impulse setzte und jedem Kunstschaffenden ein Forum bot, das imponierte Käthe Kollwitz sehr. Vielleicht so sehr, dass sie sich entschloss, selbst aus der Masse der Secessionsmitglieder herauszutreten und das Kuratieren zu erlernen.

Fest steht, dass Franz von Stuck Käthe Kollwitz im Januar 1912 für den Vorstand der «Berliner Secession» vorschlug, nur wenige Monate nachdem sie sich aus der «Juryfreien Kunstausstellung» zurückziehen musste. Die Nominierung kam überraschend. Kollwitz rechnete sich kaum Chancen aus und fand zahlreiche Gründe, die gegen sie sprachen: Sie hatte keine Erfahrung, keine Qualifikation und keine Anhängerschaft. Außerdem wollte sie nicht als Vertreterin der Graphiker angesprochen werden und fürchtete den Andrang aus der weiblichen Künstlerschaft, die über sie versuchen könnte, eigene Werke in der Secessionsausstellung unterzubringen. Schließlich überlegte sie in einem Brief an Hans sogar, die Wahl notfalls abzulehnen.[162]

Diese Worte waren bescheiden, und der Schritt in den Vorstand gelang auch nicht, aber das Ergebnis war knapp.[163] Käthe Kollwitz wusste nun, dass sie durchaus eine Chance hatte, eines Tages in den Vorstand zu kommen. Als sich Ende 1912 noch einmal die Gelegenheit ergab, kandidierte sie und schaffte es. «Ich freue mich, dass ich hereingekommen bin, es ist mal etwas ganz anderes und Neues», schrieb sie an Hans.[164]

Neu war es allerdings, denn es gärte in der Berliner Künstlerschaft. Die Secession stand kurz vor dem Auseinanderbrechen. Der Galerist Paul Cassirer, der von Anfang an als Geschäftsführer und Organisator eine herausragende Stellung eingenommen hatte, war entschlossen, das Amt des Präsidenten zu erobern. Seine Position war umstritten, denn Cassirer war kein Künstler und als Galerist entschied er über die wirtschaftliche Situation zahlreicher Secessionsmitglieder. Würde Cassirer die Secession zur Zweigstelle seines Kunstsalons machen? Würde er andere unter Druck setzen, wenn er sich nicht durchsetzen konnte? In stürmischen Sitzungen diskutierten die Mitglieder das Für und Wider. Am Ende siegte der Pragmatismus, denn Cassirer lehnte jeden anderen Posten ab, und auf die Mitarbeit des erfahrenen Galeristen zu verzichten, kam nicht in Frage. Dem stürmischen Einstieg folgte eine konfliktreiche Präsidentschaft.

In dieser aufgeheizten Phase nahm Käthe Kollwitz ihre Vorstandstätigkeit auf. Zunächst war ihr die neue Stellung unangenehm. Sie fand sich schwer zurecht und traute sich nicht, den erfahrenen Kollegen die Stirn zu bieten. «Vor allem fehlt mir der Mut, meine Meinung dort zu vertreten und ich merke mit Beschämung, dass ich mich auf einen Posten begeben habe, dem ich nicht gewachsen bin», schrieb sie an Hans. Aufgeben wollte sie jedoch nicht. «Vielleicht übe ich mich so weit, dass es dann besser geht.»[165]

Unsicherheit war da, aber auch der Wunsch, etwas zu lernen, Sicherheit zu gewinnen und das Amt zu meistern. Als Kollwitz dann auch noch, gegen ihre ausdrückliche Bitte, das Amt des zweiten Schriftführers übernehmen musste, packte sie Entsetzen. In Albträumen sah sie sich mit Leimeimer und Pinsel durch die Straßen laufen und für die Secession rote Zettel ankleben, «zitternd ich könnte es nicht recht machen».[166]

Das war eine heftige Reaktion angesichts eines Amtes, das keine Eigenverantwortung verlangte und nur darin bestand, die Diskussionsbeiträge festzuhalten, wenn der erste Schriftführer, Hans Baluschek, verhindert war. Erklären lässt sich die Furcht nur mit der Unerfahrenheit der Künstlerin. Nichts hatte sie auf einen öffentlichen Posten vorbereitet. Doch abgesehen von ihren Sorgen waren die Sitzungen durchaus interessant. Cassirer sei voller Pläne, schrieb sie an Hans, und er beeindrucke mit seiner Energie.[167]

Im Frühling 1913 jurierte Kollwitz zum ersten Mal eine Ausstellung. Drei Jahre nach der Abspaltung der «Neuen Secession» unterzog sich die «Berliner Secession» einer Verjüngungskur. Wer ein lebendiges Vereinswesen pflegen wollte, konnte nicht gegen die nachfolgende Künstlergeneration ankämpfen. «Es musste Platz geschaffen werden für das Neue, nicht nur im räumlichen Sinne, sondern vor allem, um zu zeigen, daß der Schwerpunkt der Ausstellung verschoben wurde», erklärte Curt Glaser der Leserschaft der Zeitschrift «Die Kunst für Alle».[168] Die Jury urteilte radikal. Wer sich in den letzten fünfzehn Jahren nicht bewährt hatte, wurde gnadenlos abgelehnt.

Die Zurückgewiesenen empörten sich, erhoben Anklage gegen den Vorstand, gingen die einzelnen Mitglieder scharf an. Auch Käthe Kollwitz wurde angefeindet. Sogleich kehrte die Unsicherheit zurück. Sie fragte sich, ob es klug gewesen war, Cassirers Entscheidung mitzutragen.[169] Als wäre es Tradition, organisierten die Refüsierten eine eigene Ausstellung, zum Beweis, dass ihre Arbeiten von Wert waren.

Kollwitz, die sich in den politischen Verhältnissen noch immer schwer zurechtfand, kam zu dem Schluss, im Sinne der Reorganisation juriert zu haben. Sie hoffte auf die einigende Kraft des Ehrenpräsidenten Max Liebermann. Zu seiner großen Rede auf der Generalversammlung der Secession kam es jedoch nicht mehr: «Unmittelbar vorher waren Oppositionsmitglieder bei ihm und teilten ihm mit, dass wenn er Cassirer nicht fallen ließe, sie ihm Äußerungen mitteilen würden, die Cassirer über Liebermanns Familie gemacht hätte, die derartig wären, dass Liebermann Cassirer [zum Duell] fordern müsste. Liebermann raste vor Wut, erstensmal wies er die Leute aus seinem Haus und dann eröffnete er die Versammlung indem er sagte, er gäbe jeden Versuch eine Einigung herbeizuführen auf, weil die Kampfweise der Opposition eine bodenlos gemeine sei.»[170] Als die entsprechenden Mitglieder sich weigerten, die Secession zu verlassen, erhob sich der gesamte Vorstand und verließ den Saal mit Liebermann an der Spitze. Zwei Drittel der Versammlung folgte ihnen. Zurück blieben vierzehn Oppositionelle, der Stumpf dessen, was einst die «Berliner Secession» gewesen war.

Unter Liebermann als Ehrenpräsidenten konstituierte sich kurz darauf die «Freie Secession», der auch Käthe Kollwitz beitrat. Paul Cassirer wurde Ehrenmitglied, lehnte aber den Posten als Geschäftsführer ab. Ohne sein administratives und finanzielles Mitwirken konnte es keine herausragenden Veranstaltungen mehr geben. Bis zum Kriegsbeginn brachte die «Freie Secession» keine großen Ausstellungen zustande – unmittelbar danach war an Kunstveranstaltungen ohnehin nicht zu denken. Käthe Kollwitz trat 1915 noch einmal in den Vorstand ein, aber nur pflichtschuldig, weil sich kriegsbedingt kein anderer fand, der diesen Posten übernehmen konnte. 1916 jurierte sie wieder für die Ausstellung. Das Jurieren erschien ihr zunehmend überflüssig, nicht zuletzt weil selten ein Meisterwerk zu sehen war. «Wo Arbeit ist und Mühe und obendrein noch gar Not, das solle man immer annehmen. Auch wenn die Arbeit mittelmäßig ist», lautete ihre Devise.[171]

Die Unsicherheit relativierte sich mit der Zeit. Käthe Kollwitz fühlte sich den Kollegen mittlerweile ebenbürtig. Die Auswahl war, wie sich herausstellte, kein Hexenwerk. Auch die anderen Mitglieder der Jury hatten kein Konzept, sondern wählten nach Gutdünken. «Vetternwirtschaft, Laune, Zufälligkeit» seien nicht auszutreiben, so Kollwitz.

Die Jahre vor dem Ersten Weltkrieg waren für Käthe Kollwitz eine Zeit der Umbrüche und der Reorganisation. Sie reagierte darauf keineswegs mit Melancholie oder Depression. Sie stellte sich den Herausforderungen, eroberte sich neue Interessensgebiete und Handlungsspielräume. Dass in dieser Zeit wenige große Kunstwerke entstanden, erklärt sich leicht. Käthe Kollwitz erlernte die Bildhauerei, eine für sie ganz neue Technik. Mit der Radierung hatte sie abgeschlossen und nichts zog sie dahin zurück, wie sie feststellte, als sie mit dem Kunsthistoriker Johannes Sievers ein Werkverzeichnis ihrer Radierungen und Steindrucke von 1890 bis 1912 vorbereitete.[172] Ihre Zukunft lag im plastischen Schaffen, auch wenn sie nur langsam vorankam. Hier hoffte sie auf «ein zweites Leben».[173] Doch dann kam der Krieg.

3. Der bittere Weg

Das Opfer

Käthe saß stumm dabei und hörte zu, wie Karl und Peter diskutierten, sich ereiferten, stritten, nicht laut, aber mit eindringlichen Stimmen. Ihre breite Stirn legte sich in Sorgenfalten, der Mund war traurig verschlossen. Nur die dunklen Augen gingen lebendig vom einen zum anderen.[1] Schweigend hörte sie zu, wie Peter den Vater bat, als Freiwilliger in den Krieg ziehen zu dürfen. Noch wenige Minuten zuvor hatten sie zufrieden beisammengesessen. Es war fast wie immer gewesen.

Nur fast, denn Deutschland befand sich im Krieg. Kaiser Wilhelm II. hatte den Verteidigungsfall beschworen und das Volk zu den Waffen gerufen. «Für Sein oder Nichtsein des Deutschen Reiches», wie es hieß. Mittlerweile war die deutsche Armee in Luxemburg einmarschiert. In Belgien eroberte sie gerade die Festung von Lüttich.

Von einem Moment zum anderen hatte sich alles geändert. Peter wollte in den Krieg ziehen. Käthe hatte das schon geahnt. Aufregung, Überschwang und große Reden waren jetzt überall zu hören. Singende Menschen zogen durch die Straßen, jubelten den ausziehenden Soldaten zu. In den Zeitungen las man von der Kriegsbegeisterung der Deutschen. Dabei herrschte Einigkeit in allen Lagern: Selbst die Sozialdemokratie hatte den Kriegseintritt unterstützt. «Wenn die verhängnisvolle Stunde schlägt, werden die vaterlandslosen Gesellen ihre Pflicht erfüllen und sich darin von den Patrioten in keiner Weise übertreffen lassen», hatte sie schon Ende Juli verkündet.[2]

Am Nachmittag hatte Peter den Auszug des Kaiser-Franz-Garde-

Grenadier-Regiments gesehen. Die Passanten stimmten spontan «Die Wacht am Rhein» an: «Durch Hunderttausend zuckt es schnell / und aller Augen blitzen hell, / der deutsche Jüngling, fromm und stark, / beschirmt die heil'ge Landesmark.»[3] Dass sein Vater seufzte: «Diese herrliche Jugend – wir müssen arbeiten, dass wir ihrer wert sind», entging Peter sicher nicht.[4] Käthe selbst empfand es ganz ähnlich.

Jeder tat, was er konnte. Karl erfüllte täglich seine Pflicht als Arzt; Hans war gestellungspflichtig und vor fünf Tagen in die Kaserne gezogen; auch Käthe hatte ihr Atelier verlassen und arbeitete im «Nationalen Frauendienst». War es da verwunderlich, dass auch Peter sich danach sehnte, seinen Platz in der Geschichte einzunehmen? Wenn der Krieg die alten Mächte Europas hinwegfegen und eine neue, unbekannte Ordnung etablieren würde, sollte er dann tatenlos danebenstehen?

Peter Kollwitz war im August 1914 achtzehn Jahre alt, ein hochgewachsener, schlanker Mann, mit großer Nase und hellen Augen. Er war ein Dandy, ein Wandervogel, ein aufstrebender Kunststudent und der Liebling seiner Mutter, die ihn für sein stilles und liebenswürdiges Wesen bewunderte. Bei Kriegsausbruch war er in Norwegen gewesen, zum Wandern mit Freunden. Tagelang wusste niemand, wo er sich aufhielt. Dann schickte er ein Telegramm: Sie kämen nicht über die Grenze. Man hatte ihnen geraten, den Krieg im neutralen Ausland abzuwarten. Mit Mühe gelang es den Eltern, eine Geldanweisung abzusenden. Der eine Sohn in der Kaserne, der andere in Sicherheit – so hätte man die schweren Wochen des Krieges überstehen können.

Doch dann war Peter plötzlich da gewesen. Käthe saß bei Tisch, als sie seine raschen Schritte auf dem Korridor hörte. Mit welcher Freude hatte sie ihr Kind in die Arme geschlossen. Das letzte Schiff nach Deutschland hatte die jungen Leute doch noch zurückgebracht. Es war ein wunderschöner Abend des Wiedersehens. Bis spät in die Nacht hatten sie zusammengesessen.[5]

Dass er sich von Anfang an freiwillig zum Kriegsdienst melden wollte, davon hatte Peter nichts erzählt, nichts von dem Versprechen, das sich die Freunde gegeben hatten, noch ehe sie deutschen Boden betraten. Zwei Tage war alles gut gewesen, fast friedlich. Der Krieg war allgegenwärtig und gleichzeitig weit weg, bis Peter das Wort ergriff. Er argumentierte klug: Der Krieg, das sei seine Chance. Im Kampf fürs Vaterland wolle er seine Fähigkeiten als Mann beweisen, sich würdig zeigen für den Aufbau einer neuen Gesellschaft, die nach dem Krieg fraglos heraufziehen würde. Peter Kollwitz wollte sich das Recht auf Mitarbeit verdienen. Nur war er eben noch nicht volljährig. Erst mit einundzwanzig Jahren durfte er frei über sein Leben entscheiden. Für die Meldung als Kriegsfreiwilliger brauchte er die Erlaubnis seines Vaters.

Der vernünftige und gutmütige Karl Kollwitz hatte als Arzt genug Leid und Not gesehen. Er ahnte, was der Krieg mit sich bringen würde. Durch seine runden Brillengläser sah er den Sohn an: so jung, so lebendig. Die Neugier auf das Leben sprach aus jeder von Peters Gesten. Doch Krieg hieß nicht Leben. Karl war fest entschlossen, den Sohn um keinen Preis freizugeben. Er war der Vater, es war seine Pflicht, das Kind vor dem Krieg zu schützen.

Verschlossen wohnte Käthe Kollwitz dieser Szene bei. Sie war dankbar, dass Karl um das Kind kämpfte. Sie selbst blieb stumm, weil sie ahnte, dass alle Vernunft nichts ändern würde. Karl warnte, appellierte und beschwor: «Das Vaterland braucht dich noch nicht, sonst hätte es dich schon gerufen.» Doch Peter hatte kein Einsehen. Mit leiser, fester Stimme entgegnete er: «Das Vaterland braucht meinen Jahrgang noch nicht, aber mich braucht es.»[6]

Schweigen. Immer wieder wandte sich Peter seiner Mutter zu. Er wartete, mit flehendem Blick, sie möge für ihn Partei ergreifen. Sie sollte für ihn sprechen, ihm helfen, den Vater überzeugen. Doch Käthe weigerte sich und schwieg. Schließlich sprach er sie direkt an: «Mutter, als du mich umarmtest, sagtest du: glaub' nicht, dass ich feige bin, wir sind bereit.»

Das hatte sie tatsächlich gesagt. Trotzdem wollte sie, dass Peter hier nachgab. Als sie glaubte, es nicht länger ertragen zu können, stand sie auf, um das Zimmer zu verlassen. Peter erwischte sie an der Tür. Er umarmte sie, küsste sie – und sie konnte nicht anders: Sie gab nach. Es war sein Leben, seine Entscheidung. Sie ließ sich hinreißen von der Idee, von dem Glauben an das Große, das mit dem Krieg heraufziehen würde. So bat sie also für Peter, und Karl willigte schließlich ein.

Nachts lag sie schlaflos im Bett, von Reue und Angst erfüllt. Es durfte einfach nicht wahr werden. Am nächsten Morgen war die Verzweiflung noch gewachsen. Nach dem Frühstück sprach sie Peter noch einmal an: Sie wollte ihn umstimmen, führte ihm vor Augen, dass wahrscheinlich keiner dieser jungen Männer, die jetzt in den Krieg zogen, zurückkehren würde. Nach dem Krieg sei viel Kulturarbeit zu leisten, dann würde er sich einbringen können, vielleicht war genau das seine Aufgabe im Leben. Als auch diese Argumente nicht halfen, appellierte sie an sein Gewissen. Sein Freund Erich Krems würde ihm in den Krieg folgen, sein Leben könnte zerstört werden. Schon während sie sprach, wusste sie, es war vergebens. Peter stellte sich stumm, aber mit aller Macht gegen jedes Argument. So endete das Gespräch wie am Vortag. Käthe gestand ihrem jüngeren Sohn zu, er müsse selbst über sein Leben bestimmen, am Ende umarmten und küssten sie sich.[7]

Peter Kollwitz zog in den Krieg. Er suchte nach einer Kaserne, die noch Freiwillige aufnahm, und trat schließlich in Neuruppin in das Reserve-Infanterie-Regiment 207 ein. Bis zu seiner Abreise Mitte Oktober versuchte er, die Erhabenheit des Augenblicks zu erhalten, die feierliche Stimmung eines Soldaten vor dem Kampfeinsatz.

Käthe Kollwitz folgte ihm. Sie las mit ihm patriotische Texte von Johann Gottlieb Fichte und Friedrich Nietzsche und begleitete ihn zu Treffen mit seinen Freunden. Sie saß dabei, als die Runde junger Kriegsfreiwilliger und solcher, die es werden wollten, Detlev von Liliencrons Kriegsnovellen vorlasen und, aus Bestürzung über die unabwendbare Nähe des Todes, alte Landsknechts- und Kriegslieder sangen. Sie bewunderte ihren Sohn, der mit reinem Herzen sein Leben für eine große Sache hingab. Er opferte sich, und sie opferte ihn, das Liebste, was sie hatte.

Elf Wochen später war Peter tot. Seine kurze Grundausbildung hatte ihn schlecht vorbereitet auf den Beschuss in einem belgischen Chausseegraben. Er erlitt einen Kopfschuss und fiel als Erster seines Regiments. Seine Kameraden hoben ihm an Ort und Stelle ein Grab aus und bestatteten ihn am nächsten Morgen. Eine Woche später erreichte die Nachricht Berlin. Käthe Kollwitz erlebte die dunkelsten

Stunden ihres Lebens. Das Schreckliche war eingetreten. Der Moment, vor dem sie sich am meisten gefürchtet hatte, den sie als Künstlerin in Werken wie «Frau mit totem Kind», «Pietà» und «Tod und Frau um das Kind ringend» eindringlich geschildert hatte, war für sie selbst zur Wirklichkeit geworden. Peter war tot, und Käthe erstarrte vor Entsetzen und Trauer.

Die neue Zeit

Käthe Kollwitz fasste die Ereignisse vom Sommer 1914 in einem sehr kurzen Erinnerungstext zusammen, den sie folgendermaßen begann: «Die letzten Jahre vor 1914 brachten für uns alle vier sehr viel Gutes. Karl und ich lebten in unserer Arbeit, Hans hatte angefangen zu studieren (Philosophie, Freiburg, Bonn); Peter war mit der Obersekunda auf seinen dringenden Wunsch von der Schule abgegangen. Er wollte Maler werden.»[8] Dann fiel der Schuss von Sarajewo. Ein Donnerschlag, der Europa in die Katastrophe stürzte. Auch das friedliche und geruhsame Leben der Familie Kollwitz endete mit diesem Schuss. Die «Urkatastrophe des 20. Jahrhunderts» nahm ihren Lauf und sie verschonte niemanden.

Käthe und Karl Kollwitz verbrachten ihren Sommerurlaub 1914 an der Ostsee. In Georgswalde an der samländischen Küste suchten sie ein paar Wochen lang bei Strandspaziergängen und gutem Wetter Erholung. Peter wanderte in Norwegen. Hans plante eine Reise in die Schweiz, war im Juli aber noch in Berlin und berichtete in aufgewühlten Briefen von der Julikrise und dem heraufziehenden Krieg. In Georgswalde versuchte man, Ruhe zu bewahren. Die Gerüchte vom großen Weltenbrand mochten Käthe und Karl nicht glauben, lieber hielten sie sich an die Prognosen, die einen regionalen Krieg heraufziehen sahen.[9] Unruhe und Unsicherheit machten sich trotzdem breit. Als Käthes Schwester Julie Hofferichter mit der gemeinsamen Mutter abreiste, hielt es auch das Ehepaar Kollwitz nicht länger an der Ostsee. Sie kehrten am 1. August 1914 nach Berlin zurück und waren beim Beginn der Katastrophe im Zentrum des Sturms.

Schon bei ihrer Ankunft am Bahnhof war die Anspannung greifbar. Erschreckende Nachrichten machten die Runde: Der französische Sozialist und Pazifist Jean Jaurès war ermordet worden. Fremde Menschen unterhielten sich miteinander. Im Café Monopol, wo Käthe auf das Gepäck wartete, herrschte große Aufregung. Hans, den die Eltern kurz darauf in der Weißenburger Straße trafen, war blass und mager, von den Ereignissen sichtlich mitgenommen. Er verkündete, die Mobilmachung habe begonnen. Vielleicht hatte er vor dem Berliner Schloss mit Tausenden auf das Ablaufen des deutschen Ultimatums an Russland gewartet. Vielleicht hatte er eingestimmt, als man «Nun danket alle Gott» sang, nachdem ein Fahrzeug am Schlosstor erschienen war und ein Offizier der Menge zugerufen hatte, es sei mobilgemacht. Vielleicht war er angesteckt von der unerträglichen Anspannung, die die Ungewissheit begleitet hatte.[10] Da er ohnehin gestellungspflichtig war, wollte er sich gleich am nächsten Tag stellen. Dr. Reschke, der Karl Kollwitz für die Dauer des Urlaubs in der Praxis vertreten hatte, erklärte ebenfalls: «Gott sei Dank, daß mobil gemacht ist, die Spannung war nicht mehr zu ertragen.»[11]

Der Kaiser hatte zu den Waffen gerufen, doch keiner wusste so recht, was das bedeutete. Die Zeitungen druckten Bilder von begeisterten jungen Männern, die, patriotische Lieder singend, durch die Straßen zogen, und wollten damit eine allgemeine Kriegsbegeisterung belegen. Wie viele Menschen ängstlich, auf der Suche nach Nachrichten und Gewissheiten durch die Straßen gingen oder eben zu Hause bei ihren Familien blieben, davon berichteten die Zeitungen nichts. Heute wissen wir, dass längst nicht alle begeistert waren.[12]

Wer wusste schon, was für ein Krieg da bevorstand? Wer hätte sich die totale Mobilisierung aller Ressourcen vorstellen können? Einen Krieg, der vier Jahre dauern und Millionen Menschenleben kosten würde, der Begriffe wie «Materialschlacht» und «Weißbluten» hervorbrachte und auf dessen Schlachtfeldern noch heute die Folgen der Zerstörung zu finden sind? Die wenigen Stimmen, die vor einem industrialisierten Massenkrieg mit seinen katastrophalen Auswirkungen gewarnt hatten, verhallten ungehört. Für die Mehrheit der Deutschen lag so etwas ohnehin außerhalb ihrer Vorstellungskraft. Sie erwarteten im Sommer 1914 einen kurzen Zusammenstoß zweier Armeen, einen schnellen Sieg, einen Krieg wie 1870/71. «Weihnachten sind wir wieder zu Hause!» «Auf einen Kaffee nach Paris.» Natürlich steckte eine große Portion Chauvinismus in den Kreideschriften auf den Zügen der Truppen, aber die Idee von der schnellen Entscheidungsschlacht war tatsächlich weit verbreitet.

Käthe Kollwitz notierte gewissenhaft, was sich im August 1914 ereignete. Eine konkrete Vorstellung vom Krieg hatte sie nicht. Sie hielt die angespannte und geschäftige Atmosphäre fest. Die Luft summte von Gerüchten, in den Cafés spielten die Musiker patriotische Lieder, Reservisten zogen unter Gesang in die Kasernen ein. Am Bahnhof Börse (dem heutigen Hackeschen Markt) warf sich ein Mann vor einen einfahrenden Zug, angeblich weil er ausgemustert worden war.[13]

Verwandte und Bekannte der Kollwitz' trafen auf dem Weg in die Kasernen in Berlin ein. Julius Rupp, ein Cousin von Käthe, hoffte, bei den Luftstreitkräften unterzukommen. Alexander Rüstow, der Mann ihrer Freundin Mathilde, reiste erst in die eine Richtung ab und kehrte dann noch einmal um. Er hatte sich unterwegs versetzen lassen, um ganz sicher ins Gefecht zu kommen. Hans Kollwitz dagegen war unsicher, wo er sich stellen sollte. Er wollte zur Kavallerie, Augsburg und Stendal standen zur Debatte. Am Ende stellte er sich doch in Berlin. Bevor sich Käthe Kollwitz Gedanken über das Sterben im Krieg machte, sorgte sie sich darum, alle Angehörigen in die richtigen Kasernen zu schicken.

Den Verteidigungsfall stellte niemand in Frage. Die Nation schien in Gefahr, und viele fühlten sich in die nationale Angelegenheit hineingezogen. Auch Menschen, die dem Nationalstaat, der Monarchie und dem deutschen Militarismus bis dahin kritisch gegenübergestanden hatten, betrachteten den Kriegsausbruch als unabwendbares Übel. Die Sozialdemokraten, die noch am 27. Juli 1914 in Massendemonstrationen gegen den heraufziehenden Krieg protestiert hatten, erklärten am 31. Juli, dass sie den gemeinsamen Kampf unterstützen würden.[14] Kaiser Wilhelm II. griff die Geste nationaler Verständigung auf und verkündete: «Ich kenne keine Parteien mehr, ich kenne nur noch Deutsche!»[15] Angesichts des Krieges standen alle politischen Konflikte zurück – die Devise hieß Burgfrieden.

Gefahr, Ungewissheit, das Gefühl, Opfer eines Angriffs geworden zu sein, das alles erzeugte eine besondere Atmosphäre. Menschen, die sich vorher gleichgültig oder sogar verächtlich begegnet waren, fühlten sich nun zusammengehörig. Dieses Empfinden, das letztlich nur von kurzer Dauer war, blieb als «Augusterlebnis» in Erinnerung. Auch Käthe Kollwitz konnte sich dem nicht entziehen. Sie wollte ihren Teil beitragen, nicht als Künstlerin, sondern als Deutsche. «Einstweilen», schrieb sie an Jeep, «habe ich das Empfinden, gehören die Kräfte des einzelnen der Gesamtheit. Du wirst sagen, ich arbeite auch für die Gesamtheit, wenn ich zeichne. Doch nicht in dem Grade. Kinder und Frauen satt zu machen, geht vor.»[16] Kollwitz schloss sich dem «Nationalen Frauendienst» an und stellte in dessen Auftrag die Bedürfnisse von Arbeiterfamilien fest.

Wie auch immer man zum Krieg stand, jedem war klar, dass in diesen Tagen Geschichte geschrieben wurde. Alles geriet in Bewegung. Der Traum von einem anderen Leben schien greifbar. Autoren, Journalisten und Privatpersonen schrieben und sprachen von einer besseren Zeit, die durch den Krieg heraufziehen würde. Auch Käthe Kollwitz war überzeugt, dass der Krieg die alten, überlebten Strukturen hinwegfegen und Platz für das Neue schaffen würde. «In den ersten Tagen», schrieb sie am 6. August 1914 in ihr Tagebuch, «vergaß ich oft den Krieg oder hatte das Gefühl: so, nun ist es genug mit dem Druck, jetzt kann wieder gelebt werden. Aber ich empfand in jener Zeit auch ein Neu-Werden in mir. Als ob nichts der alten Werteinschätzungen noch standhielte, alles neu geprüft werden müßte. Ich erlebte die Möglichkeit des freien Opferns.»[17] Mit diesen scheinbar vagen Zeilen bezog Käthe Kollwitz zum ersten Mal persönlich Stellung zum Krieg. Sie erwartete eine grundsätzliche, fundamentale Veränderung, einen inneren Wandel, der die alten Gewohnheiten und Empfindungen niederriss und einen neuen Menschen entstehen ließ, der eine neue Art von Gesellschaft aufbauen würde.

Die Idee von einer großen gesellschaftlichen Veränderung war zu Beginn des Ersten Weltkriegs so allgegenwärtig wie konturlos. Die Vorstellung von einer notwendigen Erneuerung und der Glaube, in einer krisenhaften Übergangszeit zu leben, stammten ursprünglich aus der Gedankenkiste der Sozialdemokratie, hatten aber seit der Jahrhundertwende zunehmend auch in bürgerlichen Kreisen Anklang gefunden.[18] Allgemein erwartete man die gewaltsame Zerstörung der alten Ordnung durch den Krieg. Vage Begriffe vom «neuen Menschen», von «Gemeinschaft», von Erneuerung und Läuterung waren in aller Munde, doch wo genau der radikale Wandel hinführen sollte, wie das Neue beschaffen sein würde, blieb unklar.

Käthe Kollwitz war zeitlebens von einem uneingeschränkten Fortschrittsglauben erfüllt. Die teleologische Vorstellung von einer planvollen Höherentwicklung der Menschheit gehörte zu den Grundfesten ihrer Weltanschauung. Die Theologie ihres Großvaters prägte dieses Bild. Julius Rupp predigte den Glauben an eine Zukunft, in der die Menschen gottesfürchtig, friedlich und frei miteinander leben würden. Not und Elend würden der Vergangenheit angehören, weil die Menschen, von Gerechtigkeit und Barmherzigkeit geleitet, ihren Nächsten mit Liebe und Aufopferung beistünden. Diese Vorstellung vom «Gottesreich auf Erden» legte Julius Rupp seinen Anhängern ans Herz. Nächstenliebe und Humanität waren Ziel und Weg zugleich. Als junge Frau verband Käthe Kollwitz diese Idee, deren Ausformungen ihre Kindheit geprägt hatten, mit der Ideologie der Sozialdemokratie und erwartete sich von dieser politischen Bewegung die entscheidenden Schritte hin zu einer gerechten Welt. 1914 schien ihr der Krieg ein entscheidender Beschleuniger zu sein. Durch ihn würde das lang Ersehnte, gravierend Andere herbeigeführt werden. Das Bild blieb vage, denn eine konkrete Ansicht gab es nicht, nur die Idee, dass alles besser werden würde.

In Käthe Kollwitz' Vorstellung war die Jugend der entscheidende Träger der bevorstehenden Veränderung. Die Jugend, die heute so selbstverständlich für das Neue steht, hatte sich als bedeutsame Kategorie erst um die Jahrhundertwende etabliert. Junge Menschen galten zuvor als unreif und unfertig, hatten noch nichts erreicht, noch nichts geschaffen. Um diesen vermeintlichen Makel zu kaschieren, orientierten sie sich am Lebensstil der Erwachsenen. Das änderte sich um die Jahrhundertwende. Für Käthe Kollwitz war dieser Paradigmenwechsel bereits eine Selbstverständlichkeit, denn mit Anfang zwanzig war sie selbst Teil der jungen Generation gewesen, die einer neuen Kunstauffassung zum Durchbruch verholfen hatte. Seither ging sie davon aus, dass die geistig frische, von zeitgenössischem Ballast unbeschwerte Jugend die gesellschaftlichen Veränderungen vorantrieb.

Als ihre Söhne Hans und Peter sich in den Jahren vor dem Ersten Weltkrieg der Wandervogelbewegung anschlossen, tat Käthe Kollwitz das zunächst als kindliche Freizeitbeschäftigung ab. Peter gefielen die romantisch-verklärten Wanderungen, mit denen sich die bürgerliche Jugend vom Druck der wilhelminischen Gesellschaft entlasten wollte. Mit der Zeit entdeckte sie jedoch das theoretische Konzept hinter der Jugendbewegung. Lange hatte sie nach der großen Idee gesucht, die die Generation ihrer Söhne bestimmen würde. Ihr Großvater hatte sich dem freien Protestantismus verschrieben, ihr Vater der Demokratie, sie selbst und ihre Generation waren mit der Sozialdemokratie gegangen, doch was die Söhne antreiben würde, konnte sie lange Zeit nicht erkennen.

«Soviel ich verstehe», schrieb Kollwitz über das Engagement ihrer Söhne, «erhoffen sie sich durch Beeinflussung der Jugend im fichteschen Sinne eine Umgestaltung der Menschheit nach dem Ideellen hin. Die Jugend soll gesondert aufwachsen in großen von guten Pädagogen geleiteten Anstalten und soll nach dieser stillen Reifezeit in das Staatsleben eintreten.»[19] Hans dachte offenbar zeitweise darüber nach, das Oberlehrerexamen abzulegen und in eines der Landschulheime zu gehen, die nach den Idealen der Jugendbewegung betrieben wurden. Keine große Aktion, keine Revolution, kein Umsturz, so Kollwitz, beflügele die jungen Leute. Der innere Wandel zum Ideellen sei vielmehr eine Strategie der kleinen Schritte.[20] Das schien ihr vernünftig, sogar wichtig, aber wenig aufregend.

Käthe Kollwitz hatte zunächst Schwierigkeiten, den Söhnen in diese Gedankenwelt zu folgen, aber sie gab sich Mühe und besuchte im Frühsommer 1914 Vorträge des jungen Siegfried Bernfeld, der ihr am Wohnzimmertisch die praktischen und ideologischen Möglichkeiten einer Erziehung der Jugend zum neuen Menschen auseinandersetzte.[21] Sie war grundsätzlich offen für die Ideen der Jugend, als der Ausbruch des Ersten Weltkriegs deren Strategie des langsamen Wandels plötzlich in Frage stellte.

Nun schien nur noch der Krieg zwischen dem Materialismus der Vergangenheit und dem Idealismus der Zukunft zu stehen. Die bürgerliche Jugend sah ihre Chance, ihre Aufgabe darin, den Krieg zu bewältigen und eine neue Gesellschaft zu errichten. Viele meldeten sich wie Peter Kollwitz und seine Freunde freiwillig zum Kriegseinsatz.[22]

Für Käthe Kollwitz war das nur folgerichtig. Dramatisch wurde es erst, als Peter mit dem festen Entschluss, als Freiwilliger zu kämpfen, aus Norwegen zurückkam. Käthe unterstützte den Wunsch des Sohnes gegen den Willen des Vaters und verschaffte dem Achtzehnjährigen schließlich die gewünschte Unterschrift. Erst mit diesem Eingreifen gewannen ihre täglichen Tagebucheinträge an Dringlichkeit. Sie hatte Peter das Tor zum Krieg geöffnet, freiwillig, ohne äußere Notwendigkeit. Sie fügte sich seinem Wunsch und willigte damit ein in seine freiwillige Opfergabe. Diese Gabe an die Schicksalsmacht hatte in der allgemein gehegten nebulösen Vorstellung von einer erblühenden Zukunft eine besondere Bedeutung. In einer Vermischung von christlichen Glaubensinhalten und politischen Zukunftsvorstellungen wurde das persönliche Opfer zum Erfolgsgaranten. Nur wer bereit war, alles zu riskieren, qualifizierte sich für das Neue. Kollwitz war bereit, ein Opfer zu bringen, auch wenn sie gleichzeitig nichts mehr fürchtete als den Tod ihres Sohnes.

Es vergingen einige Tage, bis Peter eine Kaserne fand, die bereit war, ihn aufzunehmen. In Berlin war der Andrang junger Kriegsfreiwilliger groß. Gerade die Anhänger der Jugendbewegung meldeten sich in großer Zahl. Die einen sahen im Krieg ein Abenteuer, die anderen einen Initiationsritus für eine gesellschaftlich anerkannte Männlichkeit. Viele hofften, durch die Teilnahme an vorderster Front einen Platz in der Nachkriegsgesellschaft zu erlangen. Noch dazu schien das Soldatenleben genau die Werte zu fördern, die die Jugendbewegung sich seit jeher auf die Fahnen geschrieben hatte: Genügsamkeit, Kameradschaft, Gemeinschaftssinn, Kompromisslosigkeit und Idealismus. Ein Leben jenseits von Materialismus und Gewinnsucht.

Peter Kollwitz fand schließlich in Neuruppin einen Platz. Am

19. August trat er in das Reserve-Infanterie-Regiment 207 ein. «Das Fahrenlassen der Hoffnung», kommentierte Käthe im Tagebuch. Karl versuchte am Vorabend noch einmal, Peter umzustimmen. Vergeblich.

In den nächsten Wochen teilte Käthe ihre Zeit genau ein. Sie arbeitete für den «Nationalen Frauendienst» und verbrachte so viel Zeit wie möglich mit ihren Söhnen. Hans wohnte in einer Kaserne in Berlin, Peter war in Neuruppin einstweilen bei ihrer Freundin Anna Karbe einquartiert, «sehr müde aber ganz glücklich».[23] Auf den Zugfahrten zwischen Berlin und Neuruppin beobachtete Kollwitz die Menschen. Bei denen, die auszogen, sah sie Traurigkeit, aber immer wieder auch einen unbestimmten Glanz. «Auf dem Bahnhof die vielen Frauen und Bräute, die ihre Männer zum letzten Mal besucht hatten. Der traurige Abschied. Diesmal waren es die Männer, die zurückblieben. (...) Ein junger Offizier oder Unteroffizier, ganz jung, rosiges Gesicht, wie alle ausziehenden Soldaten in dieser heiteren, selbstverständlichen Ruhe. (...) Dann auf der nächsten Station die Dame in Trauer mit dem alten Stabsarzt. Auch sie beide sachlich, heiter, selbstverständlich.»[24]

Woher nahmen diese Menschen nur den Mut und die Zuversicht? Besonders bewunderte Käthe Kollwitz Peter und seine Freunde, von denen sich viele freiwillig gemeldet hatten – junge Männer, kaum dem Jugendalter entwachsen, die sich der Aufgabe des Tötens und Sterbens mit einer unvergleichlichen Inbrunst und Leichtigkeit stellten. Käthe schwärmte besonders für Erich Krems, einen engen Freund von Peter Kollwitz: «Noch ganz der unverdünnte herrliche Idealismus der ersten Wochen. Mit einem Wiederkommen rechnet er nicht, will er kaum, dann wäre die Gabe verkürzt. Opfer kann man das kaum nennen, ein Opfer setzt Überwindung voraus. Dies ist eben ein strahlendes stolzes Darbieten des Lebens.»[25] Auch an ihren Söhnen nahm sie diese ruhige Hingabe wahr. Sie war fest entschlossen, dieser Jugend in die Zukunft zu folgen.

Im Herbst 1914 war Käthe Kollwitz noch nicht die Pazifistin, die sie fünf Jahre später sein sollte. Noch billigte sie ausdrücklich den Kampf für die gute Sache. Ihre Gedanken hat sie anlässlich einer Diskussion mit Karl im Sommer 1917 festgehalten. Auch gut drei Jahre nach Peters

Tod, als die latente Kriegsbegeisterung längst der Ernüchterung und dem Entsetzen gewichen war, hielt Käthe Kollwitz an ihrer Einstellung fest. Karl vertrat die Auffassung: «Mit der Geburt eines Menschen beginnt seine Aufgabe, hier auf Erden zu funktionieren. Diese Aufgabe ist nicht zu kürzen durch Ideologien wie Staat, Vaterland usw.» Sie widersprach vehement: «Meine Meinung ist, daß die Menschheit nicht vorangekommen wäre, wenn das Leben des Einzelnen immer an erster Stelle gestanden hätte. Über dem Leben steht das Leben für die Idee, dadurch bekommt das Leben nur Inhalt und Sinn. Wenn besondere Umstände es fordern, muß das persönliche Leben hingegeben werden.»[26]

Diese Einstellung war in Käthe Kollwitz' Weltsicht tief verankert. In ihren großen Kunstwerken hatte sie ihr immer wieder Ausdruck verliehen. Im «Weberzyklus», im «Bauernkrieg» kämpften die Menschen gegen die Ungerechtigkeit und starben für ihre Ideale. Erst später sollten Kollwitz Zweifel kommen, ob die Jugend überhaupt in der Lage war, eine derart aufgeheizte Situation wie zu Beginn des Ersten Weltkriegs einzuschätzen. Diese Bedenken fanden wiederum Ausdruck in zahlreichen Werken der Nachkriegszeit.[27]

Mitte September 1914 erlebte die Familie Kollwitz noch einmal das alte Glück. Ein paar Tage lebten sie zusammen, als wäre nichts geschehen. Hans kam mit einer Bindehautentzündung aus der Kaserne, Peter mit einer Entzündung im Knie. «Sehr schöne Tage» seien das gewesen, schrieb Käthe. «Bei Tisch wieder ein Junge rechts und einer links, ganz wie früher.»[28] Das war der letzte Aufschub. Die Euphorie der ersten Augustwochen ließ langsam nach. Käthe Kollwitz klagte: «Die nüchterne Stimmung, wenn man weiß es ist Krieg, aber es glückt einem nicht sich in eine Illusion zu schwingen. Nur das Furchtbare des Zustandes, an den man sich fast gewöhnt, ist gegenwärtig.» Dann kam es ihr absurd vor, dass ihre Söhne in den Krieg ziehen wollten. «Mitunter den dummen Gedanken: sie werden in einem solchen Tollwerden doch nicht mittun und sofort wie ein kalter Strahl: *sie müssen müssen.* Alles ist gleich vor dem Tod, runter mit all der Jugend. Dann könnte man verzweifeln.»[29]

Schon Ende September hieß es, Peters Abreise stehe unmittelbar bevor. Hans hatte Schwierigkeiten, die Reitprüfung zu bestehen, und war weiterhin zurückgestellt. Käthe ahnte wohl und fürchtete, dass Peters Tage gezählt waren. Sie schrieb ihm einen Abschiedsbrief und notierte ins Tagebuch: «Als ob das Kind einem noch einmal vom Nabel geschnitten wird. Das erste Mal zum Leben, jetzt zum Tode.»[30]

Der Druck war kaum zu verkraften. «Nur ein Zustand macht alles erträglich: die Aufnahme des Opfers in den Willen.»[31] Später konnte sich Käthe Kollwitz selbst nicht erklären, was in diesen Wochen in ihr vorgegangen war. «Ich fluchte dem Kriege, ich wußte, daß er das Schwerste fordern würde. Daß ich mich nicht widersetzte, hing wohl damit zusammen, daß es mir widerstand, in diesen letzten Zeiten nicht ganz und gar eins zu sein mit den Jungen. *Wenn* es sein mußte, dann nur so, daß *wir eben eins waren*.»[32] Eins sein mit Peter, das hieß, das Schicksal anzunehmen, wie es kam.

Käthe Kollwitz fuhr, so oft sie konnte, nach Neuruppin, einmal in Begleitung ihrer Nichte Regula Stern, die Peter fotografierte. Das letzte Bild zeigt den Achtzehnjährigen in Uniform, den Blick in die Ferne gerichtet. Käthe machte Besorgungen für ihn, nähte ihm französische und russische Geldnoten in die Kleidung, und ersetzte sie dann durch deutsches Gold, damit er nicht hingerichtet würde, falls man ihn gefangen nahm. Sie schenkte ihm Goethes «Faust» in zwei Bänden, ein Schachspiel. Jeder Abschied konnte der letzte sein.

Zum letzten Mal begegneten sie sich am 12. Oktober 1914. Peter erwartete sie am Bahnhof, dann musste er zum Appell. Später begleitete Käthe ihren Sohn ins Unteroffizierskasino. «Es ist dunkel, wir gehn angefaßt durch den Wald. Er zeigt mir die Sternbilder, wie er es oft getan hat.» Sie nähte ihm noch ein paar Knöpfe um, ein Soldat sang am Klavier «Macht euch bereit», dann gingen sie zurück. «Er bringt mich bis zum Bahnübergang. Da nehmen wir noch einmal Abschied, den wirklich letzten. Wir küssen uns und sagen uns wie lieb wir uns haben und er sagt er kommt sicher wieder. Du geliebter geliebter Junge.»[33]

Am nächsten Tag fuhr Peter ab. Die Zeit des Wartens begann. Kollwitz' Tagebucheinträge wurden kürzer, dafür schrieb sie Briefe an Peter. Sie versuchte, sich aufzuschwingen zu seiner Euphorie, zu seiner

Überzeugung. Am Abreisetag schrieb sie ihm: «Diese Freude an der Erfüllung des Gesetzes, dem du gehorchst, geht auch auf uns über. Glaub mir. Sicher geht von uns Bleibenden, je zuversichtlicher und gläubiger wir an Euch und Eure Mission denken wieder ein Kraftstrom in Euch zurück.»[34] Der Brief ging ins Leere, genau wie fünf weitere Briefe, die heute im Archiv der Akademie der Künste in Berlin liegen. Sie wurden Käthe Kollwitz später zurückgesandt. Der Empfänger war gefallen.

Festhalten

Peter Kollwitz starb in der Nacht vom 22. auf den 23. Oktober 1914 in einem belgischen Straßengraben bei Diksmuiden. An einem Gehöft, direkt an der Chaussee, grub er mit Kameraden einen Unterstand, der in der Dunkelheit unter starken Beschuss geriet. Der Offizier befahl den Rückzug in den Schützengraben. Peter Kollwitz gab die Order laut weiter und wollte die Straße überqueren: In diesem Augenblick traf ihn die Kugel. Seine Kameraden zogen ihn in den Unterstand zurück, weil sie glaubten, dass er verwundet sei. Doch er war schon tot.[35] Am nächsten Morgen grub man ihm ein Grab. Hans Koch und Erich Krems, Peters Freunde aus Berlin, waren dabei, als der Führer des Bataillons eine kurze Rede hielt. Auf dem Kreuz, das man auf die Grabstätte setzte, stand: «Hier starb den Heldentod für's Vaterland Peter Kollwitz, Kriegsfreiwilliger Res. Inf. Reg. 207». Seine Kameraden belegten den Hügel mit Rasenstücken und schmückten das Grab mit Herbstlaub.[36] Wahrscheinlich bat Hans Koch seinen Bruder Walter, Peters Eltern die Todesnachricht zu überbringen. Am 30. Oktober 1914 kam er in die Weißenburger Straße.[37]

«Peter ist gefallen!» Wie ein Aufschrei prangt dieser Satz in einem Brief von Käthe Kollwitz an ihre Freundin Mathilde Rüstow. Als hätte die Nachricht sie beim Briefeschreiben erreicht.[38] Gerade noch hatte sie ihre künstlerischen Pläne skizziert und sich besorgt nach einem gemeinsamen Bekannten erkundigt – dann griff sie zu einem neuen Bogen

Papier und formulierte das Unfassbare. «Peter ist gefallen!» Auch im Tagebuch taucht am 30. Oktober nur der eine Satz auf: «Ihr Sohn ist gefallen.»[39] Das Entsetzen schwieg. Von den ersten Tagen der Trauer ist wenig bekannt. Erst am 10. November fand Kollwitz einen Moment, in dem sie sich aus ihrer inneren Erstarrung löste. Hans Koch besuchte die Familie, bekundete sein Beileid und erzählte von Peters letzten Tagen. Käthe schrieb auf, was sie erfuhr, und hielt sich an Gottfried Keller: «Nun bin ich Meister geworden, zu weben Gram und Leid / Ich webe Tag und Nächte am schweren Trauerkleid.»[40]

Eine Mutter, die ihr Kind verliert: Das war ein Thema, das Käthe Kollwitz beschäftigte, lange bevor der Erste Weltkrieg ausbrach. Was sie persönlich daran fesselte, ist schwer zu bestimmen. Kinder waren ein Grundmotiv ihrer Lebenswelt, der Tod eines Kindes eine viel zu oft gehörte Schreckensnachricht. Ihre Kunst lenkte den Blick auf Armut und Verzweiflung und auf deren unausweichliche Folgen: sterbende Kinder, Krankheit und Suizid.

Immer wieder hatte sie sich dieser Thematik gewidmet. So auch 1908, als Hans mit sechszehn Jahren an einer schweren Infektion der Atemwege erkrankt war und Karl den schrecklichen Verdacht geäußert hatte, es könnte Diphterie sein. Gemeinsam hatten sie um das Leben des Jungen gebangt, eine Nacht lang verbissen gegen den Tod gekämpft. Es war schon drei Uhr morgens, als Karl erleichtert seufzte: Der Junge sei zurückgewonnen.

Das Grauen dieser Nacht hatte Käthe über Wochen verfolgt. Ihrer Freundin Jeep vertraute sie an: «Dieses kalte Entsetzen, das einen anfaßt, wenn man fühlt, weiß, in den nächsten Minuten ist dieses junge Leben vielleicht abgeschnitten und das Kind ist weg, das war doch wohl das Schlimmste bis jetzt und das ist auch nicht so bald zu verwinden, obwohl er bei uns geblieben ist!»[41] Fast siebzig Zeichnungen entstanden infolge dieses Ereignisses. Eines der ergreifendsten Motive zeigt eine Mutter, die mit dem personifizierten Tod um ihr Kind ringt.

Schon damals allerdings war die Materie für Käthe Kollwitz nicht neu. Lange bevor sie das eigene Kind aus den Händen des Todes befreien musste, stellte sie den Schmerz einer Mutter dar, die ihr Kind bei

Kampfhandlungen verloren hatte. Die Radierungen, Lithographien und Zeichnungen entstanden 1903 im Zusammenhang mit dem Zyklus «Bauernkrieg». In der endgültigen Fassung des Blattes «Schlachtfeld» (Abb. 14) sucht die «schwarze Anna», die in «Losbruch» als Anstifterin des Aufstands in Erscheinung getreten war, unter den Gefallenen nach ihrem Sohn. Kollwitz hatte lange nach dem richtigen Motiv gesucht. In einer Reihe von Zeichnungen zum Themenfeld «Frau mit totem Sohn» stellte sie den Verlust als allgemein-menschliche Erfahrung dar. Sie zeigte die Mutter am Boden kauernd, wie sie in einer Geste der Fassungslosigkeit den Leichnam des Kindes an sich presst. Auf manchen Blättern schmiegt sich die Frau zärtlich an das Kind, nimmt den Schlag fast demütig hin, dann wieder klammert sie sich verzweifelt an den Leichnam, als könnte sie das Sterben des Kindes rückgängig machen (Abb. 18). Ausgerechnet der siebenjährige Peter hatte für dieses Werk Modell gesessen. Im Antlitz der Mutter hingegen verbirgt sich das Gesicht der Künstlerin. Käthe Kollwitz selbst presst verzweifelt den erkaltenden Körper ihres Kindes an sich. Sie ist es, die dem Knaben einen letzten Kuss aufdrückt.

Die Variationen um «Frau mit totem Kind» sind äußerst kraftvoll und im Œuvre der Künstlerin einzigartig. Die elementar-urwüchsige Geste, die animalische Wildheit, mit der die Frau versucht, sich ihr totes Kind einzuverleiben, wirken fast brutal – damals wie heute. Kollwitz' Freundin Jeep sah «Frau mit totem Sohn» unverhofft in einer Dresdener Ausstellung. Entsetzt fragte sie sich, ob dem kleinen Peter etwas zugestoßen sein könnte. Was sonst hätte Käthe Kollwitz dazu treiben können, dieses Motiv zu wählen? «Eine Mutter, tierhaft, nackt, den lichtfarbenen Leib ihres toten Kindes zwischen Schenkeln und Armen, sucht mit den Augen, mit den Lippen, mit dem Atem das entwichene Leben wieder in sich zurückzuschlingen, das einstmals ihrem Schoße angehörte.» Doch nicht persönliche Erfahrung hatte Käthe Kollwitz zu diesem Bild inspiriert, sondern «die Leidenschaft selber, die Gewalt, die sonst verhalten im Muttertier schläft, die sich hier dem Auge preisgab».[42]

Später schien es Kollwitz, als wäre dieses Blatt eine Art Prophezeiung gewesen, auch wenn die Szene auf ganz andere Art und Weise

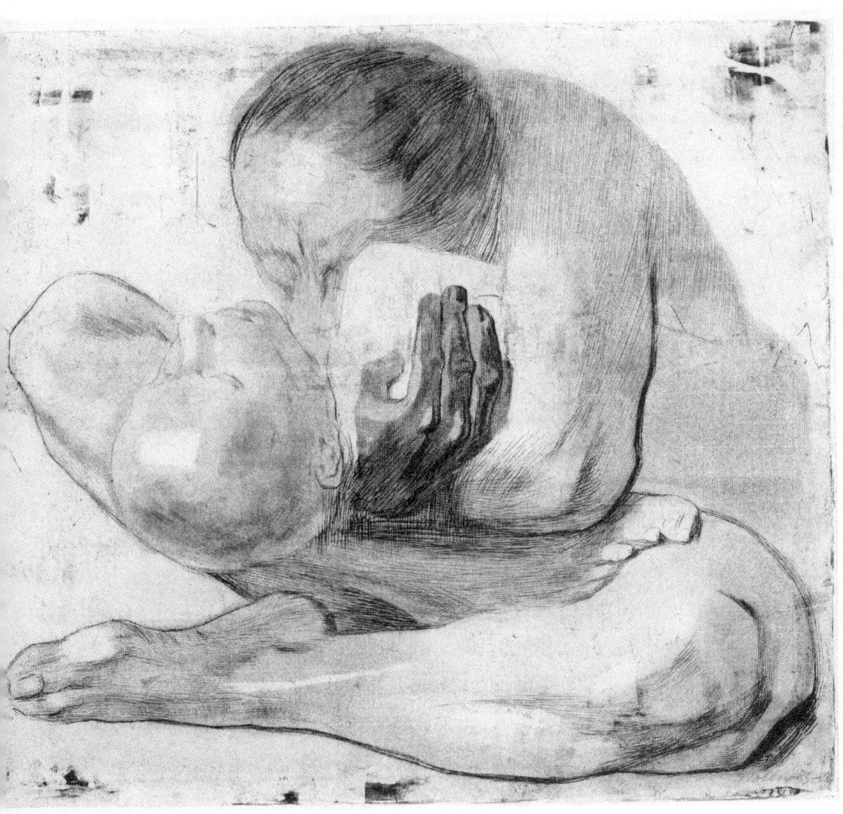

18 Käthe Kollwitz, Frau mit totem Kind, 1903, Radierung, Staatliche Museen zu Berlin, Kupferstichkabinett

Wirklichkeit geworden war. Der Tod entriss ihr das Kind nicht in einem einzelnen grauenvollen Hieb. Es war der Sohn selbst, der den Weg in den Tod wählte, und jeder seiner Schritte war ein eigener kleiner Schlag, der die Mutter in aller Stille traf.

Als die Todesnachricht sie erreichte, war ihr Schmerz grenzenlos. Gegen alle Wahrscheinlichkeit hatte Käthe Kollwitz gehofft, von diesem Schicksalsschlag verschont zu bleiben. Selbstverständlich war es ihr nicht möglich, den Körper ihres Kindes noch einmal zu halten. Sie fragte sich, wie sie mit dem Schmerz weiterleben sollte. Es war ein langer Prozess – über Monate drehte sich ihr ganzes Leben um den Verlust. Das Unfassbare zu ertragen, gelang ihr nur, weil sie sich weiterhin mit Peter verbunden fühlte. Zunächst versuchte Käthe Kollwitz auf ganz irrationale und intime Art und Weise, ihrem toten Sohn nahe zu sein. Im November 1914 zog sie in sein Zimmer, saß allein an seinem Holztisch, umgab sich mit seinen Sachen und trauerte. Sie dachte an ihn, las in seinem Tagebuch, von seinen Reisen, seiner Einsamkeit. Doch die räumliche Nähe war nicht Trost genug. Sie versuchte, sich in Peter geradezu zu versenken.

Sie bewahrte sein Andenken, bezog ihn ein und glaubte seine Anwesenheit zu spüren. Wenn sie in seinem Zimmer saß und in ihrem Tagebuch von den Ereignissen des Tages berichtete, von Hans, der sich mittlerweile zum Sanitäter ausbilden ließ, von ihren künstlerischen Plänen, dann sprach sie Peter direkt an: «Mein Junge – ich bin hier bei Dir in Deiner Stube an Deinem Tisch.»[43] «Wo bist du – wo schweifst du? Warum kommst Du nicht zu mir?»[44] Sie hielt die Verbindung, als läse Peter ihre Zeilen mit. Dabei stellte sie sich vor, dass Peter wie ein Geist um sie herum sei, anwesend in einer anderen Sphäre, einem ominösen ‹Drüben›, aber noch nah genug, um das Diesseits wahrzunehmen. Sie rief ihn zu sich, erflehte seinen Beistand.

Der diffuse Geisterglaube, der in diesen ersten Wochen zum Ausdruck kam, erwuchs aus der schmerzlichen Trauer, aus dem jähen Abreißen der Verbindung. Er war gefühlsbestimmt und besaß kein festeres Fundament. An eine persönliche Weiterexistenz im Jenseits glaubte Käthe Kollwitz nicht. Zwar war sie überzeugt, dass das Leben nach dem Tod nicht überhaupt zu Ende sei, der unsterbliche Weltgeist aber, der in Peter gewirkt hatte und der seinen Tod überdauerte, der habe mit der Individualität ihres Sohnes nichts zu tun.[45] Das, was den Menschen ausmachte, war untrennbar mit seinem Körper verbunden, und so blieb ihr nur ein ganz «vager Glaube an ein – vielleicht – sich drüben – in andern Formen noch einmal finden».[46]

Es lag wenig Trost in diesem Unsterblichkeitsgedanken, doch war er Ausdruck eines wiedererwachenden Glaubens, der Käthe Kollwitz' Kriegserlebnis von Anfang an bestimmt hatte. Selten klar durchdacht, aber umso beharrlicher schimmerte eine christlich geprägte Weltsicht durch, wenn sie über den Krieg schrieb. Allein ihre Vorstellung vom Opfer ist dafür bezeichnend. Im Tagebuch erwähnte sie diesen Begriff zum ersten Mal, als ihr Sohn Hans sich stellte. Die «Möglichkeit des freien Opferns» verband sich für sie von Anfang an mit der Zukunft, mit dem Gefühl des «Neu-Werdens», das alle alten Werte überwinden würde.

Das Opfer ist in vielen religiösen Zusammenhängen von zentraler Bedeutung. Mit der Darbietung einer Gabe wollten Gläubige schon immer ihre Gottheit gnädig stimmen, versöhnen, sie bestechen oder ihr danken. In archaischen Gesellschaften war diese Gabe ein Tier, das während eines Rituals zu Ehren der Gottheit geschlachtet wurde. Erst im Laufe der Zeit lösten Gebet und Lobpreisung das Tieropfer ab. Das Christentum erweiterte die Gabe um den Aspekt der Selbstopferung.[47] Der Gottessohn starb für die Sünden der Menschen. Die Opferung bekräftigte das Bündnis der Menschen mit Gott und begründete eine bessere, gottgefälligere Welt.

An ein Opfer dieser Art muss Käthe Kollwitz gedacht haben, als ihr Sohn fiel. Das Wiedererwachen des Religiösen war bei ihr also keine Rückkehr zum großväterlichen Protestantismus. In ihrem Bekenntnis war Peter die zentrale Figur. Ihre christliche Sozialisation und ihre säkulare Weltsicht schoben sich ineinander und erzeugten eine eigene Art von religiöser Erweckung, deren Wurzeln christlich, deren Inhalte aber ganz und gar persönlicher Art waren. Von Peter selbst erwartete sie die Erlösung.

Diese Geisteshaltung blieb implizit. Kollwitz reagierte auf den Schmerz, sie entwickelte kein Glaubenssystem, das außerhalb ihrer selbst Bestand haben konnte. Gleichwohl versuchte sie, Peter mit christlichen Begriffen zu fassen, etwa im Juli 1915, als sie über das Gebet nachdachte: «Man sagt das Gebet soll ein Ruhen in Gott sein, ein Einsfühlen mit dem heiligen Willen. Wenn es so ist, dann bin ich – mitunter – im Gedenken an Peter im Gebet. Das Bedürfnis hinzuknien und ihn durch mich durchströmen zu lassen. Mich ganz eins mit ihm zu fühlen.» Käthe Kollwitz sprach hier nicht etwa vom Einssein mit Gott, sie meinte Peter und schrieb weiter: «Es ist das eine andere Liebe als die die weint und sich sehnt und grämt. Wenn ich ihn so liebe bete ich nicht. Wenn ich ihn aber so fühle wie ich es in meiner Arbeit sichtbar nach außen bringen will, dann bete ich.»[48]

Peter und Jesus, Jesus und Peter. Die Grenzen verschwammen. Jahre später diskutierte sie mit Hans die Kreuzigungsszene im Matthäus-Evangelium. Hans fragte sich, warum die letzten Worte des Gekreuzigten «Mein Gott – warum hast du mich verlassen?» gewesen sein sollen, obwohl er vorher stolz verkündet hatte, dass seine Gefangennahme der göttlichen Vorsehung entspreche. Käthe meinte, Jesus habe etwas Ähnliches gefühlt wie sie selbst, als sie Peter gehen ließ und er starb. «Da sagte ich auch nicht: es muß alles so sein, sondern ich sagte: Mein Gott – warum hast du mich verlassen? Im Geheimsten hatte ich wohl erwartet, ich würde nicht verlassen werden.»[49]

Den größten Trost fand Käthe Kollwitz darin, sich dem Sohn zu verpflichten: Sie wollte in seinem Sinne weiterleben und weiterarbeiten. An vielen Stellen ihres Tagebuchs stellte sie sich ganz direkt in seine Dienste, überhaupt in den Dienst der Jugend. Sie wollte ihm und der Jugend treu sein, sein Vermächtnis erkennen und bewahren, das Vaterland lieben auf ihre Art, wie er es liebte auf seine, und sie wollte weiterarbeiten, weil er es nicht mehr konnte.[50] Den Lehrbrief aus «Wilhelm Meisters Wanderjahren» zitierend, bezeichnete sie Peter als Saatfrucht, die nicht vermahlen werden sollte. «Er selbst war die Aussaat. Ich bin Träger und Entwickler seines Samenkorns.» Aus diesem Bild schöpfte sie neuen Lebensmut, denn als Trägerin seines Samenkorns durfte sie nicht nur ihre Arbeit vollenden, sie sollte es sogar tun. Es war ihre Pflicht.[51] In diesem Sinne wollte sie ihre Kunst weiterentwickeln, sie wahrer, ungefärbter, wesentlicher machen. Peter sollte ihr beistehen: «Wenn ich versuche so zu sein, mein Peter, dann bitte ich Dich, sei um mich. Hilf mir und zeige Dich mir.»[52]

Kollwitz richtete in Peters Stube einen Andachtsraum ein, einen Ort, an dem sie Peter besonders leicht nahe sein konnte. Regelmäßig saß sie dort, las, betete und schrieb. Aber sie empfing dort auch Gäste. Peters frühere Freunde kamen von der Front. Sie erzählten vom Krieg, von ihren Erfahrungen im Gefecht, diskutierten ihre Einstellung zum Krieg und teilten Erinnerungen an den Gefallenen. In Peters Stube legten sie Blumen nieder: vier Rosen, meistens rot, manchmal weiß, aber immer vier, weil es vier Freunde waren, die im Sommer 1914 gemeinsam nach Norwegen aufgebrochen und gemeinsam zurückgekehrt waren, um in den Krieg zu ziehen.

Über Jahre hinweg diente Peters Stube als zentraler Gedenkort. Er wurde gepflegt wie eine Grabstätte. Peters Wandervogeluniform lag ausgebreitet auf dem Bett, umgeben von Blumen: Flieder, Tulpen, Weidenkätzchen, Astern oder Rotdorn. Nicht nur Käthe stellte sie hin, Freunde, Angehörige und Bekannte brachten sie vorbei oder schickten sie mit der Post. Wichtige Gespräche führte Käthe Kollwitz jahrelang in Peters Stube. Als Hans im Juli 1916 seine sichere Stelle in einem belgischen Genesungsheim aufgab, um den Krieg doch noch ‹richtig› mitzuerleben, da verabschiedeten sie sich dort voneinander. Als ihre Nichte Regula zwei Jahre nach Peters Tod in der Weißenburger Straße vorbeischaute, ohne «zu Peter» zu gehen, war Käthe so enttäuscht, dass sie es im Tagebuch festhielt. Einmal saß sie mit Hans Koch in Peters Zimmer, als plötzlich die Markise gegen die Scheibe klopfte. Beide dachten im Moment des Schreckens, der gemeinsame Freund Richard Noll, von dem sie gerade gesprochen hatten, wäre in diesem Moment gefallen.[53]

Peters Freunde kamen, wann immer sie konnten. Sein Zimmer war ihnen auch zugänglich, wenn das Ehepaar Kollwitz gerade nicht zu Hause war. Trauergäste waren jederzeit willkommen. An Peters Geburts- und Todestag versammelten sich Familienangehörige und Freunde in der Stube des Toten. Neben diesen offensichtlichen Terminen gab es eine Vielzahl weiterer denkwürdiger Tage. Das Jahr 1915 war beherrscht von Peters letztem Lebensjahr. «Heute vor einem Jahr», heißt es immer wieder in Käthe Kollwitz' Tagebuch. Aus den persönlichen Erinnerungen und den Festlichkeiten des christlichen Kalenders erwuchs ein Gedenkkalendarium, das für die Dauer des Krieges das Andenken ritualisierte und auch danach nicht ganz an Bedeutung verlor.

Es setzte an Weihnachten 1914 ein. «Weihnachten vorm Jahr trugst Du das Pierrotkleid, diese Weihnachten liegst Du steif und ernst mit dem Gewehr im Arm unter der Erde.»[54] Neun Wochen nach Peters Tod feierten Käthe und Karl Kollwitz Weihnachten zum ersten Mal ohne Peter. Auch ohne Hans, der Ende November abkommandiert worden war und seinen Dienst fürs Vaterland als Sanitäter in einem

Typhus-Genesungsheim in Spa verrichtete. Im Dezember 1914 erkrankte er an Diphterie. Sein Vater erhielt die Erlaubnis, ihn zu besuchen, Käthe dagegen richtete sich in der Stille ein. Vormittags ging sie ins Atelier, das sich im Siegmunds Hof im Hansa-Viertel befand. Die Abendstunden saß sie in Peters Stube, las, schrieb Briefe und dachte an die Söhne. «Ich habe mich an mein Alleinsein gewöhnt und fühle mich nicht mehr oder nur ganz selten wirklich einsam», schrieb sie an Karl. «Am Weihnachtsabend stelle ich Peter ein kleines Bäumchen an sein Bett und denke an ihn und Hans und Dich. Sei Du bei dem Jungen, daß er nicht allein ist und denkt an Peter und mich.»[55] Ganz so allein war sie dann aber doch nicht. Karl kam kurz vor Weihnachten nach Hause, und so verbrachte das Paar die Feiertage gemeinsam in aller Stille. Wie geplant stellten sie den Weihnachtsbaum in Peters Zimmer auf. Achtzehn Wachskerzen brannten für ihn, entsprechend seinem Lebensalter. Eine nach der anderen verlosch, bis das Zimmer im Dunkeln lag. Dieses Ritual wiederholte sich nun Jahr für Jahr. 1915 brannten neunzehn Kerzen, 1916 zwanzig. Erst 1919 verzichtete Käthe Kollwitz auf die Zeremonie. Ihre Mutter lebte nun in Peters Stube, die Erinnerungsstätte hatte dem Leben weichen müssen.

Dem Weihnachtsfest folgte als nächster Gedenktag Peters Geburtstag am 6. Februar: Das Zimmer stand voller Blumen, und Besucher wurden hier empfangen. Im Frühling fuhr Käthe Kollwitz immer wieder in die Natur, die Peter so geliebt hatte. Ziel ihrer Ausflüge war Buch, wo der Sohn an Karfreitag 1913 mit dem Neuen Testament und dem «Faust» in der Tasche einen besonderen Tag in der Natur, seinen Frühlingsfeiertag, gefeiert hatte. Im Sommer gedachte Kollwitz Peters Rückkehr aus Norwegen (8. August) und des Tages, als er den Wunsch geäußert hatte, in den Krieg zu ziehen (10. August). Im Oktober wiederholte sich dann «Peters Passionszeit»: der Tag seiner Abreise (13. Oktober), sein Todestag (22. Oktober) und der Tag, als die Familie von seinem Tod erfuhr (30. Oktober).[56] Bis in die zwanziger Jahre vergingen diese Tage nicht unbemerkt.

«Der Schmerz wird einem wirklich entwunden mit der Zeit – für so unmöglich man es zuerst hält.»[57] Im Sommer 1915 hatte sich Käthe Kollwitz vom Schock der Todesnachricht allmählich erholt. Im Juli verbrachte sie zehn Tage in Alt-Ruppin, wo die Sehnsucht nach Peter hinter jeder Wegbiegung auf sie lauerte. Dann träumte sie von einer hochgelegenen Waldwiese voller Gräber. Als sie aufwachte, fühlte sie sich besser. Der Schmerz drückte nicht mehr so schwer, als sei etwas zum Abschluss gekommen. Die Sehnsucht, die sie noch eine Woche zuvor empfunden hatte, kam ihr weit entfernt vor – das erste Hoch nach Wochen heftigster Niedergeschlagenheit.

Der ersten Erleichterung folgte das schlechte Gewissen. Das Bild ihres Sohnes stand ihr nicht mehr so klar und lebendig vor Augen. Rückte er ihr aber fern, dann fehlte ihr etwas, und der Tag schien vergeudet. Gerne ließ Käthe Kollwitz den Schmerz nicht los. Sie wollte nicht in eine Normalität zurückkehren, in der Peter nicht mehr existierte. Der Schmerz war das Einzige, das ihr vom Sohn geblieben war. Sie hielt an ihm fest, auch als der Druck nachließ: Peters Tod sollte ein lebendiger Verlust bleiben. Immerhin nahm sie aus der Trauer eine besondere Verantwortung mit, eine Pflicht, die ihrem Leben neuen Sinn gab. Peters Kriegstod hatte sie vor eine Aufgabe gestellt, der sie sich ehrfürchtig zuwandte. Sie würde ihrem Sohn ein Denkmal schaffen.

Ein Denkmal setzen

«Ich sah ein junges Leben das mir köstlich verheißungsvoll erschien ausgelöscht», schrieb Käthe Kollwitz im Dezember 1914 an Hans, der sich im Lazarett von der Diphterie erholte. «Wie sich wieder zurechtfinden und sein eigenes Leben noch als wertvoll empfinden?», fragte sie und hatte die Antwort gleich parat: «Ich arbeite mein Junge – eine große Arbeit um meinen Dank auszusprechen. Meinen Dank für das was Ihr beide und darüber hinaus Ihr Kriegsfreiwilligen alle, gegeben habt.»[58] Für Käthe Kollwitz, die Künstlerin, lag nichts näher, als dass sie sich in ihrer Trauer der Kunst zuwandte. Sie brauchte ein neues Projekt, ein großes Vorhaben, an dem sie sich abarbeiten konnte, das alle ihre bisherigen Leistungen überstieg, auch ihre Erfahrungen. Sie wollte ein

Denkmal für Peter erschaffen, eine Plastik, die den Geist von 1914 einfangen sollte, ein Ehrenmal für die jungen Kriegsfreiwilligen, die ihr Leben dem Vaterland geopfert hatten.

Der erste Entwurf sah eine dreifigurige Komposition vor. Im Zentrum stand Peter, ein gefallener Jüngling, der, angelehnt an das Motiv der Beweinung Christi, flach ausgestreckt auf einem Altar oder Totenbett ruhte. Bis dahin war das Konzept nicht ungewöhnlich. Neben nationalen, christlichen und Siegessymbolen war die Darstellung eines Soldaten auf Kriegsdenkmälern des Ersten Weltkriegs weit verbreitet: mal im Soldatenmantel mit Stahlhelm bekleidet, wie im Münchener Hofgarten, mal in antikisierter Nacktheit, wie beim Kriegerehrenmal in Lüdenscheid, mal trauernd, wie in Fürstenberg und Dortmund. Das Besondere am Denkmalskonzept von Käthe Kollwitz war, dass dem gefallenen Soldaten die Hinterbliebenen zur Seite standen. «Den Vater zu Häupten, die Mutter zu Füßen, es soll dem Opfertod der jungen Kriegsfreiwilligen gelten.»[59]

Die Trauer – das war Kollwitz' persönliche Erfahrung und die der Menschen in ihrer Umgebung. Eltern, Ehefrauen, Kinder suchten verzweifelt einen Weg, dem Tod ihrer Söhne, Ehemänner, Väter einen Sinn abzuringen. Käthe Kollwitz wollte ihnen einen Weg weisen und ein Zeichen der Ehrerbietung setzen.

«Auf Deinem Denkmal will ich Deine Gestalt oben über den Eltern halten. Du sollst langausgestreckt liegen, die Hände antworten auf den Ruf der Hingabe: ‹Hier bin ich.› Die Augen – vielleicht – weit offen, daß du den blauen Himmel über Dir siehst und die Wolken und die Vögel. Den Mund lächelnd. Und an der Brust die Nelke, die ich Dir gab.»[60] Die Eltern trauerten, aber der heilige Zweck der Mission blieb unangetastet. Die stille Freude, mit der sich Peter seinem Schicksal gestellt hatte, stand der Künstlerin im Dezember 1914 noch klar vor Augen: «Die Frömmigkeit dieser jungen Seelen, die Schlackenlosigkeit. Meine jungen Söhne, meine lieben jungen Flammen, die Ihr uns führet, nicht wir Euch. Aus uns hervorgegangen, über uns hochgewachsen uns mitnehmend.»[61]

Der Plan für das Denkmal, den sie in einer schlaflosen Nacht ersonnen hatte, kam Käthe Kollwitz zunächst unausführbar vor. Trotzdem fühlte sie vor und wollte sehen, ob sie Unterstützer fand. Was sie antrieb, war nicht der Ruhm. Das Denkmal war für sie eine ganz persönliche Angelegenheit. Sie wollte Peter entgegenarbeiten, seinen Idealen dienen, ihm nahe sein. Die Arbeit am Denkmal wurde ihr zum Lebenszweck, ein Ziel, das zu erreichen sie ein Anrecht zu haben glaubte.

Das Projekt war ambitioniert: drei überlebensgroße Figuren, ein Denkmal für ganz Deutschland, dessen Jugend ihr Leben für die Nation geopfert hatte. Ehrgeizig war es aber auch für die Künstlerin selbst, die bis dahin keine Erfahrung mit Bildhauerei in diesem Ausmaß hatte. Die kleinen Figuren, die sie bis zum Kriegsbeginn geschaffen hatte, waren Fingerübungen im Vergleich zu dem, was sie nun schaffen wollte. Sie holte sich Rat bei Kollegen, plante, das Werk in Ton und Gips zu entwickeln, dann in Eisen oder Bronze gießen zu lassen. Sie wandte sich an Vertreter der Stadt, um den erwünschten Standort zu sichern: Auf den Höhen von Schildhorn mit Blick auf die Havel sollte das Denkmal stehen. Das erwies sich als schwierig, aber immerhin kannte die Stadtverwaltung nun ihren Plan. Man sagte ihr Unterstützung zu.[62]

Anfang Mai 1915 baute Kollwitz die erste Figur auf: Peter. Ihr war feierlich zumute. Im Tagebuch sind allerdings überraschend nachdenkliche Töne zu vernehmen: «Das was wir innerhalb Deutschlands erlebt haben, das Besserwerden durch den Krieg, erfährt sicher auch jede andere kriegsführende Nation an sich. Wie ist es aber zu vereinen, daß man einerseits ethisch wächst und zugleich Haß, Lüge, Feindseligkeit zunimmt, nämlich gegen alles Nicht-Deutsche?»[63]

Wie sie es vorausgesehen hatte, waren Euphorie und Hochgefühl im Laufe der Zeit verblasst. Das edle Abenteuer hatte sich in ein brutales Unterfangen verwandelt, gerade auch für die jungen Männer, die im Herbst so feierlich ausgezogen waren. Käthe Kollwitz blieb das nicht verborgen. Sie hielt Kontakt zu Peters Freunden, die von den Ereignissen an der Front berichteten. Zwischen den saufenden und kopulierenden Kameraden hatten sich die jugendbewegten Ideale längst verloren. Der Rausch der ersten Wochen war vorbei. Erich Krems, Hans Koch und Walter Meier hofften nur noch eines: am Leben zu bleiben.[64]

Auf die Denkmalspläne hatte das jedoch keinen Einfluss. Käthe Kollwitz wollte nicht zeigen, was sich aktuell ereignete, sondern von den hoffnungsvollen Anfängen erzählen. Sie wollte den reinen Opfergeist von 1914 einfangen. Dass sie mit der Figur des Gefallenen begann, ist nicht erstaunlich, denn sie wollte Peter zurückholen. Wenn sie seinen Körper, sein Gesicht aus der Erinnerung modellierte, fühlte sie sich ihm verbunden. «Was ist das bloß für eine Zeit? Himmlischer Frühling – alles Getier – alle Pflanzen voll Liebe und Seligkeit – und dies Gemetzel auf Erden», schrieb sie im Mai 1915 an Hans und fügte hinzu: «Nur wenn ich bei meiner Arbeit bin wird mir wieder klarer zumut. Ich sehe Peters frommes Gesicht und weiß er verstand was er zu tun hatte. Dann wird mir ganz ruhig.»[65]

Kollwitz probierte verschiedene Varianten aus, legte die Figur zunächst als Akt an, später stellte sie Peter bekleidet dar. Dann dachte sie darüber nach, den Körper in Decken zu hüllen und nur den Kopf «mit seinem feierlich frommen Lächeln» freizulassen.[66] Während sie Peters Gestalt modellierte, ging ihr auch ihr Erstgeborener durch den Kopf. Sie versicherte Hans, sollte er fallen, würde sie ihn gleichfalls auf dem Denkmal abbilden. Die Brüder würden dann umschlungen auf dem Altar liegen.[67]

Acht Monate arbeitete Käthe Kollwitz ausschließlich an der Figur des Gefallenen. In den Monaten tiefer Trauer war ihr die intensive Auseinandersetzung mit «Peter» ein Trost. Im Januar 1916 wandte sie sich dann der «Mutter» zu. Das neue Motiv der Trauer interessierte Kollwitz sehr. Hier ging es um ihre persönliche Stellungnahme, obwohl die Frauenfigur noch lange nicht als Selbstbildnis angelegt war. Sie probierte herum, nahm sich hin und wieder ein Modell, um der Gestalt näher zu kommen, kam aber nur langsam voran.

Der Kriegsalltag lastete schwer auf ihr, der Antrieb war schwach. Der Herbst 1916 war krisenhaft. Die einzelnen Arbeitsschritte dauerten viel länger, als sie erwartet hatte. Und zur Frustration kamen Zweifel. Den Aufschwung der ersten Kriegswochen zu rekonstruieren, kostete immer mehr Kraft. Peters Aufbruch und sein Verlust waren ihr nicht mehr so präsent wie zwei Jahre zuvor. Der Sinn dieses Krieges, der ihr im Herbst 1914 so klar vor Augen gestanden hatte, wurde immer fragwürdiger. Im Tagebuch heißt es: «Nun dauert der Krieg zwei Jahre und 5 Millionen junge Männer sind tot und mehr als noch mal so viele Millionen Menschen sind unglücklich geworden und zerstört. Gibt es noch irgend etwas was das rechtfertigt?»[68] Die Widersprüche traten immer deutlicher zutage, doch den Zweifeln nachzugeben hätte bedeutet, Peter zu verraten. Das konnte sie nicht. Sie wollte seinen Glaubensgrundsätzen treu folgen und festhalten an dem, was er sie gelehrt hatte.

Aber die Realität des Krieges ließ sich schlecht ausblenden. Die Energie von 1914 hatte sich längst erschöpft. «Da war etwas in meinem Leben, von der Mobilmachung an bis zu Peters Tod, und dann nachglänzend durch zwei Jahre in seinen Freunden. Das ist jetzt beschlossen. Ist vorüber. Ich arbeitete an diesem selben durch meine Arbeit. Sie ist für mich dieselbe wie von Anfang an, die Möglichkeit zu danken und für den Geist zu zeugen.»[69] Die Frage war nur, wie. Zum ersten Mal dachte Käthe Kollwitz darüber nach, das Werk aufzugeben, aber auch das schien ihr unmöglich. Eine Pause sollte helfen. Nach ein paar Wochen hatte sie neuen Mut gefasst und schrieb an Hans: «Eine Arbeit, die für die Dauer vieler Jahrzehnte berechnet ist, kann nicht in kurzer Zeit fertig sein.»[70] Sie war entschlossen, die Arbeit fertigzustellen, aber sie richtete sich darauf ein, dass es noch Jahre dauern könnte.

Derweil suchte sie einen neuen Blick auf das Denkmal, stellte zusammen, was sie hatte, und ließ die Figuren wirken. Sie zeigte ihre Arbeit erfahrenen Bildhauerkollegen und bat um Rat. Im November 1916 ließ sie einen Gipsabguss der «Mutter» anfertigen. Das neue Material inspirierte sie zu Experimenten. Im Februar 1917 nahm sie schließlich die dritte Figur vor. Der «Vater» ging ihr zunächst leicht von der Hand – die Zuversicht wuchs, aber nur kurz.

Im Frühjahr 1917 unterbrach Kollwitz die Arbeit am Denkmal erneut, diesmal für ein anderes wichtiges Projekt. Es war das Jahr ihres fünfzigsten Geburtstags, und der Kunstsalon Cassirer widmete ihr eine Jubiläumsausstellung, die sorgfältig vorbereitet werden wollte. Nach Jahren der Abgeschiedenheit trat sie im Sommer 1917 also wieder stärker in die Öffentlichkeit. Kritiker und Publikum empfingen sie mit Lob und Beifall.

Auf das Denkmal jedoch wirkte sich die Anerkennung nicht weiter aus. Käthe Kollwitz arbeitete mal gut, mal mutlos, aber immerhin regelmäßig und konzentriert. Wochenlang modulierte sie Schultern,

Rücken und Arme der «Mutter» und hielt fest: «Ich sehe klarer, daß dieser Weg zum Ziel führt, aber auch daß das Ziel noch so weit ist, daß Jahre vergehen werden bis ich mit Peters Arbeit fertig bin».[71] Unendlich langsam tastete sie sich voran. Zuweilen fragte sie sich, ob es nichts Wichtigeres zu tun gebe, rief sich aber gleich wieder zur Ordnung: «Wenn ich dieses wirklich gut fertig mache, ist in dieser Arbeit viel andere Arbeit, die ich sonst einzeln hätte machen müssen mitausgedrückt.»[72]

Aus diesen Überlegungen heraus fand Käthe Kollwitz schließlich den rettenden Ausweg aus der Denkmalsarbeit. Wenn sie noch Jahre brauchen würde, um das Meisterwerk fertigzustellen, dann musste sie, um nicht zu verkalken oder in Vergessenheit zu geraten, nebenher auch andere Werke schaffen. Wohlwollend betrachtete sie eine alte, weggestellte Kleinplastik, «Mutter mit Kind über der Schulter», entwarf das Grabrelief «Die Eltern» und griff auch wieder zum Zeichenstift.

Zum Denkmal kehrte sie erst nach Monaten zurück und arbeitete eine Weile mit Freude daran. Doch die Zeiten änderten sich: Kriegsmüdigkeit machte sich an der Front und in der Heimat breit, Massenstreiks, Demonstrationen, Friedensbewegung bestimmten das Bild zu Hause. Die Ereignisse in Russland verhießen eine hoffnungsvolle Zukunft. Eine Revolution lag auch in Deutschland in der Luft. Als Philipp Scheidemann am 9. November 1918 die Republik ausrief, war Käthe Kollwitz unter den Demokraten. Sie hoffte auf den ersehnten Fortschritt, zumindest auf Demokratie.

In den Wochen der Novemberrevolution verlor das Denkmal an Dringlichkeit, die Zweifel nahmen überhand. Im Juni 1919 ließ Kollwitz die Figuren schließlich schweren Herzens abbauen. Es sei nicht die Zeit, an den Aufbruch der Jugend zu erinnern. Was blieb, war der erlebte Moment, das, was damals heilig war. Wenn die Lebenszeit und die Kraft reichten, dann würde sie zu dem Denkmal zurückkehren und die Arbeit fertigstellen.

Langsame Abkehr

«Solln doch nicht mit die Kanonen auf Menschen schießen – wa Mutter? Solln doch nich – tuns aber doch!»[73] Der Krieg sprach aus den Mündern der Berliner Gören. Er prangte auf Litfaßsäulen und Titelblättern, kam als Schreckensmeldung und Gerücht an. Käthe Kollwitz notierte: «Ein junger Kriegsfreiwilliger – kaum draußen – hat das Empfinden er könne es nicht aushalten. Er schreibt Briefe nach Hause in denen er flehend bittet, sein Vater möchte versuchen ihn wieder frei zu machen. Der Vater schreibt an das Kriegsministerium. Er bekommt die Antwort zurück, sein Sohn wäre, als er beim Sturmangriff kehrtgemacht hätte, erschossen [worden].»[74]

Der Krieg kam auch in unzähligen Traueranzeigen von Freunden, Bekannten und Nachbarn immer näher. Klamme Angst stieg auf, wenn länger kein Brief von der Front eintraf oder ein erwarteter Brief eine fremde Handschrift trug. Mit zitternden Händen hielt Käthe Kollwitz dann den Umschlag und bereitete sich auf die unausweichliche Botschaft vor: gefallen, gefallen, gefallen.

Der Tod griff wahllos in die Masse. Zurück blieben Verzweiflung und Entsetzen. Kollwitz notierte: «Eine Frau ging ins Wasser weil ihr einziger Sohn fiel. Sie wurde herausgefischt, ging dann noch einmal zurück und ertrank. Eine andere Frau, eine junge, tötete sich auch, weil ihr Mann fiel. Ich denke es müssen noch viel mehr sein.»[75] Ein Bekannter von ihr saß eine ganze Nacht bei seinen Nachbarn: «Der erste Sohn, als Gemeiner das Eiserne [Kreuz] I., ging letztes Mal mit Tränen wieder heraus. Er fiel. Die Eltern nur aufrecht erhalten durch den Gedanken an den zweiten. Der war in Mazedonien, 15 Monate keinen Urlaub gehabt, dann fiel er. Nun wollten die Eltern den Gashahn aufmachen.»[76] Der «Simplicissimus» zeigte auf seiner Titelseite eine Karikatur, in der sich Gevatter Tod erschöpft auf einen Leichenberg setzt, die Hände vors Gesicht schlägt und ruft: «Ihr Menschen, hört auf – ich kann nicht mehr!»[77]

Der Krieg dauerte an, richtete sich Schlacht für Schlacht im Alltag ein, als würde er ewig bleiben. Not herrschte, wohin man sah, emotional, aber auch materiell. Extrem schlechte Ernten, die britische Seeblockade und die Unfähigkeit der Behörden, für eine gerechte Verteilung von Lebensmitteln zu sorgen, führten schon im ersten Kriegswinter zu Engpässen, die sich bald zu einer Versorgungskrise ausweiteten. Im Sommer 1915 waren Fleisch, Butter und Eier für die meisten Berliner unerschwinglich. Brot und andere Grundnahrungsmittel gab es nur noch rationiert, trotzdem gab es nicht genug, um allen die notwendigen Mindestmengen auszuteilen. Der Schwarzmarkt florierte, die Menschen litten Hunger. Wer keine Möglichkeit hatte, sich auf eigene Faust zusätzliche Nahrungsmittel zu besorgen, starb an Unterernährung.[78]

Hunger und Elend waren im Hause Kollwitz selten Thema. Käthe klagte wenig und nutzte alle Mittel, die ihr zur Verfügung standen, um ihre Situation zu verbessern. Sie bat Hans, der inzwischen nach Rumänien abkommandiert war: «Junge, für den Fall, daß Du kommst, bringe mit soviel Du kannst: Würste, Speck, Erbsen, Linsen, Butter. Es kommt auch Dir zugute, denn es ist ein dürftiges Leben hier.»[79] Seine Lebensmittelpakete versorgten die Eltern mit dem Nötigsten. «Linas Stimme bebte, als sie den Beutel mit dem Mehl heraushob. Du glaubst gar nicht, von welcher Wichtigkeit so etwas ist, wie Mehl, Bohnen, Öl, Brot, Erbsen, kurz alles was die Kiste Köstliches barg. Wir kommen hier zu Hause jetzt in die knappste Zeit.»[80]

Freunde und Verwandte auf dem Land schickten ebenfalls Lebensmittel nach Berlin. Karls Patienten dankten ihm seinen engagierten Dienst, indem sie vorbeibrachten, was sie entbehren konnten. Manches kam anonym: «Uns beschert jetzt schon zum 3. Mal ein Mädchen aus der Fremde. Irgend ein Junge vom Platz bringt uns ein Päckchen herauf, das Butter oder Käse, Kaffee, einmal 10 frische Eier oder Speck, kurz irgend etwas Köstliches enthält. ‹Mit einem schönen Gruß bei Dr. K. III Trp. [Treppe] hoch abzugeben.› Ohne Namensnennung. Jeden Sonnabend.»[81] Geschenke, deren Wert kaum zu überschätzen war. Im dritten Kriegsjahr waren Kaffee, Butter oder Eier nicht nur teuer, sie waren schlichtweg kaum zu bekommen.

Zwischendurch bezog das Ehepaar seine Mahlzeiten aus einer Kriegsküche. Mit diesen Einrichtungen versuchte der Staat, die wenigen Lebensmittel so effektiv wie möglich zu verteilen. Beliebt waren sie nicht. Sie erinnerten an die Armenspeisung, und auch die Qualität ließ erwartungsgemäß zu wünschen übrig. Immerhin konnte Käthe Kollwitz ihren Sohn auch im berüchtigten Steckrübenwinter 1916/17 beruhigen: «Wir hungern nicht.»[82]

Trotz allem ging das Leben weiter. Käthe Kollwitz betrauerte ihre Toten, aber sie arbeitete auch, kümmerte sich um ihre Mutter, traf Freunde und Familienangehörige, schrieb Briefe und las Bücher. Sie besuchte Konzerte und Vorträge, ging ins Theater und in Ausstellungen. Sie arbeitete auch wieder im Vorstand der Secession mit, nahm an den Sitzungen teil und jurierte. Was zunächst unvorstellbar schien, brach sich zwangsläufig wieder Bahn: der Alltag. Käthe Kollwitz versuchte so gut es ging, ihn fernzuhalten. Für ihre innere Auseinandersetzung mit der Wirkung des Krieges suchte sie Kontakt zu Peters Freunden.

Ihr Sohn Hans, der sich ebenfalls der Jugendbewegung zugehörig fühlte, schien ihr dafür nicht der richtige Ansprechpartner zu sein. Bei Kriegsbeginn war er in einer ganz anderen Lebenssituation gewesen. Auch er tat seine Pflicht, trotzdem schrieb Kollwitz ihm nicht die gleiche Geisteshaltung zu, die Peter und seine Freunde durchdrungen hatte. Erich Krems, Hans Koch und Richard Noll waren mit Peter in Norwegen gewesen. Mit ihnen zusammen hatte er den Plan gefasst, in den Krieg zu ziehen. Sie waren in seinen letzten Lebenstagen und Stunden bei ihm gewesen. An sie wandte sich Käthe Kollwitz, um den Geist von 1914 zu beschwören. Sie schrieb ihnen Briefe, lud sie zu sich ein, stand ihnen bei und bemühte sich um echten Austausch.

Mit Hans Koch war das leicht. Er hatte noch im November 1914 sein Beileid bekundet und blieb brieflich in Kontakt. Erich Krems musste sie erst zu sich bitten. Der enge Freund von Peter hatte sie mit seinem glühenden Glauben in den Wochen des Aufbruchs besonders beeindruckt. Als Krems sie besuchte, kam es ihr vor, als hätte er ein Stück von Peter selbst zurückgebracht. Sein Bericht ging ihr nah: wie er und Peter sich schweigend voneinander verabschiedet, sich die Hände gegeben, zum letzten Mal in die Augen gesehen hatten. Aus der Art, wie Erich Krems erzählte, hörte Kollwitz die Liebe heraus, die er für Peter empfand. Er teilte ihren Schmerz, sein Verlust war unüberwindlich wie der ihre. In ihrer beider Leben war ein Riss, von dem sie glaubte, dass er nie wieder heilen würde.[83]

«Heute Abend war Krems da. Bevor er ging war er bei Peter drüben. Er hat ihm 4 wunderschöne Rosen auf sein Bett gelegt. Wie er aus seiner Stube kam glänzte sein Gesicht voll freudiger Liebe.»[84] Wann immer Erich Krems Fronturlaub hatte, kam er in die Weißenburger Straße. Käthe Kollwitz hegte mütterliche Gefühle für den Jungen. Alles an Erich erinnerte an Peter: seine Ungeduld, seine Leidenschaft, sein Idealismus, die Schlichtheit seines Dienens. «Er suchte nichts, er gab sich nur und ohne alle Worte.»[85] Kollwitz hoffte auf sein Überleben, hoffte, in ihm jemanden gefunden zu haben, der ihr an Peters Stelle den Weg in die Zukunft weisen würde. Sie hoffte vergebens: Erich Krems fiel am 10. März 1916. Ein bitterer Verlust. Er war ihr von Peters Freunden der liebste gewesen.

Sechs Monate später fiel auch Richard Noll. Käthe Kollwitz war ihm erst kurz zuvor nähergekommen und bangte um ihn, der von der Somme schreckliche Schlachtenberichte schickte. Die Beziehung geriet in eine seltsame Schieflage, als Noll sie in einem stürmischen Brief bat: «Seien Sie mir Mutter! Nur Sie können mir ein Wort sagen, das mich halte.»[86] Seine Distanzlosigkeit irritierte und verunsicherte Kollwitz und zwang sie dazu, ihre Stellung zu Peters Freunden zu definieren. Was verband die fast Fünfzigjährige mit den jungen Männern? Was wollte sie von ihnen? Was war sie bereit zu geben?

Im Tagebuch suchte sie Klarheit: Zuallererst spürte sie bei Krems, Noll und Koch ihrem gefallenen Sohn nach, sie wollte über seine Freunde eine Verbindung zu Peter aufbauen, Details aus seinem Leben erfahren, die ihr als Mutter verborgen geblieben waren. Die jungen Männer gingen auf ihre Annäherung ein. Peters Tod war für sie ein Schock gewesen, und Käthe Kollwitz gab ihnen Gelegenheit, über Peter und die schrecklichen Erlebnisse an der Front zu berichten. Sie wollte es genau wissen und hörte aufmerksam zu, zeigte Verständnis, tröstete und unterstützte, wo sie nur konnte. «Mutter Kollwitz», wie sie von Hans Koch genannt wurde, fällte kein vorschnelles Urteil, wenn die Jungen von ihrer Erschöpfung sprachen und von der Angst.

Käthe Kollwitz hörte zu, weil sie sich von diesen jungen Männern eine Orientierungshilfe erhoffte. Sie gehörten zu der Generation, die auf den Trümmern des Alten eine neue Gesellschaftsordnung errichten würden. Peter hatte daran geglaubt und war dafür gestorben. Er konnte sie nicht mehr leiten, also hielt sie sich an seine Freunde. Mit ihnen zusammen wollte sie den Wandel vollziehen. Sie sollten ihr zeigen, wie diese neue Welt aussehen würde.

Weil die Vorstellung davon selten explizit war, beobachtete Käthe Kollwitz die jungen Männer genau. Und sie bemerkte früh die Veränderungen. Aus der Begeisterung der ersten Wochen war schon im Frühjahr 1915 eine Pflicht geworden. Erich Krems und Hans Koch, die im August 1914 überzeugt und opferbereit in den Krieg gezogen waren, saßen ein halbes Jahr später desillusioniert und ernüchtert vor ihr: Sie sahen dem Tod weiterhin mutig ins Gesicht, aber sie wünschten sich von ganzem Herzen zu überleben.

Den meisten von Peters Freunden gelang das nicht. Lothar Brandes, Walter Meier, Gottfried Laessig, Erich Krems und Julius Hoyer kehrten nicht aus dem Krieg zurück. Richard Noll fiel am 27. September 1916. Von den vier Jungen, die damals nach Norwegen aufgebrochen waren, überlebte nur Hans Koch, der im Sommer 1915 schwer verwundet worden war und seinen Dienst damit beenden musste. Ausgerechnet von diesem treuen Besucher erwartete sich Käthe Kollwitz allerdings wenig: «Das was in Norwegen begann und mir offenbar wurde durch Peter in der Ausbildungszeit war auch nach Peters Tode noch da. Ich war mit den Jungen nach Peters Tode innerlichst verbunden. Als Erich fiel, blieb Hans Koch und dann kam als letzter Richard Noll. Er versprach mir mich zu führen auf geistige Höhen, er war noch einmal ganz zusammengefasst [der Geist von] 1914. Da fiel er. Hans Koch lebt noch. Er der allerletzte könnte das noch alles in sich tragen. Er meint auch es zu tun, aber ich kann es nicht mehr finden.»[87]

Was Kollwitz suchte, hatte sich verbraucht. Der Geist von 1914 war an der Front zerschossen und zerstampft worden. Zurück blieb das vage Empfinden, dass aus Hass und Elend kaum etwas Großes erwachsen konnte. Noch wollte sie es sich nicht eingestehen. Sie hielt sich an Hans Koch, der bewusst oder nicht versuchte, sich als Spiritus Rector zu behaupten, ausführlich von seinen Plänen berichtete und sich darum bemühte, «Mutter Kollwitz» in die neu aufkommenden Strömungen einzubinden.

Wenige Wochen vor Richard Nolls Tod erzählte Hans Koch ihr von einem neuen Kreis, dem er sich angeschlossen hatte. Der Musikpädagoge und Komponist Arthur Willner hatte eine Gruppe junger Menschen um sich geschart, die gemeinsam eine Zukunftsperspektive suchten. Der «Willner-Kreis» verstand sich als spirituelle Gemeinschaft in einem neuen, jugendbewegten Sinn. Käthe Kollwitz beobachtete skeptisch, was sich da entwickelte, ließ sich von Hans Koch dann aber doch überreden, an einer Gedenkfeier für Richard Noll teilzunehmen.

Dort saß sie zwischen den Zwanzigjährigen, die das bürgerliche Trauerritual mit einer eigenen, jugendlichen Emotionalität ausgestalteten. Man spielte Bach und Beethoven, trug Texte von Friedrich Nietzsche und Franz Werfel vor, saß schweigend beisammen und ließ sich erschüttern durch die Größe und Sinnlosigkeit der Zeit. «Dann las Hans die Gedichte des Toten, die Schreie seiner großen und sich gegen den Tod wehrenden übermenschlich ringenden Seele.»[88] Die jungen Männer und Frauen schürten ihren Schmerz, weinten um den jüngst Verstorbenen und alle anderen, die sie im Krieg verloren hatten. Verzweifelt und bedrückend inszenierte sich dieses Totengedenken.

Käthe Kollwitz saß dabei und folgte der Jugend in die emotionalen Abgründe. Sie wollte genau das, den frischen Schmerz, die Erschütterung. Peters Tod, der Tod all dieser jungen Männer war unerträglich, unfassbar und empörend. «Wie dann aber alles verklungen war und wir in Schweigen saßen, war es so weh, so furchtbar schmerzlich», berichtete sie ihrem Sohn. «Hans, wie waren sie alle nah, all die toten Jungen. Alle so geliebt. Alle verstummt.»[89] Die leidenschaftliche Trauer gehörte nicht zum Repertoire des öffentlichen Gedenkens. Nur die Jugend gab sich dem Schmerz auf diese Weise hin. Sie fand sich nicht ab mit dem Lauf der Dinge. Dass einer existiert hatte und dann einfach verschwunden war, das musste doch eine Bedeutung haben, das musste doch wirken.

Auch Käthe Kollwitz hatte lange auf eine Wirkung gehofft. Sie hatte erwartet, dass der Krieg die Menschheit ein großes Stück voranbringen würde auf dem Weg zu einem besseren Miteinander. Peters Tod hatte bei ihr die Idee von einem «Gottesreich auf Erden», die sie den Glaubensgrundsätzen ihres Großvaters entnahm, gefestigt. Als Hinterbliebene verbot sie sich, im Krieg nur das Negative zu sehen. Sie meinte, sich als würdige Erbin erweisen zu müssen. Als solche durfte sie den Krieg zwar ablehnen und daran mitarbeiten, dass es der letzte Krieg der Menschheit sein würde, aber sie durfte nicht klagen und jammern.

Der Trauer und dem Leiden einen Sinn abzugewinnen, fiel Käthe Kollwitz nicht schwer. Die Vorstellung, dass der Mensch das irdische Elend durchschreiten müsse, um einen höheren Seinszustand zu erreichen, war als Teil der christlichen Lehre in der Glaubenswelt von Käthe Kollwitz fest verankert. Sie erwartete, durch die Erfahrung des Krieges geläutert zu werden. «Sich dehnen, weiten, höher werden, danach verlangt man. Derselbe zu bleiben der man war bevor das Schicksal uns schlug, darf nicht sein.»[90] Da diese Umwandlung nicht durch einen einzigen Willensakt erfolgt war, musste sie sich langsam vollziehen. Ziel der Entwicklung war ihr ein guter, innerlich kraftvoller Charakter, der das egoistische Bedürfnis zur Entfaltung des Selbst überwunden hat. Den Krieg sah Kollwitz als persönliche Herausforderung, über sich hinauszuwachsen.

Im Herbst 1916 fasste Käthe Kollwitz ihre Zweifel zum ersten Mal in deutliche Worte. Sie hatte einen Artikel über die Kriegsbegeisterung der britischen Jugend gelesen, der ihr die Gleichartigkeit dieses Phänomens in allen europäischen Ländern vor Augen führte. «Ist wirklich die Jugend ohne Urteil?», fragte sie sich in ihrem Tagebuch. «Geht sie immer los, sobald man sie aufruft? Ohne näheres Hinsehn? Geht sie los, weil sie eben will, weil es ihr im Blut liegt, und nimmt unbesehen hin was man ihr an Kriegsgründen sagt? Will die Jugend überhaupt den Krieg?»[91]

Es schien ihr mit einem Mal ein schrecklicher Unsinn, dass die europäische Jugend gegeneinander raste – Menschen, die unter anderen Umständen Freunde gewesen wären. Die Jugend aller Länder hatte ihr Leben unter die Idee der Vaterlandsliebe gestellt. Waren sie alle hintergangen worden? «Hat man ihre Fähigkeit zur Hingabe benutzt um den

Krieg zustande zu bringen? Wo sind die Schuldigen? Gibt es die? Sind alles Betrogene? Ist es ein Massenwahnsinn gewesen?»[92]

Fest stand nur: Peter war damals gläubig in den Krieg gezogen, er war aus Überzeugung für Deutschland gefallen. Aber wie war es mit Erich Krems, Walter Meier, Gottfried Laessig, Richard Noll? «Waren sie aufgewacht und mußten dann doch in den Abgrund springen?»[93] Kollwitz behielt diesen Gedanken erst einmal für sich. Aber sie spürte deutlich, dass etwas abgeschlossen war. Hans Koch und Julius Hoyer verschrieben sich längst nicht mehr dem Vaterland. Sie wollten leben und hofften auf ein Ende des Krieges. «Sie sind beide voll bis oben von Plänen und Gefühlen und Streben. Es geht eine ganz verjüngende liebevolle stürmische Kraft von ihnen aus.»[94] Kollwitz rechnete mit einem Friedensschluss 1917 und ahnte nicht, dass noch viele harte Kriegsmonate bevorstanden.

Zu emotionalen Höhenflügen mit Blick auf den Krieg mochte sie sich in diesen beiden Jahren nicht mehr aufschwingen. Zwar blieb sie der Meinung, dass über dem individuellen Leben das Leben für die Idee stehe, aber ihre Aufzeichnungen widmeten sich immer häufiger dem Irrsinn des Krieges und der Friedenssehnsucht.

Damit war sie nicht allein. Immer mehr Menschen wandten sich vom Krieg ab, Soldaten desertierten, Fabrikarbeiter demonstrierten für Brot und Frieden. Käthe Kollwitz hörte Gerüchte, dass ein Neuntel der Todesfälle an der Front Suizide waren. Sie selbst besuchte im November 1917 zum ersten Mal eine Kundgebung der wachsenden Friedensbewegung. Die Demonstration endete in einem Zusammenstoß mit der Polizei. «Hass und Wut auf beiden Seiten», notierte Kollwitz enttäuscht, «Demonstrationen die so endigen haben wenig Wert. Man läuft vor den blanken Säbeln, schimpft und geht doch auseinander. Natürlich. Wer will sich da kaputthauen lassen?»[95]

Vier Jahre rang Käthe Kollwitz mit dem Krieg und ihrer Stellung dazu. Sie folgte ihrer Vorstellung davon, was Peter von diesem Krieg gehalten hätte. Lange glaubte sie an seine Begeisterung, sein Pflichtgefühl und an das, was er ihr über das Dienen gesagt hatte. Die Kehrtwende vollzog sich langsam, wobei Kollwitz immer von der Sorge beschlichen war, Peter und seine Ideale zu verraten. Als sie zur endgültigen

Abkehr bereit war, geschah diese in engem Austausch mit Hans Koch, dem einzigen Überlebenden von Peters Freunden. Er arbeitete seit 1917 mit aller Kraft für den Frieden, unterstützte Deserteure und verbreitete Antikriegsmaterial. Käthe Kollwitz folgte ihm auf diesem Weg.

Was im Herbst 1916 denkbar, aber noch unaussprechlich gewesen war, wurde im Frühjahr 1917 zu einem häufigen Thema in ihren privaten Aufzeichnungen. Nach zweieinhalb Jahren Krieg fasste Käthe Kollwitz ihre Friedenssehnsucht in Worte. Unfassbar war ihr, dass «so inbrünstig die Sehnsucht nach Frieden ist, in ganz Europa, überall gleich, und daß doch der Krieg nicht aufhören *kann* und alle Tage weitergeht und jede Stunde junge Menschen sterben müssen».[96] Die Notwendigkeit des Krieges hing am Verteidigungsfall, doch der wurde immer unglaubwürdiger. Die Friedensverhandlungen mit Russland und das private Memorandum des deutschen Diplomaten Karl Max Fürst von Lichnowsky enthüllten deutsche Annexionspläne und warfen ein mehr als zweifelhaftes Licht auf den Kriegsausbruch 1914.

Auch Käthe Kollwitz hatte das Gefühl, betrogen worden zu sein. Mehr noch als das schmerzte der Gedanke, dass Peter noch am Leben sein könnte, wenn man sie alle damals nicht hintergangen hätte.[97] Und der Krieg ging immer weiter. Die Frühjahrsoffensive, die im März 1918 begann, konnte die westlichen Alliierten nicht bezwingen, nicht zuletzt, weil sie von Hunderttausenden amerikanischen Soldaten unterstützt wurden. Die Offensive geriet ins Stocken, und im Juli startete der erste Gegenangriff. Vier Wochen später fielen die hastig errichteten Verteidigungslinien. Der Krieg war verloren. Die Oberste Heeresleitung informierte den Kaiser am 29. September 1918 über die Unvermeidbarkeit der endgültigen Niederlage und forderte den sofortigen Waffenstillstand.

Die deutsche Bevölkerung traf diese Entwicklung unvorbereitet. Noch immer hingen Aushänge an den Litfaßsäulen, die vor der Verbreitung defätistischer Gerüchte warnten. Viele hatten das Gefühl, der Krieg könne noch ewig dauern, keiner wollte so recht an die Niederlage glauben. Käthe Kollwitz schrieb von widersprüchlichen Gefühlen. Einerseits freute sie sich über die im Herbst 1918 zugestandene Beteiligung der Sozialdemokratie an der Regierungsgewalt. Andererseits fürchtete sie die Folgen einer Niederlage, die Not, die sie nach sich ziehen würde. Die neue Regierung unter Max von Baden führte Vorgespräche mit dem amerikanischen Präsidenten Woodrow Wilson über die Waffenstillstandsbedingungungen. Währenddessen diskutierte man in deutschen Zeitungen die «Verteidigung bis zum Ende».

«Wird das patriotische Gefühl noch einmal aufflammen, daß eine Verteidigung bis zum letzten einsetzt?», fragte sich Kollwitz in ihrem Tagebuch. Befürworten konnte sie das nicht: «Ich finde nichts in mir, das dazu ja sagt. Wahnsinn käm es mir vor, wenn das Spiel verloren ist, es nicht abzubrechen und zu retten, was noch zu retten ist. Die Jugend, die noch lebt, muß Deutschland behalten, sonst verarmt es absolut. Darum nicht einen Tag weiter Krieg, wenn man erkennt, daß [er] verloren ist.»[98]

Mit dieser Meinung trat Käthe Kollwitz schon bald an die Öffentlichkeit. Am 15. Oktober 1918 verfasste sie einen kurzen Text, in dem sie sich dagegen aussprach, den Krieg weiterzuführen. Die sozialdemokratische Tageszeitung «Vorwärts» lehnte die Veröffentlichung jedoch ab. Und noch ehe Kollwitz bei einer anderen Zeitung nachfragen konnte, provozierte ein Aufruf des Dichters Richard Dehmel eine viel direktere Reaktion von ihr.

Ausgerechnet an Peters viertem Todestag, am 22. Oktober 1918, trat Dehmel mit einem Appell an die Öffentlichkeit. Im «Vorwärts» forderte er die Oberste Heeresleitung dazu auf, mit einer letzten großen Aktion die Wende herbeizuführen. Dazu müsse zunächst einmal die Spreu vom Weizen getrennt werden. Alle, die nur widerwillig an der Front verharrten, sollten nach Hause geschickt werden. Gleichzeitig sollte die Oberste Heeresleitung «jeden deutschen Mann zur Waffe [rufen], der in der Heimat, in der Etappe oder in den besetzten Gebieten sich für den Kampf in vorderster Linie bereit fühlt, gleichviel welchen Alters und welcher Gesundheit, einerlei ob im Waffengebrauch schon ausgebildet oder nicht». Diejenigen, die tatsächlich lieber sterben wollten, als einen schmachvollen Frieden zu ertragen, sollten zur Entscheidungsschlacht zusammenkommen. Wären erst einmal alle Unwilligen aus dem Weg, dann würden diese Überzeugten das Blatt wenden. «Hundert mutige Männer sind stärker allein als in Gemeinschaft mit tausend

Memmen.» Und: «Der schwächste Körper hat Wunderkräfte, wenn ihn ein edler Wille beseelt».[99]

Es war bitter, wie sehr dieser Heldenmythos an der Realität des Ersten Weltkriegs vorbeiging. Das dachte auch Käthe Kollwitz, die postwendend eine Antwort verfasste, in der sie sich vehement gegen ein solches Vorgehen stellte. Sie fürchtete um die «erlesene Schar», die einem solchen Aufruf folgen würde. Es wären wie im Herbst 1914 wahrscheinlich wieder die Jungen. Das Ergebnis ihres Kampfes wäre aber nicht der deutsche Sieg, sondern der Verlust auch dieser jungen Männer. Deutschland würde verbluten – ein «Verlust für Deutschland viel schlimmer und unersetzlicher als der Verlust ganzer Provinzen».[100]

«Man hat tief umgelernt in diesen vier Jahren», heißt es weiter. «Mir will scheinen, auch in Bezug auf den Ehrbegriff.» Käthe Kollwitz wehrte sich energisch gegen die Vorstellung einer nationalen Ehrverletzung. «Wir empfanden Rußland nicht als ehrlos, als es in den unerhört harten Brester Frieden einwilligte. Es tat es aus dem verpflichtenden Gefühl heraus, die ihm noch verbleibende Kraft für den inneren Wiederaufbau sparen zu müssen.» Ebenso müsse Deutschland – gefasst und stolz – einen Gewaltfrieden ertragen. «Seine Ehre soll Deutschland daran setzen, das harte Geschick sich dienstbar zu machen, innere Kraft aus der Niederlage zu ziehen, entschlossen der ungeheuren Arbeit, die vor ihm liegt, sich zuzuwenden.»

Kollwitz respektierte Dehmels Entscheidung, sich freiwillig an die Front zu melden, doch erinnerte sie ihn daran, dass er «den wertvollen Teil seines Lebens hinter sich hat. Was er zu geben hatte – Wunderschönes und Wertvolles – hat er ausgegeben. Ihn hat nicht mit 20 Jahren ein Weltkrieg verbluten lassen.» Anders stand es um die Millionen, deren Talente und Fähigkeiten in diesem Krieg mit ihrem nackten Leben verloren gegangen waren. Mit Blick auf die Jugend rief Kollwitz dem von ihr geschätzten Dichter entgegen: «Es ist genug gestorben! Keiner darf mehr fallen! Ich berufe mich gegen Richard Dehmel auf einen Größeren, welcher sagte: ‹Saatfrüchte sollen nicht vermahlen werden.›»[101]

Ihre «Antwort auf Richard Dehmel» zeigte sie noch am selben Tag Hans Koch, der an Peters Todestag vorbeischaute, um Blumen abzugeben. Er bestätigte ihr, dass er nicht mehr freiwillig gehen würde. Und er erklärte sich, stellvertretend für Peter Kollwitz und die anderen gefallenen Jungen, an deren Leben und Sterben Käthe Kollwitz Anteil genommen hatte, einverstanden mit ihrem Gegenappell. Der «Vorwärts» und die «Voßische Zeitung» druckten ihn am 30. Oktober 1918.

Auf den Tag genau vier Jahre nachdem sie vom Tod ihres Sohnes erfahren hatte, sprach sich Käthe Kollwitz zum ersten Mal öffentlich gegen den Krieg aus. Währenddessen verweigerten in Kiel einige Matrosen den Gehorsam, weil sie fürchteten, dass die Generalität in der Nordsee eine Verzweiflungsschlacht provozieren wollte. Die Revolution warf ihren Schatten voraus.

4. Ganz oben

Revolutionstage

Die Abdankung des Kaisers war seit Tagen gefordert. Sie sollte den Waffenstillstand bringen, doch tat sich nichts. Käthe Kollwitz fuhr in die Stadt, lief in der Hoffnung auf ein Extrablatt, ein Flugblatt, eine Nachricht Unter den Linden entlang. Nichts. Nur Gerüchte. Ihr Bekannter Agaeff, ein russischer Kommunist und zeitweiliger Mitarbeiter der Botschaft, rief sie am Abend an und behauptete, der Kaiser verzichte auf den Thron. Aber er hatte sich zu früh gefreut. Bis zum späten Abend keine Abdankung.[1]

Samstagmittag fuhr Käthe Kollwitz wieder ins Stadtzentrum. Es war der 9. November 1919. Gegen ein Uhr durchquerte sie den Tiergarten, wo der «Vorwärts» gerade die langersehnte Meldung verbreitete. «Der Kaiser hat abgedankt!», titelte das Flugblatt und weiter: «Es wird nicht geschossen!»[2]

Am Brandenburger Tor reihte sich Käthe Kollwitz in einen Demonstrationszug ein. Ein alter Invalide kam seitlich heran und rief: «Ebert Reichskanzler! Weitersagen!» Die Menschen strömten zum Reichstag, Tausende standen da zusammen und warteten in der Novemberkälte. An einem der Westbalkone öffnete sich ein Fenster, Männer hoben den Sozialdemokraten Philipp Scheidemann auf die Balustrade – und der rief, unter dem Johlen der Menge, die Republik aus: «Das deutsche Volk hat auf der ganzen Linie gesiegt. Das alte Morsche ist zusammengebrochen; der Militarismus ist erledigt! Die Hohenzollern haben abgedankt! Es lebe die deutsche Republik!»[3]

Käthe Kollwitz hörte Scheidemanns Worte und konnte es kaum glauben: «So ist es nun wirklich. Man erlebt es und faßt es gar nicht recht», schrieb sie später am Tag in ihr Tagebuch. «Heut ist es wahr.»[4] Die Menge jubelte. Kollwitz hörte ein paar Kriegsteilnehmer von einer Rampe aus sprechen. Ein junger Offizier erklärte leidenschaftlich, viel schlimmer als der Krieg sei der tägliche Kampf mit überlebten Vorurteilen und Haltungen gewesen. Begeistert schwenkte er seine Mütze und rief: «Hoch das freie Deutschland!»

Unter den Linden fuhren Lastautos, auf denen sich Soldaten und Matrosen mit roten Fahnen drängten. Uniformierte rissen sich die Kokarden von den Jacken und warfen sie lachend zu Boden. Käthe Kollwitz dachte an Peter, der für ein Vaterland gefallen war, das ihn mit Lug und Trug in den Krieg geführt hatte. Sie war überzeugt, auch er würde jetzt seine Abzeichen herunterreißen und stände auf Seiten der Revolution. Hans' Reaktion war für sie nicht so leicht vorherzusagen. «Der Langsame, schwer zu Bewegende, Gewissenhafte und Treue» – würde er sich anschließen? Gerne hätte sie den Tag mit ihrem Sohn, mit einem jungen Menschen erlebt. Aber ihr blieben nur die Männer und Frauen ihrer eigenen Generation, die mit der Sehnsucht nach einer sozialistischen Revolution aufgewachsen waren und nun ihr Glück kaum fassen konnten. Käthes Bruder Conrad meldete sich am Telefon mit «Hier Bürger Schmidt». Karl kam nach Hause, hob sie hoch, schwenkte sie herum und war ganz aufgeregt vor Freude. Bei der Familie Stern hingegen war man in Sorge um die Kinder. Georg Stern, Käthes Schwager, war aus der Universität heraus beschossen worden, als er auf der Suche nach seiner jüngsten Tochter durch die Straßen gelaufen war. Die Kugel verfehlte ihn nur knapp und verwundete den Mann, der neben ihm lief. Auch vom Marstall hatte er Schüsse gehört.

In der Weißenburger Straße verlief der Abend ruhiger als erwartet. Keine Menschen auf der Straße, keine Straßenbahnen, nur Gerüchte von Schießereien. Hoffnung und Sorge beherrschten das Denken – die Revolution sollte die Freiheit bringen und nicht den Bürgerkrieg. Deutschland stand an einem historischen Wendepunkt. Kollwitz fühlte sich wie im Auge des Orkans. Doch die Stille war trügerisch: Nur eine Tramfahrt entfernt tobte der Kampf.

Der nächste Tag begann mit schlechten Nachrichten: Unabhängige und Mehrheitssozialdemokraten, die USPD und die MSPD, hieß es, könnten sich nicht auf eine gemeinsame Strategie einigen. Kollwitz stürzte sich gleich wieder in den Wirbel. Der gesellschaftliche Umsturz gehörte seit ihrer Kindheit zu ihrem Denken und Hoffen. Ihr Leben lang war sie dem Gedanken an die radikale Veränderung durch Revolution treu geblieben und hatte noch im Krieg auf den grundlegenden Wandel der Gesellschaft gehofft. Bezahlt hatte sie teuer für diese bessere Welt. Nun, da die Vision zum Greifen nah schien, war es undenkbar, zu Hause zu sitzen: Sie wollte auf der Straße sein, mittendrin, und die langersehnte Revolution erleben.

Am Schloss, wo sonst der Kaiser gesprochen hatte, hielt Liebknecht eine Rede – Kollwitz schätzte ihn nicht. Vor dem Reichstag versammelten sich die Pazifisten vom «Bund Neues Vaterland». Dort traf sie ihre Freundin Stan, die mittlerweile in Deutschland lebte und der Revolution als Journalistin dicht auf der Spur blieb. Zusammen hörten sie mehrere Reden an. Einmal sprach eine Frau, vielleicht war es Helene Stöcker, Kollwitz konnte sie nicht erkennen. Dann, während einer Ansprache, fielen Schüsse, erst einzelne, dann eine ganze Salve.[5] Sie kamen aus den großen Gebäuden links vom Reichstag und aus dem Eckhaus Dorotheenstraße. Die Menge stob auseinander, fand wieder zusammen und wurde wieder beschossen. Dreimal ging es so mit immer stärkerer Kraft.

Käthe Kollwitz kehrte auf Umwegen nach Hause zurück. Viele Straßen waren wegen Beschuss gesperrt. War das die traurige Realität der Revolution?

Zwischen Hoffnung und Angst

Aufbegehren oder Bürgerkrieg, Freiheit oder Tod. Während die einen versuchten, eine neue Ordnung zu entwerfen, kämpften die anderen um den Erhalt der alten. Käthe Kollwitz hatte die Revolution lange herbeigewünscht, nun fürchtete sie sich vor dem, was da heraufzog. Sie selbst war keine Revolutionärin, sympathisierte zwar mit der Sozialdemokratie, war aber, anders als ihr Mann Karl, niemals Parteimitglied geworden. Sie stand nicht in der ersten Reihe der politischen Aktivisten und hatte dazu auch keine Ambitionen. Auf politischem Terrain fühlte sie sich unsicher, hatte zu vielen Aspekten und Streitfragen keine klare Meinung und ‹stümperte› sich nach eigener Aussage bei Bedarf eine Stellungnahme zusammen. Doch obwohl sie in der Revolution keine tragende Rolle spielen wollte, suchte sie einen Platz, an dem sie sich engagieren konnte.

Die «Versammlung der Delegierten der Arbeiter- und Soldatenräte» war überlaufen. Im «Rat geistiger Arbeiter» fühlte sie sich fehl am Platz. Schon eher kam für sie der kulturelle Sektor der bürgerlich-demokratischen Bewegung in Frage. Aber im «Bund schaffender Künstler» regierte, wie ihr schien, eine Gruppe alter Akademieprofessoren, die sich der revolutionären Idee nur notgedrungen beugten. Während ihrer kurzen Mitgliedschaft unterstützte Kollwitz einen warmherzigen Appell zur Solidarität mit den heimkehrenden Soldaten, den Gerhart Hauptmann formuliert hatte.[6] Doch eine Woche nach Veröffentlichung des Aufrufs verließ sie den Bund. Sie wollte nicht bei den Halbherzigen stehen, sondern sah sich eher bei den jungen, fortschrittlichen Kräften.[7]

Eine ganz pragmatische Aufgabe, jenseits aller parteipolitischer Interessen, fand sie schließlich im Rahmen der Kriegsheimkehrerfürsorge. Am 11. November 1918 hatte sich das Deutsche Reich mit der Unterzeichnung des Waffenstillstandsabkommens dazu verpflichtet, die besetzten Gebiete, Elsass-Lothringen und das gesamte linke Rheinufer von Militärangehörigen zu räumen. Die Rückführung so vieler Menschen in so kurzer Zeit war eine enorme Herausforderung.

Käthe Kollwitz, die selbst noch auf ihren Sohn wartete, empörte sich über den freudlosen Empfang der Heimkehrer und veröffentlichte einen «Aufruf an die Berliner Bevölkerung».[8] Sie forderte, die heimkehrenden Soldaten, die immerhin vier Jahre gekämpft und gelitten hatten, gebührend zu empfangen. Ihr «Komitee für den Soldatenempfang» bat Personen des öffentlichen Lebens, die Heimkehrer mit einigen Begrüßungsworten zu ehren, und versuchte, in der Stadtkommandantur Geldmittel für die Ausschmückung der Bahnhöfe aufzutreiben. Dort war man gerade dabei, sich des Themas anzunehmen.[9]

«Ein großer Teil der Truppen ist jetzt zurück», vermeldete Käthe Kollwitz Mitte Dezember. Auf dem Weg zum Bahnhof war sie auf der Prenzlauer Allee einem Heimkehrerzug begegnet. «Artilleristen. Kanonen, Pferde, Helme, alles bekränzt mit buntem Papier, Tannen und Bändern. Es sah so schön aus, aber es war auch so wehmütig zu sehen. (…) Kinder haben auf den Kanonen gesessen und die Soldaten mit ihren Mädchen auf dem Pferd und [alle sind] zusammen marschiert. Ein Jubel, als ob ein siegreiches Heer zurückkäme. Am Brandenburger Tor sind sie von Ebert begrüßt [worden] als Vertreter der Republik.»[10]

Es herrschte gespannte Ruhe. Nach dem Schrecken der ersten Tage, als Lastwagen mit Maschinengewehren durch die Straßen rollten und Kollwitz jederzeit fürchten musste, aus einem Fenster heraus beschossen zu werden, wuchs die Hoffnung auf einen friedlichen Übergang. Im «Rat der Volksbeauftragten» arbeiteten die gemäßigten Mehrheitssozialdemokraten und die Unabhängigen Sozialdemokraten zusammen und bemühten sich, einen Bürgerkrieg zu verhindern. Die weltanschaulichen Gegensätze – zwischen Realpolitik und sozialistischer Ideologie – traten jedoch schnell zutage. Während den einen daran lag, die öffentliche Ordnung schnellstmöglich wiederherzustellen, sahen die anderen eine Chance, die Gesellschaft von Grund auf zu verändern. Der Konflikt lauerte unter der Oberfläche des politischen Tagesgeschäfts und entzündete sich schließlich an dem Ort, wo es von Anfang an unruhig gewesen war, am Berliner Marstall.

Die Soldaten der dort stationierten Volksmarinedivision besetzten die Stadtkommandantur und nahmen den Stadtkommandanten Otto

Wels gefangen, nachdem der «Rat der Volksbeauftragten» ihre Truppenstärke halbiert und Soldforderungen zurückgewiesen hatte. Sofort eskalierte die Situation. Die Mehrheitssozialdemokraten brachten revanchistische Freikorps in Stellung und der «Rat der Volksbeauftragten» zerbrach. «Weihnachten! Und in der Stadt wird mit Kanonen geschossen», notierte Kollwitz am 24. Dezember. «Von 8–11 Uhr wird mit Gasgranaten und Maschinengewehren Schloß und Marstall beschoßen.» Es gab Tote und Verletzte. Gegen Abend ging Käthe Kollwitz mit Hans, der inzwischen nach Berlin zurückgekehrt war, im Nikolaiviertel spazieren, überall standen die Menschen in Gruppen zusammen und diskutierten aufgeregt. Marstall und Schloss waren stark beschädigt.[11]

Den «Weihnachtskämpfen» folgte der «Januaraufstand», der sich an der Entlassung des Berliner Polizeipräsidenten Emil Eichhorn (USPD) entzündete. Die linksextremen Spartakisten, die sich im Januar 1919 zur Kommunistischen Partei zusammenschließen sollten, und die linken Sozialdemokraten besetzten mit ihren Anhängern die Druckereien des Zeitungsviertels. Dic Demokraten riefen zur Verteidigung auf, aber zum Kampf fanden sich nur wenige ein. Käthe Kollwitz sah am Alexanderplatz einen «Zug von etwa 100 bewaffneten Arbeitern ziehen, einige elende, abgefetzte Soldaten darunter. Die Männer mager, düster, entschlossen. Anschließend Halbwüchsige.»[12]

Wieder hallten die Schüsse von Kanonen und Maschinengewehren durch die Stadt. Handgranaten explodierten ganz in der Nähe der Weißenburger Straße. Kollwitz hörte später, dass dort ein Proviantdepot beschossen worden sei. Schließlich griffen die Mehrheitssozialdemokraten erneut zu ihrer gefährlichsten Waffe und setzten Freikorps gegen die Aufständischen ein. Eine Woche tobte im Berliner Zeitungsviertel der Straßenkampf.

Käthe Kollwitz, die nichts sehnlicher wünschte als ein gemeinsames Vorgehen der gesamten Arbeiterschaft, notierte: «Ich bin niedergeschlagen, sehr. Trotzdem ich einverstanden damit bin, daß Spartakus zurückgedrängt ist. Aber ich habe das beklommene Gefühl, daß die Truppen nicht umsonst gerufen sind, daß die Reaktion marschiert.»[13] Wie richtig sie mit dieser Einschätzung lag, sollte sie schon ein paar Tage später erfahren, als Freikorpstruppen die führenden Köpfe der

Spartakisten, Karl Liebknecht und Rosa Luxemburg, gefangen nahmen, misshandelten und schließlich ermordeten.

«Niederträchtiger empörender Mord an Liebknecht und Luxemburg», heißt es im Tagebuch.[14] Kollwitz hegte keine Sympathie für die beiden Anführer der revolutionären Bewegung. Sie hatte deren Methoden seit Kriegsbeginn immer wieder kritisiert. Was sie jedoch im Kern erschütterte, war die Heimtücke. Entsetzt stellte sie fest, dass in der Revolution auch Mord zur politischen Praxis zählte. Der gesellschaftliche Aufschrei blieb aus, und das war das Schlimmste daran.

Beim Gründungstreffen der «Liga für Menschenrechte» stieß Käthe Kollwitz auf Gleichgesinnte. Gemeinsam formulierte man eine Protestnote, die Kollwitz' Haltung zum Mord an Liebknecht und Luxemburg sehr genau entsprach und am 30. Januar 1919 erschien. Darin heißt es: «Wir betrachten Karl Liebknecht und Rosa Luxemburg als mutige und ehrliche Kämpfer für ihre Ideen, obwohl wir diese Ideen und vor allem die Methoden, mit denen sie in die Praxis umgesetzt werden sollen, für irrig halten. Wir beklagen es aufs tiefste, daß solche Taten in unserer jungen Republik möglich sind, aber noch schmerzhafter ist die Tatsache, daß weite Kreise diese Taten billigen. Die Haltung der Presse und des Publikums zeugt von einem gefährlichen Verlust der moralischen Empfindlichkeit. Liebknechts Fall fordert unparteiische Justiz, auf die wir hoffen und zu warten bereit sind. Aber wir müssen gegen den pogromähnlichen Geist protestieren, der die Haltung Spartakus gegenüber bestimmt, der das Land zerreißt und uns an das Haßgeschrei von 1914 erinnert. Wir erwarten, daß wenigstens die intellektuellen Kreise Widerstand leisten und nicht dulden werden, daß Haß und Rachsucht alle Grenzen überschreiten.»[15] Es war ein entschiedener Protestschrei, der jedoch ungehört verhallte, denn der Höhepunkt der revolutionären Auseinandersetzungen war noch nicht erreicht.

Als am 19. Januar 1919 die Wahlen zur verfassunggebenden Nationalversammlung stattfanden, war das Land zerrissener denn je. Käthe Kollwitz durfte als Frau zum ersten Mal überhaupt wählen und sie erledigte diese Bürgerpflicht halbherzig und unentschlossen. Ihre Stimme gab sie der Mehrheitssozialdemokratie. Obwohl sie weiter nach links tendierte, erschienen ihr die Unabhängigen nach den Januaraufständen unwählbar.[16] Kollwitz hoffte auf das «Prinzip des Mehrheitssozialismus» und wählte die schnelle Wiederherstellung der öffentlichen Ordnung.

Die Mehrheit der Bevölkerung sah es ähnlich. Die USPD konnte nicht einmal acht Prozent der Stimmen erringen, die extreme Rechte immerhin zehn. Sieger waren die bürgerlichen Parteien, die dank Presse- und Versammlungsfreiheit einen offensiven Wahlkampf geführt hatten. Zentrum, DVP und DDP erhielten zusammen über vierzig Prozent der Stimmen, knapp dahinter lag als stärkste Partei die MSPD mit fast achtunddreißig Prozent. Die Wählerschaft hatte für einen demokratischen Staat gestimmt.

Die Nationalversammlung wich den Aufständen in Berlin aus und trat am 6. Februar in Weimar zusammen. Ihre Aufgabe war es, die zentralstaatliche Macht wiederherzustellen und eine demokratische Verfassung zu erarbeiten. In der Weißenburger Straße setzte man große Hoffnung in das Gremium. Am Abend der konstituierenden Sitzung, die zufällig auf Peter Kollwitz' 23. Geburtstag fiel, gedachte man des Sohnes, des Friedens, der aufkeimenden Demokratie und trank, was selten vorkam, gemeinsam ein Glas Wein.

Doch die ersehnte Ruhe ließ auf sich warten. Die radikale Arbeiterschaft reagierte auf das antirevolutionäre Ergebnis der Wahlen mit wilden Streiks, lokalen Aufständen und Betriebsbesetzungen. In Städten wie Bremen, Mannheim, Braunschweig und München bildeten sich kurzlebige Räterepubliken. In Berlin riefen die Unabhängigen und die Kommunisten Anfang März zu einem Generalstreik auf. Sie forderten die Anerkennung der Arbeiter- und Soldatenräte und die Auflösung der Freikorps. Immer wieder eskalierte die Gewalt.

Käthe Kollwitz, die in den ersten Wochen nach Kriegsende den gesellschaftlichen Umsturz noch befürwortet hatte, wandte sich in dieser Zeit von der Revolution ab – die unablässigen Scharmützel hatten sie ernüchtert. Als am 10. März das Standrecht über Berlin verhängt wurde, kommentierte sie: «Die Bestialitäten von beiden Seiten werden immer größer.»[17] Anlass für die Einführung des Standrechts waren Gerüchte von sechzig erschossenen Polizisten in Lichtenberg gewesen, die sich allerdings kurz darauf als unwahr herausstellten. Für die vielen Aufständischen, die infolge des Standrechts ihr Leben verloren hatten, kam diese Erkenntnis zu spät.

«Jeep, ich bin so furchtbar deprimiert über das alles, daß ich es Dir gar nicht sagen kann.»[18] Der Freundin gestand Kollwitz ihre ganze Enttäuschung: «Nach dem Zentnerdruck der Kriegsjahre, nach dem vollkommenen Zusammenbruch des Alten, nachdem nun Deutschland nackt, neu, noch ganz ungeprägt und ungestempelt dastand – erwartete man alles. Das Kühnste. Ganz Neues. Man lechzte nach Wahrheit, Brudersinn, Weisheit.» Mittlerweile sah sie die Lage realistischer: «Geblieben ist neben vielem anderen die alte Verlogenheit, der alte Haß, das alte Gewalt-gegen-Gewalt setzen.»[19] Die Mehrheitssozialdemokraten hatten keine neuen Ideen, der Kommunismus keine Mehrheit. «Rohheit und Rachsucht toben sich auf beiden Lagern aus. Unterdes sausten die Granaten in die Häuser und auf die Plätze und zerreißen alles, was sich zufällig gerade davor findet.»[20]

Und das sollte die erhoffte verheißungsvolle Revolution sein? Erst mitten im Umsturz erkannte Kollwitz, dass ihr die Revolution bisher nur in literarisch verklärter Form begegnet war. Hatte sie als junge Frau vom Barrikadenkampf geträumt, wusste sie nun, dass sie freiwillig niemals eine Barrikade betreten würde. Ihr Tagebuch nutzte sie, um diesen inneren Konflikt auszutragen. Ausführlich schilderte sie die Erfolge der Radikalen, denen gelungen war, was die Gemäßigten nie geschafft hätten: Sie hatten den Militarismus und die Monarchie überwunden. Tapfer hatten sich die Kämpfer der extremen Linken den Maschinengewehren entgegengestellt. Ihnen verdankte man alles, so Kollwitz.[21] Trotzdem musste man sie nun aufhalten. Denn die Mehrheit der Deutschen hatte sich für die Demokratie entschieden, und der Sozialismus ließ sich nicht mit Gewalt durchsetzen. Gleichheit, Gerechtigkeit und Solidarität – dazu konnte man niemanden zwingen. Sie mussten den Menschen selbst ein Bedürfnis sein. Die Hoffnung darauf hatte Kollwitz keineswegs aufgegeben. Sie wartete noch immer auf eine Gesellschaftsordnung, die ein friedliches Zusammenleben ermöglichen würde. Für diese Weltordnung aber konnten Mord, Lüge und Hass nicht die Wegbereiter sein. Einen Sozialismus gegen die Menschen würde es nie geben.[22]

So ging es ihr fürs Erste darum, den Kampf zu beenden und die Ordnung zurückzubringen. Weil Kollwitz hierzu keinen konkreten Beitrag leisten konnte, zog sie sich mehr und mehr ins Privatleben zurück: Familie, Besucher, Vorträge, auch die Arbeit wurde wieder wichtiger. Nach Wochen der Anspannung, der Demonstrationen, des Diskutierens und Hoffens kehrte sie ins Atelier zurück. Sie ließ das Denkmal für Peter ruhen und griff stattdessen zu Zeichenstift und Kreide.

Neubeginn

Anders als erwartet, hatten weder Krieg noch Revolution die Menschen in ihrer Entwicklung sichtbar vorangebracht. In der aufkommenden Not hielt Käthe Kollwitz am Bekannten fest. Schon Ende Januar 1919 lebte sie wieder mit regelmäßigen Terminen und Arbeitszeiten. Mehrmals die Woche ging sie ins Atelier und versuchte, ihre Kriegseindrücke in Radierungen und Lithographien zu fassen. Am 25. Januar in der Frühe fuhr sie mit Karl und der Freundin Stan ins Leichenschauhaus. Dort zeichnete sie Karl Liebknecht kurz vor seiner Beerdigung, wie er stolz in seinem Sarg lag, mit leicht verwundertem Gesichtsausdruck, der halbgeöffnete Mund schmerzhaft verzogen.[23]

Sie entwarf mehrere Skizzen und fasste sie anschließend zu einer detaillierten Zeichnung zusammen, die sie der Familie des Toten übergab. Dem gewaltigen Trauerzug, der an diesem Tag durch Berlin zog, schloss sie sich nicht an. Aber sie empörte sich über die militärischen Schikanen, mit denen Freikorpskämpfer Liebknechts Gefolgschaft auf ihrem Marsch drangsalierten. Es sei kleinlich, unwürdig, aufreizend und ein Zeichen der Schwäche, dass die Übergangsregierung das nicht verhindern konnte.[24]

Zwei Tage danach zeichnete sie das Plakat «Heraus mit unseren Gefangenen». Es war eines der ersten Plakate, mit denen Kollwitz auf die Nachkriegsnot aufmerksam machte, und entstand in Zusammenarbeit mit einer Bekannten, deren Verlobter seit über vier Jahren in französischer Kriegsgefangenschaft saß.[25]

Kollwitz mochte solch anwendungsbezogenes Arbeiten, in dem sich die Utopie einer besseren Welt mit der konkreten humanitären Aktion verband. Plakate waren direkt, einfach und wirkungsvoll. Sie nahm Aufträge an und fühlte sich in der Pflicht, den Menschen zu helfen. Ihre alten Motive Not, Elend, Hunger und Tod erhielten in dieser Zeit eine zwingende Aktualität. «Ich will den Tod machen. Wie er die Hungerpeitsche schwingt und tief gebückt, schreiend und stöhnend die Menschen – Frauen – Kinder – Männer – an ihm vorbeiziehen», notierte Kollwitz, als sie Anfang 1920 an dem Plakat «Wien stirbt! Rettet seine Kinder!» arbeitete. «Als ich zeichnete und die Angst der Kinder mich mitweinen machte, hatte ich so recht das Gefühl der Last die ich trüge.»[26]

Raushalten konnte sie sich nicht: «Ich fühlte, daß ich mich doch nicht entziehen dürfte der Aufgabe, Anwalt zu sein. Ich soll das Leiden der Menschen, das nie ein Ende nimmt, das jetzt bergegroß ist, aussprechen. Ich hab den Auftrag, aber er ist gar nicht leicht zu erfüllen.» Nicht nur, weil die Auseinandersetzung mit der Not sie quälte, sondern auch, weil ihre Plakate am Ende nur ein kleiner Beitrag waren. Sie brachten keine schnelle Erlösung, waren Appelle und nicht mehr. Trotzdem blieben sie bis Mitte der zwanziger Jahre ein wichtiger Arbeitsschwerpunkt von Käthe Kollwitz, vor allem nachdem sie in der «Internationalen Arbeiterhilfe» einen soliden Partner gefunden hatte.

Besorgt hatte Kollwitz die humanitäre Katastrophe im russischen Wolgagebiet verfolgt. Es hieß, zwanzig Millionen Menschen seien von der heraufziehenden Hungersnot betroffen. Auf die Hilfsgesuche der Sowjetunion reagierten die europäischen Staaten eher verhalten. Viele Regierungen, wie die deutsche, kämpften selbst mit den Folgen des Weltkriegs, andere hatten kein Interesse daran, das kommunistische Regime zu unterstützen. Es blieb privaten Initiativen und Nichtregierungsorganisationen überlassen, Hilfsaktionen zu koordinieren. In Berlin gründete sich im August 1921 die «Internationale Arbeiterhilfe».

Käthe Kollwitz unterstützte deren Arbeit von Anfang an und über Jahre. Dabei war sie der kommunistischen Gruppierung nicht ohne Vorbehalte beigetreten. Seit einiger Zeit zog sie die allmähliche Verbesserung der gesellschaftlichen Verhältnisse der Revolution vor.[27] Trotzdem siegte im konkreten Fall der Pragmatismus. Die «Internationale Arbeiterhilfe» konzentrierte sich ganz auf das humanitäre Ziel und gab sich demonstrativ undoktrinär. Kollwitz nutzte trotz aller Einwände die Möglichkeit, den Hungernden an der Wolga zu helfen. Sie stürzte sich in die Arbeit, weil es hier jenseits aller Parteipolitik um eine unmittelbar wirksame Hilfsaktion ging.

Schon die erste Broschüre der «Internationalen Arbeiterhilfe», «Helft! Rußland in Not!», zeigte eine Zeichnung von Käthe Kollwitz.[28] Später steuerte sie ein Blatt zu dem Buch «Für unsere kleinen russischen Brüder» von Fridtjof Nansen bei und spendete eine Arbeit dem dänischen Schriftsteller Martin Andersen-Nexö, der sie in seiner Broschüre «Für die russischen Kinder» verwandte.[29] Auf Bitten des Schriftstellers Theodor Plievier, den Kollwitz in den Revolutionswochen kennengelernt hatte, entstand der eindringliche Holzschnitt «Hunger», der eine verzweifelte Mutter mit ihrem toten Kind auf dem Schoß zeigt. Ihr Schrei sollte den «grauenhaften Hunger in Rußland ausschreien», aber auch vom Hunger nach Bildung, Wahrheit und Liebe sprechen.[30] Plievier benutzte das Werk für ein Flugblatt, mit dem er in Deutschland herumreiste, um Spenden zu sammeln. Für die Kunstmappe «Hunger» spendete Käthe Kollwitz die Lithographie «Brot» (Abb. 19). Zwei ihrer Motive verwandte die «Internationale Arbeiterhilfe» außerdem für ihre Propagandapostkarten, die in großer Zahl in ganz Europa vertrieben wurden.

Kollwitz' Einsatz für andere half auch ihr selbst. Sie kehrte zu ihren Wurzeln zurück und kurierte die Unsicherheit, die aus der Gewalterfahrung der Revolutionswochen resultierte. Die Wirkungsästhetik ihrer Plakate knüpfte an die Zeichnungen für den «Simplicissimus» an. Unabhängig von der Frage, ob sie jemals Revolutionärin gewesen war, ob sie jetzt Demokratin war oder was sie in Zukunft sein würde, konnte Kollwitz ihre Anklagen vortragen, sie appellierte, bezog den Betrachter ein und wollte sein Mitgefühl wecken. Sie sprach als Künstlerin zum Publikum, von Mensch zu Mensch, um zu helfen.

Die enge Zusammenarbeit mit der «Internationalen Arbeiterhilfe» steigerte Käthe Kollwitz' Bekanntheitsgrad und ihre Popularität. Aber sie verband ihre Kunst auch dauerhaft mit der Darstellung sozialen

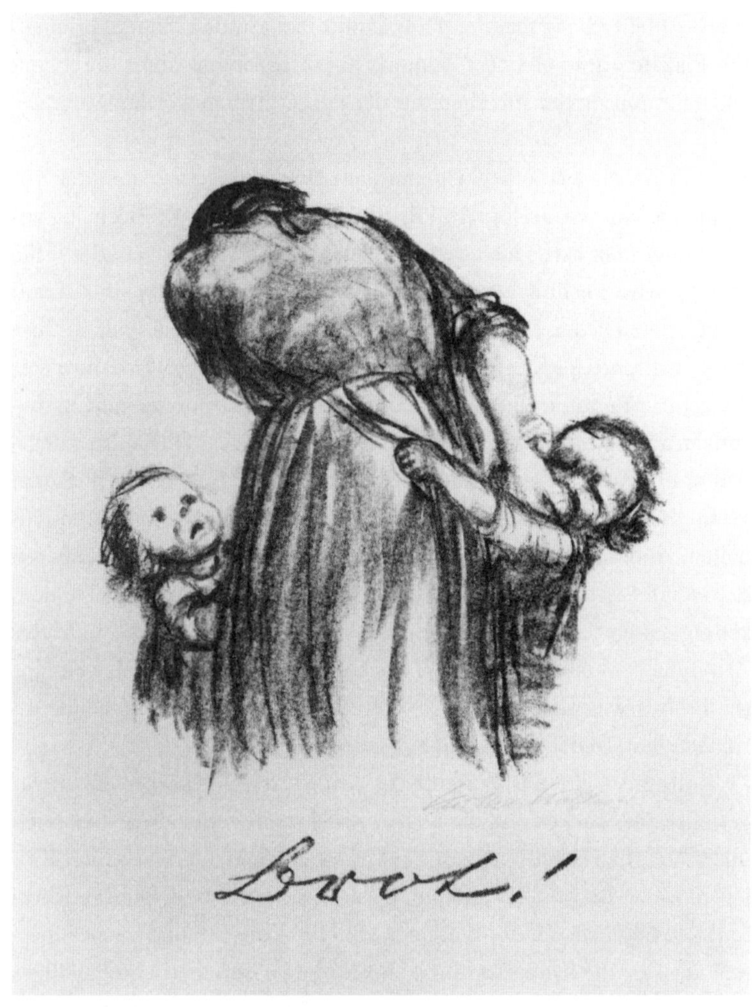

19 Käthe Kollwitz, Brot!, 1924, Plakat, Staatliche Museen zu Berlin, Kupferstichkabinett

Elends. Das ärgerte die Künstlerin später und sie distanzierte sich von dieser einseitigen Interpretation ihres Werkes.[31] Sie selbst hätte die Auftragsarbeiten gerne von ihrem künstlerischen Gesamtwerk getrennt. Als Max Lehrs sie um einen Einzeldruck des Holzschnitts «Hunger» bat, erklärte sie dem Freund und Förderer, Vorzugsdrucke des Blattes gäbe es nicht. Sie wollte den Holzschnitt nicht in den Handel bringen. Die Plakate waren nicht für Sammler und Museen bestimmt, sie sollten allein für den Zweck sprechen, für den sie geschaffen worden waren.[32]

Schon 1911, als Käthe Kollwitz mit dem Direktorialassistenten der Königlichen Museen Berlin, Dr. Johannes Sievers, ihren Werkkatalog zusammengestellt hatte, hielt sie ihre Zeit als Radiererin für beendet.[33] Sie hatte aus der Technik herausgeholt, was für sie reizvoll war. In Zukunft wollte sie sich der Bildhauerei widmen und sehen, wie weit sie hier kam. Während des Krieges hatte sie sich ganz auf das Denkmal für Peter konzentriert und nur hin und wieder ein paar Zeichnungen und Radierungen angefertigt. Doch nach dem Krieg, als sie den Hilfsauftrag deutlich spürte, war sie zur Graphik zurückgekehrt. Neben den Plakaten versuchte sie, ihre Kriegserlebnisse in einer graphischen Folge festzuhalten. Aber sie haderte immer wieder mit der Technik. Das Radieren befriedigte sie nicht mehr, und auch der Steindruck mit seinen feinen, klaren Linien und seiner einfachen Ausdruckskraft führte sie in letzter Zeit immer seltener zum Ziel. Was sie zustande brachte, blieb weit hinter ihren Erwartungen zurück. Noch dazu war das Umdruckpapier oft schlecht und Steine schwer zu bekommen.

Kollwitz wollte das Wesentliche ausdrücken – gelang es ihr nicht, geriet sie ins Stocken und die Selbstzweifel erschwerten die Arbeit noch mehr. Verglich sie ihre Arbeiten auf Ausstellungen mit denen ihrer Kollegen, war es besonders schlimm, Unsicherheit und Bedenken verstärkten sich. Oder sie sah das Werk eines älteren Kollegen und betete innerlich, dass sie die Kraft hätte aufzuhören, ehe sie nur noch Mittelmäßiges zeigen konnte. Das Alter, so meinte sie, raube ihr wie allen Künstlern die kreativen Impulse und zerstöre die Ausdruckskraft.

Selten sprang bei Begegnungen mit der Konkurrenz ein Funke über, doch im Sommer 1920 sah Kollwitz in der Ausstellung der «Berliner Secession» eine Folge von Ernst Barlach, die sie begeisterte.[34] Sie wurde ihr zum Anlass, das eigene künstlerische Schaffen kritisch zu hinterfragen und einen ganz neuen, unerwarteten Weg zu beschreiten.

Ernst Barlach zeigte auf der Kunstausstellung sieben Blätter zur Kriegs- und Nachkriegszeit, Holzschnitte, die aus fließenden Linien und kleinen Flächen biblische Szenen entstehen ließen. Vor unruhigem Hintergrund präsentierte er einen «Schreibenden Propheten», «Kreuz- und Sargräuber», eine «Hundefängerin» und einen «Mors Imperator». Sein «Christus in Gethsemane» trägt die Gesichtszüge des Künstlers. «Kniende Frau mit sterbendem Kind» und «Kindertod» griffen ein Thema auf, das auch zum Motivkatalog von Käthe Kollwitz gehörte. Kollwitz war hingerissen von der Ausdruckskraft der Holzschnitte und fast neidisch, dass der Kollege Barlach, den sie seit Jahren kannte, zu dem sie aber keinen persönlichen Kontakt unterhielt, einen Weg gefunden hatte, der in die Zukunft wies. Ihre eigene Entwicklung schien ihr dagegen unsicher wie nie.

Am Tag nach dem Ausstellungsbesuch warf sie einen kritischen Blick auf ihre aktuellen Arbeiten. Sie hielten nicht stand.[35] Wo war die elektrisierende Kraft, die sie bei Barlach gesehen hatte? Blitzartig ging ihr auf, dass ihr Unvermögen weder eine Frage geistiger Fähigkeiten noch materieller Gegebenheiten war. Es war eine Frage der Technik.

Aus dieser Erkenntnis schöpfte Käthe Kollwitz neuen Mut. Sie machte sich klar, dass sie bei allen Zweifeln die Vorbedingungen für eine große künstlerische Leistung doch noch besaß. Sie hatte ein starkes Gefühl für das Thema und ein sicheres Fundament von Kenntnissen und Fähigkeiten. Dass sie sich nicht gleich freudig auf den Holzschnitt stürzte, lag daran, dass die von ihr noch wenig geschätzte Künstlergruppe «Brücke» jüngst eine Mode aus dem Holzschnitt gemacht hatte. Mit diesen Künstlern wollte sie ungern verglichen werden. Andererseits konnte sie sich diesem Lösungsweg auch nicht verschließen, und so besorgte sie sich einen ersten Holzblock und übte mit einem Motiv, das aus dem Drama «Die Zeit wird kommen» des französischen Literaturnobelpreisträgers Romain Rolland stammte. Es zeigt zwei gegnerische Soldaten, die sich tödlich getroffen in die Arme sinken. Im Tagebuch hielt Kollwitz fest: «Mein erster Holzschnitt ist einigermaßen geglückt. Jetzt arbeite ich mit neuen Hoffnungen die Vorarbeiten zum Liebknecht-Holzschnitt.»[36]

Das «Gedenkblatt für Karl Liebknecht» (Abb. 20) ist das bekannteste Werk von Kollwitz aus der frühen Nachkriegszeit. Die Vorarbeiten gehen auf den Januar 1919 zurück, als die Künstlerin den toten Liebknecht im Leichenschauhaus gezeichnet hatte. Im Laufe der Monate hatte sie versucht, das Motiv als Radierung und als Lithographie auszuführen, aber erst die scharf gesetzten Linien und die kompakten Flächen des Holzschnitts vermochten auszudrücken, was Käthe Kollwitz im Januar 1919 gesehen hatte: die Trauer der Arbeiterschaft um ihren ermordeten Anführer.

In dem «Gedenkblatt» beschränkte sich Kollwitz auf das Wesentliche: Karl Liebknecht liegt ganz flach, der Körper schablonenhaft von einem Tuch bedeckt, im Vordergrund, sein Kopf ist von einem hellen Schein umgeben. Hinter seinem Totenbett drängen sich die Arbeiter, gebeugt, mit den Mützen in den Händen. Ein Mann berührt mit seiner Hand die Brust des Toten. Eine Frau hebt ihren Säugling über die Köpfe hinweg – ein letzter, gemeinsamer Blick, an den das Kind sich schwerlich erinnern wird. Mit verblüffender Intensität kamen in diesem Holzschnitt, den Kollwitz im Dezember 1920 fertigstellte, Trauer, Respekt und Abschied zusammen. Sie vertrieb das Blatt als unlimitierte Originalausgabe zugunsten der Arbeiterkunstausstellung.

«Die Lebenden dem Toten» gab sie dem Holzschnitt als Text bei und kehrte damit die Aussage des Revolutionsgedichts «Die Toten an die Lebenden» von Ferdinand Freiligrath ins Gegenteil. Nicht die Revolution um jeden Preis, sondern der Verlust war ihr Thema. In dem ehemaligen politischen Gegner Karl Liebknecht hatte sie längst einen Menschen erkannt, dem sie durchaus Sympathie entgegenbringen konnte. Sie setzte das Menschliche gegen die politische Konfusion.

Die gewaltsamen Auseinandersetzungen in den Jahren der instabilen Demokratie bedrängten sie. Es fiel ihr schwer, eine klare Stellung zu beziehen. Sie sah sich nicht mehr als Revolutionärin, scheute aber davor zurück, diese Rolle öffentlich zurückzuweisen, die man ihr von außen weiterhin antrug. Und ganz falsch war diese Zuschreibung auch nicht. Im Tagebuch führte Kollwitz aus: «Ich *war* revolutionär, mein Kindheits- und Jugendtraum war Revolution und Barrikade, wäre ich jetzt jung so wäre ich sicher Kommunistin, es reißt auch jetzt noch mich etwas nach der Seite.» Im sicheren Raum ihrer privaten Aufzeichnungen zeigte Käthe Kollwitz also durchaus Flagge. «Aber», wandte sie ein,

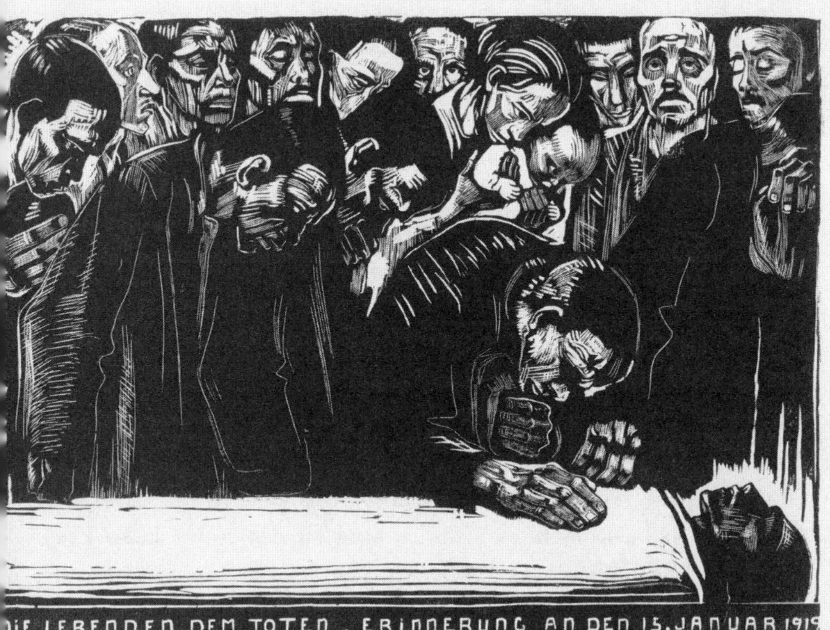

20 Käthe Kollwitz, Gedenkblatt für Karl Liebknecht, 1920, Holzschnitt, Staatliche Museen zu Berlin, Kupferstichkabinett

«ich bin in den 50er Jahren, ich habe den Krieg durchlebt und Peter und die tausend andern Jungen hinsterben sehn, ich bin entsetzt und erschüttert von all dem Haß, der in der Welt ist, ich sehne mich nach dem Sozialismus, der die Menschen leben läßt und finde, vom Morden, Lüge, Verderben, Entstellen kurzum allem Teuflischen hat die Erde jetzt genug gesehn. Das Kommunistenreich, das sich darauf aufbaut kann nicht Gottes Werk sein.» Öffentlich stellte sich Kollwitz gegen den Krieg, aber nicht gegen die Revolution, aus Feigheit, wie sie im Tagebuch eingestand. Sie ging der Konfrontation aus dem Weg. «Von einem Mann würde man wohl mehr Konsequenz verlangen», schrieb sie und hoffte, als Frau mit ihrer Unentschlossenheit durchzukommen.[37]

Auf künstlerischem Gebiet machte sie sich dagegen keinen Vorwurf.[38] Als Künstlerin sah sie ihre Aufgabe darin, aus dem aktuellen

Geschehen und Erleben den Gefühlsgehalt herauszuziehen, auf sich wirken zu lassen und in einem Werk nach außen darzustellen, so wie sie es beim «Gedenkblatt für Karl Liebknecht» getan hatte. Sie hatte den Abschied der Arbeiterschaft dargestellt, ohne eine politische Aussage zum Kommunismus zu treffen. Dass ihr Werk auf ganz andere Weise gelesen werden sollte, mochte sie ahnen, wissen konnte sie es nicht. Ihre politische Stellung sollte bis zum Ende des 20. Jahrhunderts ein wesentlicher Streitpunkt bei der Interpretation ihres Werkes bleiben.

Das «Gedenkblatt für Karl Liebknecht» war Kollwitz' erste graphische Meisterleistung nach dem Krieg – ein Erfolg, den sie gut gebrauchen konnte, denn in den letzten Jahren hatte sie nur wenige Werke öffentlich gezeigt.

«Ich habe versucht in Radierungen einiges zum Kriege zu sagen», schrieb Käthe Kollwitz im Februar 1919 an den Autor Hans Erich Blaich.[39] Schon bevor sie das Denkmal für Peter im Juni 1919 abbauen ließ, hatte sie gehofft, vom Krieg auch ein graphisches Zeugnis ablegen zu können. Sie wollte den Krieg aus der Sicht der Heimat zeigen, wo Ehefrauen, Bräute und Eltern schwer an den Verlusten zu tragen hatten. «Was ich machte war alles nicht das Richtige. Das Leben war anders, viel größer und viel ernster.»[40]

Die Umsetzung fiel ihr schwer, denn der Krieg weckte quälende Gefühle, die sie zuweilen überwältigten. Auch hier eröffnete ihr der Holzschnitt neue Möglichkeiten. 1922 präsentierte sie die Folge «Krieg», deren endgültige Fassung sieben Einzelblätter umfasste: «Das Opfer», «Die Freiwilligen», «Die Eltern», «Die Witwe I», «Die Witwe II», «Die Mütter» und «Das Volk». «Kein Mensch wird mutmaßen, daß diese 7 Holzstöcke mittlerer Größe eine langjährige Arbeit in sich schließen und doch ist es so. Es steckt darin die Auseinandersetzung mit dem Stück Leben, das die Jahre 1914–18 umfassen, und diese vier Jahre waren schwer zu fassen», schrieb Kollwitz Ende 1922 ihrer Freundin, der Bildhauerin und Malerin Erna Krüger. «Die große plastische Arbeit, die ich den gefallenen Freiwilligen machen wollte, werde ich ja doch nicht mehr leisten, so ist die Holzschnittfolge ein bescheidener Versuch, jene Zeit zu fassen und auszudrücken.»[41]

Die Hälfte der Motive handelt von der Verzweiflung der Hinterbliebenen nach Erhalt der Todesnachricht. «Ihr Sohn ist gefallen», hatte Käthe Kollwitz im Oktober 1914 in ihr Tagebuch geschrieben und danach fassungslos geschwiegen. Ihre Holzschnitte brachten nun zutage, was sie damals empfunden hatte. «Die Eltern» fallen angesichts der Nachricht verzweifelt nieder. Anders als im Konzept für das Denkmal klammern sie sich in ihrem Schmerz aneinander. Die Frau krümmt sich, der Mann hält sie und verbirgt sein Gesicht in der Hand. Im Schmerz verbunden, bilden die beiden Körper einen massiven Block, am Boden, vielleicht gebrochen, aber zumindest zusammen. Anders die Witwen. Die Schwangere («Witwe I») könnte kaum einsamer sein. Hilflos und kummervoll schlägt sie die Augen nieder, die Hände auf dem kompakten Bauch, in dem ihr Kind einer ungewissen Zukunft entgegenwächst. Die andere Witwe («Witwe II») hat mit dieser Zukunft schon abgeschlossen. Sie ist ihrem Mann in den Tod gefolgt und hat ihr Kind, das bäuchlings über ihrer Brust liegt, mitgenommen. Dies war die Realität der Daheimgebliebenen, der Krieg, wie sie ihn erlebten.

Schon für sich genommen sind diese Trauerszenen bitter genug. Noch schmerzlicher wirken sie im Rahmen der Kriegsfolge. Kollwitz stellte den Hinterbliebenen zwei ausdrucksstarke Blätter voran, die zwei Aspekte des Krieges thematisieren, mit denen sie sich lange beschäftigt hatte: «Das Opfer» (Abb. 21) und «Die Freiwilligen» (Abb. 22).

Ersteres zeigt eine Mutter, die ihr Kind darbietet. Kollwitz zeichnete beide nackt, hob die Figuren so aus der realen Situation heraus und machte die Szene zeitlos und allgemein. Der in der Aureole angedeutete Blütenkelch im Hintergrund mag an eine Geburt erinnern, immerhin schrieb Käthe Kollwitz im Oktober 1914, sie habe das Gefühl, ihr Sohn würde ihr erneut vom Nabel abgeschnitten.[42] Die Mutter auf dem Holzschnitt gibt ihr Kind nicht leichtfertig hin. Das Gesicht mit seinen kantigen Linien wirkt verhärmt, die Augen hält sie geschlossen. Die Armhaltung ist anatomisch unmöglich. Die Mutter bietet das friedlich schlafende, ahnungslose Kind aus ihrer schützenden Umarmung dar.

«Das Opfer» fängt ein Phänomen ein, das Käthe Kollwitz 1914 als spezifisch weibliche Form der Hingabe begegnet war. Ganz unheroisch, aber nicht weniger tapfer gaben die Frauen diejenigen, die ihnen

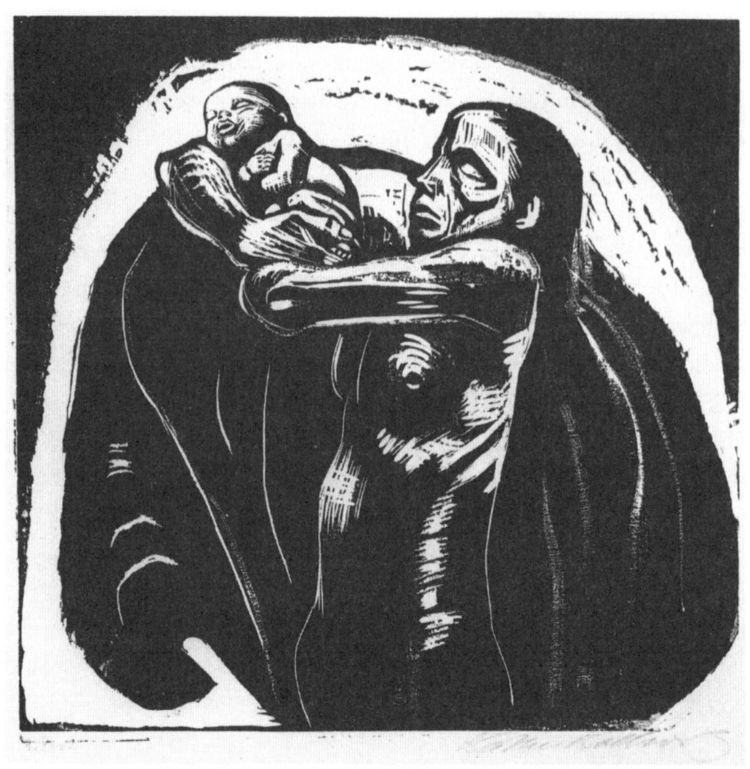

21 Käthe Kollwitz, Das Opfer, Blatt 1 aus der Folge «Krieg», 1922, Holzschnitt, Deckweiß und Tusche, Berlin, Käthe-Kollwitz-Museum

das Liebste waren. Sie kämpften nicht gegen den Wahn, gegen die Forderung des Vaterlands, sondern ließen die Männer und Söhne gehen, leidend, aber klaglos.[43] Das Opfer, das Käthe Kollwitz selbst gebracht hatte, lastete später als Schuld auf ihrem Gewissen. Sie überlegte lange, ob sie «Das Opfer» in die Kriegsfolge mit aufnehmen wollte. Schließlich stellte sie es den Bildern von Tod und Trauer voran: Der Opfergedanke wurde damit zur Voraussetzung des Krieges.

Im zweiten Blatt der Folge verarbeitete Kollwitz einen Rest des Erlebnisses vom August 1914 und zeigte schonungslos die Folgen dieses historischen Augenblicks. Kriegsbegeisterung und das unausweichliche Sterben gehen buchstäblich Hand in Hand. «Die Freiwilligen», das

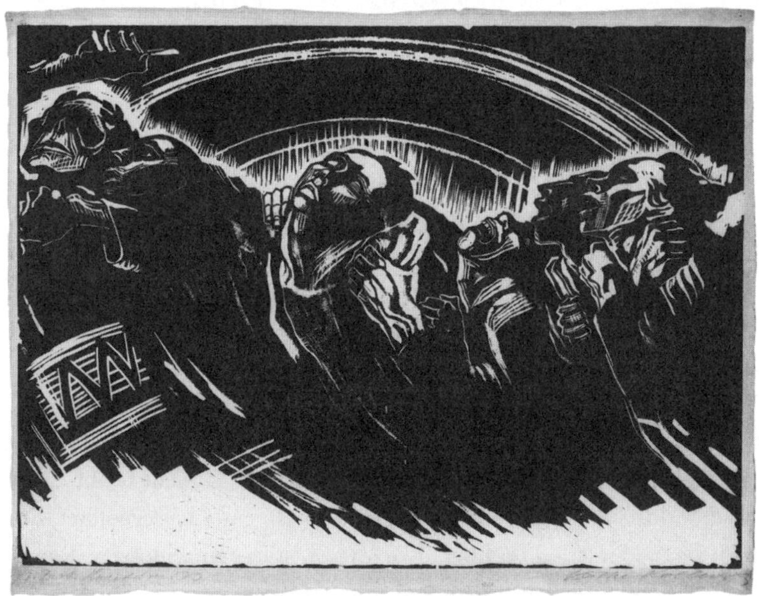

22 Käthe Kollwitz, Die Freiwilligen, Blatt 2 aus der Folge «Krieg», 1921/22, Holzschnitt, Berlin, Privatsammlung

sind fünf junge Männer, die sich in einem furchtbaren Reigen zusammenfinden. Ob sie wissen, dass der Tod sie führt? Unbarmherzig trommelt der Knochenmann sein Lied. Die Gesichter der Jungen sind verzückt und recken sich zum Strahlenkranz. «Die Freiwilligen» sind zum Opfer geweiht, scheinen dem Diesseits schon fast entrückt, taumeln dem Tod hinterher. Nur einer windet sich entsetzt.

Der erste Junge in der Reihe trägt die Gesichtszüge von Peter Kollwitz. Er liegt dem Tod schon im Arm, ist etwas abgerückt von seinen Kameraden und lässt sich mit offenen Augen mitreißen. Ihm folgt ein junger Mann mit ruhigen, ganz entspannten Gesichtszügen. Freudig gibt er sich hin, in blindem Vertrauen darauf, dass sein Opfer gerechtfertigt ist. Es scheint nicht ganz abwegig, dass Kollwitz an Erich Krems dachte, als sie diese Figur entwarf. Von ihm hatte sie im Herbst 1914 gesagt, er sei ganz schlackenlose Flamme. Der Entsetzte könnte Julius Hoyer sein, der von der Front erschütternde Gedichte schrieb.

Hingabe und Schuld, Begeisterung, Tod und Verzweiflung: Für Käthe Kollwitz war der Krieg ein unbarmherziger Lehrmeister. Die Lektionen waren schmerzlich gewesen und hatten viel gekostet. Dass sie nicht umsonst waren, zeigte Kollwitz in den letzten beiden Bildern der Kriegsfolge: «Die Mütter» bilden einen geschlossenen Kreis um ihre Kinder. Die Kleinen lugen dazwischen hervor, doch durch den massiven Ring aus Körpern und Armen dringt nichts herein oder heraus.

In «Das Volk» arbeitete Kollwitz mit einer ähnlichen Aussage. Anders als die Trutzburg der wehrhaften Mütter erinnert die ruhige Gelassenheit der zentralen Figur an eine Schutzmantelmadonna. Mit ihrer Hand verschließt sie den Mantel, unter dem sich das Kind verbirgt. Hinter ihr lösen sich sechs grimmige Gestalten aus dem Dunkel, sie versuchen, auf die Mutter einzuwirken, doch ihr Gesicht bleibt ruhig und undurchdringlich. Ein Auge geschlossen, eines halb geöffnet, behält sie die Situation im Blick. Die Mutter ist fest entschlossen: Nichts kann sie davon abbringen, ihr Kind zu schützen.

1924, zehn Jahre nach Kriegsbeginn, brachte Kollwitz die Kriegsfolge noch einmal als Mappe heraus. Ihre Darstellung des Krieges aus Sicht der Hinterbliebenen fand ihren Platz in der Reihe pazifistischer Weltkriegserinnerungen. Kollwitz' Auseinandersetzung mit dem Krieg, ihr langes Ringen um ihre Einstellung hatte sie letztlich zum Pazifismus geführt. Zwar beruhte ihr Werk auf ihrer persönlichen Erfahrung zwischen 1914 und 1918, und auch ihr Totengedenken blieb lange privat. Dass sie als Künstlerin aber mehr als nur ihrer persönlichen Trauer Ausdruck gab, spürte Käthe Kollwitz besonders deutlich, als sie am 26. November 1922 eine Feierstunde für die Toten des Weltkriegs im Reichstag besuchte. Die Gedenkstunde ging ihr nah und gab ihr zugleich das befriedigende Gefühl, etwas Wirksames zu tun. Sie machte ihr bewusst, dass sie nicht alleine, sondern in einer Gemeinschaft mit vielen Gleichgesinnten im In- und Ausland gegen den Krieg arbeitete. Dass ihre Kunst keine selbstgenügsame Kunst war, dass sie Zwecke hatte und wirken wollte, nahm Kollwitz dafür gerne in Kauf.[44] Sie arbeitete für eine bessere Zukunft, für ein friedliches Zusammenleben aller Menschen, für ihren Sohn Hans, seine Frau Ottilie und mittlerweile auch für die Enkelkinder.

Familienzuwachs

Am 15. Dezember 1920, einem Mittwoch, schritt eine kleine feierliche Prozession von der Weißenburger Straße zum Standesamt. Es waren Hans Kollwitz, seine Braut Ottilie Ehlers, ihre Schwester Hildegard und der gemeinsame Freund Max Immanuel, genannt Tom, hintendrein Käthe und Karl, die Eltern des Bräutigams. Es sollte geheiratet werden, auch wenn die Trauung für die jungen Leute eine Formalität war, die sie nicht allzu ernst nehmen wollten. Sie scherzten, lachten und neckten einander und merkten nicht, wie sich Karl Kollwitz über ihre Ausgelassenheit ärgerte. Er fürchtete, die Ehe würde keine Zukunft haben, wenn es schon zu Beginn an der nötigen Ernsthaftigkeit mangelte. Der Standesbeamte sprach sachlich und ohne Phrasen. Er fragte Hans und Ottilie, ob sie den anderen aus freien Stücken wählten, und verkündete am Schluss: «Sie sind dann auf Grund des Bürgerlichen Gesetzbuches ein Ehepaar.» Käthe Kollwitz staunte, wie schmucklos die Republik zwei Leben aneinanderband.[45]

Das Brautpaar, das beschwingten Schrittes den Weg ins Standesamt gegangen war, hatte sechs Wochen zuvor noch steif und traurig in der Weißenburger Straße gesessen: Ottilie war schwanger, Hans entschlossen, das Kind abtreiben zu lassen, Käthe unsicher, inwieweit sie sich in diese Angelegenheit einmischen sollte.[46]

Hans und Ottilie waren sich im ersten Friedenssommer begegnet. Ottilie Ehlers, acht Jahre jünger als Hans, stammte aus einer wohlhabenden Gutsbesitzerfamilie. Sie war die Jüngste von fünf Kindern und wuchs im Finkenkrug auf, einem Ort fünfzehn Kilometer westlich von Berlin. Ihre Mutter hatte sie früh verloren, den Vater erst vor kurzem. Seither lebte Ottilie mit ihrer Schwester Hildegard in Berlin-Charlottenburg. Sie studierte Gebrauchsgraphik an der Reimann-Schule, der damals renommiertesten Kunst- und Kunstgewerbeschule Deutschlands. Auf einem Fest beim gemeinsamen Freund Tom hatte sie Hans kennengelernt. Für Ottilie war es gleich die große Liebe. Hans jedoch, der nach dem Krieg verunsichert und verschlossen war, wollte sich nicht binden. Er bemühte sich um einen unverbindlichen

Umgang mit den Ehler-Mädchen und traf sich auch mit anderen jungen Frauen.[47]

Käthe Kollwitz schenkte ihrer zukünftigen Schwiegertochter zunächst wenig Beachtung, obwohl sie die möglichen Verehrerinnen ihres Sohnes sorgfältig im Blick behielt, seit er ihr im August 1919 von seiner Liebe zu Erich Krems erzählt hatte.[48] Käthe Kollwitz war von dieser Nachricht nicht sonderlich beunruhigt. Sie hielt die gleichgeschlechtliche Liebe für eine Phase auf dem Weg zur sexuellen Reife und war selbst, wie sie im Tagebuch gesteht, in ihrer Jugend «sehr frauenliebhabend» gewesen. Richtiggehend verliebt habe sie sich in ihre Schwägerin Lisbeth Kollwitz. Mit der Zeit aber hatte sich die ohnehin starke Neigung zum anderen Geschlecht doch durchgesetzt. Sie nahm an, dass es Hans genauso gehen würde, und ihre Beobachtungen gaben ihr Recht.[49]

Hin und wieder tauchten junge Frauen in seinem Leben auf, dann war Käthe Kollwitz schnell dabei, große Gefühle zu unterstellen, bis Hans ihr unumwunden erklärte, dass er sich in der nächsten Zeit keinesfalls fest binden wollte. Nach der Last der Kriegsjahre und dem anstrengenden Studium wollte er sein Leben genießen und sich nicht gleich eine neue Verantwortung aufhalsen. Käthe Kollwitz staunte und freute sich, dass der steife und unflexible Sohn einen Weg gefunden hatte, sich auszuleben. Nur schädigen dürfe er die Frauen nicht, warnte sie ihn, und vertraute darauf, dass er wusste, was er tat.[50]

Bis zum Oktober 1920, als sie von der ungewollten Schwangerschaft erfuhr und von der geplanten Abtreibung. Kollwitz hatte keine moralischen Bedenken, was den Schwangerschaftsabbruch anging. Dafür hatte sie zu lange in einem Arbeiterviertel gelebt, wo ganze Familien zugrunde gingen, weil immer wieder neue ungewollte Kinder gezeugt und geboren wurden. In ihren Werken hatte sie dieses Problemfeld mehr als einmal thematisiert, und 1924 schuf sie im Auftrag der KPD ein sehr eindringliches Plakat gegen den Abtreibungsparagraphen (Abb. 23). Auch in den eigenen Kreisen waren Abtreibungen keine Seltenheit. Noch im Frühjahr 1919 hatte sich ihre Nichte einem solchen Eingriff unterzogen, was Käthe Kollwitz im Tagebuch nur beiläufig und ohne jeden moralischen Einwand erwähnte. Das Fehlen wirksamer Verhütungsmittel und das Recht auf Selbstbestimmung machten Abtreibun-

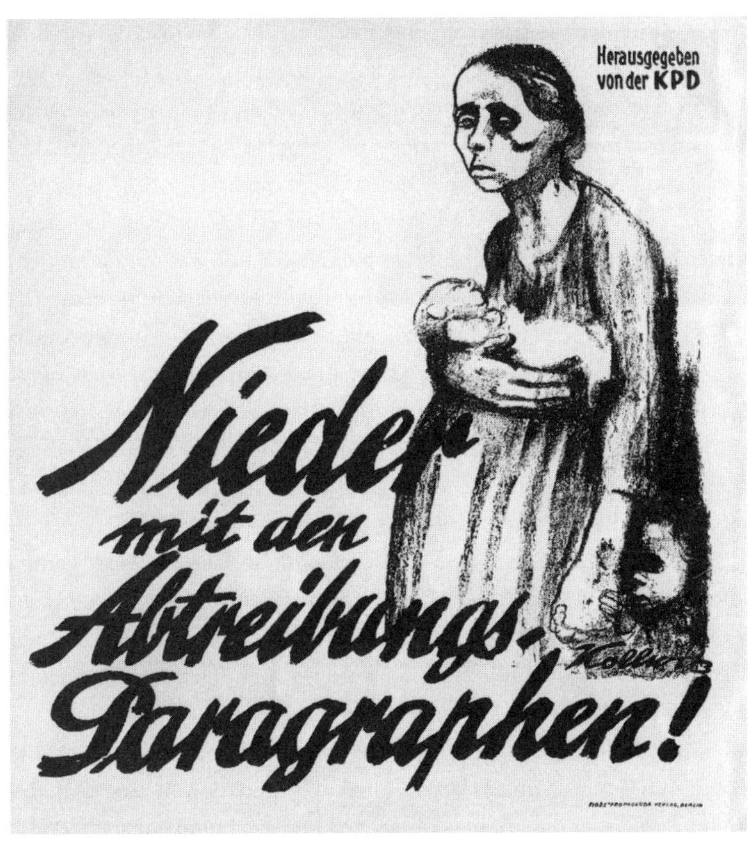

23 Käthe Kollwitz, Nieder mit den Abtreibungs-Paragraphen!, 1924, Plakat

gen unausweichlich. Die Alternative hätte bedeutet, zwei Menschen ewig aneinanderzufesseln, weil ein Kind ungewollt gezeugt worden war.

Trotzdem schritt Käthe Kollwitz im Falle ihres Sohnes ein. Sie hatte den Eindruck, dass Ottilie eigentlich nicht abtreiben lassen wollte, sich nur Hans' Wunsch beugte. Als Käthe ihren Sohn darauf ansprach, reagierte er mit «versteinertem Gesicht und starrem Blick»: Ihre Einmischung war offensichtlich unerwünscht. Sie zog sich zurück. Doch eine Stunde später stellte sich heraus, dass sie durchgedrungen war. Mit strahlendem Gesicht stand Hans vor ihr und verkündete: «Mutter – ich will.» Ottilie würde das Kind bekommen. Käthe Kollwitz küsste und segnete ihren Sohn in heller Freude – und hatte doch die leise Sorge, sich in eine Entscheidung eingemischt zu haben, die sie nichts anging. Hans und Ottilie würden heiraten und niemand konnte sagen, ob ihre Liebe stark genug war, um die Zeit zu überdauern.[51]

Die Hochzeit fand sechs Wochen später statt. Zur Feier des Ereignisses kam die ganze Familie zusammen. Die Stube war mit Girlanden, Lampions und Bändern geschmückt. Die Gäste sangen und rezitierten Gedichte, sie überreichten Geschenke und tanzten. Gerührt betrachtete Käthe Kollwitz ihren Sohn: «Der Junge war wundervoll und sein Gesicht leuchtete in heller guter Freude. *So schön war er.*»[52]

Das junge Paar wohnte zunächst im oberen Stockwerk der Weißenburger Straße. Hans, der im Juni 1920 sein medizinisches Abschlussexamen gemacht hatte, arbeitete einstweilen in der Praxis des Vaters mit. Im Frühjahr 1921 zogen sie in eine Wohnung in Fangschleuse, kamen aber zur Geburt zurück – das Kind sollte in Berlin zur Welt kommen. Zwei Tage nach Käthe Kollwitz' vierundfünfzigstem Geburtstag, am 10. Juli 1921, wurde ihr erstes Enkelkind geboren. Der Junge erhielt zu Ehren seines früh verstorbenen Onkels den Namen Peter.

Käthe Kollwitz war von Beginn an eine begeisterte Großmutter. Sie nahm sich Zeit und unterstützte Ottilie in den ersten Wochen nach der Geburt. «Arbeit von morgens bis abends und das befriedigende Gefühl, geholfen zu haben», notierte sie ins Tagebuch.[53] Der kleine Peter entzückte sie, und auch die Schwiegertochter war «sehr nett und lieb zu haben». Nur Hans war schon im ersten Ehejahr unzufrieden. Er klagte seiner Mutter das alte Lied: «*Noch nicht* befriedigt und im Innersten froh, trotz Kind, trotz Ottilie.»[54] Das Familienleben füllte ihn nicht aus. Der Missklang sollte sich über die Jahre fortsetzen.

Käthe Kollwitz stand der Familie ihres Sohnes auch weiterhin nah, als diese im Herbst 1921 in ein kleines Siedlungshaus nach Lichtenrade zog. Hans arbeitete inzwischen an einer psychiatrischen Klinik und sollte 1922 eine Assistentenstelle im Fürsorgeheim Rixdorf annehmen. Kollwitz fuhr regelmäßig hinaus und half der Schwiegertochter, so gut sie konnte. Hans und Ottilie vertrauten sich ihr an, und so erhielt sie einen intimen Einblick in die Beziehung der beiden. Ottilie hielt trotz

Überlastung und Unterernährung an ihrer künstlerischen Arbeit fest. Gleichzeitig fühlte sie sich seit der Entbindung kraftlos und niedergeschlagen. Der kleine Peter erwies sich als Schreikind, dessen Betreuung sehr nervenaufreibend war,[55] und die Arbeitszeit war immer zu kurz. Letzteres konnte Käthe Kollwitz gut nachfühlen. Sie kannte das Verlangen nach Zeit für sich ebenso wie die Mutlosigkeit und Erschöpfung der ersten Jahre als Mutter.[56]

Anders als zu ihrer Zeit waren Frauen wie Ottilie gezwungen, sich den Familienaufgaben ohne Personal zu stellen: «Heiraten und Kinder haben heißt jetzt, wie eine Arbeiterfrau vom Morgen bis in die Nacht dem Haushalt leben», sinnierte Kollwitz im Tagebuch. Wäre sie in diese Generation hineingeboren worden, wäre ihre Entwicklung eine ganz andere gewesen. Ohne Hilfe, so meinte sie, hätte sie bestimmt nicht zu der Künstlerin heranreifen können, die sie geworden war.[57]

Neben der überwältigenden Arbeitslast hatte Ottilie permanent Angst vor einer erneuten Schwangerschaft. Schon im Januar 1922 sollte daraus Gewissheit werden. Ein weiteres Kind hielt Ottilie für ausgeschlossen und Käthe Kollwitz unterstützte sie in ihrer Entscheidung. Doch im Herbst nach der Abtreibung wünschte sich Ottilie ein zweites Kind und wurde wieder schwanger. Trotz zwei Ärzten in der Familie ahnte niemand, dass da Zwillinge heranwuchsen. Erst als die Geburt des ersten Mädchens fast abgeschlossen war, wurde man von einem zweiten überrascht. Jördis und Jutta sollten die Zwillinge heißen.

Im September 1930 kam schließlich mit Arne Andreas noch ein weiterer Enkelsohn hinzu. Der Name gefiel seiner Großmutter nicht sonderlich. Sie hätte ihn am liebsten August genannt, heißt es in der Familienlegende:[58] ein überraschender Vorstoß in die Entscheidungsgewalt der Eltern, die sich am Ende jedoch durchsetzten. Vielleicht war es aber auch ein Zeichen dafür, wie involviert Käthe Kollwitz in das Leben ihres Sohnes und seiner Familie war, denn obwohl sie nach dem Krieg wieder energisch in die Öffentlichkeit zurückkehrte, blieb die Familie ihr Lebensmittelpunkt. Die Eigenschaften der Enkel, Erlebnisse und Begebenheiten mit ihnen füllten die Seiten ihres Tagebuchs. Selten inszenierte sie sich dabei so großmütterlich wie im März 1925, als sie einen Besuch bei den Enkeln besonders ausführlich beschrieb: «Wundervoll ist die Zeit bei ihnen, wenn ich im Lehnstuhl sitze, entweder alle drei auf mir drauf, oder ein Zwilling rechts auf dem Schemelchen, einer links und Peter zureiten auf meinen Knien, drängend, daß ich ihm von der Geiß und den Zicklein erzähle, ungeduldig mit seinen Kinderhänden meine Backen streichelnd wenn ich von den beiden andern unterbrochen werde.»[59]

Schon zu Beginn ihrer Tagebuchaufzeichnungen beunruhigte Käthe Kollwitz die Aussicht auf das Alter. Es war unausweichlich wie der Tod und doch fast noch unerträglicher, weil der geistige und körperliche Verfall bei wachem Verstand ertragen werden musste. Noch keine fünfundvierzig Jahre alt, fürchtete Kollwitz das Alter als eine Zeit der Erstarrung und Kraftlosigkeit, in der sie kein Werk von Bedeutung mehr schaffen würde. Anfangs noch eine vage Furcht, stieg die Sorge, das bedrohliche Alter bald erreicht zu haben, während des Krieges immer öfter auf. Peters Tod erschien Kollwitz nachträglich als entscheidende Zäsur. «Von da an datiert für mich das Altsein», schrieb sie im Oktober 1917, «das dem Grabzugehn.»[60] Eine düstere Momentaufnahme, die sich später relativierte, als mit der Bürde des Krieges die Depression allmählich verschwand. Doch das Alter blieb ein drohendes Unheil, und Käthe Kollwitz beobachtete sich sehr genau, besonders seit im September 1919 ihre Mutter bei ihr eingezogen war.

Für Käthe Kollwitz war es eine Selbstverständlichkeit, die Mutter aufzunehmen, die seit gut zwanzig Jahren im Haushalt ihrer Schwester Lisbeth gelebt hatte. Trotzdem tat sie es nicht ohne Wehmut, denn sie musste Peters Stube dafür freimachen. «Wäre es nicht die Mutter», schrieb sie ihrer Freundin Anna Karbe, «ich gäbe die Stube nicht her. Aber so mußte es sein u[nd] ist gut.»[61]

Katharina Schmidt war bei ihrem Einzug einundachtzig Jahre alt. Seit gut zehn Jahren litt sie an fortschreitender Altersdemenz, war dabei die meiste Zeit still und gutmütig, was das Zusammenleben leicht machte. Erst im Gespräch mit der alten Frau stellte sich heraus, dass sie fast nur noch in ihren Erinnerungen lebte. Zu sehen, wie ihre Mutter geistig immer weiter verfiel, belastete Kollwitz sehr. Sie fürchtete, in die eigene düstere Zukunft zu blicken.

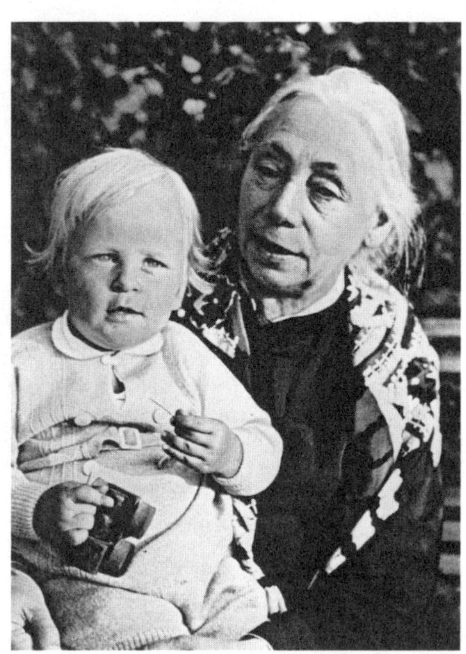

24 Käthe Kollwitz mit ihrem Enkel Arne, 1931

Käthe Kollwitz lebte in einer Zeit, in der sich die Wahrnehmung von Jugend und Alter grundlegend veränderte. Das Alter verlor zunehmend seinen Reiz, während die Jugend einen Siegeszug antrat, der bis heute anhält. Jugend stand für Offenheit und Inspiration, Romantik und Kraft. Auch Kollwitz war von dieser Vorstellung stark geprägt. Sie glaubte daran, dass die nachfolgende Generation die gegenwärtige überflügeln würde, so wie ihre Generation die der Eltern überflügelt hatte. Das galt zuerst für den künstlerischen Bereich, wo die Secessionisten von Anfang an mit dem Wissen um ihre eigene Begrenztheit angetreten waren. Käthe Kollwitz wollte ihrer Familie im Alter nicht zur Last fallen, aber mehr als das fürchtete sie sich vor einer öffentlichen Blamage. Sie wollte nicht zu den Künstlern gehören, die sich mit einem uninspirierten Alterswerk lächerlich machten – lieber wollte sie die eigene Schaffenszeit und das Leben selbstbestimmt beenden.

«Das Gefühl des Alters verstärkt durch Mutters Bild eines geistig gealterten Menschen», heißt es im Tagebuch.[62] Trostlos beobachtete

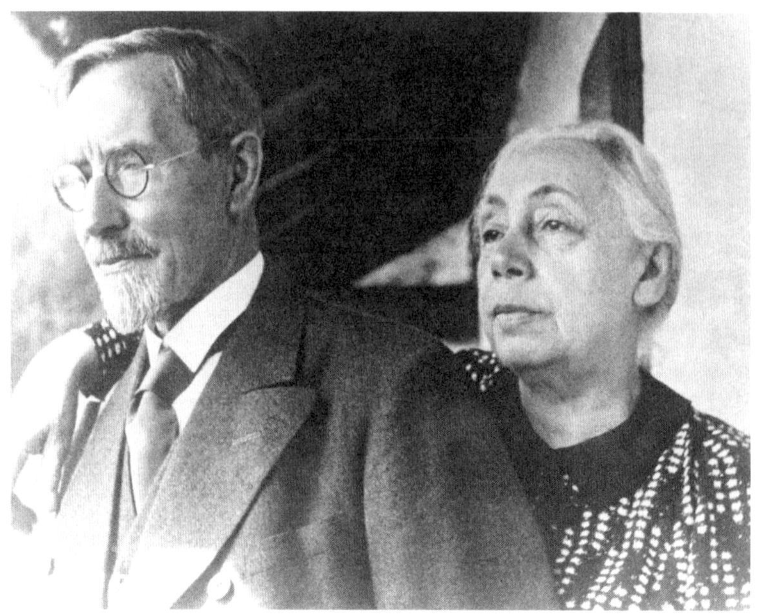

25 Karl und Käthe Kollwitz, um 1925

Kollwitz «die mitunter auftretenden irren Zustände» und beschloss schon zwei Monate nach dem Einzug der Mutter: «O nein – ich will nicht so werden. Ich will nicht. Ich will eher fortgehn.» Von da an beobachtete sie sich sehr genau und suchte nach Anzeichen des eigenen geistigen Verfalls. Die Bedürftigkeit der Mutter vor Augen, schien ihr der selbst gewählte Tod die bessere Alternative. Der Freitod war in der Familie Schmidt durchaus schon vorgekommen. Käthe Kollwitz' Onkel Theobald hatte sich mit siebzig Jahren das Leben genommen, als er Anzeichen von Wahnvorstellungen an sich bemerkte, und ihr Vater, Carl Schmidt, hatte sogar eine Abmachung zur Sterbehilfe getroffen, falls er seinen Tod nicht mehr selbst herbeiführen könnte.[63]

Neben dem gefürchteten geistigen Verfall drohte der körperliche. Plötzlich auftretende Krankheiten machten das Alter sehr konkret. Im Februar 1923 musste sich Käthe Kollwitz an der Gallenblase operieren lassen, eine Notfalloperation. Ihr Leben war in Gefahr, ein paar Tage später hätte sie schon tot sein können. Die Abschiedsszene am Krankenbett hielt sie später im Tagebuch fest: «Ich war müde und sprach vom Tode als etwas doch wohl Kommenden.» Karl allein zurücklassen zu müssen, hätte sie geschmerzt. «Er weinte und sagte: Ich komm Dir bald nach.» Hans, so meinte sie, würde ihren Tod leichter verkraften, jetzt, wo er eine Familie hatte und Ottilie wieder schwanger war. Weinend hatten sie sich voneinander verabschiedet. «Ich weiß noch wie ich herausgefahren wurde schon auf dem Operationswagen, links stand Lise und küsste mir die Hand zum Abschied und dann zwischen Karl und Hans durch – da gab es noch einen Moment Halt zum Abschiednehmen – dann die Maske aufgedrückt.»[64]

Die Operation verlief gut, aber die Heilung dauerte lang. Viereinhalb Wochen musste Kollwitz im Krankenhaus bleiben, ein Vorgeschmack auf das Alter. Der lange Genesungsprozess mündete in einer Kur: «Ruhe – Ruhe – Ruhe zum wirklichen Ausruhen»,[65] bevor das Leben noch einmal ordentlich Fahrt aufnehmen sollte.

Gipfelstürmerin

«Secessionsversammlung», notierte Käthe Kollwitz am 31. Januar 1919 ins Tagebuch. «Höre von Klimsch und Gaul, daß ich in die Akademie der Künste gewählt bin. Große Ehre, aber ein bißchen peinlich für mich. Die Akademie gehört doch zu den etwas verzopften Institutionen, die beiseite gebracht werden sollte.»[66] Kollwitz nahm kein Blatt vor den Mund, wenngleich sie damit die Bildhauerkollegen Fritz Klimsch und August Gaul brüskierte und zu harschem Widerspruch reizte. Die Akademie, so Gaul, sei in der Monarchie eine machtlose, unselbständige Institution gewesen. Erst jetzt habe sie die Chance, ihre inspirierende Kraft zu beweisen.

Er sollte Recht behalten, auch wenn Kollwitz das zunächst für unwahrscheinlich hielt. Mitten in der Revolution und angesichts eines verlorenen Weltkriegs, den man als Verteidigungsfall verkauft hatte, misstraute sie den alten Instrumenten des wilhelminischen Staates. Die Akademie der Künste kannte sie als äußerst staatstragende Einrichtung.

Die konservative Haltung der alteingesessenen Akademieprofessoren war ihr kürzlich noch im «Bund schaffender Künstler» begegnet. Eine Zusammenarbeit mit rückschrittlichen Kollegen schien ihr gerade in der Zeit des Umbruchs sinnlos.

Andererseits unternahm Kollwitz nichts, um ihre Aufnahme in die Akademie zu verhindern. Den offiziellen Unterlagen zufolge machte die Akademie der Künste sie im März 1919 als erste Frau überhaupt zum ordentlichen Mitglied.[67] Die Lehrstelle für Graphik, die man ihr anbot, wies Kollwitz dagegen zurück.[68] Und als man ihr im Sommer desselben Jahres den Professorentitel antrug, bemühte sie sich mit allen Mitteln, diese unerwünschte Ehrung zu verhindern. Sie wandte sich sogar brieflich an das Ministerium für Wissenschaft, Kunst und Volksbildung und erklärte, dass sie über die ihr bezeigte Anerkennung ihrer Arbeit sehr erfreut sei, den Titel aber aus prinzipiellen Gründen nicht annehmen könne: «Meiner ganzen bisherigen Stellungnahme nach begrüßte ich die im November 1918 vorgeschlagene Beseitigung sämtlicher Titel und bedauerte die spätere Beibehaltung derselben. Infolgedessen erscheint mir die Annahme eines Titels für meine Person als Inkonsequenz.»[69]

Sie bat darum, den Vorgang rückgängig zu machen, setzte allerdings hinzu: «Sollte die Verleihung jedoch schon publik geworden sein, so ist es mir unangenehm, eine Sache von derartiger Wichtigkeit daraus zu machen und einen öffentlichen Widerruf erfolgen zu lassen. In diesem Fall möchte ich den Titel annehmen».[70] So geschah es dann auch: Obwohl das «Berliner Tageblatt» als erste Zeitung erst gut zwei Wochen später in einer kleinen Pressenotiz von der Ernennung der Künstlerin zur Professorin berichtete, galt der Vorgang als unumkehrbar.[71] Kollwitz fügte sich, trug den Titel aber nur im Stillen und ließ sich, insbesondere von Freunden, nicht als «Professor» ansprechen.[72]

Insgesamt weigerte sie sich, der Angelegenheit viel Beachtung zu schenken. Sie glaubte nicht an die Wandlungsfähigkeit der Akademie und erwartete sich für die eigene Arbeit wenig. Eine klare Fehleinschätzung, denn die Akademie war durchaus zur Veränderung in der Lage und entwickelte sich unter der Präsidentschaft von Max Liebermann zu einem lebendigen Impulsgeber.

Mit der Zeit erkannte das auch Käthe Kollwitz. Nach der stillen Mitgliedschaft der ersten Jahre ließ sie sich 1921 in die Ausstellungskommission wählen und knüpfte kulturpolitisch da an, wo sie vor dem Krieg aufgehört hatte. Sie jurierte für die große Kunstausstellung und die «Schwarz-Weiß-Ausstellung» der Akademie und kümmerte sich ansonsten um ‹Frauenangelegenheiten›.[73]

Käthe Kollwitz war nicht nur die erste Frau in der Akademie der Künste. Sie war *die* Frau, Stellvertreterin für alle Frauen in der Kunst und Deckmantel für die misogynen Strukturen, die dahinter erhalten blieben. Mit einer Frau in ihren Reihen musste sich die Akademie wegen der Gleichberechtigung von Männern und Frauen keine Vorhaltungen machen lassen. Frauen, so schien es, konnten in der Kunst zu Amt und Würden kommen. Einer Frau war es gelungen, Ende der Debatte.

Volle sieben Jahre lang trug Kollwitz die Ehre, als Frau in die Akademie gewählt worden zu sein, allein. Erst 1926 nahm die neugegründete Sektion für Dichtkunst mit der Schriftstellerin Ricarda Huch (Abb. 28) eine zweite Frau auf. Als dritte folgte 1931 die Bildhauerin Renée Sintenis, die später den bekannten «Berliner Bären» entwarf. Frauen in der Akademie der Künste waren noch lange eine Ausnahmeerscheinung, und bis heute hat sich das kaum geändert.

Kollwitz allerdings kümmerte dies wenig. Ihre singuläre Rolle ist weder in Briefen noch im Tagebuch je erwähnt. Überhaupt schrieb sie wenig über die Akademie. Ihre Aufgaben als Mitglied in der Ausstellungskommission nahm sie pflichtbewusst wahr, hielt Kontakt zur weiblichen Künstlerschaft und deren Kooperationen und lud im Auftrag des Gremiums Frauen zur Teilnahme an den Jahresausstellungen ein.[74]

Der Austausch funktionierte auch in die andere Richtung. Für die weibliche Künstlerschaft war Käthe Kollwitz das Bindeglied zur Akademie. Immer wieder richteten Künstlerinnen oder weibliche Angehörige von Künstlern Anfragen an sie und baten bei Verhandlungen mit der Akademie um Unterstützung und Fürsprache. Pflichtschuldig trug Kollwitz deren Anträge in der Kommission vor, hatte aber nie Erfolg. Nicht eine ihrer Anfragen und Vorschläge wurde aufgegriffen, was zum Teil daran gelegen haben mag, dass Kollwitz ungern um Gefallen angegangen wurde. Es fiel ihr schwer, die Anliegen anderer mit der nötigen

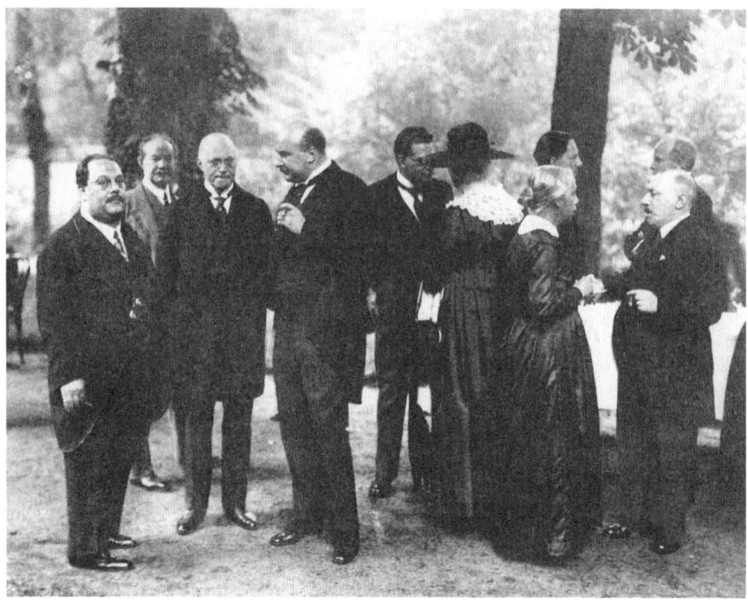

26 Empfang bei Reichspräsident Friedrich Ebert, rechts Käthe Kollwitz im Gespräch mit Dr. Osborn, Ullstein Verlag, 1922

Überzeugung vorzubringen. Doch selbst wenn ihr wirklich etwas daran lag, etwa als sie versuchte, die Arbeiten ihrer Freundin Clara Siewert in die Jahresausstellung zu bringen, hatte sie kein Glück.[75]

Hatte die Ausstellungskommission aber sensible Aufträge auszuführen, zog man gerne die Kollwitz heran. Einen verprellten Künstler zur Beschickung der Ausstellung zu bewegen, einer Witwe zu kondolieren und Werke ihres verstorbenen Mannes für eine Gedenkausstellung auszuwählen: das waren seltene Außentermine, die Käthe Kollwitz für die Kommission erledigte.[76] Durch ihre tatkräftige Mitarbeit in der Kommission blieb sie präsent, denn in Ausstellungen war sie nur selten vertreten.

Die politischen Plakate zählte sie nicht zu ihrem künstlerischen Œuvre und präsentierte sie nur in Ausnahmefällen. Die Skulpturen entwickelten sich langsam – nicht jedes Jahr war etwas Vorzeigbares dabei. So tat sich Käthe Kollwitz in den Akademieausstellungen vor allem mit

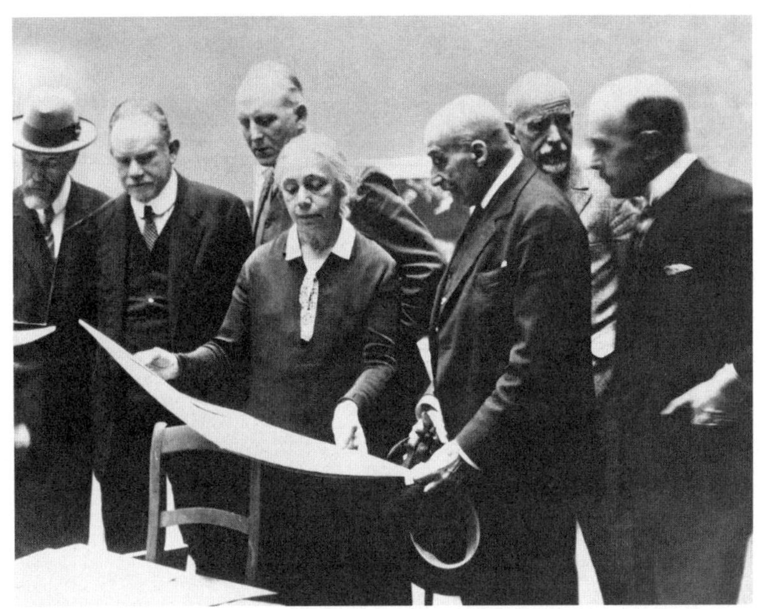

27 Preußische Akademie der Künste, Mitglieder der Jury bei der Prüfung der eingereichten Arbeiten für die Herbstausstellung, in der Mitte Käthe Kollwitz und Max Liebermann, 1927

ihren Holzschnitten hervor. Das «Gedenkblatt für Karl Liebknecht» fand 1921 große Beachtung. 1923 räumte man ihr im Rahmen der «Schwarz-Weiß-Ausstellung» eine eigene Einzelausstellung ein. Sie zeigte die sieben Blätter der Kriegsfolge, dazugehörige Zeichnungen sowie ausgewählte Arbeiten zum Tod und war überrascht von der begeisterten Resonanz. Von einem solchen Erfolg hatte sie nicht zu träumen gewagt, doch zu wissen, dass ihr Werk die Menschen noch immer berührte, sei sehr beglückend, schrieb sie der Freundin Erna Krüger.[77]

Die Plakate, die Holzschnitte und die Mitgliedschaft in der Akademie brachten die Künstlerin wieder in den Blick der Öffentlichkeit. Das wirkte sich positiv auf die Verkaufszahlen aus, was in Zeiten der Hyperinflation mehr als gelegen kam. Wie populär sie war, bekam Käthe Kollwitz 1927 zu ihrem sechzigsten Geburtstag zu spüren. Nicht nur, dass

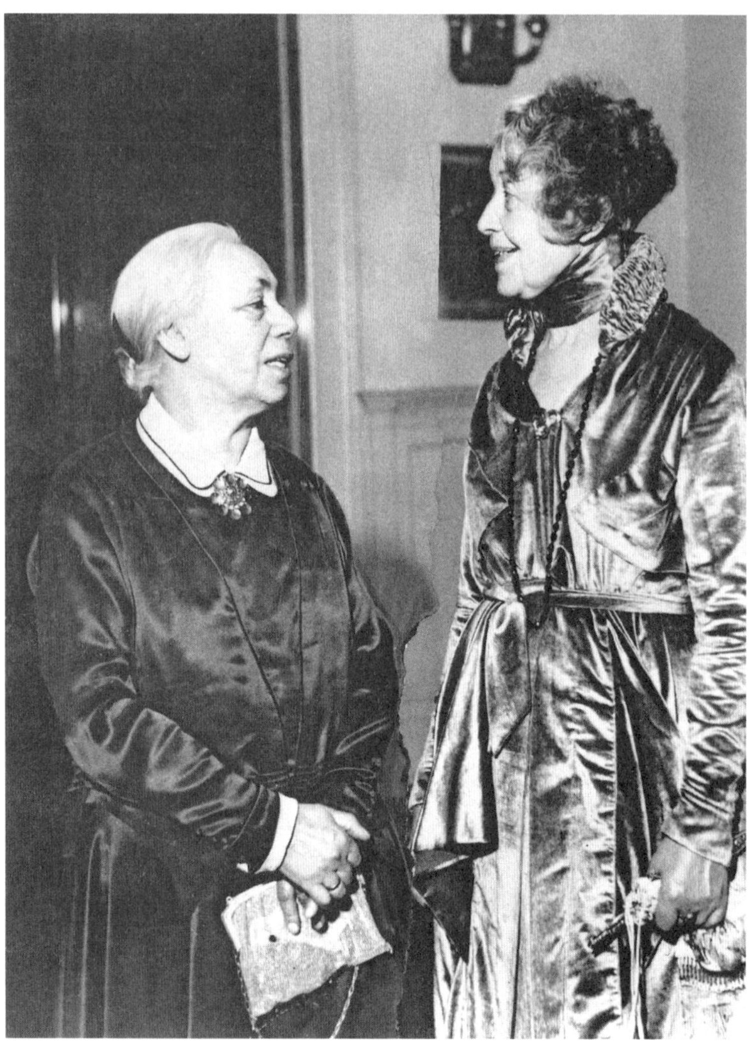

28 Käthe Kollwitz und Ricarda Huch, 1931

sie im Rahmen der «Schwarz-Weiß-Ausstellung» eine Kollektion ihrer Arbeiten aus allen Lebensphasen zeigen durfte, es erreichten sie an ihrem Ehrentag auch zahllose Gratulationen aus ganz Deutschland. Mehr als fünfhundert Briefe und Telegramme kamen zusammen. Minister, Bürgermeister, Staatsbeamte und Botschafter schickten ihre

Glückwünsche. Die Kunstakademien verschiedener Städte, der Verband bildender Künstler, der Frauenverband bildender Künstler und die Berliner Nationalgalerie gratulierten herzlich. Max Liebermann kam als Akademiepräsident sogar persönlich vorbei. Zeitungen und Zeitschriften ehrten Käthe Kollwitz mit Artikeln und Sonderseiten. Eine Gruppe junger Kommunisten sang ihr zu Ehren ein Ständchen: «Brüder, zur Sonne, zur Freiheit», «Auf in den Kampf» und die «Internationale», bei der Käthe Kollwitz sogar mitgesungen haben soll.[78] Besonders wichtig waren ihr die privaten Glückwünsche von Freunden, Weggefährten, Kunstliebhabern und Fremden, darunter auch Briefe jugendlicher Anhänger, die sie sehr berührten.

Noch Wochen später schrieb Kollwitz Dankesbriefe. Stolz und gerührt erklärte sie Max Lehrs: «Wie wunderbar ist das, zu wissen man hat nicht umsonst gearbeitet, sondern überall klingt es zurück. Herrlich.»[79] Käthe Kollwitz hatte den Gipfel des Ruhmes erklommen. Sie war unbestritten die «größte graphische Potenz der deutschen Kunst überhaupt».[80] Da fehlte nur noch ein einträgliches Amt.

Kein Geringerer als der Akademiepräsident Max Liebermann setzte sich mit einem Empfehlungsschreiben für Kollwitz ein, als die Akademie einen neuen Vorsteher des Meisterateliers für Graphik suchte. Die Künstlerin hatte im Senat der Akademie keine Unterstützer. Ihr Name war zwar von Anfang an in der Diskussion, doch hätte die Mehrheit der Senatoren die Stelle lieber einem Maler gegeben als einer Frau. Der Kultusminister allerdings erhob Einspruch dagegen. Der Senat diskutierte erneut, versuchte noch einmal, den Maler Ludwig Dettmann durchzubringen, und scheiterte wieder. Es brauchte drei Anläufe und vier Monate, bis Käthe Kollwitz sich durchsetzen konnte. Am 3. April 1928 ernannte die Akademie der Künste sie offiziell zum «Meister der Graphik».[81]

Die Rangelei um ihre Person war Kollwitz nicht verborgen geblieben, trotzdem freute sie sich, als die Wahl endlich zu ihren Gunsten ausfiel. Sie erhielt in der Akademie ein großes Atelier, das ihre bildhauerische Arbeit beflügeln sollte, und auch finanziell lohnte sich der Posten, der mit einer Senatorenstelle verbunden war. Nur die Aussicht auf

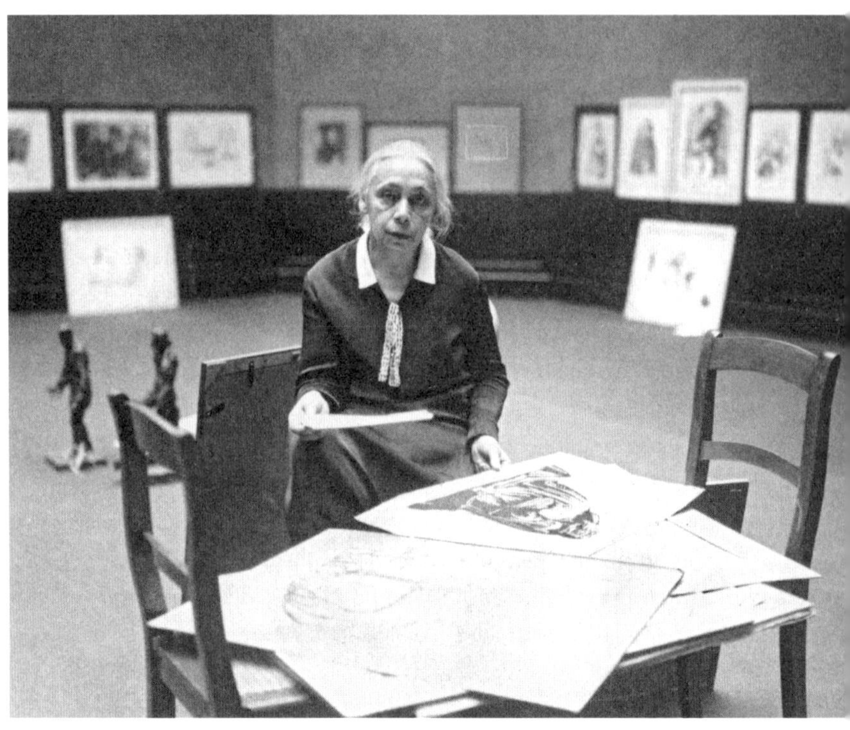

29 Käthe Kollwitz in der Akademie der Künste, 1927

die Lehrverpflichtung schmälerte die Begeisterung ein wenig. Sie war eine Pflicht, der Kollwitz sich ohne Enthusiasmus stellte.[82]

Lange währte die Freude über den Karrieresprung nicht. Noch vor der Vereidigung erkrankte Kollwitz an einer Grippe. Sie erlitt mehrere kardiogene Schocks, die ihren Kreislauf schwächten und das Herz angriffen. Ihr Gesundheitszustand war marode und die Genesung langwierig. Mehrere Kuraufenthalte im sächsischen Bad Elster und an der Ostsee waren nötig, bis Käthe Kollwitz wieder ans Arbeiten denken konnte. Als sie sich zum Jahresende endlich zurückmeldete, war die Freude am beruflichen Erfolg längst verflogen.

Kleinmütig bezog sie die prächtigen Atelierräume in der Akademie, einen großen Raum für die Bildhauerei, einen kleineren für die Graphik. Das Angebot schien ihr zu spät gekommen zu sein. Große

Sprünge, die man von ihr als Vorsteherin eines Meisterateliers erwartete, traute sie sich nicht mehr zu. Nur langsam tastete sie sich in die Arbeit zurück. Das erste Blatt, das sie vornahm, war ein Auftrag der Leipziger Sozialdemokraten: revolutionäre Matrosen, die, von der Menge bejubelt, auf einem Lastwagen durch das Brandenburger Tor fahren. Kollwitz wollte mit der Zeichnung die hoffnungsvolle Aufbruchsstimmung der ersten Revolutionswochen wieder aufleben lassen.[83] Daneben fertigte sie verschiedene kleine Auftragsarbeiten an, zeichnete das Cover für die deutsche Ausgabe von Jack Londons Erfahrungsbericht «Menschen der Tiefe», das Titelbild für die Broschüre «Nie wieder Krieg» vom Internationalen Gewerkschaftsbund und Einzelblätter mit Müttern und Kindern. Die wesentliche Aufgabe, das große Projekt für die nächsten Jahre war aber ein anderes.

Im Juni 1919 hatte Käthe Kollwitz das Denkmal für Peter abbauen lassen. Seither war es ihr ein Sehnsuchtsprojekt gewesen. Immer wieder erwähnte sie die Arbeit im Tagebuch, grämte sich, dass sie hatte aufgeben müssen, und hoffte, dass eine Wiederaufnahme irgendwann doch noch gelingen würde. Zum zehnten Jahrestag des Kriegsausbruchs entwarf sie zum ersten Mal ein umgestaltetes Konzept. Das Denkmal sollte nun nicht mehr im Berliner Umland stehen, sondern direkt auf dem Friedhof im belgischen Roggevelde, wo Peter nach einer Umbettung seine vorläufig letzte Ruhestätte gefunden hatte.

Kollwitz dachte an ein überlebensgroßes Hochrelief der Eltern oder zwei blockartige Figuren, die links und rechts vom Portal den Friedhof bewachen sollten. Die Besucher müssten zwischen den Figuren hindurchgehen und dabei eine Inschrift überschreiten, die lauten könnte: «Hier liegt deutsche Jugend», «Hier liegt Deutschlands schönste Jugend», «Hier liegt tote Jugend» oder «Hier liegt Jugend».[84]

Der neue Entwurf unterschied sich gravierend vom ersten, den Kollwitz während der ganzen Dauer des Krieges mühsam bearbeitet hatte. Die ursprünglich zentrale Figur, der gefallene Sohn, der flach ausgestreckt auf seinem Totenbett lag, war aus dem neuen Konzept verschwunden. Geblieben waren Trauer und Verzweiflung: Mutter und

Vater, niedergedrückt und erstarrt, blicken ins Leere, als könnten sie den Verlust nicht fassen.

«Pläne! Wer führt sie aus?», fragte sich Kollwitz. Dass sie selbst es tun könnte, erschien ihr illusorisch. «Vor zehn Jahren vielleicht – jetzt bin ich körperlich zu erledigt.»[85] Und doch elektrisierte sie der Gedanke.

Einstweilen blieb es ein Traum. Die Arbeit am Denkmal war ein Berg, von dem sie nicht wusste, ob sie ihn erklimmen könnte. Sie fürchtete, der Aufgabe weder körperlich noch künstlerisch gewachsen zu sein, schob die Denkmalidee immer wieder beiseite und arbeitete weiter an der Großplastik «Mutter mit zwei Kindern».[86] Erst bei ihrem Jahresrückblick an Silvester 1925, als sie erkannte, wie langsam sie mit dem Denkmal vorankam, fasste sie einen konkreten Plan. Sie setzte sich über alle inneren und äußeren Widerstände hinweg, wollte endlich neu anfangen mit dem Denkmal, den neuen Plan skizzieren, dann hinfahren nach Belgien, den Friedhof begehen und sehen, ob sich die Idee überhaupt verwirklichen ließe. Die Zeit drängte. Käthe Kollwitz war mittlerweile achtundfünfzig Jahre alt. Sie wollte keine Zeit mehr verlieren. Noch immer erschien ihr das Denkmal notwendiger als alles andere, was sie stattdessen hätte fertigstellen können.[87]

Die Reise nach Belgien war längst geplant. Zusammen mit Karl wollte Käthe Kollwitz sehen, was sie im Krieg so lange vergeblich erträumt hatte: das Grab ihres Sohnes. Im Juni 1926 brachen sie auf.

Der Soldatenfriedhof Roggevelde war in der flachen flämischen Landschaft nahe Diksmuide angelegt worden. Drumherum hatte der Krieg seine Spuren hinterlassen. Granatlöcher, Unterstände und Laufgräben zerfurchten den Boden und vermittelten eine Ahnung von dem Grauen, das sich hier ereignet hatte. Noch ganz unerschlossen lag der Friedhof einsam zwischen den Feldern zweier Höfe. Eine Hecke verbarg den Blick auf die Gräber, irgendwo gab es eine Lücke, mit Draht versperrt, das war der Eingang. Drinnen stand Kreuz an Kreuz, ein kleines Blech in der Mitte trug Namen und Nummer des Gefallenen, wenn man sie denn kannte. Oft war es nur ein «Allemand inconnu», ein unbekannter Deutscher.

Kein Hügel grenzte das eine Grab vom nächsten ab, die Kreuze standen eng beieinander, es mochten zweitausend sein. Viele davon waren flache gelbe Holzkreuze. Von den ursprünglichen großen, inzwischen verwitterten Kreuzen standen nur noch wenige.[88] Dazwischen sah man die nackte gelbe Erde, hier und da hatte jemand einem Gefallenen ein paar wilde Rosen gepflanzt. Käthe und Karl Kollwitz schritten langsam die Reihen ab, betrachteten die Schildchen, suchten Peter und fanden sein Grab schließlich am Ende einer Reihe. Käthe legte dem Sohn drei Heckenrosen aufs Grab.

Den Besuch in Roggevelde schilderte Kollwitz sehr ausführlich in einem Brief an Hans und Ottilie. Sie fügte sogar eine Zeichnung hinzu, nicht allein, damit sich die Daheimgebliebenen ein Bild machen konnten, auch zur Stütze der eigenen Erinnerung, denn sie war ja nicht nur als trauernde Mutter nach Belgien gekommen. Sie war dort als Künstlerin, die sich mit der Topographie vertraut machen wollte, um ihr eigenes Werk in die Gegebenheiten einzufügen.

Zwei Denkmäler schmückten den Friedhof bereits: in der Mitte eine kurze Säule auf einem Sockel und am Rand eine Säulenanlage. Gemeinsam mit Karl überlegte Käthe Kollwitz, wo man ihre Figuren aufstellen könnte. Am schmucklosen Eingang, der bestenfalls ein Durchgang war, war das unmöglich, denn der Boden war abschüssig. Für die zwei überlebensgroßen Figuren kam nur ein einziger Platz in Frage: Die «trauernden Eltern» sollten gegenüber vom Eingang stehen und über die Gräber blicken.

«Ach könnte ich bloß gesund leben bis ich die Arbeit fertig gemacht habe», notierte Kollwitz nach ihrer Rückkehr aus Belgien. Noch immer schob sie den Beginn der eigentlichen Arbeit vor sich her. Ihr fehlte der Mut. Statt des großen Projekts trieb sie die «Mutter mit zwei Kindern» voran und arbeitete an einem plastischen Selbstbildnis. Am 13. Oktober – in Peters Gedenkkalendarium dem Tag seiner Abreise – hatte sie noch immer nicht angefangen. Aber am 22. – seinem letzten Tag – ließ sie sich im Atelier Gerüst und Ton aufbauen. «Es beginnt. Mir ist zumut, als wenn ich jetzt – unmittelbar – vor der letzten Stufe meiner Arbeit stehe.»[89] Alles müsse vorhalten, bis sie beide Figuren vollbracht habe: Gesundheit, Kopf, Augen und Geld.

Um finanzielle Mittel bemühte sie sich seit dem Frühjahr intensiv. Käthe Kollwitz war keine Unbekannte; wenn sie um Mittel für ein

Kriegsdenkmal warb, fand sie Unterstützung in den höchsten Kreisen. Der Reichskunstwart Edwin Redslob verschaffte ihr für die Ausführung des Denkmals und den Transport nach Belgien eine größere Geldsumme. Im Gegenzug versuchte er, die Künstlerin für ein eigenes Projekt zu gewinnen: Sie sollte sich an der Errichtung eines nationalen Ehrenmals für die Gefallenen des Weltkriegs beteiligen. Gerne würde man ihr Denkmal noch einmal aushauen lassen und als Portal der Trauer in einer Naturgedenkstätte aufstellen. Die Pläne waren noch nicht ausgereift, aber man dachte an ein Fleckchen Land in Mitteldeutschland, mit etwas Wald und einer Anhöhe, auf der eine ewige Flamme für die Toten brennen sollte. Käthe Kollwitz fühlte sich geehrt. Sehr gerne wollte sie sich an diesem Projekt beteiligen. Hier, so meinte sie, hätte sie die Möglichkeit, «gewissermaßen im Auftrag des ganzen Volkes für das ganze Volk [zu] sprechen».[90] Wenn ihr eigener Plan denn aufging und sie ihr großes Werk tatsächlich vollendete.[91]

Sie begann in aller Stille, erst im Atelier im Siegmund Hof, später in der Akademie. Die Arbeit fiel ihr schwer. Fünf Jahre lang arbeitete sie an kaum etwas anderem, bis sie 1931 die zwei Figuren als Gipsmodelle bei der Frühjahrsausstellung der Akademie der Künste zeigen konnte: die «Mutter» gebeugt in ihrer Trauer, die Hände am Kinn, der Körper in ein Tuch gehüllt; der «Vater» aufrecht, erstarrt im Schmerz, in die Ferne blickend. Die Gesichter waren die von Käthe und Karl Kollwitz – eine spontane Eingebung. Nachdem die Künstlerin mit verschiedenen Modellen gearbeitet hatte, fiel ihr Ende 1928 ihr Selbstbildnis in Gips auf, das seit längerer Zeit eingepackt im Atelier stand. Wie Schuppen fiel ihr von den Augen, dass sich der eigene Kopf für das Denkmal gut eignete.[92]

Im April 1931 entließ sie die beiden Figuren also in die Öffentlichkeit: «Seit Jahren in gänzlicher Stille an ihnen gearbeitet, keinen, kaum Karl und Hans dazu gelassen, mach ich jetzt die Türen weit auf, dass möglichst viel Menschen sie sehn.»[93] Kollegen zeigten sich beeindruckt und äußerten sich anerkennend, auch Bildhauer, deren Urteil Kollwitz mit Sorge erwartet hatte. So fügte sich nun alles. Jetzt mussten August Rahdes und Fritz Diederich die Figuren nur noch nach Anleitung der Künstlerin in belgischem Granit ausschlagen. «Im Herbst –

Peter – bring ich sie zu Dir», versprach Kollwitz.[94] Aber aus Herbst wurde Winter und noch im Frühling arbeitete sie mit den Bildhauern an den Details. Die Verzögerungen nutzte sie für letzte finanzielle Regelungen. Ein großer Teil der Mittel war ihr zum sechzigsten Geburtstag vom Deutschen Reich und vom Land Preußen zugesagt worden. Der «Verein der Freunde der Nationalgalerie» wollte die Gipsfiguren ankaufen und damit einen Beitrag zur Aufstellung leisten. Und die belgische Gräberverwaltung übernahm die Kosten für Fundamentlegung und Sockel.[95] Den nicht unerheblichen Restbetrag trug die Künstlerin selbst.

Ehe die «trauernden Eltern» nach Belgien verschickt wurden, standen die Figuren Anfang Juni 1932 zwei Wochen lang in der Vorhalle der Nationalgalerie. Von der Idee bis zur Fertigstellung waren achtzehn Jahre vergangen, genauso viele, wie Peter gelebt hatte. In der Zeit hatte das Denkmal einen unübersehbaren Wandel vollzogen. Das erste Konzept, das getragen war von der kriegsherrlichen Stimmung der ersten Wochen des Krieges, hatte den Körper des Sohnes zum Zentrum. Aufgebahrt wie ein Märtyrer oder König forderte er Verehrung, vielleicht sogar Anbetung. Diese Idee verlor sich im Laufe der Durcharbeitung. Die Kriegsbegeisterung war der Verzweiflung gewichen, zurück blieb nicht ein kultisch verehrter Toter, sondern die Eltern, die reglos und verzweifelt den Verlust von Leben und Jugend betrauerten.

Die kommunistische Presse äußerte sich verhalten. In einer kleinen Notiz in der «Roten Fahne» erkannte man zwar die künstlerische und menschliche Größe des Monuments an, beklagte aber die «beinahe religiös wirkende Ergebenheit» der Figuren. Die fehlende Auflehnung gegen den imperialistischen Krieg erwecke den Anschein, es handle sich um einen Schicksalsschlag, dem man nicht hätte ausweichen können.[96] Käthe Kollwitz ärgerte sich über diesen Verriss. Sie fürchtete, die Arbeiterschaft würde ihr Werk missachten.[97] Dabei mangelte es dem Denkmal keineswegs an Publikum. Die bürgerliche Presse feierte Kollwitz. Schlicht und eindrücklich, so hieß es, schilderten die «trauernden Eltern» den Schmerz, der so viele Menschen in den Kriegsjahren befallen habe. Jede Linie, jede Fläche sei Ausdruck dieser Pein. Gleichzeitig entströme den Figuren eine feste Würde, das Elend zu ertragen und Haltung zu bewahren.[98]

Käthe Kollwitz' Freundin Jeep veröffentlichte einen Artikel, der die Werkgenese über das Sichtbare hinaus offenlegte. Von Kollwitz autorisiert, erzählte Jeep die Geschichte der Familie. Sie erläuterte den persönlichen Charakter des Denkmals und löste das Werk gleichzeitig aus dem privaten Entstehungszusammenhang heraus, indem sie auf die Tausenden von Freiwilligen und ihr zeitloses Opfer verwies, denen das Werk gewidmet war. Peter Kollwitz war in ihren Reihen nur ein Einzelner gewesen, das Denkmal aber spreche für alle, die im Kampf für eine bessere Welt – eine Höherentwicklung der Menschheit – ihr Leben gelassen hatten.[99]

Schließlich war es so weit. Karl und Käthe Kollwitz reisten im Juli 1932 nach Belgien, um den letzten Schritten der jahrelangen Arbeit beizuwohnen: der Aufstellung der Figuren auf dem Soldatenfriedhof von Roggevelde. Ein Grund zur Freude, doch als Käthe Kollwitz ihr Ziel erreichte, befiel sie Befremden.[100] Der Friedhof war seit ihrem letzten Besuch stark umgestaltet worden. Die Hecke war einer Steinmauer gewichen, der Boden planiert und begradigt. Rasen bedeckte die nun regelmäßig angeordneten Gräber. Alles schien kleiner und einförmiger, auch der Platz, den sie für das Denkmal vorgesehen hatte.

Die Figuren sollten neben dem neu eingerichteten Eingang stehen, die Kreuze wie eine Herde vor und neben sich. Jetzt schien der Platz zu klein, um die richtige Wirkung zu entfalten. Mithilfe zusammenklappbarer Silhouetten der Skulpturen zogen Karl und Käthe über das Gelände und probierten mehrere Standorte aus, wählten am Ende aber doch die Stelle am Eingang.

Das Fundament wurde nun gegossen und musste trocknen. Erst eine Woche später kamen die Figuren an ihren Ort. Zu diesem besonderen Anlass stieß Hans Kollwitz zu der Gruppe. Auch mit der Aufstellung war Käthe unzufrieden: Die «Mutter» musste vorne angehoben werden, denn das abschüssige Gelände betonte die Neigung ihres Körpers zu stark. Schlimmer noch stand es um den «Vater». Sein Blick ging nicht wie geplant in die Weite, er starrte vor sich auf die Gräber. Nach einem aufreibenden Arbeitstag verließ Käthe Kollwitz den Friedhof traurig und entmutigt.

Erst am nächsten Tag, ausgeruht und mit frischem Blick, erkannte

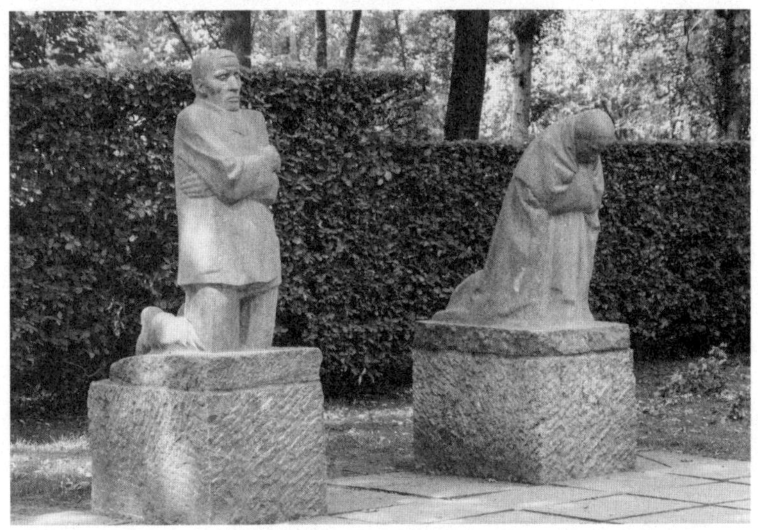

30 Käthe Kollwitz, Die trauernden Eltern, 1924–1932, Granit, Vladslo (Belgien), Soldatenfriedhof

sie, dass ihr Werk gelungen war. Bei einem letzten Spaziergang über das Gelände erfüllten sie Freude, Stolz und Traurigkeit. Vor der «Mutter» blieb sie stehen, sah ihr ins Gesicht, das ihr eigenes war, und weinte. Karl stand dicht hinter ihr. Sie bemerkte ihn erst, als er ihr tröstende Worte zuflüsterte. Sie nahmen Abschied. Die große Arbeit zum Krieg war beendet, und der nächste Krieg zog gerade herauf.

5. «Das Dritte Reich bricht an»

Der Rauswurf

«Berlin ist heute nacht in einer reinen Faschingsstimmung. SA- und SS-Trupps, sowie uniformierter Stahlhelm durchziehen die Straßen, auf den Bürgersteigen stauen sich die Zuschauer», notierte sich der Publizist und Kunstsammler Harry Graf Kessler am 30. Januar 1933 ins Tagebuch.[1] Von 19 bis 1 Uhr nachts marschierten rund 22 000 NSDAP-Anhänger, Sympathisanten und Neugierige durch Berliner Straßen. Sie passierten das Brandenburger Tor, defilierten an der Reichskanzlei vorbei und marschierten die Wilhelmstraße entlang. Der braune Mob besetzte den öffentlichen Raum und markierte wirkungsvoll das Ende der Republik.

«Das Dritte Reich bricht an», heißt es im Tagebuch von Käthe Kollwitz.[2] Eine undatierte Zeile, danach Schweigen. Noch ehe der Reichstag brannte, hatte Kollwitz ihre persönliche Bekanntschaft mit dem neuen Regime gemacht. Mitte Februar 1933 bestellte man sie in die Akademie der Künste ein. Es ging direkt zum Akademiepräsidenten Max von Schilling. Der war sichtlich außer Fassung und berichtete, wie er zu einer Aussprache ins Ministerium für Wissenschaft, Kunst und Volksbildung geladen worden war. Das Gespräch mit Reichskommissar Dr. Bernhard Rust drehte sich um den «Dringenden Appell», der seit ein paar Tagen wieder an Berliner Litfaßsäulen plakatiert war. Käthe Kollwitz wusste sofort, wovon er sprach.[3]

Sie hatte den Appell im Juli des Vorjahrs gemeinsam mit über dreißig anderen Prominenten aus Kultur und Wissenschaft unterzeichnet.

«Die Vernichtung aller persönlichen und politischen Freiheit in Deutschland steht unmittelbar bevor», hatte es da geheißen. Wie richtig diese Einschätzung gewesen war, zeigte sich jetzt. Man hatte die linke Wählerschaft im Kampf gegen den Nationalsozialismus vereinen wollen. Dass Kollwitz damit den Zorn der neuen Machthaber auf sich ziehen würde, war eigentlich vorhersehbar gewesen.

Max von Schilling stockte, fuhr dann aber fort: Rust habe gedroht, die Akademie der Künste zu schließen, sollten Käthe Kollwitz und Heinrich Mann nicht ausgeschlossen werden. Der Schlag kam überraschend. «Hätte ich daran gedacht, daß ich in meiner Eigenschaft als Vorsteherin des Graph[ischen] Meisterateliers *Beamte* bin, so hätte ich mir die Wirkung bei der jetzigen Regierung voraussagen können», schrieb sie später an Max Lehrs.[4] Vierzehn Jahre lang hatte sie mit der Akademie und ihren Mitgliedern friedlich zusammengearbeitet. Sie wusste auch, dass gerade Max von Schilling ihre künstlerische Arbeit schätzte. Das Ganze war sehr unangenehm, geradezu absurd, denn man zwang sie, die Akademie um die Annahme ihres freiwilligen Austritts zu bitten. Was blieb ihr anderes übrig, als dieser Aufforderung zu folgen. «Wäre es nicht zu dieser Lösung gekommen, hätte man gedroht, die ganze Akademie auffliegen zu lassen», berichtete sie an Jeep. «Natürlich tat ich es.»[5]

Noch am selben Abend rief von Schilling die ordentlichen Mitglieder der Akademie zu einer streng vertraulichen Sitzung zusammen. Er schilderte den dreiundfünfzig Anwesenden, was geschehen war. Tief getroffen von der drohenden Schließung, hatte er Rust angeboten, die Unterzeichner des Appells aus der Akademie auszuschließen. Käthe Kollwitz sei bereits informiert und habe «in Erkenntnis der Unrichtigkeit ihres Verhaltens (…) ihren Austritt aus der Akademie erklärt».[6] Heinrich Mann hingegen wisse von der Angelegenheit noch nichts. Auf Drängen der Anwesenden bat man ihn in die Akademie, doch kam er nicht in den Sitzungssaal, sondern ließ sich in seinem Dienstzimmer vom Präsidenten informieren. Vom Wortlaut der Unterhaltung hat sich nichts erhalten, nur die Erklärung: «Heinrich Mann erkennt an, daß der Präsident nicht anders handeln konnte, da er an das Wohl und Bestehen des Ganzen denken müsse. Er habe seinen Entschluß gefaßt, um der Akademie aus einer schweren Lage herauszuhelfen.»[7]

Im Sitzungssaal billigte die Mehrzahl der Anwesenden das Vorgehen des Präsidenten. Die Institution stand über dem Einzelnen. Nur Alfred Döblin erklärte, hinsichtlich ihrer Würde habe die Akademie an diesem Tag eine deutliche Niederlage erlitten. Baurat Martin Wagner verlangte eine Abstimmung über die Rechtmäßigkeit des Ausschlusses und das weitere Vorgehen. Als die Versammelten sie ablehnten, legte er seine Mitgliedschaft nieder und verließ unter Protest den Saal. Der Bühnenautor Ludwig Fulda erinnerte an das uneingeschränkte Recht der freien Meinungsäußerung, das nicht aufgrund eines Amtes beschnitten werden dürfe.[8] Nachträglich protestierte Ricarda Huch, die bezweifelte, dass der Reichskommissar wirklich den Mut gehabt hätte, die Akademie zu schließen. «Ich finde, man hätte es darauf ankommen lassen müssen», schrieb sie aus Heidelberg und kündigte an, die Akademie zu verlassen, sollte sie es für notwendig halten, um sich das Recht der freien Meinung und Meinungsäußerung zu wahren.[9] Ernst Barlach erkundigte sich, ob seine Mitgliedschaft zukünftig von einem politischen Bekenntnis abhängig sei, was von Schilling verneinte. Von Seiten der Akademie gab man jedoch zu bedenken, dass den Mitgliedern gemäß den «Pflichten des höheren Taktes, die man nicht in Paragraphen fassen» könne, eine «gewisse Zurückhaltung in der Ausübung des Rechts der freien Meinungsäußerung» auferlegt sei.[10]

Alle Einsprüche nützten nichts. In vorauseilendem Gehorsam war die Akademie der Künste den ersten Schritt zur Gleichschaltung gegangen. Im März erhielten alle Mitglieder einen Brief: «Vertraulich! Sind Sie bereit, unter Anerkennung der veränderten geschichtlichen Lage weiter Ihre Person der Preußischen Akademie der Künste zur Verfügung zu stellen? Eine Bejahung dieser Frage schließt die öffentliche politische Betätigung gegen die Regierung aus und verpflichtet Sie zu einer loyalen Mitarbeit an den satzungsgemäß der Akademie zufallenden nationalen kulturellen Aufgaben im Sinne der veränderten politischen Lage.» Wenige, darunter Ricarda Huch, Thomas Mann und Alfons Paquet, erklärten daraufhin ihren Austritt. Die meisten glaubten weiterhin, sich und die Akademie durch Unterwerfung zu retten. Für Käthe Kollwitz wäre das wohl ohnehin keine Option gewesen.

Bei den Gemaßregelten stehen

Der erzwungene Austritt aus der Akademie war für Käthe Kollwitz ein bitterer Auftakt des «Dritten Reiches». Im Grunde hatte sie jedoch geahnt, was auf sie zukommen würde, sollten die Nationalsozialisten die Macht erringen, und sie hatte versucht, sich für den Ernstfall zu rüsten. Ihre Vertragsangelegenheiten mit der Akademie der Künste hatte sie frühzeitig geregelt, wohl wissend, dass sie unter der Herrschaft der NSDAP keine Kooperation erwarten durfte. Kollwitz hegte keinen Groll gegen ihre ehemaligen Akademiekollegen. Sie hatten in den Jahren der Demokratie erfolgreich zusammengearbeitet – jetzt waren andere, düstere Zeiten angebrochen.

Käthe Kollwitz war von allen ihren Ämtern enthoben. Was genau das bedeutete, musste erst noch geklärt werden, und sie wartete ab. Dann aber brannte der Reichstag, und die Nationalsozialisten nutzten den Anschlag, um ihre politischen Gegner zu schwächen. Nach der «Verordnung des Reichspräsidenten zum Schutze des Deutschen Volkes», die schon Anfang Februar die Versammlungs- und Pressefreiheit stark eingeschränkt hatte, führte nun die «Reichstagsbrandverordnung» den entscheidenden Schlag gegen den Rechtsstaat. Sie beseitigte weitere Grundrechte wie die Meinungsfreiheit, die Unversehrtheit der Wohnung und des Eigentums. Verdächtige verloren jeden Rechtsschutz und für sogenannte Terrordelikte galt nun auch rückwirkend die Todesstrafe. Viele politische Gegner wurden in dieser Zeit von Polizei und SA in Kellern und «wilden Konzentrationslagern» festgehalten und misshandelt. Angst machte sich breit.

Hausdurchsuchungen, Schikanen, Verhaftungen – zahlreiche Antifaschisten und Juden verließen das Land, darunter auch Freunde von Käthe Kollwitz. Joseph Bloch und Max Wertheimer emigrierten mit ihren Familien in die Tschechoslowakei. Gerüchte machten die Runde: Angeblich war auch Kollwitz gefährdet. Sie fühlte sich bedroht und reiste mit Karl Ende März 1933 ins tschechische Marienbad (heute Mariánské Lázne) ab.[11] In der Sicherheit des Kurorts dachten sie darüber nach, ins Exil zu gehen. Niemand wusste, ob ein Leben in

Deutschland noch möglich war. Die SA ging brutal gegen ihre Gegner vor und Käthe Kollwitz stand seit langem öffentlich auf Seiten der Linken. Was würde sie bei einer Rückkehr erwarten? Viele Freunde und Bekannte hatten den Terror der neuen Machthaber schon zu spüren bekommen. Andererseits waren Käthe und Karl Kollwitz nicht mehr die Jüngsten. Karl würde im Juni seinen siebzigsten Geburtstag feiern, Käthe im Juli ihren sechsundsechzigsten. Sie hätten vermutlich noch ein paar Jahre – lohnte sich da die Flucht in ein fremdes Land, noch dazu ohne Hans und seine Familie?

Käthe und Karl Kollwitz brauchten nicht lange, um diese Frage zu beantworten. Sie hatten in gewisser Weise bereits Erfahrung mit der inneren Emigration gemacht, waren schon früher als Sozialdemokraten von staatlicher Repression betroffen gewesen und waren in einem so fortgeschrittenen Alter, dass sie den Nazis vielleicht nicht mehr als ernstzunehmende Gegner galten. Unbemerkt kehrten sie nach Deutschland zurück und versuchten, im «Dritten Reich» eine stille Ecke zu finden, in der sie unbehelligt weiterleben konnten. Von Berlin aus schrieb Käthe Kollwitz im April Briefe an ihre Freunde und erkundigte sich vorsichtig, wie es ihnen seit der Machtergreifung ergangen war.[12]

Was in den Monaten der Konsolidierung des neuen Regimes in Deutschland geschah, die verschiedenen Etappen der Erniedrigung, listete Kollwitz in ihrem Tagebuch auf, Schlag auf Schlag: Judenboykott, Entlassungswellen, Bücherverbrennung, Auflösung der Parteien, Gleichschaltung der Presse.[13] Nach der erfolgreichen Inszenierung der Machtergreifung als Übergangsritus im öffentlichen Raum nahm die Unterdrückung in den folgenden Monaten ungeahnte Dimensionen an. Die labile Demokratie war in wenigen Wochen niedergerungen, der Rechtsstaat außer Kraft gesetzt. «Unterdes lebt man und arbeitet.»[14]

Kollwitz widmete sich weiterhin der großen Plastik «Mutter mit zwei Kindern», die sie bis zum endgültigen Auszug aus ihrem Akademieatelier zum Jahresende fertiggestellt haben wollte. Außerdem schuf sie in dieser Zeit mehrere eindrückliche «Selbstbildnisse». Eines zeigt sie mit lang ausgestrecktem Arm bei der Arbeit (Abb. 31). Mit trotzig verbissenem Mund zeichnet sie gegen die politischen Hindernisse an. Auf einem anderen präsentiert sie dem Betrachter ihr faltiges, altes Ge-

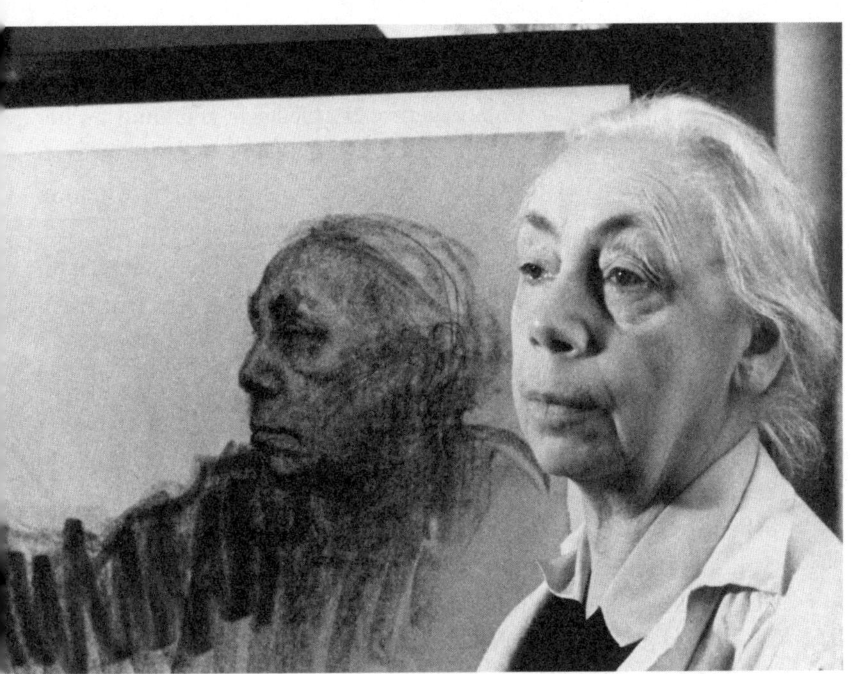

31 Käthe Kollwitz vor einem ihrer Selbstbildnisse in der Ateliergemeinschaft Klosterstraße, 1935

sicht sehr nahsichtig in einem außergewöhnlich engen Bildausschnitt. Nachdenklich legt sie die Hand an die Stirn, die dunklen Augen blicken unergründlich. Gedankenschweres Schweigen spricht aus diesem Gesicht: eine Selbstvergewisserung in Zeiten der existentiellen und künstlerischen Not.

Die Arbeit sollte Rettung sein, den Blick ablenken von den politischen Ereignissen. Doch das «Dritte Reich» drang unabwendbar in den privaten Raum von Käthe Kollwitz ein. Es begann mit der «Verordnung über die Zulassung von Ärzten zur Tätigkeit bei den Krankenkassen», die Vollstreckung kam in Gestalt von Briefen der Kassenärztlichen Vereinigung. Ärzte nicht-arischer Abstammung und solche, die sich «im kommunistischen Sinne» betätigt hatten, waren ab März 1933 von der Arbeit für die gesetzlichen Krankenversicherungen ausgeschlossen.

Karl Kollwitz erhielt einen der gefürchteten Briefe, obwohl er mit der Kommunistischen Partei und ihren Nebenorganisationen nie zu tun gehabt hatte, anders als seine Frau, die zwar kein Parteimitglied, aber doch eine prominente Mitarbeiterin verschiedener kommunistischer Initiativen gewesen war. Käthe oder Karl – da nahm es die Kassenärztliche Vereinigung nicht so genau. Für einen nachhaltigen Einschnitt in das Leben von Regimegegnern reichten Verdächtigungen und Gerüchte aus. Karl Kollwitz legte Widerspruch ein und erhielt Recht, mindestens drei Mal.[15] Doch stets dauerte es Monate, bis sein Einspruch geprüft und bestätigt war – Monate, die er nicht bei den Krankenkassen abrechnen konnte und die das wirtschaftliche Fundament des Paares angriffen.

Hans Kollwitz verlor im Sommer 1933 seinen Posten im Seuchendezernat. Obwohl er im Weltkrieg gekämpft hatte und dem gesellschaftlichen Umschwung positiver gegenüberstand, sorgte er sich schon im April 1933 um seine Stelle.[16] Die Kündigung kam im Juli und erreichte die mittlerweile sechsköpfige Familie im Sommerurlaub an der Ostsee. Was in den Augen des Regimes gegen Hans sprach, war seine Mitgliedschaft in der SPD. Der schnell eingereichten Beschwerde gab das Reichsarbeitsministerium nach zwei Monaten statt. Der freudigen Nachricht folgte am Abend eine Hausdurchsuchung.

Käthe Kollwitz mochte vor den Nazis keine Schwäche zeigen und war fest entschlossen, sich nicht einschüchtern zu lassen.[17] Vehement verbat sie dem langjährigen Freund Arthur Bonus, sie mit Hilfe eines Aufsatzes und eines Briefes an Hermann Göring zu rehabilitieren. Sie wollte sich dem Regime nicht anbiedern und hatte kein Interesse an Ehrungen und Anerkennungen von dieser Seite.

«Ich will und muß bei den Gemaßregelten stehen», erklärte sie in einem vielzitierten Brief an Bonus. Das war sie sich und ihrer Arbeit schuldig, auch ihrem Publikum, den unzähligen Menschen aus der Arbeiterschaft, die ihr Werk gegen das verbrecherische Regime der Nationalsozialisten hochhielten und die sicher damit aufhören würden, wenn sie «ehrenvoll wieder anerkannt» wäre. Alle Nachteile, die aus ihrem Widerstand erwuchsen, waren selbstverständlich zu ertragen. Tausenden gehe es so, darüber müsse man nicht klagen.[18] Käthe Kollwitz wollte still weiterarbeiten, bis sich alles beruhigt hatte.

«Als ob mein Herz tot ist»

So ganz hatte Kollwitz die Hoffnung nämlich noch nicht aufgegeben. Sie ging davon aus, dass die politische Lage sich mit der Zeit entschärfen würde. Ihre Karriere hielt sie, trotz aller Maßnahmen gegen sie und ihre Familie, keineswegs für beendet. Sie war ihres Amtes als Vorsteherin eines Meisterateliers enthoben, aber ihre Arbeit setzte sie fort. Sogar recht unbehelligt, denn ihre Dienstbezüge liefen bis September 1933 weiter, und ihre Ateliers in der Akademie durfte sie auf Antrag sogar bis Dezember weiternutzen.[19]

Kollwitz hatte beim Rauswurf aus der Akademie keine Schwierigkeiten gemacht. Sie vermutete, das sei der Grund, warum man sie in den folgenden Monaten ungestört arbeiten ließ.[20] Möglich ist aber auch, dass sie im Februar 1933 ein eher zufälliges Opfer geworden war, ihr Ausschluss ein Kollateralschaden im Vorstoß des Kultusministeriums gegen Heinrich Mann.

Der Schriftsteller war ein überzeugter Demokrat und prominenter Nazigegner. Außerdem war er Präsident der Sektion für Dichtkunst in der Akademie und in dieser Funktion ein lohnendes Ziel für einen ersten Schlag der nationalsozialistischen Kulturpolitik. Heinrich Mann reiste noch im Februar 1933 nach Frankreich ab, seine Bücher brannten am 10. Mai auf dem Berliner Opernplatz. Im Sommer 1933 gehörte er zu den Ersten, denen man die deutsche Staatsbürgerschaft entzog. Käthe Kollwitz dagegen stand zwar ebenfalls gegen die Ideologie der Nationalsozialisten auf, hielt sich aus politischen Debatten aber lieber heraus und hatte in den letzten Jahren selten öffentlich Stellung bezogen. Auch in der Akademie war sie in den vergangenen Jahren ein eher stilles Mitglied gewesen, sie lehrte und arbeitete und trat vorrangig mit ihren Werken hervor – zuletzt allerdings mit dem dezidiert pazifistischen Kriegsdenkmal, das den neuen Machthabern sicherlich missfiel.

Im Großen und Ganzen ignorierten die Nationalsozialisten Käthe Kollwitz vor und nach dem Vorfall in der Akademie. Die Frage ist also legitim: Wäre sie zum Rücktritt aufgefordert worden, wenn Heinrich Mann jenen Appell nicht ebenfalls unterzeichnet hätte? Vermutlich nicht, denn während man den Schriftsteller sofort zur Persona non grata erklärte, leitete man gegen die Künstlerin keine weiteren Schritte ein. Sie war offiziell beurlaubt, durfte ihre Meisterschülerinnen aber wie bisher unterrichten. Nach Auslaufen ihres Vertrags ließ man ihr die Ateliers bis Ende des Jahres, damit sie ihre Plastik fertigstellen konnte. Nach dem Rauswurf legte man ihr keine Steine in den Weg, und es kursierten sogar Gerüchte über eine Wiederaufnahme in die Akademie.[21]

Im zweiten Halbjahr 1933 kehrte Ruhe in Käthe Kollwitz' Leben ein. Zwar fand sie nur schwer eine Haltung zum Regime, sah mitunter Entwicklungen, die sie anerkennen konnte, empfand aber häufiger Ekel und Zorn. Sie war hin- und hergerissen, fühlte sich zuweilen «glücklicher als es eigentlich angebracht ist», dann wieder niedergeschlagen. «Man hat einen gründlichen Knacks abbekommen.»[22] Zumindest äußerlich arrangierte sie sich jedoch mit der gegebenen Situation. Sie mochte den zunehmenden Terror im Stillen kritisieren, aber auch im Tagebuch konzentrierte sie sich ganz aufs Private: die Taufe der Enkelkinder und den siebzigsten Geburtstag ihres im Vorjahr verstorbenen Bruders Conrad Schmidt. Drei Tage zuvor war sie auf dem Friedhof gewesen und hatte dem Bruder rote Nelken aufs Grab gelegt, «für ihn und seine tote Sozialdemokratie».[23]

Als Käthe Kollwitz im Dezember 1933 die Arbeitsräume in der Akademie freimachte, sank ihre Stimmung beträchtlich. Der Umzug war ein schmerzlicher Rückschraubungsprozess: Ihre Lebensarbeit, Plastiken, Graphiken, Zeichnungen, sowie das dazugehörige Material an Platten, Steinen, Holzblöcken und Skizzen mussten in die Weißenburger Straße gebracht werden. Ihre aktuelle Arbeit «Mutter mit zwei Kindern» war bis zum Gipsabdruck fertiggestellt, wie es weitergehen sollte, war ungewiss. In der Wohnung war kein Platz für Bildhauerei.

Ins Tagebuch schrieb Kollwitz mittlerweile äußerst selten. Nicht einmal ihren üblichen Abschlussbericht zum Jahreswechsel verfasste sie noch. Im Sommer 1934 zählte sie die Toten: Ernst Röhm und Kurt von Schleicher fielen dem «Röhmputsch» zum Opfer, den Pazifisten und Schriftsteller Erich Mühsam ermordete die SA im Konzentrationslager, den austrofaschistischen Bundeskanzler Engelbert Dollfuß erschossen Putschisten, schließlich verstarb auch Reichspräsident Paul von Hindenburg.

Am schmerzlichsten war für Käthe Kollwitz der Tod von Georg Stern, dem geliebten Schwager. Er starb am Palmsonntag 1934. Krank war er schon länger gewesen, körperlich manchmal fast am Ende. Wenn es ihm aber besser ging, produzierte er, als ob er alles nachholen müsste. Es war eine schöne Art, das Leben abzuschließen, fand Kollwitz und sah dabei auch das eigene Lebensende heraufziehen. «Daß er aber vor dem Ende steht, daß auch wir: Karl Lise ich in ganz kurzem hin sein könnten, daß es naturnotwendig bald zu erwarten ist – das beschwert und lähmt und drückt», hatte sie schon im Dezember 1932 notiert.[24]

Der Tod kehrte auch in Kollwitz' Kunst zurück. In ihren künstlerischen Anfängen hatte Käthe Kollwitz eine Mutter mit dem Tod um ihr Kind ringen lassen. Doch schon in den zwanziger Jahren stellte sie ihn als Tröster dar. In dem Holzschnitt «Tod mit Frau im Schoß» von 1921 hat der Knochenmann im Kapuzenmantel allen Schrecken verloren. Fast zärtlich legt er die Arme um eine Frau, die sich erschöpft an ihn schmiegt. Das Blatt war inspiriert von Kollwitz' Cousine Else Rautenberg, die sich im Oktober 1920 das Leben genommen hatte, nachdem Kollwitz ihre Entmündigung und Einweisung in eine Nervenheilanstalt erfolgreich verhindert hatte.[25] Für Else Rautenberg war der Tod kein Gegenspieler, sondern Tröster und Freund. In dieser Funktion tritt er auch in der Lithographie «Abschied und Tod» von 1923 auf. Kaum sichtbar, hinter einer Kapuze verborgen, legt er freundlich und mit sorgenvoller Miene den Arm um einen Menschen. Mit dem Holzschnitt «Frau mit Kindern in den Tod gehend» griff Kollwitz hingegen ein altbekanntes Bildmotiv auf: Die verheerenden Lebensumstände treiben eine Mutter zum Äußersten – sie sucht den Tod und nimmt die Kinder mit sich.

Zunächst blieb es bei diesen Einzelblättern, doch das Thema beschäftigte Kollwitz weiterhin, und sie dachte darüber nach, eine ganze Folge zum Tod zu schaffen. Jetzt, im Sommer 1934, ergab sich die Gelegenheit dazu, die Serie anzugehen. Das Motiv war jedoch schwer zu fassen. Kollwitz fand keinen rechten Zugang, hätte gerne zwischen Diesseits und Jenseits vermittelt, dem Tod an der Schwelle zur Ewigkeit ein paar Geheimnisse entlockt, doch wo sie stand, konnte sie keine Mysterien entdecken. Der Tod war hinter allem sichtbar, aber er hatte seinen Schrecken verloren und auch seinen Reiz.[26]

«Schwächliches und müdes Arbeiten an Lithos zum Tod. Es ist als ob mein Herz tot ist.»[27] Kollwitz machte verschiedene Unwägbarkeiten für ihre Niedergeschlagenheit verantwortlich: den ungewohnten Arbeitsraum – sie hatte sich in der Balkonstube ein kleines Atelier eingerichtet – oder das Sommerwetter, das kaum zum Thema passte. Oder war es das Alter, das ihr stets als erster Verdächtiger einfiel, wenn sie ins Stocken geriet? Obwohl es ihr nicht an Vorstellungskraft fehlte, verlor die Arbeit für sie insgesamt an Bedeutung. Alles, was sie ausdrücken wollte, schien bereits an anderer Stelle gesagt worden zu sein, manchmal von ihr selbst, und in der Regel besser, klarer, wesentlicher als in dem, was sie jetzt zu Papier brachte.

Käthe Kollwitz suchte zwar nach Gründen für ihre Mutlosigkeit, ignorierte aber die äußeren Faktoren. Dabei setzten Ausgrenzung und Isolation ihr sehr zu. Nach jahrelangem Erfolg war sie plötzlich zurückgeworfen auf das absolute Minimum an Ausstattung und Aufmerksamkeit. Sie arbeitete wie in den ersten Jahren vollkommen zurückgezogen, ohne Austausch und öffentliche Wirksamkeit, zunächst auch ohne Aussicht auf Besserung. Sie wollte sich bescheiden, aber das Ausmaß der Zurückweisung zeigte erst jetzt seine volle Wirkung. Die Plastik «Mutter mit zwei Kindern», das einzige Projekt, das ihr in dieser Zeit wirklich am Herzen lag, kam aus Platzgründen nicht voran.

Verbissen arbeitete sie wochenlang über das Gefühl der Belanglosigkeit hinweg und stellte fünf Blätter fertig: «Frau vertraut sich dem Tod an», «Tod hält Mädchen im Schoß», «Tod greift in die Kinderschar», «Tod packt eine Frau» und «Tod im Wasser».[28] Die Lithographien ähneln einem Totentanz. Der Knochenmann tritt erneut in allen Rollen auf, die Kollwitz ihm in früheren Werken zugewiesen hatte: als wütender Schnitter und unbarmherziger Vollstrecker, als freundlicher Tröster und hinterlistiger Räuber. Er holt die Müden, die Unschuldigen, die Trotzigen und Verzweifelten, nimmt Männer, Frauen und Kinder, unterscheidet nicht zwischen Jung und Alt, Arm und Reich. Keine der Figuren wagt den Kampf gegen ihn. Alle akzeptieren den

Tod als unentrinnbaren Teil der menschlichen Existenz – das einzige Geheimnis, das Käthe Kollwitz in dieser düsteren Zeit ausmachen konnte.

Sie erkundigte sich bei der Ausstellungskommission der Akademie, ob eine Chance auf Erfolg bestünde, wenn sie ihre Werke für die jährliche Akademieausstellung einsenden würde, und erhielt eine positive Rückmeldung. An den befreundeten Bildhauer Kurt Harald Isenstein, der nach einer Verhaftung ins Exil nach Dänemark gegangen war, schrieb sie zuversichtlich: «Es geht also wieder, daß man ausstellt. Man wird übersehen aber nicht direkt gehindert.»[29]

Im Herbst 1934 eröffnete sich eine neue, hoffnungsvolle Möglichkeit. Kollwitz erhielt die Genehmigung, einen Raum in der Ateliergemeinschaft Klosterstraße anzumieten. In der ehemaligen königlichen Kunstschule versammelte sich eine Gruppe junger, zum Teil kritischer Talente, die ihre Kunst voranbringen und auf den Austausch mit Gleichgesinnten nicht verzichten wollten. Die rund vierzig freien Kunstschaffenden und Kunststudenten trafen sich regelmäßig einmal im Monat, hörten Vorträge, diskutierten und feierten miteinander. Sie zeigten einander und kritisierten noch im Entstehungsprozess befindliche Werke und unterstützten sich mit Ideen und Anmerkungen. Für Käthe Kollwitz, die hier ihre Plastik «Mutter mit zwei Kindern» fertigstellen wollte, bot die Ateliergemeinschaft die lang ersehnte stille Nische, in der sie leben und arbeiten konnte. Im Herbst 1934 bezog sie einen hellen Raum in der zweiten Etage. Endlich hatte sie wieder ein Atelier – ihre Freude war übergroß, und sie berichtete allen Freunden von ihrem Glück. Die Niedergeschlagenheit der letzten Monate verschwand umgehend. Mit den Plänen kam auch die Energie zurück.

Innerhalb der Hausgemeinschaft fand sich eine verschworene kleine Gruppe zusammen, die sich in den gefährlichen Zeiten von Diktatur und Krieg auch persönlich beistand. Es herrschte ein «Gefühl der Geborgenheit in einem Kreis gleichstrebender Maler und Bildhauer», erinnerte sich Hermann Teuber, ein von den Nationalsozialisten verfemter Künstler.[30] Nicht nur für ihn war die Ateliergemeinschaft ein «offenes Versteck».[31] Sie war die perfekte Tarnung. Hinter einer kleinen Zahl erklärter Nazis und einer größeren Zahl unauffälliger Mitläufer verbarg sich eine kleine Gruppe von Regimegegnern.

Zusätzlichen Schutz bot der Obmann des Hauses, Günther Martin, der früh in die NSDAP eingetreten war, sich innerlich aber längst vom System distanziert hatte. Sein Verhandlungsgeschick war legendär. Immer wieder gelang es ihm, kritische Situationen abzuwenden. Auch als er selbst ins Visier der Gestapo geriet, weil er geduldet hatte, dass die Künstlerin Helene Wenck-Birgfeld jüdische Schülerinnen in ihrem Atelier arbeiten ließ, wand er sich geschickt aus der Affäre. Am Ende gelang es ihm sogar, die drei Denunzianten aus dem Haus werfen zu lassen. So hielt er die Künstler aus vielen Querelen heraus und schuf in der Klosterstraße einen kleinen Schutzraum für verfemte und oppositionelle Mieter. Auch Käthe Kollwitz kam Martins findige Diplomatie zugute: Als sie 1936 in den Blick der Gestapo geriet, verdankte sie es Martins Fürsprache, dass sie ihr Atelier behalten konnte.

Käthe Kollwitz stach aus der kleinen Gemeinschaft hervor: Sie war die älteste und bekannteste Künstlerin im Haus. In dem intimen Kreis, der sich um das Ehepaar Ludwig und Ottilie Kasper sammelte, galt sie als moralische Instanz und konnte gleichzeitig freimütig reden. Sie traf auf Gleichgesinnte, mit denen sie, in aller Vorsicht und bei verschlossenen Türen, sowohl künstlerische als auch tagespolitische Themen besprach. Die Gemeinschaft war sich herzlich zugetan. Herbert Tucholski erinnerte sich, wie die alte Dame über politische Witze Tränen lachte und wie sie vor Entsetzen erstarrte, als sie vom Kriegsausbruch erfuhr.[32] Kollwitz fand hier ehrliche Mitstreiter im Alltag und in der Kunst.

Jeden Vormittag traf man sie im Atelier an, das sie spartanisch eingerichtet hatte: «Die einzige Bequemlichkeit bot ein Lehnstuhl; auf einem kleinen Tisch daneben lag aufgeschlagen ein Buch, gewöhnlich der geliebte Goethe», erinnerte sich der Ateliernachbar Tucholski.[33] Mit Spachtel und Feilen bearbeitete sie den Gipsabdruck der «Mutter mit zwei Kindern» (Abb. 32). Gelegentlich lud sie Kollegen zu sich ein, denen sie bescheiden, fast verlegen ihre Arbeit präsentierte. Anregungen und Kritik nahm sie dankbar entgegen: «Mit abwartenden Augen sah uns Käthe Kollwitz lange und eindringlich an, um unser Urteil zu er-

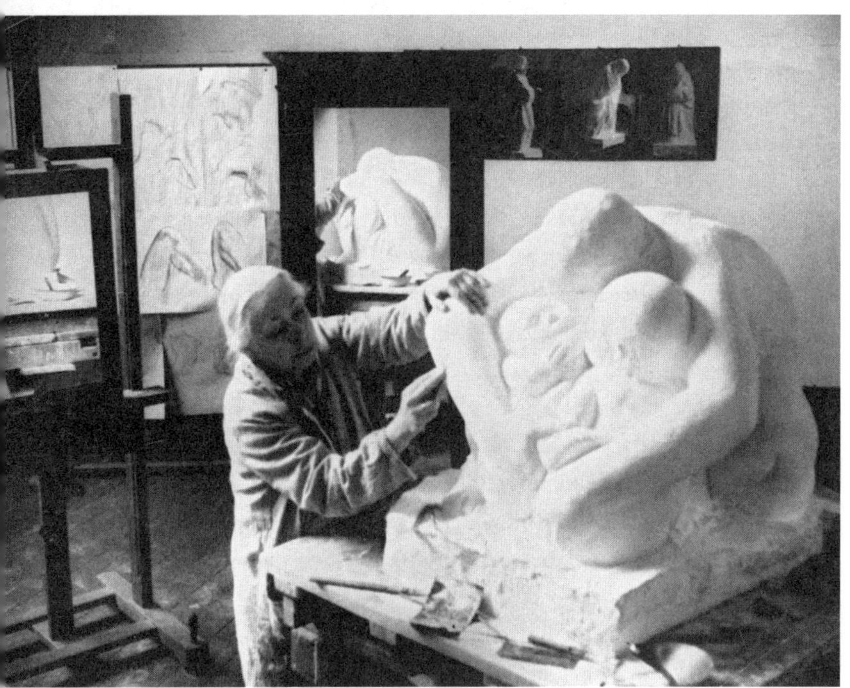

32 Käthe Kollwitz bei der Arbeit an «Mutter mit zwei Kindern» in ihrem Atelier in der Ateliergemeinschaft Klosterstraße, 1935

gründen», schrieb Tucholski. «Jedes nur lobende Wort wurde mit Schweigen übergangen, aber aufmerksam konnte sie zuhören, wenn ein kritisches Wort fiel, besonders über handwerkliche Fragen, auf die sie sofort einging. Fachliche Ratschläge der Bildhauer Kasper und Blumenthal wurden besonders geschätzt. Ihre weiche, gedämpfte Stimme blieb im Ton immer gleichmäßig und ruhig, fast gehemmt, wenn es sich um eigene Arbeiten handelte.»[34]

Bis Ende 1937 arbeitete Kollwitz an der «Mutter mit zwei Kindern». Dann waren die Figuren so weit fertig, dass sie in Stein ausgehauen werden konnten, doch dafür fehlten die Mittel. Käthe Kollwitz selbst konnte das Geld unmöglich aufbringen, also holte sie Erkundigungen ein und hatte kurzzeitig das Angebot eines Amerikaners, der in den Vereinigten Staaten Spenden für sie sammeln wollte. Leider verstarb der Wohltäter, noch ehe er mit seiner Sammlung angefangen hatte. Doch über einen Freund von Hans Kollwitz hörte der Maler Leo von König von Kollwitz' Notlage. Er schickte ihr eine größere Geldsumme, die sie für die Ausführung der Plastik verwenden sollte. Kollwitz ließ die Figuren schweren Herzens in Muschelkalk ausschlagen – es war unwahrscheinlich, dass sie die Mittel für einen hochwertigeren Stein aufbringen würde.

Die «Mutter mit zwei Kindern» (Abb. 33) war damit endgültig abgeschlossen. Von der ersten Auseinandersetzung mit dem Werk bis zur Fertigstellung waren sechsundzwanzig Jahre vergangen. 1932 hatte Kollwitz sich das Thema in der schließlich durchgeführten Version vorgenommen: eine Mutter, in gebückter Haltung auf dem Boden kauernd, links ein Kleinkind, rechts ein Säugling, um die sie schützend ihre Arme breitet. Es war Kollwitz' letztes großes Werk. Sie wollte es unbedingt der Öffentlichkeit präsentieren – doch das war alles andere als einfach.

Seit September 1933 regelte die «Reichskammer der bildenden Künste» das künstlerische Leben im ganzen Land. Nur Mitglieder der Kammer durften ihre Werke ausstellen und verkaufen. Die Mitgliedschaft aber war abhängig von Herkunft, Eignung und politischer Zuverlässigkeit. Wer nicht bereit war, im Sinne der nationalsozialistischen Weltanschauung zu arbeiten, erhielt faktisch Berufsverbot.[35] Darüber hinaus prüfte die Reichskunstkammer jedes einzelne Werk, das in einer Ausstellung gezeigt werden sollte. Das betraf die Kunstausstellungen der Akademie der Künste genauso wie die kleinen Werkstattschauen, die seit Dezember 1934 jährlich in der Klosterstraße stattfanden.[36]

Bis sich das Kontrollsystem flächendeckend durchsetzte, dauerte es einige Jahre. Das Vorgehen gegen Käthe Kollwitz blieb bis dahin unsystematisch. Sie war in die Reichskunstkammer aufgenommen worden, hatte ein Atelier bekommen, durfte die fünf Blätter zum Tod in der Akademieausstellung vom Herbst 1934 zeigen. Das Blatt «Städtisches Obdach» wies man allerdings schon damals zurück. Die erschöpfte Frau, die über ihre schlafenden Kinder wacht, widersprach der nationalsozialistischen Kunstauffassung. Es war das erste Werk, das die

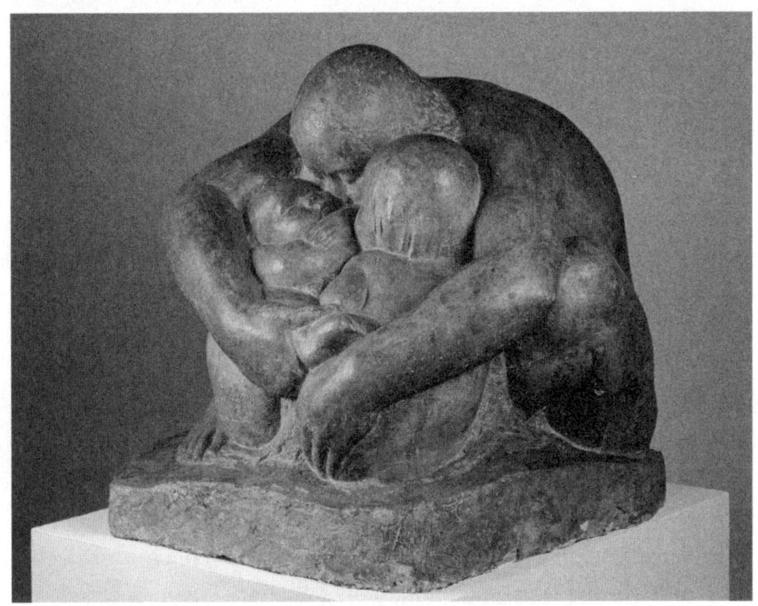

33 Käthe Kollwitz, Mutter mit zwei Kindern, 1932–1937, getönter Gips, Staatliche Museen zu Berlin, Nationalgalerie, Leihgabe aus Privatbesitz

Künstlerin aus einer Ausstellung entfernen musste, aber bei weitem nicht das letzte.

Lange arbeitete Käthe Kollwitz auf die große Jubiläumsausstellung Berliner Bildhauer hin. «Von Schlüter bis zur Gegenwart», so der Titel der Akademieausstellung, präsentierte im Herbst 1936 Werke aus vier Jahrhunderten. «Mutter mit zwei Kindern» sollte dort zum ersten Mal ein Publikum finden. Ostern schickte die Ausstellungskommission überraschend eine Absage und forderte Kollwitz auf, stattdessen das Grabrelief «Ruht im Frieden seiner Hände» von 1935/36 und den Gipsabdruck der Mutterfigur aus dem Denkmal «Die trauernden Eltern» einzureichen. Kollwitz war gekränkt. Der Ärger über die Zurückweisung legte sich erst, als sich herausstellte, dass die neue Großplastik bis zum Ausstellungsbeginn ohnehin nicht fertig werden würde.

Mitte Oktober wartete man in Berlin auf die Ausstellungseröffnung. Das aufwändige Kontrollverfahren der «Reichskammer der bildenden

Künste» verzögerte die Eröffnung bis in den November. Als eine der Teilnehmerinnen hatte Käthe Kollwitz die Gelegenheit, allein durch die Ausstellungsräume zu gehen und ihre Werke in Gesellschaft der Berliner Bildhauer der letzten vierhundert Jahre zu betrachten. Sie war zufrieden mit ihrer Arbeit und froh, doch nicht vom Kunstbetrieb ausgeschlossen zu sein. «Man ist doch eben ein Blatt am Zweig, und der Zweig gehört zum ganzen Baum, und wenn der Baum hin und her weht, ist das Blatt befriedigt auch mitzuwehen», schrieb sie an die Freundin Jeep.[37]

Dann der Schock: Ihre Werke fielen bei der Reichskunstkammer durch. Einen Tag vor der Eröffnung entfernte man sie aus der Ausstellung. Käthe Kollwitz zählte nicht länger zu den Berliner Bildhauern. Sie war eine Verstoßene.

Und das Schlimmste daran war: Niemand interessierte sich dafür. Kein Aufschrei erhob sich gegen dieses Unrecht. Es herrsche eine «merkwürdige Stille», notierte Kollwitz in ihrem Tagebuch. «Ich dachte die Leute würden kommen, mindestens schreiben – nein. *So etwas* von Stille um mich.»[38] Auch sie selbst schwieg. Wie 1914, beim Ausbruch des Weltkriegs, versuchte sie, die Gegebenheiten in den eigenen Willen aufzunehmen, zu wollen, was da geschah. Trotzig läutete sie das Ende ihres künstlerischen Schaffens ein: «Es ist eigentlich nichts mehr zu sagen», behauptete sie und verwarf die Pläne für ein weiteres Relief und die Kleinplastik eines alten Menschen. «Ob ich das mache oder nicht, es ist nicht mehr wichtig. Für die anderen nicht und auch nicht für mich.»[39]

Der Schlag der Reichskunstkammer hatte sie ins Mark getroffen. Erstaunlich, dass sie keine Verbindung zog zu dem, was vier Monate zuvor geschehen war: Im Juli 1936 hatte Käthe Kollwitz Besuch von der Gestapo bekommen. Man durchsuchte Wohnung und Atelier und lud die Neunundsechzigjährige zum Verhör.

Wie sich herausstellte, hatte die Moskauer Tageszeitung «Iswestija» am 3. Juli einen ausführlichen Artikel über Kollwitz veröffentlicht. Der Autor, Dimitri Buchartzew, schilderte darin einen Besuch bei der Künstlerin, die in Russland keine Unbekannte war.

In den zwanziger Jahren hatte sie mehrmals Werke auf Wanderausstellungen deutscher Kunst geschickt und lange gehofft, selbst einmal

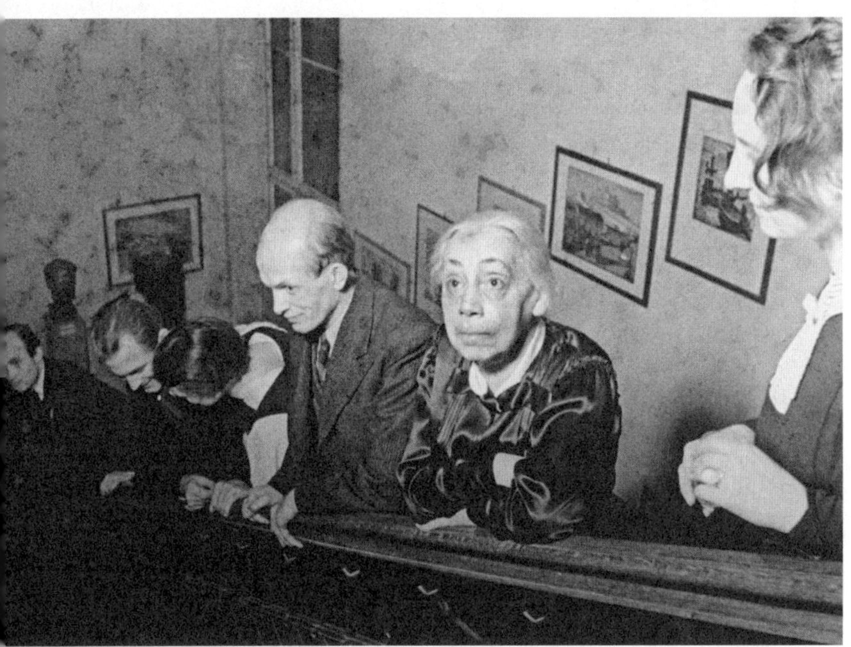

34 Weihnachtsfeier im Treppenhaus der Ateliergemeinschaft Klosterstraße, rechts neben Käthe Kollwitz Herbert Tucholski, darunter Gerhard Tucholski und Frau, 1933

das Land mit seinem «erstaunlichen Gesellschaftsexperiment» zu bereisen. 1927 hatte sich dieser Traum erfüllt. Sie fuhr zum zehnten Jahrestag der Oktoberrevolution nach Moskau, nahm an der Festparade auf dem Roten Platz teil, besuchte Vorträge und unterhielt sich mit den Menschen. «Ungeheuer starke Eindrücke» habe die Reise bei ihr hinterlassen, berichtete Käthe Kollwitz in ihrem einzigen Brief von der Reise, der als Lebenszeichen an den Sohn ging und nur andeutete, was sie erlebte und empfand. Anders als erwartet faszinierte sie das «ganz Neue der politischen und sozialen Gestaltung» sogar noch mehr als «Rußland mit seinen Typen».[40]

Die Verbundenheit mit Russland war sicher mit ein Grund, warum Kollwitz dem Journalisten von der «Iswestija» im Juli 1936 ein Interview gab. Buchartzew zeichnete in seinem Artikel ein drastisches Bild: Käthe Kollwitz tritt darin als verehrte Greisin auf, die dem Alter, der Armut und der Isolation trotzend unter den verheerenden Bedingungen der Naziherrschaft unermüdlich weiterarbeitet, ohne die geringste Chance, ihre Werke einem Publikum zu präsentieren.[41]

Zehn Tage nach Erscheinen des Artikels stand die Gestapo vor Kollwitz' Tür. Zwei Männer durchsuchten die Wohnung und informierten die Künstlerin, dass auf derartige Vergehen Konzentrationslagerhaft stehe. Im Wiederholungsfalle müsse sie mit einer Verhaftung rechnen.[42] Im Verhör versuchte Kollwitz, Ruhe zu bewahren und sich zu retten, ohne einen anderen zu gefährden oder das Gesicht zu verlieren. Sie zeigte Verständnis für das Vorgehen des Staates, betonte ihre Unschuld und stellte Berührungspunkte zum Regime heraus. Sie hob ihre lebenslange Parteilosigkeit hervor und verwies auf den sozialen Hintergrund ihrer Arbeit, der zunehmend unpolitisch sei und von einem Humanismus genährt werde, der auch der nationalsozialistischen Sozialpolitik zugrunde liege.[43] Diese Berührungspunkte waren natürlich an den Haaren herbeigezogen, aber sie schadeten niemandem und konnten ihr vielleicht den Kopf retten.

Dem Verhör folgten einige unruhige Tage. Käthe und Karl Kollwitz fürchteten die Verhaftung und fassten gemeinsam den Entschluss, lieber in den Tod als ins Konzentrationslager zu gehen. Am Tag nach dem Verhör kam einer der Beamten auch in die Klosterstraße, sah sich Käthe Kollwitz' Arbeiten an, redete «lang und breit (nicht übelwollend)» und verlangte, dass Kollwitz eine Erklärung veröffentlichte, in der sie sich von der Darstellung in der «Iswestija» distanzierte.[44]

Mehrere Entwürfe bewahrte Käthe Kollwitz später in ihrem Tagebuch auf. Sie waren in dem Bewusstsein formuliert, bei einer Hausdurchsuchung jederzeit in die Hände der Gestapo geraten zu können. Aus diesem Grund bemühte sich Kollwitz auch hier, möglichst wenige Informationen preiszugeben, keine Namen zu nennen und alle Beteiligten zu schützen. Die offizielle Version lautete dann so: Der Journalist habe sich telefonisch und als Käufer getarnt bei ihr angemeldet. Sie habe ihn eingeladen und ihm einige aktuelle Arbeiten vorgelegt. Der vermeintliche Kunde interessierte sich dann aber hauptsächlich für ihre Lebensverhältnisse und brachte das Gespräch auf Russland und

Deutschland. Kollwitz habe erklärt, dass ihre Haltung zur Sowjetunion mittlerweile erschüttert sei, und sonst nur eingestanden, dass sie ihre Großplastik «Mutter mit zwei Kindern» aus finanziellen Gründen nicht in Stein aushauen lassen konnte. Erst ganz am Ende des Gesprächs gab sich der Mann als Journalist zu erkennen. Überrumpelt willigte sie ein, dass er Informationen über ihre Arbeit in der «Iswestija» veröffentlichen dürfe, bereute diese Zusage aber kurz darauf, ohne sie zurücknehmen zu können. Von den «durch Übertreibung entstellenden Behauptungen» habe sie erst nach der Veröffentlichung des Artikels erfahren. Sie distanziere sich ausdrücklich von dem Text und von ihrer früheren Haltung zur Sowjetunion.[45]

Vier Monate später entfernte man Kollwitz' Plastiken aus der Akademieausstellung. Ob ein Zusammenhang mit dem Besuch der Gestapo besteht, ist heute nicht mehr zu ermitteln. Genauso gut könnte Kollwitz ein frühes Opfer der verschärften Kulturpolitik des «Dritten Reichs» geworden sein.

Im Sommer 1937 läutete die Ausstellung «Entartete Kunst» das Ende der klassischen Moderne in Deutschland ein. Zahlreiche Künstler, die bis dahin relativ unbehelligt ihrer Arbeit nachgegangen waren, erhielten nun Berufsverbot. Gleichzeitig ‹säuberten› Kulturfunktionäre die Bestände von Museen und Kunstsammlungen und konfiszierten Zehntausende von Werken der Moderne, die sie entweder ins Ausland verkauften oder vernichteten.

Käthe Kollwitz konnte sich glücklich schätzen, von dieser ‹Säuberungsaktion› nicht betroffen zu sein, denn die «Reichskammer der bildenden Künste» ließ im September 1937 ein politisches Gutachten über sie erstellen, das äußerst negativ ausfiel: «Nach der Machtübernahme hat die Volksgenossin K[ollwitz] in keiner Weise versucht den nationalsozialistischen Belangen mindestens nach außen hin gerecht zu werden. Sie scheint von den kommunistischen Ideen so stark beeinflußt zu sein, daß eine ehrliche Umstellung unmöglich ist. Die Volksgenossin K[ollwitz] bietet mir nicht die Gewähr dafür, sich jeder Zeit rückhaltlos für den nationalsozialistischen Staat einzusetzen.»[46] Damit war ihre Ausgrenzung aus dem kulturellen Leben des «Dritten Reichs» endgültig besiegelt.

Der Kurswechsel vollzog sich, ohne dass Kollwitz es bemerkt hätte. Sie ahnte nicht, dass sie mit einem inoffiziellen Ausstellungsverbot belegt worden war, und setzte 1937 alles daran, eine Jubiläumsausstellung zu ihrem siebzigsten Geburtstag auf die Beine zu stellen. Sie wollte Rückschau halten auf ihr Lebenswerk und endlich ihre aktuellste Arbeit präsentieren. Die renommierte Galerie Nierendorf, früher eine der ersten Adressen für moderne Kunst, hatte ihr den Oberlichtsaal zugesagt: eine letzte Schau, ehe der Mietvertrag auslief und die Kunsthandlung sich verkleinern musste.

Käthe Kollwitz hatte große Pläne. Die «Mutter mit zwei Kindern» sollte im Zentrum der Ausstellung stehen. Erst über sie erschließe sich dem Betrachter die Bedeutung ihres Gesamtwerks. Drum herum wollte Kollwitz dreißig bis vierzig Zeichnungen und Graphiken präsentieren, in Stichproben die Arbeit eines ganzen Lebens.[47] Doch bevor es losging, war alles schon wieder vorbei. Die Galerie Nierendorf sagte ab. Die Gründe dafür liegen im Dunkeln, aber Kollwitz gab nicht auf.

Der Kunst- und Buchhändler Karl Buchholz bot an, die geplante Ausstellung zu übernehmen. Er hatte gute Kontakte ins Propagandaministerium und wusste den kleiner werdenden Spielraum für die moderne Kunst bis zuletzt optimal auszunutzen.[48] Er zeigte solche Kunst im Hinterzimmer seines Ladenlokals. «Von Nierendorf zu Buchholz ist freilich ein Schritt herunter. Aber so klein seine Ausstellungen sind, sie sind qualitativ immer gut», berichtete Kollwitz ihrer Freundin Jeep. «Ich kann da wohl auf Verkäufe rechnen. Vor allem aber, er hat keine Angst, sich durch die Ausstellungen zu schaden.»[49]

Die Vorbereitungen gingen voran, und Käthe Kollwitz hatte noch ein weiteres Eisen im Feuer: eine Ausstellung ihrer Werke in Skandinavien, fünfzehn bis zwanzig Arbeiten und die große Plastik, die unbedingt dabei sein musste. Drei Stationen waren vorgesehen: Kopenhagen, Odense und Oslo. Harald Isenstein vermittelte die Kontakte. Kollwitz wollte sich beim dortigen Publikum mit einem Selbstbildnis und ihren bekannten Zyklen einführen: «Bauernkrieg», «Krieg» und «Proletariat», dazu die aktuelle Folge «Tod», der sie kürzlich drei weitere Lithographien hinzugefügt hatte. Mit Schwierigkeiten von Seiten der Reichskunstkammer rechnete sie nicht, denn alle Stücke waren bereits für die Ausstellung bei Nierendorf geprüft und genehmigt. Trotzdem versagte man ihr die Zusage: Der Antrag für die Verschickung sei zu spät eingereicht worden.[50] Kollwitz musste die Ausstellung absagen und bedauerte es außerordentlich. Den Veranstalter informierte sie, dass ihr Verleger eine kleine Kollektion Graphiken in einer dänischen Buchhandlung hinterlegt habe. Diese könne vielleicht ausgeliehen und ausgestellt werden.[51]

Im Juli verzögerte die Reichskunstkammer die Ausstellungseröffnung bei Buchholz. Ausgerechnet an Kollwitz' siebzigstem Geburtstag kam schließlich die Absage: «In Berlin feierte man meinen 70ten indem die Ausstellung bei Buchholz nach 14tägiger Hinzieherei nun endgültig verboten wurde», schrieb sie an Max Lehrs.[52] Der neuerliche Rückschlag war immerhin halbwegs erträglich, denn an ihrem Ehrentag erfuhr Kollwitz, dass sie, obwohl aus dem öffentlichen Leben herausgedrängt, beim Publikum nicht vergessen war. Ein paar Zeitungsartikel erinnerten an den Geburtstag der Künstlerin und rund zweihundert «Freundesbriefe» bewiesen, dass ihr Werk in den Menschen immer noch lebendig war.[53] Man hatte sie nicht aufgegeben, ihr Werk hielt der Repression stand. Der sechzehnjährige Wilhelm Loth, später einer der bedeutendsten Bildhauer der Nachkriegszeit, sprach ihr Mut zu, und sie antwortete ihm: «An einer Stimme wie der Ihren, die aus der Jugend an mich herankommt, liegt mir mehr als an der Ablehnung oder Zustimmung der Kunstkammer.»[54]

Ende 1937 musste Käthe Kollwitz sich eingestehen, dass sie ihre Jubiläumsausstellung nicht würde zeigen können. Ihr letzter Ausweg war ein kleiner Rückblick auf vierzig Jahre künstlerischen Schaffens im Atelier in der Klosterstraße.[55] Ein bescheidener Akt der Selbstbehauptung gegen das mächtige System der nationalsozialistischen Kulturpolitik. In Museen und Ausstellungen waren Kollwitz' Werke bis zum Ende des Krieges nicht mehr zu sehen.

Im Herbst 1939 stürzte Käthe Kollwitz in der Dunkelheit und brach sich den Arm. Sie war zweiundsiebzig Jahre alt. Das vielfach anvisierte Ende ihrer künstlerischen Tätigkeit wurde damit konkret. Sie kündigte das Atelier in der Klosterstraße und widmete sich der Pflege ihres Ehe-

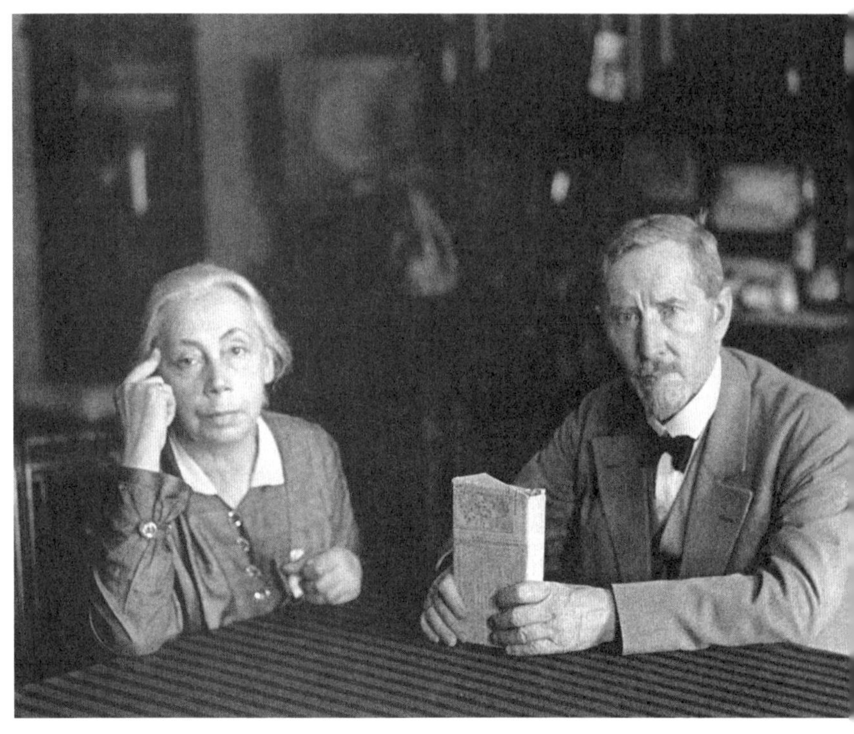

35 Käthe und Karl Kollwitz, 1931

manns, der mittlerweile am Ende seines Lebens angelangt war. Bereits im Sommer hatte Karl eine schwere Grippe aufs Krankenbett geworfen, von der er sich nie mehr erholen sollte. Regula Stern, die älteste Nichte, kümmerte sich um ihn. Die Ärztin hatte wegen ihres jüdischen Vaters schon 1933 die Zulassung für die Krankenkassen verloren und versuchte, mit einer kleinen Privatpraxis ein Auskommen zu finden, bis sie als Schwesternhelferin dienstverpflichtet wurde.[56]

Es war das Abschiedsjahr. Die Zeit war Käthe Kollwitz wertvoll: «Wir sind fast 50 Jahre verheiratet, man könnte meinen, daß der Mensch sich dann bescheide, aber Trennung bleibt Trennung und tut bitter weh und so sind wir froh, daß wenigstens diese beschränkte Form des Zusammenlebens uns noch vergönnt ist.»[57] Nach einem Leben voller Arbeit und Pflichten näherte sich das Paar in den letzten Monaten wieder an. Sie lebten still miteinander. Im Frühjahr 1940 war Karl sehr schwach, und Käthe machte sich auf das Schlimmste gefasst.

«Gib treulich mir die Hände / Sei Bruder mir und wende / Den Blick vor Deinem Ende / Nicht wieder weg von mir.»[58] Diese Novalis-Zeilen ließ sich der Sterbende gerne vor dem Schlafengehen aufsagen. Die haltenden Hände als Ausdruck von Geborgenheit, sie hatte Käthe Kollwitz bereits zum Thema eines Grabreliefs gemacht. «Ruht im Frieden seiner Hände», benannt nach einem Vers aus Goethes «West-östlichem Divan», zierte das Familiengrab, das sie gemeinsam mit den Geschwistern auf dem Zentralfriedhof Berlin-Friedrichsfelde gekauft hatte. Conrad Schmidt, seine Frau Anna und Georg Stern waren dort bereits bestattet. Karl sollte ihnen bald folgen. Er machte sich keine Illusionen. Käthe Kollwitz begleitete ihn bis zum Schluss und freute sich, ihm kleine Liebesdienste zu erweisen: Essen reichen, bei ihm sitzen, vorlesen.

Karl starb am 19. Juli 1940. «Von Beileidbesuchen bitte ich freundlich absehen zu wollen», ließ Kollwitz auf die Todesanzeige drucken.[59] Vielleicht erwartete sie einen Ansturm ehemaliger Patienten, die dem geschätzten Arzt die letzte Ehre erweisen wollten. Familie und Freunde bestatteten die Asche des Verstorbenen auf dem Zentralfriedhof. Käthe Kollwitz verlor ihren treusten Lebenskameraden. Sie vermisste ihn schmerzlich und gestaltete im Gedenken an Karl die Kleinplastik «Abschied»: Eine Frau schlingt die Arme um den Hals eines Mannes und presst ihn an sich; der Mann, vielleicht zu schwach für mehr, legt seinen Arm schwer auf ihre Schulter. So stehen sie zusammen beim letzten Lebewohl.

Für Käthe Kollwitz bedeutete diese Zeit einen Abschluss. Sie erwartete wenig mehr vom Leben und sah dem eigenen Tod entgegen. Er sollte noch fast fünf Jahre auf sich warten lassen, eine schwere Frist, die ihr nichts ersparte. Die Jahre waren geprägt vom Krieg, der ihr den Enkel nahm, sie von der Familie trennte und ihr Haus zerstörte. Das Kriegsende sollte sie nicht mehr erleben.

Wieder Krieg

In den frühen Morgenstunden des 1. September 1939 fielen deutsche Truppen in Polen ein. Die Ereignisse, die im Überfall auf das Nachbarland gipfelten, hatte Kollwitz wohl verfolgt, kommentieren wollte sie sie nicht. Nur die Kriegserklärungen hielt sie im Tagebuch fest: am 3. September England, am 4. Frankreich. Die Auseinandersetzung zwischen den autoritären und den demokratischen Staaten hatte begonnen.[60]

Anders als im August 1914 war die Stimmung schlecht. Statt des inszenierten Freudentaumels hörte Kollwitz das Gerücht, dass einige Soldatenfrauen einen Reservistenzug blockiert hätten und schließlich durch die Polizei von den Gleisen geholt werden mussten.[61] Wehrhafte Frauen, die sich dem Krieg und seinen vermeintlichen Notwendigkeiten widersetzen – immer wieder hatte Käthe Kollwitz dieses Motiv in ihren Graphiken und Plastiken gezeigt. Nun wurde es lebendig.

Einen Monat später war der Feldzug gegen Polen beendet. Man erwartete die Reaktion der Westmächte und verharrte im sogenannten Sitzkrieg. Die Gegner standen einander gegenüber, kämpften mit Propagandamitteln statt mit Kanonen und Panzern. Lautsprecherdurchsagen, Plakate und Millionen von Flugblättern gingen hin und her und sollten die Kampfmoral der Gegenseite schwächen. «La drôle de guerre» nannten die Franzosen diesen Zustand – den seltsamen Krieg.

Als die deutsche Armee dann im Mai 1940 zum Angriff überging, führte ihre Blitzkriegsstrategie sie in wenigen Wochen nach Paris. Am 22. Juni 1940 unterzeichnete Frankreich den Waffenstillstand, auf derselben Waldlichtung von Compiègne, im selben Eisenbahnwagon, in dem 1918 das Deutsche Reich das Ende des Ersten Weltkriegs besiegelt hatte. Als wäre die Geschichte damit ausgelöscht. «Während wir in immer kleineren Kreisen unser Leben zu Ende leben, geht draußen gewaltiges Geschehen vor sich», heißt es Mitte Juni 1940 in Kollwitz' Tagebuch.[62] Ihre Einstellung zum Krieg ist evident: Frieden mit allen Mitteln. Sie zählte die Toten, die Verwundeten und Vermissten.

Wieder forderte der Krieg die Jugend. Käthe Kollwitz' Enkel Peter erhielt im Februar 1940 seine Einberufung. Am 15. Mai sollte er in den

Krieg ziehen, niemand wusste, wohin es ging. Drei Wochen dauerte es, bis die Familie endlich Nachricht hatte: Peter war in einem südbelgischen Städtchen gelandet. Der Dienst sei anstrengend, ließ er wissen, er aber bei guter Gesundheit.[63] Ein Jahr später, beim Einmarsch in die Sowjetunion, stand der Neunzehnjährige an vorderster Front. Kollwitz ersehnte das Kriegsende – mehr als das konnte sie nicht tun. Sie war längst zu alt und zu isoliert, um noch einmal öffentlich gegen den Krieg aufzutreten. Ein letztes Mal griff sie das Thema in einem Kunstwerk auf. «Saatfrüchte sollen nicht vermahlen werden» nannte sie die Lithographie, die ihr Vermächtnis sein sollte: Eine Mutter schützt ihre Kinder vor dem Krieg.

Kollwitz hoffte auf eine bessere Zukunft, in der man die Jugend leben ließ, statt sie in den Tod zu schicken. Sie hoffte für ihre Enkel, allen voran für Peter, der einstweilen mit Gelbsucht im sicheren Lazarett lag. «Entlaust, unter Pflege von Schwestern, im warmen Raum, dem furchtbaren Krieg zur Zeit entzogen.»[64] Es war sein letzter Aufschub.

Peter versuchte, dem Dienst zu entkommen. Er wollte studieren und reichte ein Gesuch ein, fürs Studium zurückgestellt zu werden – vergeblich. Man schickte ihn wieder hinaus an die Ostfront, wo er am 22. September 1942 starb, mit gerade einmal einundzwanzig Jahren.[65]

Was Käthe Kollwitz als Mutter 1914 erleben musste, wiederholte sich jetzt für ihre Schwiegertochter. Sie selbst wollte für Ottilie eine Stütze sein. «Sie klagte nicht, sie weinte kaum, sie glaubte, uns Kraft geben zu können», erinnerte sich Hans Kollwitz später. «Aber in ihr wirkte sich dieses Erlebnis als weitere Zerstörung aus.» Die Arbeit hatte sie fast vollkommen eingestellt. Hans nahm es als Zeichen schwindender Lebenskraft.[66] Ihr fester Fortschrittsglaube, die Vorstellung von einer moralischen Höherentwicklung der Menschheit, war erschüttert. Angesichts der Kriege schien alles sinnlos. Was die eine Generation aufbaute, riss der nächste Weltenbrand nieder. Da war die eigene Sterblichkeit fast tröstlich. Den dritten Weltkrieg würde sie jedenfalls nicht mehr miterleben müssen.[67] Sie erwartete, dass er noch furchtbarer würde als der jetzige, so wie dieser den letzten weit übertraf.

Ihr pazifistisches Werk «Die trauernden Eltern», so Kollwitz, könne das Erleben der Gegenwart bereits nicht mehr erfassen. Im Ersten

Weltkrieg hatte es Menschen gegeben, die zurückgeblieben waren und ihre Toten betrauert hatten. Im totalen Krieg waren alle gleichermaßen in die Kampfhandlungen hineingezogen, die einen an der Front, die anderen im Luftschutzkeller. Überall Angst, Leid und Tod, keiner blieb verschont: «Aus Deutschlands Städten sind Trümmerhaufen gemacht und das Schlimmste von allem ist, daß ein jeder Krieg seinen Antwortkrieg schon in der Tasche hat. Ein jeder Krieg wird mit einem neuen Krieg beantwortet bis alles kaputt ist. Wie dann die Welt aussehn mag, wie Deutschland aussehn mag weiß der Teufel», schrieb Käthe Kollwitz im Februar 1944 an Hans.[68] Da hatte sich auch ihre eigene Situation bereits dramatisch verschlechtert.

Die ersten großen Bombenangriffe trafen Berlin im Sommer 1940. Schon zu diesem frühen Zeitpunkt bereitete sich Käthe Kollwitz darauf vor, die Stadt notfalls zu verlassen. Einstweilen zog sie es aber vor, bei ihrer Familie zu bleiben. Anfang 1943 war die Hauptstadt dann erneut das Ziel größerer Bombardements. Kollwitz' Kollege, der Künstler Karl Hofer, verlor bei einem Angriff am 1. März sein Atelier. Die Flammen vernichteten über tausend Arbeiten aus seiner frühen und mittleren Schaffensperiode, alle Aufzeichnungen und Material aus über vierzig Arbeitsjahren. Käthe Kollwitz war alarmiert. Sie packte ihre wichtigsten Arbeiten zusammen und lagerte sie in einem tiefen Keller ein.

«Berlin entleert sich Hals über Kopf», schrieb sie Mitte August 1943 an die Freundin Anna Karbe.[69] Auch sie hatte die Stadt inzwischen verlassen – ungern, denn Berlin war ihr seit über zweiundfünfzig Jahren Heimat gewesen. Hier hatte sie fast ihr gesamtes Leben verbracht, hatte eine Familie gegründet, den Sohn betrauert, den Mann in den Tod begleitet. Hier war sie zur Künstlerin gereift, hatte ihre größten Erfolge und ihre tiefsten Niederlagen erlebt. Das alles musste sie zurücklassen. Eine Rückkehr war unwahrscheinlich – und tatsächlich sollte Käthe Kollwitz die Weißenburger Straße nicht mehr wiedersehen.

Am 3. August 1943 war sie in Begleitung der Schwester Lisbeth, der Nichte Katta und ihrer Hausgenossin und Pflegerin Clara Stern abgereist. Ziel war Nordhausen am Südrand des Harzes. Hier lebte die Bildhauerin und Malerin Margret Böning mit zwei Kindern und einem Bruder. Sie hatte Kollwitz bereits einige Jahre zuvor eine sichere Unterkunft angeboten. Nun füllten Besucher und Familienangehörige das ganze Haus, es war eng, aber munter.[70]

Hans Kollwitz berichtete, seine Mutter sei in dieser «engen, meist fröhlichen Gemeinschaft» zunächst wieder etwas aufgeblüht.[71] Sie widmete sich einer wichtigen Aufgabe: der Sicherung ihrer Kunstwerke. Die inzwischen Sechsundsiebzigjährige erwartete den Tod. Am Leben hing sie nicht, aber ihre Kunst musste den Krieg überstehen. Das Wesentliche an Graphik, Zustandsdrucken und Zeichnungen, auch das Bronzerelief für das Familiengrab «Ruht im Frieden seiner Hände» hatte sie bereits im Frühjahr in jenen sicheren Keller gegeben. Als die Polizei verlangte, die Dachböden in der Weißenburger Straße wegen Brandgefahr zu räumen, hatte sie auch die schweren Originalformen der «trauernden Eltern» aus dem Haus geschafft. Die «Mutter mit zwei Kindern» ließ sie im September fortbringen.[72] Kollwitz dachte darüber nach, nur eine kleine Sammlung ihrer besten Arbeiten zu bewahren und die übrigen ihrem Schicksal zu überlassen, aber bei der konkreten Auswahl konnte sie sich zu diesem drastischen Schritt doch nicht durchringen. Alles, was ihre Handschrift trug und in lebendiger Beziehung zu ihrem inneren Leben stand, sollte erhalten bleiben.[73] Sie ließ sich die Blätter nach Nordhausen schicken, sortierte aus und behielt eine recht umfangreiche Sammlung von Werken, die sie in den nächsten Tagen und Wochen signierte.

Doch dann kam die nächste Schreckensnachricht: Am 23. November 1943 wurde die Weißenburger Straße 25 von einer Bombe getroffen und brannte vollständig aus. Clara Stern, die mittlerweile nach Berlin zurückgekehrt war, lebte zu diesem Zeitpunkt in der Wohnung. Sie brach sich in der Nacht zwei Rippen und konnte von den vielen Dingen, die es wert gewesen wären, nichts retten.[74] Die Freunde in Nordhausen informierte sie per Postkarte.

Für Käthe Kollwitz war es ein harter Schlag. Sie bemühte sich um Fassung, relativierte ihr eigenes Unglück an dem Schicksal Tausender, denen es genauso ergangen war, darunter einigen aus dem direkten Freundes- und Bekanntenkreis. Sie wollte nach vorne schauen und suchte Trost in der Vorstellung, dass die Erinnerung im Herzen verankert blieb und nicht zerstört werden konnte.[75] Clara Stern, die nach ihrer Genesung in Nordhausen eintraf, berichtete allerdings, Käthe ertrage den Verlust des Hauses sehr schwer.[76] Schon ein paar Wochen später, Mitte Dezember, war es an Kollwitz, Trost zu spenden: Das Haus ihres Sohnes war ebenfalls den Bomben zum Opfer gefallen. Offenbar hatte man nur noch Kleinigkeiten aus der Ruine retten können. Sie selbst habe einen Vorhang über die Vergangenheit geworfen, schrieb Kollwitz, auch wenn der Verlust ihr zuweilen im Halse würge. Um die verlorenen Fotografien tat es ihr leid: ein Bild der Großeltern und eines von der Mutter mit dem früh verstorbenen Erstgeborenen auf dem Schoß.[77] Auch hier schloss sie schicksalsergeben, sie wolle nun nach vorne schauen.[78]

Käthe Kollwitz vermisste die Familie und freute sich, wenn Hans, Lisbeth, Jeep, die Nichten und Enkelinnen nach Nordhausen kamen. Sie lebte sehr zurückgezogen, arbeitete gar nicht mehr, blickte auf ihr Leben zurück. Das Vergangene stand ihr noch immer klar vor Augen. Sie erinnerte sich an Gesichter, Geschichten, sogar an Gedichte der letzten fünfzig Jahre. Gesundheitlich ging es ihr mäßig. Im Januar 1944 war sie wochenlang bettlägerig. Als sie sich besser fühlte, schaffte sie es, für zwei Stunden im Lehnstuhl zu sitzen, doch ihre Stimmung war gedrückt. Ihre schwermütigen Gedanken schickte Kollwitz in Briefen an den Sohn, die von Hoffnungslosigkeit und Todessehnsucht kündeten. Die Welt von gestern war verloren und die Zukunft sah finster aus. Clara Stern schrieb besorgte Briefe nach Berlin: Käthe habe ihren Lebensmut verloren. Sie wartete vergeblich auf die Ankunft ihres Sohnes. Die Zugverbindung nach Norden war unterbrochen.[79]

«Der Krieg begleitet mich bis zum Ende»

Siebenundsiebzig Jahre sind kein kurzes Leben. Erst recht für eine Frau, die seit Jahrzehnten besorgt aufs Alter blickte und das Lebensende seit Jahren erwartete. Für Käthe Kollwitz dehnte sich die Zeit unendlich. Sie wartete auf den Tod, ertrug den Krieg, die Zerstörung ihres Hauses, die Trennung von der Familie nur, weil die Zeit absehbar schien. Aber die Ungeduld wuchs.

Irgendwann war auch Nordhausen nicht mehr sicher. Nördlich der Stadt lagen die Werke der Mittelbau GmbH, die in unterirdischen Stollen die sogenannte Vergeltungswaffe V2 produzierte. Der Rüstungsbetrieb war im Frühjahr 1944 immer wieder Ziel alliierter Bombenangriffe. Die Familie drängte Kollwitz daher, die Stadt zu verlassen. Sie dagegen hielt ihre Zeit für gekommen. Sie wollte nicht länger auf den Tod warten, sondern ihrem Leben eigenhändig ein Ende setzen.

Vorbereitungen für den letzten Schritt hatte sie längst getroffen. Die Nichte Regula Stern hatte ihr die Mittel zum Freitod gegeben. Am 13. Juni 1944 schickte Käthe Kollwitz einen Abschiedsbrief an ihren Sohn. Dort erklärte sie: «Mein tiefster Wunsch geht dahin nicht mehr zu leben. Ich weiß, daß viele Menschen älter werden als ich aber jeder Mensch fühlt, wann für ihn selbst der Wunsch sein Leben ablegen zu dürfen gekommen ist. Für mich ist er da.» Sie spüre eine unstillbare Sehnsucht nach dem Tod, und sie resümierte: «Ich segne mein Leben, das mir bei allem Schweren so unendlich viel Gutes gegeben hat, ich habe es auch nicht verschleudert, ich habe nach meinen besten Kräften gelebt. Ich bitte euch, laßt mich jetzt fortgehen. Meine Zeit ist um.»[80]

Der Brief sorgte in Berlin für Aufregung. Hans wäre am liebsten sofort nach Nordhausen gefahren, um seine Mutter von diesem Schritt abzuhalten, aber die Bahnlinie war zerstört, und so blieb ihm nur der Briefverkehr. In seinem Antwortbrief vom 16. Juni schilderte er die widersprüchlichen Gefühle, die ihn beim Lesen befallen hatten. Zunächst dachte er, er müsse den Wunsch der Mutter respektieren und sie gehen lassen.[81] Dann aber besann er sich und wollte ihr die Alternativen aufzeigen. Ihre Sehnsucht nach dem Tod bleibe nicht immer so intensiv wie jetzt und rühre vielleicht eher von der Notwendigkeit einer neuerlichen Umsiedlung her. Diese habe ihn in der letzten Woche auch schwer belastet. Hans schilderte seiner Mutter die Perspektiven: Über die Freundin Jeep bestand die Möglichkeit, sie in Langenfeld in dem Heim unterzubringen, in dem Arthur Bonus seine letzten Jahre verbracht hatte. Dort wäre sie von freundlichen Nonnen betreut, hätte Lise und Clara zur Unterhaltung da und die fröhliche Jeep in der Nähe. Dass Langenfeld unterm Stein über 350 Kilometer von Berlin entfernt lag, erwähnte Hans nicht. Für Käthe Kollwitz kam eine so große Entfernung zur Familie nicht in Frage.

Schließlich appellierte Hans an ihr Verantwortungsgefühl: «Du glaubst vielleicht, Du bedeutest den Menschen nichts mehr. Aber das ist nicht so, im Gegenteil würde die Kunde von Deinem Tod vielen Menschen von dem wenigen Lebensmut, den sie haben, noch mehr nehmen.» Er bat sie abzuwarten, weiter auf das Ende des Krieges zu hoffen, das die Familie wieder zusammenbringen würde. «Ein Ende machen kannst Du doch immer noch», schrieb er ihr. «Aber nicht jetzt, in dieser Depression und Sorge wegen des Transportes.»[82]

Kollwitz wartete ab, doch war sie von der Argumentation des Sohnes nicht überzeugt. Sie erklärte postwendend, es eile ja nicht und keinesfalls würde sie den Schritt ohne Absprache tun. Das Thema war damit aber keineswegs vom Tisch, denn sie schloss: «Die Ärztin die mich behandelt, kann wohl ohne weiteres den Grund meines Abscheidens angeben.»[83]

Der Freitod war für Käthe Kollwitz eine Möglichkeit. Sie betrachtete ihn als legitimes Mittel, als einen Akt der Freiheit, einen selbstbestimmten Ausweg, den sie auch in der Vergangenheit gelegentlich erwogen hatte. Weil sie kein moralisches Urteil fällte, sah sie keine Notwendigkeit, einen solchen Schritt im Tagebuch zu begründen. Sie war des Lebens müde, lebenssatt, versuchte, der familiären Sorge wegen ihrer Depressionen mit optimistischen Betrachtungen über ihre Lebenszeit zu begegnen. Ihre Hoffnung ruhte auf dem Jenseits, wo sie einen neuen Himmel und eine neue Erde erwartete.

Einstweilen führte der Weg jedoch weder ins Jenseits noch nach Langenfeld, sondern nach Moritzburg bei Dresden. Prinz Ernst Heinrich von Sachsen, der jüngste Sohn des letzten sächsischen Königs, war ein kunstsinniger Bewunderer von Käthe Kollwitz. Er lud sie ein und verschaffte ihr zwei kleine Zimmer im Rüdenhof, in den sie im Juli 1944 übersiedelte. Ausgerechnet Sachsen sollte ihre letzte Station werden. Damals, 1898, war es ihre erste Station als aufsteigende Künstlerin gewesen, wo sie die erste ernsthafte Unterstützung, ihre erste Auszeichnung erhalten hatte. Nun war Sachsen die letzte Zuflucht.

Lisbeth Stern begleitete sie dorthin. Clara Stern betreute Kollwitz, später übernahm die Enkelin Jutta diese Aufgabe. In den letzten Monaten wurde es sehr still um Käthe Kollwitz. Körperlich war sie hinfällig, und nur selten fanden Besucher den Weg zum Rüdenhof. Wenn Lise oder Hans zu ihr kamen, verlebte sie glückliche Stunden. Doch der Gesundheitszustand der alten Frau hatte sich mittlerweile drastisch verschlechtert. Nach einem leichten Schlaganfall stellten sich Lähmungen ein. Das Laufen wurde immer schwieriger, Treppen waren kaum noch zu bewältigen. Kollwitz litt zudem unter Schwerhörigkeit, und auch die Augen versagten ihren Dienst. An Arbeit war kaum noch zu denken. Oft saß sie auf dem Balkon ihres Zimmers, schaute auf die Landschaft, genoss den weiten Blick über den Schlossteich, ließ sich, weil sie es selbst nicht mehr vermochte, den geliebten Goethe vorlesen und wartete.

Der Spätsommer verging, der Herbst kam, dann der Winter. Der Irrsinn des Krieges fand kein Ende. Die Ostpreußen begaben sich in bitterer Kälte auf die Flucht nach Westen, und das nahegelegene Dresden versank bei den schweren Luftangriffen der Alliierten in einem Feuersturm. Die Russen waren auf dem Vormarsch.

Käthe Kollwitz lebte nun fast vollständig abgetrennt von der Welt. Nachrichten von ihr drangen kaum noch nach außen. Sie war bettlägerig und träumte davon, dass Hans sie nach Hause holte, doch das war unmöglich. «Eigentlich hatte sie immer Sehnsucht nach dem Tode. Nacht für Nacht fast träumte sie, sie sei gestorben», erinnerte sich die Enkelin Jutta im Erinnerungsbuch ihres Vaters.[84] Fast empört war Kollwitz, wenn sie wieder aufwachte.[85]

«Ich bin jetzt sehr alt und soll nun noch ein Jahr dazulegen», schrieb sie im März 1945 an Hans. Sie bat ihn noch ein letztes Mal zu sich, und sollte es unmöglich sein, wünschte sie sich die Freiheit, endlich Schluss machen zu dürfen.[86] Hans kam. Er sah seine Mutter zum letzten Mal am Karfreitag. «Der Krieg begleitet mich bis zum Ende», schrieb sie zwei Wochen später in ihrem letzten Brief.[87]

Käthe Kollwitz starb am 22. April 1945, kurz vor dem Ende des Zweiten Weltkriegs. «Sie selbst war schwer krank, und in ganz Moritzburg brodelte es von Angst und Unruhe vor der anrückenden Sowjetarmee. Und auch die Enkelinnen, die Käthe Kollwitz persönlich betreut hatten, waren fort», erinnerte sich die behandelnde Ärztin Marianne Werker. «Am letzten Tag war ich vormittags noch einmal zu einem Besuch zu ihr gekommen, da lag sie im Bett und war schon bewusstlos, atmete schwer und reagierte nicht mehr auf Ansprechen.» Als die Ärztin gegen Abend noch einmal nach ihr sah, war sie gestorben.[88]

Man beerdigte Käthe Kollwitz in Moritzburg. Der örtliche Pfarrer verschaffte ihr einen Sarg, der für sie als Flüchtling nicht vorgesehen war. Darin lag sie, die kleine, alte Frau, mit gefalteten Händen, von weißen und roten Magnolien umgeben. Die Enkelinnen Jördis und Jutta waren die einzigen Bekannten am Grab.[89]

6. Nachleben

Mitten im tosenden Untergang des «Dritten Reiches» war Käthe Kollwitz in aller Stille verschieden. Zunächst erfuhr niemand von ihrem Tod, nicht einmal der Sohn und die Schwiegertochter, denn sie hatten im Chaos der letzten Kriegswochen den Kontakt zu den Zwillingen verloren. Erst im Juli richtete die Öffentlichkeit einen suchenden Blick in Kollwitz' Richtung. Man erinnerte an ihren achtundsiebzigsten Geburtstag, an ihre Lebensleistung und stellte sie der Leserschaft als alte Meisterin deutscher Graphik neu vor.

Von Anfang an war klar, welche Funktion Käthe Kollwitz in der deutschen Nachkriegszeit erfüllen sollte. Sie war unbescholtene Prominenz und eine Frau des Volkes. Sie war «eine große Künstlerin, ein ganzer Mensch, eine ganze Frau, eine deutsche Frau mit dem ihr zugemessenen vollen Maß des Leids, aber auch mit der Erlösung, die große Künstlerschaft zu geben hat.»[1] Ihr Werk war Anklage. «Ihr Wille: das Leid zu tilgen! Ihre Liebe: den Frauen dieser Erde, die in ihren Schößen die Kinder einer neuen Zeit tragen, die Fackel des Lichtes zu reichen, den Glauben an ein Reich der Freiheit und des Friedens!»[2] Leid und Aufbruch – unter diesen Stichworten sollte Käthe Kollwitz aus der nationalsozialistischen Versenkung geborgen werden.

Dass die Gefeierte bereits Wochen zuvor gestorben war, änderte daran nichts. Käthe Kollwitz eignete sich hervorragend für den geistigen Wiederaufbau eines Volkes, das die Alliierten für moralisch verwahrlost und korrumpiert hielten. Sie war ein Musterbeispiel der Integrität, von den Nationalsozialisten geächtet und nicht zuletzt aus diesem Grund unverdächtig.

Zudem hatte das «Dritte Reich» in der Kunstrezeption eine verhängnisvolle Erblast hinterlassen. Die Abkopplung von internationalen Entwicklungen und die Unterdrückung moderner Strömungen in der deutschen Kunstszene hatten weite Teile des Publikums von modernen Sehgewohnheiten entfremdet. Was der Betrachter nicht kannte, was ihm auf den ersten Blick unverständlich blieb, galt auch unmittelbar nach dem Krieg als ‹undeutsch› und als Widerspruch zum ‹gesunden Volksempfinden›. Stimmungsvolle und empfindsame Werke standen hoch im Kurs, während die expressionistische und vor allem die abstrakte Malerei mitunter für aggressive Reaktionen sorgten. Bei einer Publikumsbefragung, die 1946 in Augsburg durchgeführt wurde, hätten wütende Ausstellungsbesucher den Urheber der ‹Schmierereien› am liebsten niedergeschossen. Und auch weniger martialische Kritiker forderten noch immer die «völlige Ausmerzung solcher Bilder».[3]

Wie gefällig kam dagegen das Œuvre von Käthe Kollwitz daher. Nach zwölf Jahren der Zurückweisung präsentierten die Alliierten in Ost und West sie als eine feste Größe deutschen Kulturguts. In Berlin, wo ihre Werke in Kellern versteckt den Krieg überdauert hatten, organisierte die Stadtverwaltung schon im Herbst 1945 eine Ausstellung mit über einhundert Radierungen, Lithographien, Holzschnitten, Plakaten und Zeichnungen. Es war die erste Veranstaltung im großen Saal der Landwirtschaftlichen Hochschule, der eigens zu diesem Zweck wiederhergestellt und mit neuen Fenstern versehen worden war.

Die Ausstellung stellte Käthe Kollwitz als eine Revolutionärin im Geiste der Menschlichkeit vor. Man erzählte ihr Leben als deutscheste aller Geschichten: die ostpreußische Herkunft, der Verlust des Sohnes im Ersten Weltkrieg, ihr Tod kurz vor Ende des Zweiten.[4] Das bot Identifikationspotential, holte das Publikum in der eigenen Lebenswelt ab, denn Hunger, Verlorenheit und Trauer bestimmten den Alltag der deutschen Bevölkerung in allen Besatzungszonen. An der Biographie von Käthe Kollwitz konnten und sollten die Menschen sich aufrichten. Ihre Kunst erzählte vom Durchhalten und vom Ertragen, vom Widerstand gegen die Verhältnisse und davon, wie sich mit neuer Energie eine bessere Zukunft gestalten ließ. Käthe Kollwitz teilte, so schien es, das Los der Deutschen, mit ihr sollten sie einen Weg aus der existentiellen und moralischen Misere finden.

Standen zunächst Antifaschismus und Wiedergutmachung im Vordergrund, war schnell klar, dass die Fronten der Kollwitz-Interpretation im heraufziehenden Kalten Krieg entlang den Linien der politischen Interpretation verlaufen würden. Die ideologischen Schwerpunkte waren schnell gesetzt. In der Sowjetischen Besatzungszone verehrte man die Künstlerin als Vorläuferin des «Sozialistischen Realismus», in den westlichen Besatzungszonen betrachtete man ihr Werk unter moralischen und religiösen Gesichtspunkten. Was dem eigenen Kollwitz-Bild widersprach, marginalisierten beide Seiten oder ließen es kurzerhand weg. So etwa in Freiburg, wo der Ausstellungskatalog der Gedächtnisausstellung von 1946 die Biographie von Käthe Kollwitz fast schon brutal beschnitt. Die politische Herkunft der Künstlerin und ihr engagiertes Werk verschwieg man dem Publikum. Kollwitz' Bruder Conrad Schmidt, der es als sozialdemokratischer Theoretiker zu einigem Ansehen gebracht hatte, degradierte man zum «jungen Idealisten mit Interesse an sozialen Themen». So passte Käthe Kollwitz in das Klischee christlicher Nächstenliebe, und nur diese Geschichte wollte man erzählen.[5]

Sozialistische Kampfkunst

In der Sowjetischen Besatzungszone präsentierte man Käthe Kollwitz in zahlreichen Ausstellungen als politische Vorreiterin in der Kunst. Identifikation und Wiedergutmachung verloren zunehmend an Bedeutung, denn spätestens mit der Gründung der DDR war die Kunstpolitik auf sowjetische Linie gebracht worden. Die Verdammung expressionistischer, abstrakter und surrealistischer Kunst gehörte beim ‹großen Bruder› seit gut zehn Jahren zum Grundton marxistischer Kunstkritik. Das Verhältnis von Inhalt und Form galt als zentrales Problem der Ästhetik.[6]

Nach dem Vorbild der Sowjetunion erklärte man auch in der DDR den Sozialistischen Realismus zur einzig gangbaren Methode.[7] «Literatur und bildende Künste sind der Politik untergeordnet», verkündete Ministerpräsident Otto Grotewohl 1951. «Die Idee in der Kunst muss der Marschrichtung des politischen Kampfes folgen. Denn nur auf der Ebene der Politik können die Bedürfnisse der werktätigen Menschen richtig erkannt und erfüllt werden.»[8] Und weil in der Kunst nur funktioniere, was sich in der Politik als richtig erwiesen habe, richtete das Zentralkomitee der SED eine «Staatliche Kommission für Kunstangelegenheiten» ein, die Museen und Galerien durchkämmte und nach nur sechs freien Jahren wieder von den Wänden nahm, was der Staatsmacht missfiel.

Die Kunst als dienstbeflissene Magd der gesellschaftlichen Entwicklung hin zum Kommunismus hatte den gesellschaftspolitischen Vorgaben zu folgen, bestenfalls der gefälligen Entwicklung voranzuschreiten. Gefordert waren antifaschistische Werke mit gesellschaftlich relevanten Themen in realistischer Darstellungsweise. Bei Käthe Kollwitz konnte man all das finden. Ihre Kunst war gegenständlich und volksverbunden, sie selbst über jeden Zweifel spätbürgerlicher Dekadenz erhaben. Zumindest beinahe, denn der Kulturfunktionär Kurt Magritz bemühte sich zunächst, ihre gesicherte Position ins Wanken zu bringen.

Magritz zählte Kollwitz' Frühwerk zur Strömung des «Kritischen Realismus», der ersten Kunstrichtung, die im ausgehenden 19. Jahrhundert die verheerende Ausbeutung hinter der leuchtenden Fassade des Kapitalismus sichtbar gemacht hatte. Die Darstellung der zermürbenden Verhältnisse und der ihrer Würde beraubten Arbeiter deute bereits einen Weg aus der Unterdrückung an, sei aber noch nicht revolutionär im eigentlichen Sinne. Erst der Sozialistische Realismus, der zu Beginn des 20. Jahrhunderts hervortrat, führe den Unterdrückten die eigene Kraft vor Augen und weise ihnen einen Weg in die sozialistische Gesellschaft – so Magritz in seinem Beitrag in der Zeitschrift «Bildende Kunst».[9]

Kollwitz' «Weberzyklus», der «Bauernkrieg», aber auch Einzelblätter wie «Tanz um die Guillotine» gehörten für Magritz zu jener Vorreiterströmung. Sie thematisierten die Unterdrückung der Arbeiterklasse und ermächtigten, indem sie den Kapitalismus als Schuldigen vorführten, zum Kampf. Das Proletariat trat als Akteur im historischen Prozess auf. So weit, so gut.

Für die Zeit nach 1910 fiel Magritz' Urteil aber deutlich negativer aus. Zu dieser Zeit habe sich Kollwitz von der Methode des Realismus abgewandt. Statt den historischen Auftrag voranzubringen, habe sie sich in das Mutter-Kind-Thema verstrickt und es zu einer eigenständigen Variante ihres Schaffens erhoben. Magritz' Kritik blieb an dieser Stelle implizit. Doch diagnostizierte er bei Kollwitz deutliche Schwächen, die er in einem zweiten Teil seiner Studie ausführlich darlegen wollte. Der Zufall verhinderte die Veröffentlichung dieser Fortsetzung, denn die Zeitschrift «Bildende Kunst» stellte ihr Erscheinen ein.

Zwei Jahre später versuchte Kurt Magritz, seine kritische Untersuchung im Katalog zur Kollwitz-Ausstellung in der «Deutschen Akademie der Künste» Ost-Berlin unterzubringen. Otto Nagel, der seit der frühen Weimarer Republik ein guter Freund von Käthe Kollwitz gewesen und mittlerweile zum führenden Kulturfunktionär aufgestiegen war, verhinderte das jedoch. Magritz blieb nur ein scharfer Verriss in der Tagespresse. Unter dem Titel «Käthe Kollwitz. Ihr Werk und seine Grenzen» unterstellte er der Künstlerin, im bürgerlichen Symbolismus verhaftet geblieben zu sein, und führte als Beweis ausgerechnet das später sehr beliebte «Gedenkblatt für Karl Liebknecht» an, das, so Magritz, den leidenschaftlichen Protest der Arbeiterschaft gegen die Ermordung ihres Anführers ausblende und lediglich die dumpfe und zersetzende Trauer thematisiere, aus der keine Kampfkraft zu gewinnen sei.[10] Magritz' Forderung, Leben und Werk von Käthe Kollwitz einer kritischen Prüfung zu unterziehen, kam bei den Vertretern der Deutschen Akademie der Künste nicht gut an. Die Künstlerin hatte in der jungen DDR einflussreiche Freunde, die sie gegen Angriffe schützten.

Auf biographische Grundlagenforschung legte man in dem ostdeutschen Staat keinen Wert. Kollwitz' Biographie diente stattdessen als Reservoir, an dem sich Journalisten und Schriftsteller frei bedienten, um ein Lebensbild in ihrem jeweiligen Sinne zu formen. Bis in die sechziger Jahre suchten DDR-Kulturfunktionäre nach einer konsistenten Erzählung. 1951 erschien zum Beispiel eine Künstlermonographie von Gerhard Strauss, die Käthe Kollwitz zum Musterbeispiel einer bürgerlichen Sympathisantin machte, mit ihrer tatsächlichen Lebensgeschichte aber wenig zu tun hatte.[11]

Strauss distanzierte sich explizit von der ‹konventionellen› Biographik, die versuche, die Ursprünge einer Geisteshaltung aufzuspüren und deren Spuren von der Wiege zur Bahre nachzuverfolgen. Sein Ansatz verlief entgegengesetzt: Er ging von einem vermeintlichen Ergebnis aus und projizierte gewünschte Entwicklungslinien in die Vergangenheit. So entstand die Geschichte einer Tochter aus gutem Hause, die sich zeitlebens bemühte, das schwere Erbe ihrer bürgerlichen Herkunft abzuwerfen. Strauss konstruierte eine Verbundenheit zum Klassenkampf der deutschen Arbeiterschaft, für die es in den Quellen keinerlei Anhaltspunkte gibt. So behauptete er, erst die Identifikation mit der Arbeiterbewegung habe Käthe Kollwitz zu Großem inspiriert, erst durch ihr Bekenntnis zum Klassenkampf habe ihr Werk eine einzigartige Volkstümlichkeit und eine politische Bedeutung erhalten, die weit über die Darstellung des individuellen Leidens hinausgehe. Religion, Humanismus und Liberalismus allein seien dagegen nie Maxime oder Zweck ihrer Kunst gewesen.

Hin und wieder stieß Strauss beim Fabulieren auf ein Fünkchen Wahrheit, wenn er etwa konstatierte, dass Kollwitz' Werk sich auf den Fortschritt der Menschheit richte. Selbstverständlich band er dann aber ihre Überzeugung, dass die Überwindung des Elends eine gesamtgesellschaftliche Aufgabe sein müsse, an ihre vermeintlich sozialistische Weltanschauung. Dass Käthe Kollwitz weder eine klassenbewusste Proletarierin noch eine konsequente Materialistin gewesen war, musste Strauss eingestehen. In ihrem Fall sei das jedoch verzeihlich, weil sie die Arbeiterschaft in deren Kampf um den Sozialismus immer unterstützt habe. Sie sei «ein wachsender und sich entwickelnder Mensch bürgerlicher Herkunft [gewesen], der die Wahrheit anerkannte und vor den daraus sich ergebenden Folgerungen nicht zurückschreckte».[12] Im Zeitalter des Kapitalismus hielt Strauss das für eine respektable Leistung. Höher hätte eine nicht in der Kommunistischen Partei aktive Künstlerin kaum steigen können.

Diese fast schon fiktionale Darstellung der Lebensgeschichte konnte sich nicht lange halten. Wie Magritz mit seiner Verdammung wurde

Strauss' Einseitigkeit bald von anderen Versuchen abgelöst. Der Kunsthistoriker Willy Kurth stellte zum Beispiel die Weiblichkeit der Künstlerin in den Mittelpunkt seiner Erzählung. Er griff eine Argumentation auf, die Otto Nagel bereits 1927 entwickelt hatte, und inszenierte Käthe Kollwitz als große Mutter.[13] Mutterschaft, Mutterinstinkt und Mutterliebe seien die Antriebskräfte, die Kollwitz zu ihren herausragenden Leistungen geführt hätten. Ausgehend von ihrer eigenen Erfahrung als Mutter habe sie einen generellen Muttertypus geschaffen, der als Stellvertreterin das Leiden erträgt und die Missstände anklagt. Urgrund ihrer Motive sei zunächst das Mitleid gewesen, doch mit der Zeit habe Kollwitz ihren Figuren ein politisches Bewusstsein eingehaucht, das zum Kampf gegen die Verhältnisse ermächtige.

Um seine Argumentation zu belegen, griff Kurth gerade nicht auf die großen Zyklen zurück, sondern wählte die Blätter zum Tod, die eindrucksvoll die «Schicksalstrinität von Mutter, Kind und Tod» vorführten: Die Mutter wird aktiv und versucht, das Kind aus den knöchernen Händen des Todes zu befreien.[14] Der hier dargestellte Kampfgeist wurde zu einem wesentlichen Aspekt in Kurths Interpretation. Er diagnostizierte ihn nicht nur im Frühwerk, sondern für Kollwitz' gesamte Schaffenszeit. Gerade für die Jahre, die Magritz als bürgerlich, religiös und individualistisch verworfen hatte, stellte Kurth eine starke Ausrichtung auf das Politische fest, die nicht zuletzt vom stärkeren Gegenwartsbezug getragen sei. Damit war Käthe Kollwitz von führender Stelle in ihrer Position als Vorreiterin des Sozialistischen Realismus bestätigt und wurde in dieser Funktion auch von der Deutschen Akademie der Künste gewürdigt. Man benannte sogar einen Kunstpreis nach Kollwitz. Wie damals bei ihrer Ernennung zur Meisterin der Graphik waren dieser Entscheidung monatelange Verhandlungen vorausgegangen.[15]

Die Bevölkerung griff die offizielle Kollwitz-Verehrung freudig auf. Sie kam ihr sogar zuvor. Lange bevor die Akademie eine offizielle Richtung vorgab, hatte die Stadt Berlin die Initiative ergriffen und die Weißenburger Straße und den Wörther Platz 1947 nach ihren berühmten Bewohnern benannt.[16] Der Kollwitzplatz ehrte nicht allein die Künstlerin, sondern auch ihren Ehemann Karl und sein ärztliches Engagement. Drei Jahre später, im Sommer 1950, ließ das Bezirksamt Prenzlauer

Berg am ehemaligen Wohnhaus des Paares eine Kopie der Großplastik «Mutter mit zwei Kindern» aufstellen und schuf damit neben dem Grab in Berlin-Friedrichsfelde, wohin man Kollwitz' Asche mittlerweile umgebettet hatte, einen öffentlichen Gedenkort mitten in der Stadt.[17] Alljährlich am 8. Juli ließ man dort in einer kleinen Zeremonie Schulkinder Blumen niederlegen und erinnerte an Leben und Schaffen der Künstlerin. Seit 1961 zelebrierte man diesen Ritus auf dem Kollwitzplatz, wo zu Ehren von Käthe Kollwitz ein großes Denkmal des Bildhauers Gustav Seitz aufgestellt worden war. Schön wäre es gewesen, hätten die Anwohner des Kollwitzplatzes tatsächlich bei der Feier zum neunzigsten Geburtstag auf die Errichtung dieses Denkmals gedrungen, wie die Bezirksverwaltung in Gerüchten verbreiten ließ. In Wirklichkeit war der Auftrag an den Künstler bereits im Jahr zuvor ergangen.[18]

Höhepunkt der sozialistischen Kollwitz-Verehrung war das Jahr 1967: Den hundertsten Geburtstag von Käthe Kollwitz beging man im ganz großen Stil. Die Feierlichkeiten gingen über mehrere Tage und schlossen eine große Medienkampagne ein. Getragen war die ganze Aktion von der Deutschen Akademie der Künste, die nicht nur eine große Künstlerin feierte, sondern auch die eigene Leistung im Dienste der Kulturpflege. Dem Arbeitssekretariat, das mit der tatsächlichen Vorbereitung befasst war, war ein namhaft besetzter Ehrenausschuss beigegeben: eine lange Liste kultureller und politischer Würdenträger, darunter Minister, Staatssekretäre, Professoren und Künstler. Als Sohn und Erbe gehörte auch Hans Kollwitz dazu. Die Schirmherrschaft übernahm der Vorsitzende des Staatsrates, Walter Ulbricht.[19]

Für die Berliner Bevölkerung ging es schon am 6. Juli los. Auf dem Kollwitzplatz versammelten sich Schulkinder, Bürger und Brigaden zu einer Feierstunde.[20] Eugen Frick, ein Lehrer der Käthe-Kollwitz-Oberschule Mühlenbeck, sprach über Leben und Werk der Künstlerin. Anschließend erzählte ein ehemaliger Patient und Parteigenosse von Karl Kollwitz von persönlichen Erlebnissen mit dem geehrten Paar.

Am folgenden Tag eröffnete die Akademieausstellung «Käthe Kollwitz und ihre Zeitgenossen», das Kernstück der Feierlichkeiten. Die

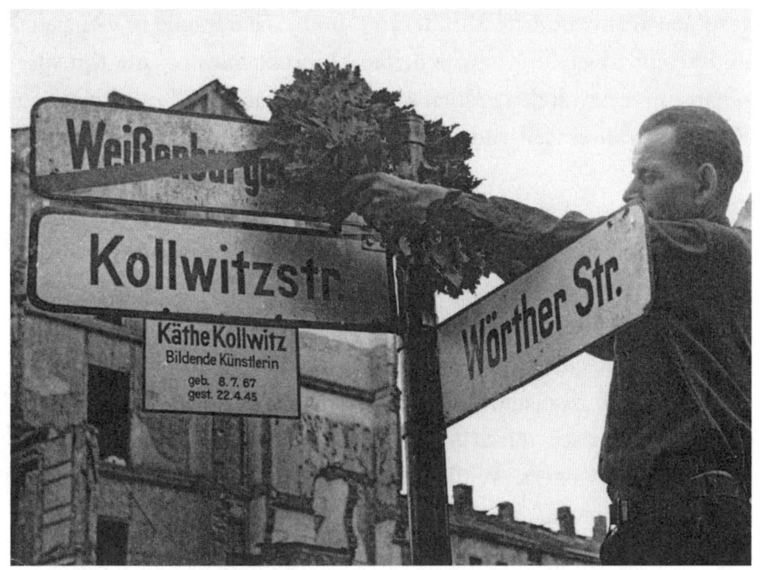

36 Umbenennung der Weißenburger Straße, Berlin, in Kollwitzstraße, 1947

Veranstaltung fand im «Haus der sowjetischen Freundschaft» am Festungsgraben statt. Mühevoll hatte das Arbeitssekretariat nach einem Zusammenhang mit dem fünfzigsten Jahrestag der Oktoberrevolution gesucht, um das Projekt aufzuwerten. Die Akademie präsentierte mit der Ausstellung ein neuartiges Konzept und zeigte statt einer großen Zusammenstellung von Kollwitz' Werken eine Gesamtschau proletarisch-kämpferischer Kunst. Über zweihundert Werke kamen zusammen. Da hingen große Künstler neben eher Unbekannten: Lea und Hans Grundig, Hans Baluschek, Otto Dix, Constantin Meunier und Théophile-Alexandre Steinlen genauso wie Ernst Bischoff Culm, Ernest Duez und Alexéj Ilitsch Kráwatschenko. Auch Käthe Kollwitz' Freunde Sella Hasse, Otto Nagel und Emil Orlik fanden selbstverständlich einen Platz.[21] Max Liebermann, Lovis Corinth oder Max Klinger wären wohl überrascht gewesen, zu den Repräsentanten des Sozialistischen Realismus zu zählen.

Von Kollwitz zeigte man die Zyklen «Ein Weberaufstand» und «Bauernkrieg», die Kohlezeichnung «Kampf im Wirtshaus», die Lithographien «Brot» und «Verbrüderung» und je eine Studie zu «Aufruhr» und «Heimarbeit».[22] Kollwitz fügte sich problemlos in eine Künstlerschaft ein, die «von den großen sozialen Problemen und revolutionären Ereignissen ihrer Zeit gedrängt wurden, mit ihren Arbeiten Partei zu ergreifen».[23]

Bei der feierlichen Eröffnung der Ausstellung vertrat der Gebrauchs- und Plakatkünstler Klaus Wittkugel den mittlerweile schwer erkrankten Otto Nagel. Seine Laudatio hob die moralische und künstlerische Qualität der gezeigten Werke hervor und lobte auch das Engagement der Deutschen Akademie der Künste, die das kulturelle Erbe des Sozialistischen Realismus und damit auch das von Käthe Kollwitz und ihren Zeitgenossen durch ihre unermüdliche Arbeit lebendig hielte. Abschließend wetterte Wittkugel gegen die Bundesrepublik, die sich zahlreicher – ungenannter – Manipulationen schuldig gemacht und die Entleihung umfangreicher Bestände aus dem westlichen Ausland verhindert habe: Anschuldigungen, die sich anhand der Unterlagen nicht bestätigen lassen.[24]

Im Anschluss an die Festrede führte die Akademie einen neuen Dokumentarfilm vor, der die bis dahin wenig bekannte Entstehungsgeschichte des Denkmals «Die trauernden Eltern» beleuchtete.[25] Der Film «Saatfrüchte sollen nicht vermahlen werden» blieb überraschend nah an den historischen Quellen und stellte das Ringen der Künstlerin um ihre Haltung zum Krieg realistisch dar. Von ihrer Begeisterung und Einsatzbereitschaft der ersten Kriegstage bis zur Abwendung im Herbst 1918 folgte der Film Kollwitz' Aufzeichnungen, legte seinen Schwerpunkt allerdings auf leicht zu akzeptierende Themen, indem er Kollwitz' Stellung zum Arbeitskampf und zum Pazifismus deutlich betonte und ihre sozialismusfreundlichen Aussagen herausstellte.

Gipfel der Kollwitz-Feierlichkeiten war schließlich ein Festakt im Apollosaal der Staatsoper. Die Gästeliste lässt vermuten, dass es sich um ein realsozialistisches Schaulaufen gehandelt hat. Neben Walter Ulbricht erschienen verschiedene Mitglieder des Staats- und Ministerrates und des Zentralkomitees, Angehörige der Hochschulen, Präsidenten verschiedener kultureller Verbände und Institutionen sowie Künstler aus dem In- und Ausland.[26] Die Festansprache hielt der für

Kultur und Erziehung zuständige stellvertretende Vorsitzende des Ministerrats, Alexander Abusch.[27] Er referierte die von nun an geltende, unverrückbare Lebensgeschichte von Käthe Kollwitz und betonte dabei das politische Engagement der Künstlerin dermaßen, dass sie wie eine verhinderte Kommunistin erscheinen musste.

Die biographische Verdrehung setzte beim Ausbruch des Ersten Weltkriegs ein, als Kollwitz nicht etwa eine zweifelhafte Entscheidung traf, sondern verwirrt von der sozialdemokratischen Zustimmung zu den Kriegskrediten vom rechten Weg abkam. Erst der Tod ihres Sohnes habe sie dann allmählich wieder zur «Grundlinie ihres Schaffens» zurückgeführt, die nach den Ausführungen Abuschs nur im sozialistischen, ja kommunistischen Metier zu suchen war.

Das Lebensmärchen führte vom Krieg zur Weimarer Republik, während derer sich Käthe Kollwitz nie zur Demokratie bekannt habe. Stets sei sie ‹uns› eine zuverlässige Verbündete gewesen. ‹Uns› – das waren in dem Fall die Kommunisten, für die Abusch Kollwitz eine Faszination andichtete, die sich in den Quellen ebenfalls nicht finden lässt. Folgerichtig stellte Abusch Kollwitz' Engagement für die Künstlerhilfe, die «Internationale Arbeiterhilfe» und die «Freunde neues Rußland» besonders heraus, während er ihre kritischen Äußerungen verschwieg. Für die Frage, warum die «getreue Verbündete» nie in die Partei eingetreten war, blieb an dieser Stelle natürlich kein Raum.

Nach Abusch sprach Pjotr M. Syssojew, ein Abgesandter der sowjetischen Akademie der Künste, der über Kollwitz' besondere Leidenschaft für die Sowjetunion redete und von den Feierlichkeiten in Moskau berichtete, wo man zusammen mit einer deutschen Delegation den Geburtstag von Käthe Kollwitz ebenfalls beging.[28] Abschließend verlieh man vor illustrer Runde den Käthe-Kollwitz-Preis an den sterbenskranken Otto Nagel, der nicht zugegen sein konnte und den hundertsten Geburtstag seiner Freundin nur um wenige Tage überlebte.

Begleitet wurden die Festlichkeiten im Sommer 1967 von einer Vielzahl an Artikeln und Aufsätzen in Tages- und Wochenzeitungen.[29] In der «Bildenden Kunst» durften Bekannte der Künstlerin von ihren persönlichen Begegnungen mit Käthe Kollwitz berichten.[30] Heinz Lüdecke kündigte die Veröffentlichung eines Œuvrekatalogs der Handzeichnungen an.[31] Den Lesern der «Einheit» erläuterte der Kunsthistoriker Peter H. Feist die Bedeutung der Künstlerin ausführlich.[32] Es kam sogar eine Käthe-Kollwitz-Sonderbriefmarke heraus.[33] Den Abschluss des Feierjahres machte eine kunstwissenschaftliche Tagung im November 1967, die Kollwitz' Verbindung zur Arbeiterschaft und ihre Bedeutung für die Kunst noch einmal wissenschaftlich herleiten sollte.[34]

Eine quellenkritische Auseinandersetzung mit der Biographie von Käthe Kollwitz interessierte dagegen nicht. Bereits 1964 hatte der systemkritische Kunsthistoriker Günter Fecht auf die Heterogenität und die Brüche in Kollwitz' Leben hingewiesen. Sein Appell, ihre künstlerische Persönlichkeit in ihrer Vielschichtigkeit anzuerkennen, statt «alles Eigenwillige und Besondere, alle Stürme, Auseinandersetzungen und Zweifel, alle zeitweilige Müdigkeit» aus dem Leben der Künstlerin herauszustreichen, verhallte ungehört. Die Komplexität einer lebendigen Persönlichkeit hätte sich nicht so leicht in die Schablone der künstlerischen Vorreiterin pressen lassen.

Gleichwohl kam der Wunsch nach einer differenzierten Auseinandersetzung immer wieder auf. Im Dezember 1964 bemühten sich Otto Nagel und Heinz Lüdecke beim Zentralkomitee der SED um die Gründung einer «Käthe Kollwitz Gesellschaft». Eine derartige Einrichtung hätte der DDR die Gelegenheit geboten, sich der Welt als «legitime Erben der Künstlerin» vorzustellen. Wissenschaftliche Forschung, Gedenken und Vernetzung, so die Initiatoren, könnten in der Käthe-Kollwitz-Gesellschaft zusammenlaufen. Obwohl sich viele Fürsprecher fanden, wurde die Gesellschaft nicht ins Leben gerufen.

Etwa zur gleichen Zeit versuchte die Kunsthistorikerin Ilse Rauhut in mehreren Anläufen, eine Forschungsstelle zu Käthe Kollwitz einzurichten. Rauhut hatte sich eingehend mit dem Nachlass von Beate Bonus-Jeep befasst, nachdem das Binnenzollamt im März 1963 zufällig darauf gestoßen war, und wollte nun in Zusammenarbeit mit Wissenschaftlern anderer Disziplinen Leben und Schaffen der Künstlerin erforschen. Allerdings sah sich weder die Akademie der Wissenschaften noch die der Künste in der Lage, Rauhut diese Möglichkeit zu verschaffen. Wieder verstrich eine Gelegenheit zur Grundlagenforschung ungenutzt, während man Käthe Kollwitz weiterhin blindlings vor den Karren des Sozialismus spannte.

Die Meistererzählung zu Käthe Kollwitz war längst festgelegt. In den folgenden Jahren ging es um die Breitenwirkung. Man wollte das Publikum direkt in der eigenen Lebenswelt erreichen, nutzte dazu kleinere Wanderausstellungen, Dia-Präsentationen, Tonbänder und Projektmaterialien, die Schulen und Betriebe anfordern konnten. Mehr oder weniger fiktionale Texte zu Käthe Kollwitz boten einen niederschwelligen Einstieg für Menschen, die bis dahin keinen Zugang gefunden hatten.[35] 1983 widmete sich sogar ein Fernsehfilm dem Leben der Künstlerin. «Langer Abschied» von Renate Apitz und Jurie Kramer richtete den Blick erneut auf die Zeit des Ersten Weltkriegs und die Entstehung des Denkmals «Die trauernden Eltern».[36]

Nach vierzig Jahren DDR war Käthe Kollwitz weiten Teilen der Bevölkerung gut bekannt. Schulen, Brigaden, Kindergärten, sogar ein Ferienlager trug ihren Namen. Die letzte große Ausstellung ihrer Werke fand anlässlich ihres hundertzwanzigsten Geburtstags 1987 im Berliner Marstall statt. Die Deutsche Akademie der Künste zeigte ihre umfangreiche Sammlung und der Kunsthistoriker Harri Nündel schrieb die altbekannte Geschichte noch einmal fest: Käthe Kollwitz, als bürgerliche Tochter erzogen «im Sinne der revolutionären demokratischen Tradition und der Sympathie für die Idee des Sozialismus», die mit einem erstaunlichen Klassenbewusstsein ausgestattet war und sich «von der ersten bis zur letzten Arbeit» für das Proletariat eingesetzt hatte.[37]

Die große Mutter

Ganz anders, fast schon entgegengesetzt verlief die Entwicklung in Westdeutschland. Während die DDR Käthe Kollwitz problemlos einen Platz zuwies, wusste die westdeutsche Kunstszene zunächst nicht so recht, was sie mit der Grande Dame der Graphik anfangen sollte. Einzelausstellungen waren selten, blieben oft im kleinen, fast schon intimen Rahmen.[38] In den fünfziger Jahren fand sich nur die Staatliche Graphische

Sammlung in München bereit, eine größere Ausstellung zu organisieren, betonte im Katalog aber explizit, dass man sich nach der Ostberliner Akademieausstellung von 1951 in der Pflicht gesehen habe, mit einer ebenbürtigen Veranstaltung nachzuziehen.[39] Nach ausgeprägtem Interesse klang das nicht, vielmehr danach, als wollte man die Deutungshoheit über Käthe Kollwitz nicht gänzlich der sozialistischen Konkurrenz überlassen.

Die Interpretation folgte den Topoi des Kalten Krieges. Der Münchener Katalog inszenierte Käthe Kollwitz als mütterliche Instanz, «die auch dort noch Güte predigt, wo sie anzuklagen scheint». Jede andere Auslegung, insbesondere eine politische Deutung ihres Werkes, verdammte man als Begriffsstutzigkeit und Ignoranz.[40]

Während es im Ausstellungswesen eher ruhig blieb, diente Käthe Kollwitz auf dem Gebiet der Erinnerungspolitik schon früh als Identifikationsfigur, die den Blick auf die nationale Leidensvergangenheit freigab. Hans Kollwitz brachte die Idee auf und wandte sich gleich nach ganz oben, an den Bundespräsidenten Theodor Heuss. Er schlug vor, eine Kopie der «trauernden Eltern» anfertigen zu lassen. Das Denkmal sei eines der Hauptwerke seiner Mutter und seit der Zerstörung der Gipsfiguren im Zweiten Weltkrieg existiere in Deutschland kein Exemplar dieser Arbeit mehr. Die Anfertigung und Aufstellung der Kopie wäre eine Geste der Anerkennung für die Person und das Werk der Künstlerin.[41]

Heuss, der Kollwitz als junger Journalist persönlich kennengelernt hatte und sie verehrte, nahm sich dieser Aufgabe gerne an. Sein erster Gedanke war, das Werk auf einem Soldatenfriedhof aufzustellen. Doch der Volksbund Deutscher Kriegsgräberfürsorge hielt das wegen der betonten Subjektivität des Werks für unpassend und schlug stattdessen vor, das Denkmal an einem charaktervollen Ort in einer zerbombten Großstadt zu installieren, etwa im Kreuzgang des Bonner Münsters oder in einer Kölner Kirchenruine.[42]

Köln sollte es tatsächlich werden. Die Mittel für das Ehrenmal kamen schnell zusammen. Der Düsseldorfer Kunstprofessor und Bildhauer Ewald Mataré erhielt den Kopierauftrag, Erwin Heerich und Joseph Beuys, zwei seiner Schüler, setzten ihn um.[43] Der Bundespräsident

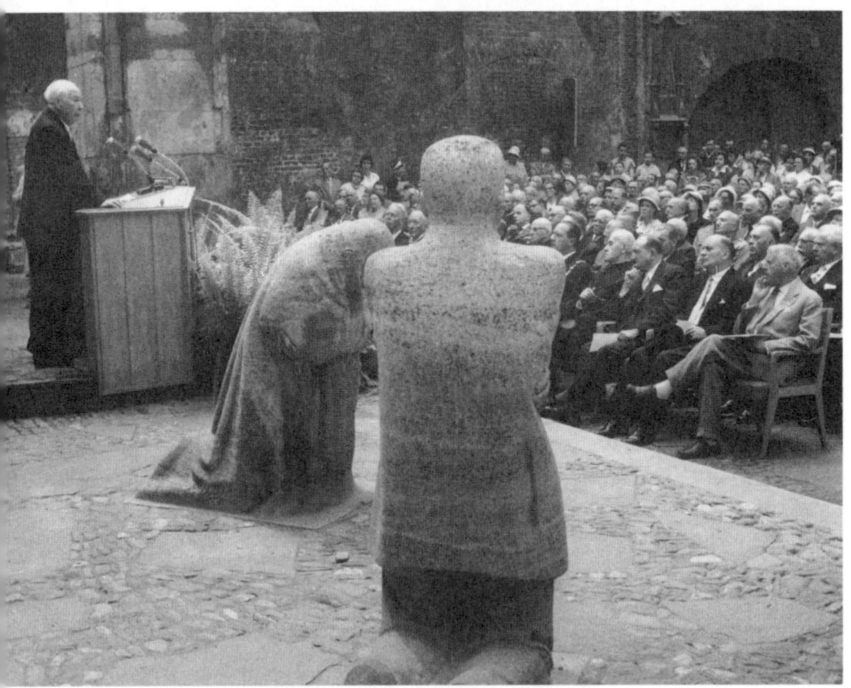

37 Eröffnung der Gedenkstätte in St. Alban, Köln, durch Theodor Heuss, in der ersten Reihe ganz rechts Ewald Mataré, 1959

durfte dann den endgültigen Standort auswählen. Er entschied sich für die Kirchenruine von St. Alban, wo «Die trauernden Eltern» schließlich am 21. Mai 1959 der Öffentlichkeit übergeben wurden.

Zur feierlichen Eröffnung der Gedenkstätte versammelten sich Bürger und Honoratioren. Der amtierende Oberbürgermeister Theo Burauen betonte in einer Ansprache die erinnerungspolitische Bedeutung des Denkmals, dessen ursprünglich persönlichen Hintergrund er für aufgehoben erklärte. «Die trauernden Eltern», die Käthe Kollwitz in Erinnerung an den Ersten Weltkrieg geschaffen hatte, ständen längst zeitlos für den sinnlosen Kriegstod der vielen, die zu Opfern des Weltenlaufs wurden. Ihrer wolle die Stadt Köln mit der Kirchenruine St. Alban gedenken: «Die Toten Kölns, die Toten der Völker.»[44] Die deutsche Schuld war nicht Teil der Debatte.

Theodor Heuss, der zweite Redner, verwies auf die Symbolkraft des Ortes, der die Ausdruckskraft des Denkmals noch einmal erhöhe. «Die trauernden Eltern» brächten das bedrückende Leid auf unverwechselbare Weise zum Ausdruck. Heuss führte dies, der westdeutschen Interpretation und Funktionalisierung von Käthe Kollwitz folgend, auf den geistigen Hintergrund der Schöpferin zurück. Julius Rupp galt ihm als moralischer Führer und als Garant für eine undogmatische ethische Gesinnung, die in der Enkeltochter fortgewirkt habe.

«Die trauernden Eltern» gingen in ihrer Ausdruckskraft, so Heuss, weit über das hinaus, was Käthe Kollwitz ursprünglich intendiert hatte. Während das Original auf dem belgischen Soldatenfriedhof von der subjektiven Verlusterfahrung geprägt und den Kriegstoten des Ersten Weltkriegs gewidmet war, galt das Kölner Denkmal allen Kriegsopfern: Soldaten und Zivilisten, Toten und sogar Vertriebenen, denn in einem abschließenden, fast nachgeschobenen Absatz erinnerte Theodor Heuss mit einem «schmerzlichen Gefühl» an Kollwitz' Heimatstadt Königsberg und nahm damit den Verlust der Heimat in die nationale Trauergeste auf.[45] Das Bild lag nah, denn die trauernde Mutter symbolisierte in der Gedenkpraxis schon längst die verlorene Heimat.[46]

Käthe Kollwitz und die Vertriebenen, das passte zusammen. Aus dem Kreis der Flüchtlinge hatte sich bereits eine Fangemeinde gebildet, die sich nicht allein auf die gemeinsame Herkunft berief, sondern in der Auseinandersetzung mit der Künstlerin ihre Fluchterfahrung verarbeitete. Im Rheinland gründete sich eine «Käthe-Kollwitz-Gemeinde». Ihre Mitglieder identifizierten sich nicht allein mit der Künstlerin, sondern mit ihren Figuren, den Notleidenden und Elenden, die unter der Last ihres Leidens verstummt waren, und sie wollten Kollwitz' Ruf nach sozialer Verantwortung in die Welt tragen.[47] Sie betrachteten Kollwitz als eine Frau, die sich aufgrund ihrer ethischen Herkunft engagiert hatte, und entwarfen damit ein Bild der Künstlerin, das immerhin einigermaßen schlüssig war.

Eben das gelang durchaus nicht allen Ausstellungsmachern. In Mainz bemühte sich das Kunsthistorische Institut 1964, Käthe Kollwitz einen endgültigen Platz in der Kunstgeschichte zuzuweisen. Friedrich Gerke erklärte sie kurzerhand zu einer Vertreterin der «art engagé», womit er eine Zwischengattung meinte, die er zwischen der «reinen Kunst des Expressionismus» und der «politischen Kunst» eines Otto Dix ansiedelte. Wo konkret der Unterschied zwischen politischer Kunst und engagierter Kunst lag, führte Gerke jedoch nicht aus. Seine verschlungene Argumentation verfängt sich im Nebulösen.

Gerke versuchte, den politischen Aspekt in der Kunst von Käthe Kollwitz auf den «hilflosen Schrei» einer trauernden Mutter zu reduzieren. Es drängt sich die Frage auf, ob Kollwitz aufgrund ihrer Weiblichkeit aus der Gruppe politischer Künstler à la Dix ausgeschlossen blieb. Weiblichkeit und Politik, das ging offenbar noch in den sechziger Jahren nicht zusammen. Dafür passte Kollwitz als Identifikationsfigur. Zugang zu ihrem Werk könne der Betrachter, so Gerke, nämlich leicht erhalten. Er müsse sich nur der «eigenen schweren Zeiten nach dem Zweiten Weltkrieg erinnern, da wir selbst alle erwerbslos, arm und vergewaltigt waren und alle hungerten und alle dürsteten nach der Gerechtigkeit».[48]

Die Gruppe der Opfer geriet immer größer. Nach den Toten der Weltkriege und den Vertriebenen waren es nun auch die notleidenden Überlebenden des Krieges, denen Käthe Kollwitz mit ihrem Werk eine Stimme geben sollte. Sie selbst hatte übrigens davon gesprochen, dass sie im Laufe ihres Lebens von den politisch-aufrührerischen Motiven immer stärker zu den allgemein-menschlichen Themen gekommen sei. Ohne diese Aussage zu zitieren, unterstützte das Konzept der Mainzer Ausstellung diese Selbsteinschätzung der Künstlerin. «Brot den Armen dieser Welt», so der Titel, machte Armut und Not zu einer internationalen Angelegenheit. Die Klage, die Käthe Kollwitz führte, sprach für alle Notleidenden weltweit. Ihre Überwindung war eine – humanistische – Aufgabe, die lokale und nationale Grenzen überschritt.

Politisch durfte Käthe Kollwitz nicht sein, ihre spezifische Aufgabe lag woanders. Sie erlaubte es den Deutschen, um die Zeit der eigenen existentiellen Not nach dem Zweiten Weltkrieg zu trauern. In Kollwitz' Notleidenden durfte sich die westdeutsche Gesellschaft erkennen. Eine politische Forderung, ein Aufruf, die gesellschaftlichen Verhältnisse zu verändern, hätte das Bild der tröstenden Mutter nur gestört.

1967 war auch in Westdeutschland ein Kollwitz-Jahr mit vielen Ausstellungen. Anders als in der DDR fand sich aber kein zentraler Koordinator. Einzelne Museen und Institutionen ergriffen selbst die Initiative. In Westberlin zeigte Hans Pels-Leusden seine private Kollwitz-Sammlung, in München tat es ihm Alexander von der Becke gleich.[49] Die Overbeckgesellschaft widmete der Sammlung von Helmut Goedeckemeyer eine Schau, und in Düsseldorf veranstaltete der «Ost-Mitteldeutsche Arbeitskreis» eine Gedächtnisausstellung.[50] Das Kestnermuseum in Hannover und die Kunsthalle Bielefeld zeigten Werke aus eigenem Besitz, die Staatsgalerie Stuttgart präsentierte Zeichnungen der Künstlerin.[51] Käthe Kollwitz war im Jubiläumsjahr auch in Westdeutschland eine Größe, an der man nicht vorbei kam.

Die Westberliner Akademie der Künste veranstaltete nach einigen Anlaufschwierigkeiten im Dezember 1967 eine Kollwitz-Ausstellung. Die Initiative ging auf Hans Kollwitz zurück. Im Juli 1966 fragte er bei der Akademie an, ob eine Ausstellung geplant sei. Er habe schon viele Anfragen für das Jubiläumsjahr, würde aber die Wahlheimatstadt seiner Mutter bei der Beschickung mit Leihgaben bevorzugen. Die Akademie antwortete zunächst ausweichend, fügte sich dann aber doch der Pflicht. Schließlich dürfe man sich auf diesem Gebiet nicht von der Ostberliner Veranstaltung übertrumpfen lassen.[52] Man legte sich auf einen Termin im Juli 1967 fest, den Hans Kollwitz wegen der Sommerferien postwendend ablehnte. Schließlich einigte man sich auf den Dezember. Damit machte die Westberliner Akademie allerdings bei den übrigen Leihgebern einen schlechten Eindruck. Sie zeigten sich überrascht von der späten Initiative und hatten ihre besten Stücke oft schon anderweitig zugesagt.[53]

Inhaltlich waren die Ausstellungen im Jubiläumsjahr eher konventionell. Man lobte Kollwitz' Ausdruckskraft, die auf so einzigartige Weise berührte und allen Völkern verständlich war. Man unterstellte ihr eine besondere Liebe und Menschlichkeit und sprach ihr eine spezielle moralische Stärke zu. Um den Bezug zur Arbeiterschaft weiterhin ausblenden zu können, bemühte man sich, den Begriff des «sozialen Idealismus» zu etablieren, der eine besondere – auf jeden Fall unpolitische – Ergebenheit an eine soziale Aufgabe meinte.[54] Eine wissenschaftliche

Beschäftigung, die Leben und Werk der Künstlerin von Grund auf untersuchte, war auch hier nicht von Interesse. Über den lächerlichen Schachzug, Kollwitz' soziales Engagement als «rührende Geste» abzutun, mokierten sich wenige. Nur der Kunsthistoriker Gottfried Sello beklagte in der «Zeit», dass weder das sozialistische Umschmeicheln noch die westdeutsche Marginalisierung der Künstlerin gerecht würden.[55]

Ausgerechnet der Kunstmarkt jedoch rüttelte an alten westdeutschen Gewissheiten. Bei der Versteigerung der fast dreihundert Blätter umfassenden Schocken-Sammlung im Hamburger Auktionshaus «Dr. Ernst Hauswedell» erzielten die Werke von Käthe Kollwitz im Juni 1967 plötzlich Spitzenpreise. Die deutschen Interessenten traf diese Entwicklung unvorbereitet. Die Zuschläge gingen in die USA, nach Kanada, Belgien und in die Schweiz.[56]

Die internationale Aufmerksamkeit fiel zusammen mit einer allgemeinen Aufwertung engagierter Kunst am Ende der sechziger Jahre, die politischen Künstlern wie Otto Dix, Max Klinger, Théophile-Alexandre Steinlen und eben auch Käthe Kollwitz wieder ein größeres Publikum bescherte. Der Kunstverein Frankfurt am Main und der Württembergische Kunstverein Stuttgart versuchten, daraus eine vollständige Neuinterpretation von Käthe Kollwitz abzuleiten.

«Ich bin einverstanden, daß meine Kunst Zwecke hat. Ich will wirken in dieser Zeit, in der die Menschen so ratlos und hilfsbedürftig sind», hatte Käthe Kollwitz im Dezember 1922 in ihr Tagebuch geschrieben.[57] Eine Aussage, die der Frankfurter Kunstverein zum Ausgangspunkt seiner Ausstellung im Jahr 1973 machte.[58] Schon die Auswahl der Stücke war dieser Intention geschuldet. Die sozialkritischen Arbeiten waren zahlenmäßig am stärksten vertreten. Unter dem Titel «Literarisch-historische Themen und deren Mobilisierung für die Gegenwart» versammelte man die großen sozialkritischen Zyklen «Ein Weberaufstand» und «Bauernkrieg», auch «Germinal», «Gretchen» und «An der Kirchenmauer». Die meisten Werke – die Arbeiten für den «Simplicissimus», das «Gedenkblatt für Karl Liebknecht» sowie zahlreiche Plakate – fielen in die Kategorie «Konkretisierung der sozialen

Inhalte». Auch «Krieg», «Proletariat» und sogar die Folge «Tod» fanden sich hier wieder. Der Katalog referierte ausführlich den Wirkungszusammenhang jedes einzelnen der rund zweihundert Werke. Frei und unverstellt war der Blick der Ausstellungsmacher übrigens nicht. Sie bemühten sich mehr oder weniger unverhohlen, das Kollwitz-Bild der DDR in Westdeutschland zu etablieren.

Die Fokussierung auf das Sozialkritische fand ein interessiertes Publikum, stieß im Feuilleton aber auf Kritik. Während man auf der einen Seite die «konsequente marxistische Geschichtsinterpretation» rundheraus ablehnte, weil am ethischen Fundament der Kunst von Käthe Kollwitz nicht zu rütteln sei, beklagte man an anderer Stelle, dass die Ausstellung nichts Neues liefere, weil die sozialkritische Motivation der Künstlerin auch in bürgerlichen Kreisen mittlerweile zur Binsenweisheit geworden sei.[59]

Tatsächlich war der politische Gehalt bei Käthe Kollwitz nicht länger tabu. Statt das sozialkritische Grundmotiv der Künstlerin zu bestreiten, marginalisierte man diesen Aspekt ihrer Kunst nun, indem man sich ostentativ davon abwandte und sich auf ästhetische und kunsthistorische Fragen konzentrierte. So ging der quantitative Anstieg der westdeutschen Kollwitz-Ausstellungen mit einer qualitativen Differenzierung einher. Käthe Kollwitz wurde als Zeichnerin und als graphische Avantgardistin untersucht, ihr Werk wurde mit dem ihrer Zeitgenossen in Beziehung gesetzt und unter kunsthistorischen Fragestellungen betrachtet.[60] Da blieb dann endlich auch Raum für biographische Ambivalenzen.

Die Mehrdeutigkeit anzuerkennen, forderte etwa der Journalist Friedhelm Röttger, den die permanente Gegenüberstellung von ästhetischer und politischer Interpretation der Künstlerin ermüdete. Beide Aspekte seien gleichermaßen wichtig.[61] Hella Robels verweigerte sich im Katalog des Kölner Wallraf-Richartz-Museums der Frage nach dem Politischen mit der Begründung, Käthe Kollwitz hätte diese Frage selbst nicht beantworten können. Nachweislich sei sie der Arbeiterschaft verbunden gewesen. Nachweislich habe sie in ihrem «Rückblick auf frühere Zeit» die Abstemplung zur sozialen Künstlerin abgelehnt. Die Positionen hätten sich im Laufe ihres Lebens eben verändert.[62]

Als erste Autorin in Westdeutschland griff Hella Robels den Gedanken auf, Kollwitz' Werk sei in zwei Schaffensphasen unterteilt. Anders als Kurt Magritz 1949 wertete Robels den zweiten Abschnitt aber nicht ab, sondern verwendete einen Begriff, den Kollwitz selbst für die Beschreibung dieses Zeitraums gewählt hatte: die Hinwendung zu menschlichen, sogar urmenschlichen Themen. Diese Bezeichnung setzte sich jedoch nicht durch. Ungleich nachhaltiger wirkte die Zweiteilung, die Uwe M. Schneede 1980 als Neuigkeit postulierte: Aufruhr und Melancholie.[63] In der ersten Schaffensphase, die seiner Meinung nach bis 1910 ging, habe Kollwitz gegen die sozialen Missstände aufbegehrt. Danach habe sie hauptsächlich zum Tod gearbeitet. Die «Melancholie» meinte Schneede als Wesenszug der Künstlerin ausmachen zu können, was er mithilfe von Tagebüchern und Briefen zu belegen versuchte. Die Mängel dieser groben Zweiteilung sind offensichtlich. Zahlreiche Werke bleiben dabei unberücksichtigt, nicht nur die Plakate und Auftragsarbeiten der Weimarer Jahre, auch die Folge «Krieg» und die plastischen Arbeiten fügen sich in dieses Schema nicht ein. Trotzdem griffen viele Autoren die Zweiteilung auf.

Im Laufe der achtziger Jahre näherten sich Ost und West allmählich an. Das seit 1972 geplante deutsch-deutsche Kulturabkommen wurde 1986 endlich unterzeichnet und ermöglichte einen beispiellosen Kulturaustausch, der bedeutsame DDR-Bestände von Käthe Kollwitz in die Bundesrepublik brachte.

Die Ruhrfestspiele Recklinghausen ergriffen mit als Erste die Initiative und holten 1988 die Akademieausstellung aus dem Vorjahr nach Westdeutschland. Die «Deutsche Akademie der Künste» nahm die Möglichkeit, das eigene Wirken im Westen zu zeigen, gerne wahr und ließ umgehend eine Reisevariante der Ausstellung erstellen, die neben den eigenen Werken auch die wenigen Leihgaben umfasste. Auch die umfangreiche Dokumentation fand ihren Weg nach Recklinghausen: Fotos, Briefe, Zeitungsausschnitte zu den einzelnen Lebensstationen der Künstlerin und zur Pflege ihres Werkes in der sozialistischen Gesellschaft.[64] Die Ausstellung kam mit einer Delegation von Akademiemitarbeitern, die für Vorträge und das offizielle Rahmenprogramm zur

Verfügung standen. Inhaltlich präsentierten die Ruhrfestspiele Recklinghausen eine Wiederauflage des Ostberliner Originals. Sogar der Katalog mit Nündels stark politischer Darstellung von Leben und Werk der Künstlerin wurde unverändert übernommen.

Was 1973 noch für Unmut gesorgt hatte, fand nun begeisterten Anklang. Die Recklinghäuser Ausstellung war ein voller Erfolg und wurde wegen des großen Andrangs sogar um zwei Wochen verlängert. Die sozialdemokratische Tradition des Festivals machte die Zusammenarbeit leicht, die Presse begleitete die Veranstaltung wohlwollend.[65] Lediglich ein Journalist merkte an, dass Käthe Kollwitz sich nie vor den Karren einer Partei hatte spannen lassen und sich im Gegenteil immer wieder kritisch zum Kommunismus geäußert habe. Für das Werk selbst fand dann aber auch dieser Kritiker nur lobende Worte. Es sei faszinierend, zeitlos und von einer Überzeugungskraft, die man sich nicht entgehen lassen solle.[66]

Dieser Meinung war man auch in Köln, wo das «Käthe Kollwitz Museum» im Januar 1989 mit selten gezeigten Arbeiten aus dem Bestand des Dresdner Kupferstichkabinetts seine Pforten öffnete.[67] 17 000 Besucher sahen die Ausstellung in den ersten vier Wochen.[68] Mit dem Katalog setzte das Käthe Kollwitz Museum neue Maßstäbe der Wissenschaftlichkeit. Er vereinte erstklassige Aufsätze zu Kollwitz' Werk und zur Entstehung der Dresdner Sammlung mit einer ersten ausführlichen Dokumentation zum Leben der Künstlerin.[69]

Die wissenschaftliche Auseinandersetzung mit Käthe Kollwitz zu fördern und Anlaufstelle für alle Fragen rund um die Künstlerin zu sein, das sind seither die Aufgaben des Kölner Museums, oder vielmehr beider Kollwitz-Museen. Denn 1986 hatte der Galerist und langjährige Sammler Hans Pels-Leusden ein weiteres, privates «Käthe Kollwitz-Museum» in Westberlin eröffnet, wo er seine rund zweihundert Werke umfassende Kollwitz-Sammlung der Öffentlichkeit präsentierte. Die Familie Kollwitz unterstützte beide Häuser und schenkte ihnen Abgüsse sämtlicher von Kollwitz geschaffener Plastiken. Allerdings war die Bindung der Familie an Köln enger, nicht zuletzt, weil die Enkelin Jutta Bohnke-Kollwitz das Kölner Museum in den ersten Jahren leitete. Sie widmete sich der großen Herausforderung, die umfangreichen

Tagebücher von Käthe Kollwitz zu edieren, und gab auch die «Briefe an den Sohn» heraus, ehe sie die Leitung an Hannelore Fischer übergab. Bis heute ist das Kölner Museum die wichtigste Einrichtung zur Kollwitz-Forschung weltweit.

Beide Museen waren ein wichtiger Schritt, um den Umgang mit der Künstlerin auf eine wissenschaftliche Grundlage zu stellen. Nach der deutschen Wiedervereinigung lag die westdeutsche Interpretation im Wettlauf um die nationale Instrumentalisierung wenig überraschend vorne. Sie war seit langer Zeit flexibler, weil sie den politischen Gehalt von Kollwitz' Kunst ab den siebziger Jahren nicht mehr rundheraus bestritt. Bis heute spielt Käthe Kollwitz eine wichtige Rolle bei der Pflege des kulturellen Erbes und in der nationalen Selbstinszenierung. Die Dominanz der westdeutschen Kollwitz-Interpretation verfestigte die neue Bundesrepublik gleich nach der Wende, als Bundeskanzler Helmut Kohl ein Werk der Künstlerin zum Mittelpunkt einer erinnerungspolitischen Debatte machte.

Im wiedervereinten Deutschland

Es regnete in Strömen am 14. November 1993, als die Regierung der Bundesrepublik Deutschland die «Zentrale Gedenkstätte für die Opfer von Krieg und Gewaltherrschaft» in der Neuen Wache in Berlin ihrer Bestimmung übergab: eine Handvoll Ehrengäste, eine Zeremonie ohne Ansprachen, dafür lautstarke Demonstrationen vor dem Gebäude.

Das künstlerische Zentrum des neuen Erinnerungsorts war die modifizierte Plastik «Mutter mit totem Sohn» von Käthe Kollwitz. Bundeskanzler Helmut Kohl hatte das Werk persönlich für diesen Zweck ausgewählt, «weil Werk und Schaffen dieser großen Künstlerin untrennbar mit einem Staatswesen verbunden sind», das sich dem Gedenken an die Opfer von Krieg und Gewaltherrschaft verpflichtet habe.[70]

Seit den dreißiger Jahren war die Neue Wache als nationales Ehrenmal in Gebrauch. Die Weimarer Republik ehrte hier die Gefallenen des Ersten Weltkriegs. Die Nationalsozialisten tauften das Denkmal in

«Reichsehrenmal» um und nutzten es für die uneingeschränkte Verherrlichung des soldatischen Heldentods. Nachdem das Gebäude im Zweiten Weltkrieg stark beschädigt worden war, richtete die DDR dort 1956 ein «Mahnmal für die Opfer des Faschismus und Militarismus» ein. Den bei einem Bombenangriff zerstörten Granitkubus ersetzte man erst 1966 durch ein Glasprisma mit ewiger Flamme und zwei Gräber – für einen unbekannten Soldaten und einen unbekannten Widerstandskämpfer. Nach der Wende entfernte man das Staatswappen der DDR und zog die Wachposten der Nationalen Volksarmee ab, gab den Gedenkort aber nicht auf.

Kohl sah hier eine Chance, der Berliner Republik zu geben, was der Bonner seiner Meinung nach immer gefehlt hatte: einen zeremoniellen Ort der nationalen Trauerinszenierung, eine «Stätte innerstaatlicher Achtungserweise», wie es offiziell hieß, eine «Kranzabwurfstätte» für ausländische Vertreter, wie die Kritiker sie nannten. Ein einfacher Verwaltungsakt, und schon war die Neue Wache zur nationalen Gedenkstätte erhoben, ohne gesellschaftliche Debatte oder Ausschreibung. Es war ein Coup, denn erst Mitte der achtziger Jahre hatte die Bundesregierung ein derartiges Vorhaben wegen anhaltender Proteste zurückziehen müssen.

Auch 1993 formierte sich Widerstand. Er richtete sich gegen die eigenmächtige Entscheidung der Regierung, die selbstherrlich ein erneutes Aufflammen der Diskussion um ein nationales Denkmal verhindern wolle. Wortführer war der Historiker Reinhart Koselleck, der nicht müde wurde, die unbedingte Notwendigkeit einer gesellschaftlichen Auseinandersetzung einzufordern.[71] Die Akademie der Künste schloss sich Koselleck an und trat außerdem für die Integrität des von Kohl ausgewählten Kunstwerks ein. Die Kleinplastik «Mutter mit totem Sohn» sollte für das Denkmal stark vergrößert werden. Walter Jens, Präsident der Akademie, hielt diesen Schritt für bedenklich, weil die Wirkung der Andachtsstatue sich durch die Vergrößerung ins Fatalistische verschiebe.[72]

Doch das Problem der «Mutter mit totem Sohn» ging weit über die Vergrößerung hinaus. Kollwitz' Skulptur bedient sich der christlichen Ikonographie. Seit dem 14. Jahrhundert zeigt das Motiv der Pietà die schmerzerfüllte Gottesmutter, die den toten Sohn auf ihrem Schoß hält.

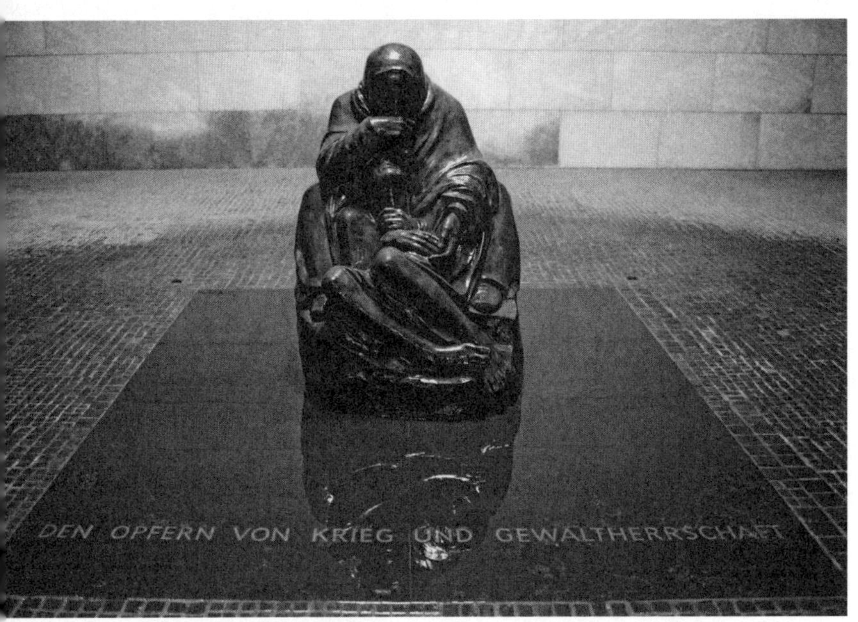

38 Käthe Kollwitz, Mutter mit totem Sohn, 1993, vergrößerter Neuguss, Berlin, Neue Wache

Das Motiv kann schwerlich für das Massensterben und den Völkermord an Juden, Sinti und Roma stehen, auch wenn Käthe Kollwitz ihr Werk von der religiösen Funktion des Motivs befreit sehen wollte.

Die Figur war ursprünglich in Auseinandersetzung mit dem Alter entstanden. Erst mitten in der Arbeit hatte Kollwitz festgestellt: «Es ist nun so etwas wie eine Pietà geworden. Die Mutter sitzt und hat den toten Sohn zwischen ihren Knien im Schoß liegen.»[73] Im direkten Vergleich mit der Pietà der Kollegin Frieda Winckelmann befand Kollwitz dann: «Aber meine ist nicht religiös.» Die Mutter sei nicht Himmelskönigin, sondern eine «alte, einsame und dunkel nachsinnende Frau», eine Mutter «im Sinnen darüber, daß der Sohn nicht angenommen wurde von den Menschen».[74] Verweltlicht sollte sie sein und gleichzeitig die zurückgewiesene Opfergabe reflektieren. Implizit hielt Käthe Kollwitz also an der Vorstellung vom christlichen Opfer fest, auch wenn ihr Sohn weit in den Schoß der Mutter hinabgesunken ist und eher einem schutzbedürftigen Kind als dem geopferten Gottessohn gleicht.

Am Ende übersteigt das kulturelle Bild die künstlerische Aussage, und das christliche Motiv bleibt ein unzureichendes Sinnbild für die Opfer des 20. Jahrhunderts. Hinzu kommt, dass Käthe Kollwitz die Sinnlosigkeit des Krieges in ihrem Denkmal «Die trauernden Eltern» viel ergreifender geschildert hat, wie wiederum Reinhart Koselleck richtig feststellte.[75] Helmut Kohl ging es bei seiner Wahl aber gerade um die Darstellung der Mater dolorosa. Die Neue Wache sollte sich als «Ort des Gedenkens» dem Schmerz widmen. Hier sollte die Nation trauern um das Leid, das Menschen im deutschen Namen zugefügt worden war. Die «Mutter mit totem Sohn» schien Kohl ein passender Ausdruck dafür, weil sie in allem Leid eine persönliche Würde offenbare, die ein Zeichen der Hoffnung setze.[76]

Statt einer gesellschaftlich fundierten Debatte wählte Kohl die Sentimentalität.[77] Dem Totengedenken des 20. Jahrhunderts wurde er damit nicht gerecht, denn der totale Krieg, die totale Vernichtung zeichnete sich ja gerade dadurch aus, dass keiner zurückblieb, um die Toten zu betrauern.[78] Männer, Frauen und Kinder waren gleichermaßen zu Opfern von Krieg und Verfolgung geworden.[79]

Und welche Opfer waren überhaupt gemeint? Das 20. Jahrhundert hat Opfer ganz unterschiedlicher Art hervorgebracht. Die Tafel am Eingang der Neuen Wache klärt die Besucher auf: Gemeint sind alle Völker, die unterm Krieg gelitten haben, und ihre verfolgten und getöteten Bürger, die Gefallenen der beiden Weltkriege, die Unschuldigen, die ihre Heimat verloren, in Gefangenschaft gerieten und bei der Vertreibung starben, die Millionen ermordeter Juden, die ermordeten Sinti und Roma, alle Menschen, die aufgrund ihrer Abstammung, sexuellen Orientierung, religiösen oder politischen Gesinnung oder wegen einer Krankheit ermordet wurden, alle Männer und Frauen aus dem Widerstand und schließlich alle Verfolgten und Ermordeten, die sich der totalitären Diktatur nach 1945 widersetzt haben.

Die nationale Verantwortung für Krieg und Gewaltherrschaft und der nationale Opfermythos gehen hier Hand in Hand. Anders als bei der Aufstellung der «trauernden Eltern» in der Kölner Kirchenruine

St. Alban löste die Zusammenführung ganz unterschiedlicher Opfergruppen 1993 massive Irritationen aus. Sieben Jahre nach der Bitburg-Kontroverse, als Kohl den amerikanischen Präsidenten Ronald Reagan zum Gedenken an das Kriegsende nicht nur zum Konzentrationslager Bergen-Belsen, sondern auch auf den Soldatenfriedhof von Bitburg geführt hatte, wo neben Wehrmachtssoldaten auch Angehörige der Waffen-SS begraben lagen, geriet Kohl 1993 erneut in den Verdacht, die Verbrechen der Vergangenheit relativieren zu wollen. Der Bildhauer Rolf Szymanski veranschaulichte das Problem, indem er bei einem Gespräch zur «Zukunft der Neuen Wache» fragte, ob eigentlich auch Roland Freisler, der Präsident des Volksgerichtshofs, zu den Kriegsopfern zähle. Immerhin war dieser am 3. Februar 1945 bei einem Luftangriff ums Leben gekommen.[80]

Bis heute mutet die Zusammenfassung aller Opfergruppen bei genauerer Betrachtung merkwürdig an. Tatsächlich schaut aber kaum jemand so genau hin. Deutschland und die Welt haben die Neue Wache als «Zentrale Gedenkstätte der Opfer von Krieg und Gewaltherrschaft» längst angenommen. Auch die zeitlose und allgemein verständliche Bildsprache der Kollwitz-Plastik fand und findet ihr Publikum. Jährlich besuchen bis zu eine Million Touristen die Gedenkstätte Unter den Linden.

Jutta Bohnke-Kollwitz ist sich sicher, dass «es im Sinne von Käthe Kollwitz wäre, mit dem, was ihr im Leben das Wichtigste war, nämlich mit ihrer pazifistischen Überzeugung, an einer so sichtbaren Stelle präsent zu sein. Ihre Skulptur ist steingewordene Trauer und Verlust und Liebe und Nachsinnen über das, was geschehen ist.»[81]

Nach dem Ende des Kalten Krieges wurde es in der Arena der Kollwitz-Interpretation ohnehin deutlich ruhiger. Die Gegensätze lösten sich auf und machten Platz für eine wissenschaftliche Betrachtung. Weil Käthe Kollwitz in beiden deutschen Staaten gleichermaßen beliebt war, fiel es leicht, ihr Werk nach der Wende aufzugreifen. Das Wilhelm Busch Museum in Hannover zeigte schon 1990 eine große Zusammenstellung und vereinte im Katalog Autoren aus Ost- und Westdeutschland.[82]

Die wichtigsten Akteure auf dem Gebiet waren selbstverständlich die Kollwitz-Museen, die regelmäßig mit bedeutsamen Ausstellungen hervortreten. Das Kölner Museum brachte Mitte der neunziger Jahre mit «Meisterwerke der Zeichnung» einen vielbeachteten Katalog heraus und unterstützt seither Studien zu Käthe Kollwitz, die das Wissen um die Künstlerin mehren und lebendig halten. Das Berliner Kollwitz-Museum veranstaltete 1995 eine Kollwitz-Ausstellung zum Thema «Schmerz und Schuld», die wichtige Arbeiten der Künstlerin zusammenbrachte und motivgeschichtlich inszenierte.[83] Die Kunsthalle Bielefeld folgte diesem Beispiel und zeigte ein paar Jahre später mit «Das Bild der Frau» eine weitere thematische Ausstellung. Im Katalog kamen mit Alexandra von dem Knesebeck und Gisela Schirmer zwei Wissenschaftlerinnen zu Wort, die kurz zuvor und unabhängig voneinander ihre Dissertationen zu Käthe Kollwitz veröffentlicht hatten.[84] Die wissenschaftliche Auseinandersetzung nahm endlich Gestalt an.

Es bleibt die Frage: Ist das Werk von Käthe Kollwitz nun politisch oder von einem humanistischen Geist getragen? Die Antwort fällt heute leichter denn je: Es ist beides, politisch und ethisch. Kollwitz selbst äußerte sich mal in die eine, mal in die andere Richtung. In ihrem künstlerischen Gesamtwerk aus rund fünfundfünfzig Arbeitsjahren finden sich Plakate gegen den Krieg, Radierungen zu Volksaufständen, Zeichnungen zur Heimarbeit. Aber es umfasst auch avantgardistische Farbradierungen, Holzschnitte zur Mutterschaft, Zeichnungen zum Tod und Skulpturen der Trauer.

Der vermeintliche Gegensatz existiert nicht. Mehr als siebzig Jahre nach Kollwitz' Tod und siebenundzwanzig Jahre nach dem Ende des Kalten Krieges ist die Frage danach endlich in den Hintergrund getreten. Sie gibt den Blick frei auf das facettenreiche Werk einer einzigartigen Künstlerin, das die Zeit überdauert. Die Ambivalenzen können wir heute getrost hinnehmen.

7. Zeittafel

1867 Käthe Schmidt kommt am 8. Juli in Königsberg zur Welt
1885 heimliche Verlobung mit Karl Kollwitz
1886–1887 Studium an der Mal- und Zeichenschule Berlin
1887 Rückkehr nach Königsberg. Die heimliche Verlobung wird bekannt
1888–1890 Studium an der Münchener Damenakademie
1891 Heirat mit Karl Kollwitz. Umzug nach Berlin
1892 Geburt des Sohnes Hans
1893 Uraufführung von Gerhart Hauptmanns «Die Weber». Das Stück inspiriert Käthe Kollwitz zu ihrem Zyklus «Ein Weberaufstand»
Kollwitz beteiligt sich an der «Freien Berliner Kunstausstellung» und wird zum ersten Mal in einer Rezension erwähnt
1896 Geburt des Sohnes Peter
1898 Der Vater Carl Schmidt stirbt
«Ein Weberaufstand» wird in der «Großen Berliner Kunstausstellung» gezeigt
1899 Kollwitz gewinnt die kleine goldene Medaille auf der Deutschen Kunstausstellung in Dresden. Das Dresdner Kupferstichkabinett legt als erstes Museum eine Sammlung ihrer Werke an
Kollwitz beteiligt sich an der ersten Ausstellung der «Berliner Secession»

1901 Kollwitz wird ordentliches Mitglied der «Berliner Secession»

Ihr erster Parisaufenthalt regt sie zur Auseinandersetzung mit der farbigen Druckgraphik an

Beginn der Arbeit am «Bauernkrieg»

1904 Studienaufenthalt in Paris. Studium der Bildhauerei an der Académie Julian

1905 Max Lehrs veröffentlicht ein erstes Werkverzeichnis von Käthe Kollwitz

1907 Kollwitz erhält den Villa Romana Preis und reist für mehrere Wochen nach Florenz

1908 Beginn der Tagebuchaufzeichnungen

Der «Bauernkrieg» erscheint als Vereinsgabe der «Verbindung für historische Kunst»

Erste Zeichnung für den «Simplicissimus»

1909 Kollwitz präsentiert ihre erste plastische Arbeit der Öffentlichkeit. Es ist ein Porträtrelief ihres Großvaters Julius Rupp

1911 Kollwitz engagiert sich in der «Juryfreien Ausstellung»

1912 Peter Kollwitz verlässt das Gymnasium und beginnt seine Ausbildung zum Künstler. In der Lewin-Funcke-Schule bereitet er sich auf die Aufnahme an die Kunstgewerbeschule vor

Kollwitz wird in den Vorstand der «Berliner Secession» gewählt

1913 Kollwitz wechselt mit dem Großteil ihrer Kollegen in die «Freie Secession» und arbeitet an einem zweiten Werkverzeichnis mit

1914 Beginn des Ersten Weltkriegs. Peter Kollwitz meldet sich freiwillig zum Kriegsdienst und stirbt in der Nacht vom 22. auf den 23. Oktober

Kollwitz macht erste Pläne für ein Kriegsdenkmal

1915 Arbeit am Denkmal

1916 Allmähliche Abwendung vom Krieg

1917 Jubiläumsausstellung zum fünfzigsten Geburtstag in der Galerie von Paul Cassirer
Die Schwester Julie stirbt

1918 Kollwitz veröffentlicht Ende Oktober eine Stellungnahme gegen den Krieg. Sie begrüßt die Revolution und engagiert sich in der Kriegsheimkehrerfürsorge
Beginnt die Arbeit an der Folge «Krieg»

1919 Kollwitz zeichnet den ermordeten Karl Liebknecht
Erste Plakataufträge
Abbau des unfertigen Denkmals
Käthe Kollwitz wird als erste Frau in die Preußische Akademie der Künste aufgenommen und zur Professorin ernannt
Die Mutter, Katharina Schmidt, zieht in die Weißenburger Straße ein
Erste Holzschnitte entstehen

1921 Geburt des Enkelsohns Peter
Kollwitz arbeitet für die «Internationale Arbeiterhilfe»

1923 Geburt der Enkelinnen Jutta und Jördis

1924 Kollwitz beteiligt sich an der «Ersten allgemeinen deutschen Kunstausstellung» in Moskau

1925 Katharina Schmidt stirbt

1926 Kollwitz nimmt die Arbeit am Denkmal wieder auf. Begehung des Soldatenfriedhofs in Belgien

1927 Reise in die Sowjetunion

1928 Kollwitz wird Vorsteherin eines Meisterateliers für Graphik an der Akademie der Künste

1930 Geburt des Enkels Arne Andreas

1931 Kollwitz zeigt das Denkmal «Die trauernden Eltern» als Gipsmodell erstmals auf der Berliner Akademieausstellung

1932 «Die trauernden Eltern» sind in der Nationalgalerie zu sehen, ehe sie nach Belgien gebracht und auf dem Soldatenfriedhof aufgestellt werden
Der Bruder Conrad stirbt

1933 Nach der Machtergreifung muss Käthe Kollwitz die Akademie der Künste verlassen. Sie reist im März nach Tschechien und überlegt, ins Exil zu gehen, entscheidet sich dann aber für die innere Emigration

1934 Kollwitz bezieht ein Atelier in der Ateliergemeinschaft Klosterstraße

1935 Arbeit am Grabrelief «Ruht im Frieden seiner Hände»

1936 Vorladung der Gestapo
Kollwitz' Werke werden aus der Ausstellung «Berliner Bildhauer» entfernt

1937 Kollwitz bemüht sich intensiv um die Präsentation einer Jubiläumsausstellung zum siebzigsten Geburtstag

1939 Karl Kollwitz wird ernstlich krank und kann nicht mehr arbeiten

1940 Karl Kollwitz stirbt

1941 Die letzte Lithographie, «Saatfrüchte sollen nicht vermahlen werden», entsteht

1942 Der Enkel Peter fällt

1943 Umzug nach Nordhausen, Kollwitz' Wohnung wird wenige Monate darauf bei einem Bombenangriff zerstört

1944 Umzug nach Moritzburg bei Dresden

1945 Käthe Kollwitz stirbt am 22. April

Anhang

Anmerkungen

Vorwort

1. Dieses Buch basiert auf meiner langjährigen Forschungsarbeit zur Biographie und Rezeptionsgeschichte von Käthe Kollwitz, deren Ergebnisse ich 2014 in meiner Dissertation (Ruhr-Universität Bochum) vorgelegt habe. Vgl. Schymura, Yvonne: Käthe Kollwitz 1867–2000. Biographie und Rezeptionsgeschichte einer deutschen Künstlerin, Essen 2014. Die Thesen wurden für die vorliegende Publikation neu formuliert und arrangiert.
2. Bonus-Jeep, Beate: Sechzig Jahre Freundschaft mit Käthe Kollwitz, Berlin 1967 (1. Auflage 1948), S. 356.
3. TBB, S. 16.
4. In meiner Dissertation habe ich diese Unstimmigkeit zum ersten Mal aufgedeckt und in einer rund siebzig Jahre langen Rezeptionsgeschichte analysiert. Schymura, S. 305–307.
5. Winterberg, Yury und Sonya: Kollwitz. Die Biographie, München 2015, S. 376.
6. Kollwitz, Käthe: Brief an Lola Landau-Wegner vom 20. Mai 1924, Deutsches Literaturarchiv Marbach, A: Wegner.
7. Kollwitz, Käthe: Tagebuchblätter und Briefe, hrsg. von Hans Kollwitz, Berlin 1949; Dies.: Aus meinem Leben. Mit einer Einführung von Hans Kollwitz, München 1957; Dies.: Briefe der Freundschaft und Begegnungen. Mit einem Anhang aus dem Tagebuch von Hans Kollwitz und Berichten über Käthe Kollwitz, München 1966; Dies.: Ich sah die Welt mit liebevollem Blick. Ein Leben in Selbstzeugnissen, hrsg. von Hans Kollwitz, Wiesbaden 1968; Dies.: Die Tagebücher, 1908–1943, hrsg. von Jutta Bohnke-Kollwitz, Berlin 1989.
8. TB, S. 605.
9. Berlin war die Wahlheimatstadt von Käthe Kollwitz und ihrem Sohn, Köln die Stadt, in der die Enkelin Jutta Bohnke-Kollwitz seit 1960 arbeitete und

sich spätestens seit den achtziger Jahren für das kulturelle Erbe ihrer Großmutter engagierte.

10. Uhse, Bodo: Die Aufgabe. Eine Kollwitz-Erzählung. Veröffentlichung der Deutschen Akademie der Künste zum Vierzigsten Jahrestag der Revolution, Dresden 1958; Klose-Greger, Hanna: Käthe Kollwitz. Ein Lebensbild für die Jugend, Berlin 1962; Dies.: Käthe Kollwitz. Ein Lebensbild. Als Fortsetzungsroman in der Sächsischen Volkszeitung. 57 Folgen o. J. [1969]; Birnbaum, Brigitte: Tintarolo, Berlin/DDR 1975; Dies.: Kathusch, Berlin/DDR 1988; Langer Abschied, Fernsehfilm von Renate Apitz und Juri Kramer, DEFA 1982; Journey to Käthe. Ein Tanztheaterstück von Go Nonaka, Landscape 1996; Saxer, Dena: Käthe Kollwitz: She who Sees Everything. A Full Length Play, Topanga 1982.

1. Mädchenjahre

1. Frank Wedekind schildert die Gegend in seinem Tagebuch, zitiert in: Sprengel, Peter: Gerhart Hauptmann. Bürgerlichkeit und großer Traum, München 2012, S. 118–119.
2. Bonus-Jeep, S. 5.
3. Kollwitz, Käthe: Rückblick auf frühere Zeit, in: TB, S. 737.
4. Ebd., S. 736. Daran, dass Carl Hauptmann dabei war, erinnerte sich Käthes Schwester. Vgl. Stern, Lisbeth: Aus Käthes Jugendjahren. Erinnerungen ihrer Schwester Lisbeth Stern, in: Vorwärts (8.7.1927).
5. Rückblick, S. 736.
6. Ebd.
7. Knesebeck, Alexandra von dem: Käthe Kollwitz. Die prägenden Jahre, Petersberg 1998, S. 31–32.
8. Rückblick, S. 736; Stern 1927.
9. Kollwitz, Käthe: Erinnerungen (1923), in: TB, S. 726.
10. Käthe Kollwitz schilderte weibliche Angehörige und Bekannte der Familie in ihren Erinnerungen.
11. Alle Informationen zu Carl Schmidt nach: E. A. [Emil Arnoldt]: Carl Schmidt, in: Sozialistische Monatshefte, 2 (1898) 5, S. 244–246.
12. Der Stammbaum von Käthe Kollwitz findet sich auf dem Einband zur Hardcoverausgabe der Tagebücher.
13. Vgl. Schymura, S. 27–33; Knesebeck 1998, S. 16–19; Rupp, Julius: Gesammelte Werke in zwölf Bänden, hrsg. von Paul Chr. Elsenhans, Jena 1913–1916.

14. Die Kampfzeit der Gemeinde ist ausführlich geschildert in: Geschichte der freien evangelischen-katholischen Gemeinde Königsberg i. Pr. 1846–1896, Königsberg 1895.
15. Schieler, C[aspar]: Dr. Julius Rupp, ehemaliger Privatdozent, Oberlehrer und Divisionsprediger zu Königsberg i. Pr. und die freie religiöse Bewegung in der katholischen und evangelischen Kirche Deutschlands im 19. Jahrhundert. Ein Beitrag zur Kirchengeschichte des 19. Jahrhunderts, Dresden u. a. 1903.
16. Erinnerungen, S. 721.
17. E. A. [Emil Arnoldt] 1898, S. 245.
18. Knesebeck 1998, S. 17.
19. Lessing, Gotthold Ephraim: Die Erziehung des Menschengeschlechts (1780), in: Lessings Werke, Teil 6, Berlin 1925, § 85; Rupp, Bd. 9, S. 39.
20. Knesebeck 1998, S. 17.
21. BdF, S. 150.
22. Für die folgenden Ausführungen vgl. Erinnerungen.
23. Ebd., S. 721–722.
24. Ebd., S. 725.
25. Stern 1927.
26. BdF, S. 150.
27. Erinnerungen, S. 725.
28. Ebd.
29. Ebd., S. 728.
30. Knesebeck 1998, S. 236.
31. Erinnerungen, S. 726.
32. BdF, S. 133.
33. Erinnerungen, S. 726.
34. Ausführlich: Schymura, S. 41–42.
35. Erinnerungen, S. 726.
36. Zur Ausgrenzung von Frauen im deutschen Kunstbetrieb siehe: Profession ohne Tradition. 125 Jahre Verein der Berliner Künstlerinnen, hrsg. von der Berlinischen Galerie, Berlin 1992; Berger, Renate: Malerinnen auf dem Weg ins 20. Jahrhundert. Kunstgeschichte als Sozialgeschichte, Köln 1986; Nobs-Greter, Ruth: Die Künstlerin und ihr Werk in der deutschen Kunstgeschichtsschreibung, Zürich 1984.
37. Karl Scheffler, Die Frau und die Kunst, zitiert nach: Muysers, Carola (Hg.): Die bildende Künstlerin. Wertung und Wandel in deutschen Quellentexten 1855–1945, Dresden 1999, S. 108.
38. Berger, S. 140–141.
39. Ruppert, Wolfgang: Der moderne Künstler. Zur Sozial- und Kulturge-

schichte der kreativen Individualität in der kulturellen Moderne im 19. und 20. Jahrhundert, Frankfurt/Main 2000, S. 162.

40. Matz, Cornelia: Die Organisationsgeschichte der Künstlerinnen in Deutschland von 1867 bis 1933, Leonberg 2001; Profession ohne Tradition.
41. Dunker, Charlotte/Lobedahn, Helene: Der Verein der Künstlerinnen und Kunstfreundinnen zu Berlin. Seine Entstehung und seine Wirksamkeit, in: Die Frau im gemeinnützigen Leben, hrsg. von Amalie Sohr, Stuttgart 1886.
42. TB, S. 801, Schlenther, Paul: Karl Stauffer, in: Allgemeine Deutsche Biographie, Bd. 35, Leipzig 1893, S. 527–529.
43. Knesebeck 1998, S. 40.
44. Lehmann, Henni: Einiges von Künstlern; von solchen, die es waren, von solchen die es sein und solchen die es werden wollten, in: Meister der Farbe. Europäische Malerei der Gegenwart, 12 (1915), S. 33–40.
45. Rückblick, S. 737.
46. Kollwitz, Käthe: Ansprache zum Begräbnis von Max Klinger, zitiert nach: Bekenntnisse, hrsg. von Volker Frank, Leipzig 1981, S. 49.
47. So die Argumentation von: Knesebeck 1998, S. 96–104.
48. Klinger, Max: Malerei und Zeichnung, Leipzig 1891.
49. Knesebeck 1998, S. 103.
50. Ebd.
51. Berger, S. 195–196.
52. BdF, S. 23.
53. Rückblick, S. 737.
54. Corinth, Lovis: Das Erlernen der Malerei. Ein Handbuch, Berlin 1908, zitiert nach: Ruppert, S. 205.
55. Zur Bedeutung von München als Kunsthauptstadt vgl. Büttner, Frank: Die Akademie und das Renomee Münchens als Kunststadt, in: Zeitenblicke, 5 (2006) Nr. 2, http://www.zeitenblicke.de/2006/2/Büttner [letzte Überprüfung: 28.12.2015].
56. Muther, Richard: Aufsätze über bildende Kunst, Bd. 2: Betrachtungen und Eindrücke, Berlin 1914, S. 260–261, zitiert nach: Ebd.
57. Die ausführliche Herleitung dieser These in: Schymura 2014, S. 64–65.
58. Erinnerungen, S. 725–726.
59. Knesebeck hat nachgewiesen, dass Käthe Kollwitz falsche Jahreszahlen angegeben hat: Knesebeck 1998, S. 37–39.
60. Bonus-Jeep, S. 9.
61. Rückblick, S. 736.
62. Ebd.
63. Ruppert, S. 206–216.
64. Zitiert nach: Knesebeck 1998, S. 75.

65. Illustrierter Katalog der III. Internationalen Kunstausstellung (Münchener Jubiläumsausstellung) im Königlichen Glaspalaste zu München, München 1888.
66. Wolff-Thomsen, Ulrike (Hg.): Die Pariser Boheme (1889–1895). Ein autobiographischer Bericht der Malerin Rosa Pfäffinger, Kiel 2007, S. 34.
67. Bonus-Jeep, S. 16.
68. Pariser Boheme, S. 34.
69. Bonus-Jeep, S. 10.
70. Ebd.
71. Ebd., S. 11.
72. Ebd.
73. Rückblick, S. 738.
74. Ebd.
75. Bonus-Jeep, S. 29–30.
76. Ebd., S. 28–29; BdF, S. 147–148.
77. Rückblick, S. 737.
78. TBB, S. 133.
79. Rückblick, S. 740.
80. Etwa die Apsis in der Münchener Erlöserkirche und in einer Kirche in Hannover-List. Zu Linda Kögel vgl. Klein, Peter: Ein Menzelbrief aus dem Nachlaß von Linda Kögel, in: Henning, Martin/Gebhardt, Heinz (Hg.): Jahrbuch für brandenburgische Landesgeschichte, Bd. 6, Berlin 1955, S. 43–45.
81. Bonus-Jeep, S. 17.
82. Ebd., S. 22.
83. Ebd., S. 23.
84. Rückblick, S. 739.
85. Kollwitz, Käthe: Tabellarischer Lebenslauf für Ludwig Kaemmerer, in: Knesebeck 1998, S. 251.
86. Bonus-Jeep, S. 14.
87. BdF, S. 20.
88. Ebd.

2. Das Leben und die Kunst

1. Erstes Verbot einer Aufführung im Deutschen Theater, 3. März 1892, in: Praschek, Helmut (Hg.): Gerhart Hauptmanns «Weber». Eine Dokumentation, Berlin 1981, S. 255.
2. Rückblick, S. 740.
3. Praschek, S. 255.

4. Darauf wies Eugen Zabel bereits in seiner Rezension für die «Nationalzeitung» vom 28. Februar 1893 hin. Knesebeck griff den Hinweis dann 1998 wieder auf: Knesebeck 1998, S. 119.
5. Berliner Börsen-Courier (28.2.1893), zitiert nach: Praschek, S. 138.
6. Kraus, Karl: Über Prag nach Berlin. Theaterbriefe, in: Die Gesellschaft (Mai 1893), zitiert nach: Praschek, S. 173; Das kleine Journal. Zeitung für alle Gesellschaftsklassen, 15 (27.2.1893) 58, S. 3, zitiert nach: Praschek, S. 134–136.
7. Rückblick, S. 740.
8. Sprengel, S. 230.
9. Rückblick, S. 740.
10. Alle Angaben zur Biographie von Karl Kollwitz basieren auf dem kurzen Text, den Käthe Kollwitz nach seinem Tod verfasste: Mein Mann Karl Kollwitz (1942), in: TB, S. 748–751.
11. Ebd., S. 748.
12. Ebd., S. 749.
13. Kollwitz, Käthe: Brief zur Silberhochzeit, Anlage zu den Tagebüchern, AdK, Berlin, KKA, Nr. 206.
14. Ebd.
15. Alle Informationen zum Wohnort: Engel, Helmut: Weißenburger Straße 25, in: Fritsche, Gudrun u. a. (Hg.): Käthe Kollwitz, Berlin 2013, S. 55–75.
16. Ebd., S. 63–64.
17. James Hobrecht (1825–1902) war als Stadtplaner für den ersten perspektivischen Bebauungsplan von Berlin verantwortlich und trieb das System der Mietskasernen maßgeblich voran. Vgl. Strohmeyer, Klaus: James Hobrecht und die Modernisierung der Stadt, Potsdam 2000.
18. Engel, S. 63.
19. Ebd., S. 61.
20. Oppenheimer, Franz: Erlebtes, Erstrebtes, Erreichtes. Lebenserinnerungen, Düsseldorf 1964, S. 101. Der Berliner Arzt und Ökonom Franz Oppenheimer (1864–1943) hatte wenige Jahre vor Karl Kollwitz seine Praxis ganz in der Nähe eröffnet. Beide behandelten die gleiche Klientel.
21. Oppenheimer nannte «die Unzahl der künstlich herbeigeführten Fehlgeburten» auf Platz drei der von ihm durchgeführten Behandlungen. Ebd., S. 102.
22. Ebd., S. 101.
23. Zur Wirtschaftslage in den 1890ern: Weipert, Axel: Das Rote Berlin. Eine Geschichte der Berliner Arbeiterbewegung 1830–1934, Berlin 2013.
24. Ebd., S. 83.
25. Engel, S. 66.
26. Zitiert nach: TB, S. 25 (Einführung).
27. BdF, S. 142.

28. Ebd., S. 20.
29. Ebd., S. 23.
30. Bonus-Jeep, S. 40.
31. Ebd.
32. TB, S. 69.
33. Knesebeck, Alexandra von dem: Käthe Kollwitz. Werkverzeichnis der Graphik, Bern 2002, Nr. 13, Erläuterung, S. 74.
34. TB, S. 712.
35. Bonus-Jeep, S. 40.
36. Nagel, Otto/Timm, Werner: Käthe Kollwitz. Die Handzeichnungen, Berlin/DDR 1972, S. 188–191.
37. Bonus-Jeep, S. 41.
38. TB, S. 528.
39. Kollwitz, Käthe: Brief an Helene Freudenheim-Bloch, o. D. [8. Oktober 1898], AdK, Berlin, KKA, Nr. 166.
40. Kollwitz, Hans: Einführung, in: TBB, S. 8.
41. Ebd., S. 8–9.
42. TB, S. 61, 66, 77.
43. BadS, S. 168.
44. Stadt- und Landesbibliothek Dortmund, Nr. 14632, zitiert nach: Knesebeck 1998, S. 91.
45. Loeser, Charles: Käthe Kollwitz, in: Sozialistische Monatshefte, 6 (1902) Heft 2, S. 107–111, Zitat S. 109.
46. BdF, S. 20. Die Radierung «Drei Männer in der Gaststube» zeigt, dass sie diesen Plan in Berlin tatsächlich verfolgte.
47. Rückblick, S. 741.
48. Ebd.
49. Heilborn, Adolf: Die Zeichner des Volks. Käthe Kollwitz, Heinrich Zille, Berlin o. J. [1924], S. 32.
50. Kollwitz, Käthe: Brief an Gerhart Hauptmann vom 16. April 1894, Staatsbibliothek zu Berlin – Preußischer Kulturbesitz, Briefnachlass Gerhart Hauptmann. Kollwitz, Käthe. 15.
51. Hauptmann, Gerhart: Notiz-Kalender 1889–1891, hrsg. von Martin Machatzke, Frankfurt/Main 1982, S. 326–327.
52. So geschildert bei Wolff, Wilhelm: Das Elend und der Aufruhr in Schlesien, in: Praschek, S. 64–82.
53. TB, S. 326; Rückblick, S. 740.
54. BdF, S. 24.
55. Paret, Peter: Die Berliner Secession. Moderne Kunst und ihre Feinde im kaiserlichen Deutschland, Berlin 1981, S. 35.

56. Kaiser Wilhelm II.: Rede vom 18.12.1901 anläßlich der Enthüllung des letzten Denkmals auf der Berliner Siegesallee, in: Penzler, Johannes (Hg.): Die Reden Kaiser Wilhelms II., Bd. 3: 1901–1905, Leipzig o. J., S. 60–62.
57. M.-F.: Große Berliner Kunstausstellung, in: Neue Preußische Zeitung (29.4.1898), S. 2–3, zitiert nach: Meister, Sabine: Die Vereinigung der XI. Die Künstlergruppe als Keimzelle der organisierten Moderne in Berlin, Dissertation, Freiburg 2006, http://www.freidok.uni-freiburg.de/volltexte/2769/ [letzte Überprüfung: 2.2.2016], S. 274.
58. Meister, S. 141–144.
59. Ebd., S. 201.
60. BdF, S. 19.
61. Corinth, Lovis: Das Leben Walter Leistikows. Ein Stück Berliner Kulturgeschichte, Berlin 1910, zitiert nach: Paret, S. 85.
62. Springer, Jaro: Die freie Berliner Kunstausstellung, in: Die Kunst für Alle (1892/93) Heft 2, S. 314–316.
63. Elias, Julius: Die Freie Berliner Kunstausstellung, in: Die Nation, 10 (1893) 44, S. 673. Dort auch die Beschreibungen der Bilder.
64. Vgl. Rückblick, S. 741.
65. Bosse, Robert: Zum Vorschlag Käthe Kollwitz – Bericht an den Kaiser, wiedergegeben nach: Marx, Carola: «Ich will wirken in dieser Zeit.» Käthe Kollwitz in der Kunstmetropole Berlin zwischen Gründerzeit und Drittem Reich, in: Weltfabrik Berlin, eine Metropole als Sujet der Literatur. Studien zu Literatur und Landeskunde, hrsg. von Matthias Harder u. a., Berlin 2006, S. 53–66, hier S. 55.
66. Ebd., S. 55.
67. Wieland, E.: Die Jahres-Ausstellung im kgl. Glaspalast zu München, in: Die Kunst für Alle, 14 (1898/99), S. 305–313, hier S. 313.
68. Kollwitz, Käthe: Brief an Max Lehrs vom 29. April 1899, Bayerische Staatsbibliothek, Ana 538 Kollwitz, Käthe an Lehrs, Max. Tatsächlich hatte Woldemar von Seidlitz den «Weberaufstand» in Berlin entdeckt und kurzerhand für das Dresdener Kupferstichkabinett gekauft. Vgl. Schmidt, Werner: Max Lehrs und Käthe Kollwitz. Die Entstehung der Kollwitz-Sammlung des Dresdner Kupferstichkabinettes, in: Ders. (Hg.): Die Kollwitz-Sammlung des Dresdner Kupferstich-Kabinettes. Graphik und Zeichnungen 1890–1912, Köln 1988, S. 11–13.
69. Leistikow, Walter: Über den Deutschen Künstlerbund und die Tage von Weimar, in: Die Kunst für Alle, 19 (1904), S. 201–205, hier S. 201.
70. Meister stellt klar, dass es sich dabei um eine Falschmeldung handelte. Meister, S. 273–274.

71. Zur Bedeutung der Vettern Cassirer für die Entwicklung der modernen Kunst in Berlin vgl. Brühl, Georg: Die Cassirers. Streiter für den Impressionismus, Leipzig 1991.
72. Paret, S. 102.
73. Liebermann, Max: Reden zur Eröffnung von Ausstellungen der Berliner Sezession von 1899–1912, Frühjahr 1899, in: Ders.: Gesammelte Schriften, hrsg. von Paul Cassirer, Berlin 1922, S. 256–257.
74. Ebd.
75. Katalog der achten Kunstausstellung der Berliner Secession, Berlin 1903.
76. Rückblick, S. 742.
77. Einzigartig und aktuell zu Kollwitz' Pariserfahrungen: «Paris bezaubert mich ...». Käthe Kollwitz und die französische Moderne, hrsg. von Hannelore Fischer, München 2010. Zum ersten Parisbesuch: Knesebeck, Alexandra von dem: «Dass überhaupt der Aufenthalt in Paris so kurz war – Anregung in Fülle brachte, brauche ich Ihnen nicht zu sagen.» Die erste Parisreise von Käthe Kollwitz 1901, in: «Paris bezaubert mich», S. 83–105.
78. Rückblick, S. 742.
79. Kollwitz, Käthe: Brief an Max Lehrs vom 16. März 1901, Bayerische Staatsbibliothek, Ana 538 Kollwitz, Käthe an Lehrs, Max.
80. «Paris bezaubert mich», S. 94–101.
81. Stroever, J.: Zum Thema «Kombinationsdrucke». Zwei Entgegnungen, in: Die Kunst für Alle, 17 (1902) 20, S. 464.
82. «Paris bezaubert mich», S. 101.
83. Zum zweiten Parisbesuch: Knesebeck, Alexandra von dem: «Mein zweimonatiger Aufenthalt in Paris war, wie Sie sich denken können, wundervoll.» Die zweite Parisreise von Käthe Kollwitz 1904, in: «Paris bezaubert mich», S. 107–135.
84. Ebd., S. 108–109.
85. Ebd., S. 118–129.
86. Ebd., S. 125.
87. Kollwitz, Käthe: Rodin, in: Sozialistische Monatshefte, 23 (1917) 24, S. 1226.
88. Ebd.
89. Bonus-Jeep, S. 86.
90. TB, S. 44, Abbildung S. 45.
91. Zimmermann, Wilhelm: Allgemeine Geschichte des großen Bauernkrieges, 1. Auflage, Stuttgart 1840–1843. Hier zitiert nach: Ders.: Großer deutscher Bauernkrieg, hrsg. von Wilhelm Blos, Norderstedt 2013, S. 4–5.
92. Zimmermann, S. 390–392.
93. Ebd., S. 393.

94. Plehn, Anna: Die neuen Radierungen von Käthe Kollwitz, in: Die Frau. Monatsschrift für das gesamte Frauenleben unserer Zeit. Organ des Bundes deutscher Frauenvereine, 11 (1903/04), S. 234–238.
95. Zitiert nach: Käthe Kollwitz. Das Bild der Frau, hrsg. von Jutta Hülsewig-Johnen, Bielefeld 1999, S. 60.
96. Rosenhagen, Hans: Die sechste Ausstellung der Berliner Secession, in: Die Kunst für Alle, 18 (1903), S. 190.
97. Heilbut, Emil: Aus der achten Ausstellung der Berliner Secession, in: Kunst und Künstler, 2 (1904), S. 139.
98. Elias, Julius: Schwarz-Weiss, in: Kunst und Künstler, 5 (1906/07), S. 183.
99. Rosenhagen, Hans: Von Ausstellungen und Sammlungen. Der Verein der Künstlerinnen und Kunstfreundinnen zu Berlin, in: Die Kunst für Alle, 20 (1905), S. 189.
100. Scheffler, Karl: Die Frau und die Kunst, Berlin 1908.
101. Schumann, Paul: Die Ausstellung von Handzeichnungen im Kunstsalon Arnold in Dresden, in: Die Kunst für Alle, 21 (1906), S. 89.
102. Kollwitz, Käthe: Brief an Lisbeth Stern vom Mai 1907, AdK, Berlin, KKA, Nr. 304; Kollwitz, Käthe: Brief an Hans Kollwitz vom 20. April 1907, AdK, Berlin, KKA, Nr. 12.
103. Bonus-Jeep, S. 66–68.
104. Ebd., S. 72.
105. Rückblick, S. 743.
106. Bonus-Jeep, S. 73.
107. Rückblick, S. 743–744.
108. TB, S. 42–43.
109. Ebd., S. 41–42.
110. Bilder vom Elend, in: Simplicissimus, 14 (1909), S. 515, 551, 587, 659, 695, 747.
111. Bonus-Jeep, S. 84–85.
112. Schirmer, Gisela: Käthe Kollwitz und die Kunst ihrer Zeit. Positionen zur Geburtenpolitik, Weimar 1998.
113. Ebd., S. 90–109.
114. Schmengler, Helga: Der Simplicissimus. Eine satirische Wochenzeitschrift, in: Einblicke, 3 (1999), S. 2–8.
115. Bonus-Jeep, S. 84.
116. TB, S. 41.
117. Ebd., S. 43.
118. Magritz, Kurt: Käthe Kollwitz. Eine Studie, in: Bildende Kunst, 3 (1949) 9, S. 271–275; Schneede, Uwe M.: Aufruhr und Melancholie, in: Ders. (Hg.): Käthe Kollwitz. Das zeichnerische Werk, München 1981.

119. Kollwitz, Käthe: Brief zur Umfrage über die Würde der Kunst 1942/43, in: Dies.: Ich sah die Welt mit liebevollem Blick, S. 312–313.
120. TBB.
121. Vgl. TB, S. 605.
122. Ausführlich dargelegt in: Schymura, S. 119–143.
123. TB, S. 91–92.
124. Ebd., S. 110–111.
125. Ebd.
126. Kollwitz, Käthe: Brief an Alexander und Mathilde Rüstow vom 2. Mai 1910, AdK, Berlin, KKA, Nr. 318.
127. Kollwitz, Peter: Brief an Hans Kollwitz vom 17. April 1911, AdK, Berlin, KKA, Nr. 46. Peter strich den Satz aus und fügte hinzu: «Darüber kann ich dir ein andernmal schreiben.»
128. Kollwitz, Käthe: Brief an Familie Rüstow vom 4. Februar 1912, AdK, Berlin, KKA, Nr. 319.
129. TB, S. 116.
130. BdS, S. 55.
131. Ebd., S. 54.
132. Das soll Käthe Kollwitz gegenüber Lou Andreas-Salomé erklärt haben. Fischer, Hannelore (Hg.): Käthe Kollwitz. Meisterwerke der Zeichnung, Köln 1995, S. 50.
133. BdF, S. 117.
134. TB, S. 369.
135. Erinnerungen, S. 725.
136. Bebel, August: Die Frau und der Sozialismus, Zürich 1879.
137. Nowacki, Bernd: Der Bund für Mutterschutz (1905–1933), Husum 1983.
138. TB, S. 349.
139. Die Pariser Boheme.
140. Winterberg, S. 194–196.
141. Über die Details ist wenig bekannt, nicht zuletzt, weil Hans Kollwitz entsprechende Stellen im Tagebuch schwärzte.
142. TB, S. 534.
143. Ebd., S. 141–142.
144. Ebd.
145. Dass Käthe Kollwitz für den sechs Jahre jüngeren Mann, der schon 1913 an einer Mittelohrentzündung starb, mehr als eine Bekannte war, ergibt sich aus Andeutungen und Indizien, die Jury und Sonya Winterberg erst kürzlich zusammengetragen haben. Winterberg, S. 185–189.
146. TB, S. 43. Der vollständige Eintrag an Ostern 1909 lautet: «Heller».
147. So die Einschätzung der Enkelin Jutta Bohnke-Kollwitz, TB, S. 757.

148. Ebd., S. 834–835.
149. Ebd., S. 834.
150. Ebd., S. 368–369.
151. Ebd., S. 557.
152. Ebd., S. 568.
153. Ebd., S. 555.
154. Wieland, E.: Die Jahres-Ausstellung im kgl. Glaspalast zu München, in: Die Kunst für Alle, 14 (1898/99), S. 305–313; Ostini, Fritz von: Die Frühjahrsausstellung der Münchener Secession, in: Die Kunst für Alle, 23 (1908), S. 337–350.
155. TB, S. 65.
156. Ebd., S. 66.
157. Ebd., S. 67.
158. Kollwitz deutete an, dass sie als Reaktion auf den Expressionismus unterschrieb, BadS, S. 30.
159. Ebd., S. 32.
160. Ebd.
161. Ebd., S. 41.
162. Ebd., S. 49–50.
163. Kollwitz, Käthe: Brief an Hans Kollwitz vom 3. Februar 1912, AdK, Berlin, KKA, Nr. 25.
164. BadS, S. 70.
165. Ebd., S. 72.
166. Ebd., S. 78.
167. Ebd.
168. Glaser, Curt: Die XXVI. Ausstellung der Berliner Secession, in: Die Kunst für Alle, 28 (1913), S. 457–474, hier S. 457.
169. BadS, S. 79.
170. Ebd., S. 86.
171. TB, S. 213.
172. Sievers, Johannes: Die Radierungen und Steindrucke der Käthe Kollwitz innerhalb der Jahre 1890–1912. Ein beschreibendes Verzeichnis, Dresden 1913.
173. Kollwitz, Käthe: Brief an Hans Kollwitz vom 25. Juni 1911, AdK, Berlin, KKA, Nr. 19.

3. Der bittere Weg

1. Der hier geschilderten Szene liegt das Tagebuch von Käthe Kollwitz zugrunde, insbesondere der Eintrag vom 10. August 1914, TB, S. 152.
2. Vorwärts (31.7.1914), zitiert nach: Miller, Susanne: Kleine Geschichte der SPD. Darstellung und Dokumentation 1848–1983, Bonn 1983, S. 73.
3. Moßmann, Walter/Schleuning, Peter: Alte und neue politische Lieder, Hamburg 1978, S. 76.
4. TB, S. 152.
5. Ebd.
6. Alle wörtlichen Zitate: Ebd.
7. Ebd., S. 152–153.
8. Kollwitz, Käthe: Die Jahre von 1914–1933 zum Umbruch, in: TB, S. 745–747.
9. Kollwitz, Karl: Briefe an Hans Kollwitz vom 27. und 28. Juli 1914, AdK, Berlin, KKA, Nr. 41.
10. Münkler, Herfried: Der große Krieg. Die Welt 1914–1918, Berlin 2014, S. 107–108.
11. TB, S. 149.
12. Verhey, Jeffrey: Der «Geist von 1914» und die Erfindung der Volksgemeinschaft, Hamburg 2000.
13. TB, S. 153.
14. Vorwärts (31.7.1914).
15. Der Satz wurde zum Slogan für den Burgfrieden. Nipperdey, Thomas: Deutsche Geschichte 1866–1918. Machtstaat vor der Demokratie, München 1995, S. 779.
16. Bonus-Jeep, S. 99.
17. TB, S. 151.
18. Hölscher, Lucian: Die Entdeckung der Zukunft, Frankfurt/Main 1999, S. 174.
19. TB, S. 144–146.
20. Ebd.
21. Ebd., S. 146–147.
22. Fiedler, Gudrun: Jugend im Krieg. Bürgerliche Jugendbewegung, Erster Weltkrieg und sozialer Wandel 1914–1923, Köln 1989.
23. TB, S. 156.
24. Ebd., S. 161.
25. Ebd., S. 163.
26. Ebd., S. 325.
27. Etwa in «Saatfrüchte sollen nicht vermahlen werden», in «Die Mütter» und «Das Volk».
28. TB, S. 162.

29. Ebd., S. 166.
30. Ebd., S. 168.
31. Ebd., S. 166.
32. Die Jahre von 1914–1933, S. 745.
33. TB, S. 170.
34. Kollwitz, Käthe: Brief an Peter Kollwitz vom 13. Oktober 1914, AdK, Berlin, KKA, Nr. 52.
35. BadS, S. 91. Käthe Kollwitz erfuhr die genauen Umstände seines Todes Ende November von Peters Regimentsführer, einem Leutnant Keim.
36. TB, S. 175. Ausführlich schilderte Hans Koch die Szene in seinen unveröffentlichten Kriegsaufzeichnungen, die in den Anmerkungen zu Käthe Kollwitz' Tagebuch abgedruckt sind: TB, S. 793.
37. Käthe Kollwitz erinnerte sich später an dieses Ereignis: TB, S. 338.
38. Kollwitz, Käthe: Brief an Mathilde Rüstow, AdK, Berlin, KKA, Nr. 321.
39. TB, S. 174.
40. Ebd., S. 175. Kollwitz zitiert Gottfried Keller: In der Trauer (1883). Richtig heißt es: «Ein Meister bin ich worden / Zu weben Gram und Leid; / Ich webe Tag' und Nächte / Am schweren Trauerkleid.»
41. Bonus-Jeep, S. 83.
42. Bonus[-Jeep], Beate: Ein Totenmal von Käthe Kollwitz, in: Die christliche Welt (1932), S. 797–799.
43. TB, S. 175.
44. Ebd., S. 176.
45. BadS, S. 169–170; TB, S. 206.
46. Ebd., S. 169–170.
47. Cancik-Lindemaier, Hildegard: Opfersprache. Religionswissenschaftliche und religionsgeschichtliche Begriffe, in: Kohn-Waechter, Gudrun (Hg.): Schrift der Flammen. Opfermythen und Weiblichkeitsentwürfe im 20. Jahrhundert, Berlin 1991, S. 38–56.
48. TB, S. 193.
49. Ebd., S. 529.
50. Ebd., S. 180–181.
51. Ebd., S. 183.
52. Ebd., S. 180–181.
53. Ebd., S. 272.
54. Ebd., S. 179.
55. Kollwitz, Käthe: Brief an Karl Kollwitz vom 19. Dezember 1914, AdK, Berlin, KKA, Nr. 54.
56. TB, S. 540.
57. Ebd., S. 267.

58. BadS, S. 92.
59. TB, S. 177.
60. Ebd., S. 178.
61. Ebd.
62. Ebd., S. 177.
63. Ebd., S. 186.
64. Ebd., S. 187.
65. BadS, S. 110.
66. TB, S. 299.
67. BadS, S. 91.
68. TB, S. 270.
69. Ebd., S. 281.
70. BadS, S. 130.
71. TB, S. 329.
72. Ebd.
73. Ebd., S. 201.
74. Ebd.
75. Ebd., S. 184.
76. Ebd., S. 322.
77. Simplicissimus, 22 (1917), S. 12, Titelblatt. Käthe Kollwitz erwähnte es im Tagebuch: TB, S. 319.
78. Daniel, Ute: Arbeiterfrauen in der Kriegsgesellschaft. Beruf, Familie und Politik im Ersten Weltkrieg, Göttingen 1998; Domansky, Elisabeth: Der Erste Weltkrieg, in: Niethammer, Lutz u. a. (Hg.): Bürgerliche Gesellschaft in Deutschland. Historische Einblicke, Fragen, Perspektiven, Frankfurt/Main 1990, S. 285–319.
79. Kollwitz, Käthe: Brief an Hans Kollwitz vom 19. November 1916, AdK, Berlin, KKA, Nr. 78.
80. BadS, S. 145. Als Käthe Kollwitz erfuhr, dass die Zivilbevölkerung in Hans' Einsatzgebiet Not litt, schrieb sie ihm, er dürfe unter diesen Umständen keine weiteren Pakete schicken. Kollwitz, Käthe: Brief an Hans Kollwitz vom 25. Dezember 1917, AdK, Berlin, KKA, Nr. 89.
81. Kollwitz, Käthe: Brief an Hans Kollwitz vom 3. März 1917, AdK, Berlin, KKA, Nr. 82.
82. BadS, S. 160.
83. TB, S. 181; Kollwitz, Käthe: Brief an Erich Krems o. D. [Januar 1915], Anlage zu den Tagebüchern, AdK, Berlin, KKA, Nr. 202.
84. TB, S. 194.
85. Kollwitz, Käthe: Brief an Hans Kollwitz o. D. [April 1915], AdK, Berlin, KKA, Nr. 60.

86. Noll, Richard: Brief an Käthe Kollwitz vom 10. März 1916, AdK, Berlin, KKA, Nr. 204.
87. TB, S. 281.
88. Klatt, Fritz: Biographische Aufzeichnungen, Bremen 1965.
89. BadS, S. 128.
90. TB, S. 207.
91. Ebd., S. 279.
92. Ebd.
93. Ebd.
94. Ebd., S. 289.
95. Ebd., S. 343.
96. Ebd., S. 301.
97. Ebd., S. 360.
98. Ebd., S. 374.
99. Dehmel, Richard: Einzige Rettung, in: Vorwärts (22.10.1918).
100. Kollwitz, Käthe: Antwort auf Richard Dehmel, in: Vorwärts (30.10.1918).
101. Ebd. Das Goethe-Zitat entstammt: Goethe, Johann Wolfgang: Wilhelm Meisters Lehrjahre, Buch 7, Kapitel 9.

4. Ganz oben

1. TB, S. 378.
2. Käthe Kollwitz schilderte den 9. November 1918 sehr ausführlich in ihrem Tagebuch: TB, S. 378–379.
3. Scheidemann, Philipp: Ausrufung der Republik (1918), in: Longerich, Peter (Hg.): Die erste Republik. Dokumente zur Geschichte des Weimarer Staates, München 1992, S. 45–56.
4. TB, S. 378–379.
5. Ebd., S. 380.
6. Ebd., S. 382; Hauptmann, Gerhart: Eine Kundgebung der Künstler und Dichter, in: Berliner Tagesblatt (16.11.1918).
7. Kollwitz, Käthe: Brief an Hermann Sundermann vom 22. November 1918, Deutsches Literaturarchiv Marbach, Sign. Cotta IX 75, Bl. 10.
8. Kollwitz, Käthe: An die Berliner, in: Vorwärts (17.11.1918).
9. Kollwitz, Käthe: Brief an Gerhart Hauptmann vom 19. November 1918, Staatsbibliothek zu Berlin, Handschriftenabteilung, Bl-6–7; TB, S. 383.
10. TB, S. 389.
11. Ebd., S. 390–391.

12. Ebd., S. 397.
13. Ebd., S. 399.
14. Ebd., S. 400.
15. Verfasser des Aufrufs war Georg Friedrich Nicolai. Zuelzer, Wolf: Der Fall Nicolai, Frankfurt/Main 1981, S. 252–253. Kollwitz thematisierte ihre Einstellung zur Ermordung von Liebknecht und Luxemburg außerdem in einem Brief an Thilde Zeller. Darin erklärte sie, sie halte die Idee des Kommunismus für unbesiegbar. Kollwitz, Käthe: Brief an Thilde Zeller vom 1. Februar 1919, zitiert nach: Winterberg, S. 278.
16. TB, S. 400.
17. Ebd., S. 411.
18. Bonus-Jeep, S. 135.
19. Ebd., S. 134.
20. Ebd., S. 135.
21. TB, S. 387–388.
22. Ebd., S. 383.
23. Ebd., S. 402.
24. Ebd., S. 402–403.
25. Ebd., S. 405.
26. Ebd., S. 449.
27. Ebd., S. 504.
28. Helft! Rußland in Not!, Berlin 1921, S. 17.
29. Nansen, Fridtjof: Für unsere kleinen russischen Brüder. Gaben westeuropäischer Schriftsteller und Künstler für die notleidenden Kinder in den Hungernotdistrikten Russlands, Genf 1922, S. 97; Andersen-Nexö, Martin: Für die russischen Kinder, Berlin 1922.
30. TB, S. 530.
31. Rückblick, S. 741; Ich sah die Welt mit liebevollem Blick, S. 312.
32. Knesebeck, Alexandra von dem: … mit liebevollen Blicken … Kinder im Werk von Käthe Kollwitz, in: Einblicke, 8 (2007), S. 40.
33. Sievers, Johannes: Die Radierungen und Steindrucke der Käthe Kollwitz innerhalb der Jahre 1890–1912. Ein beschreibendes Verzeichnis, Dresden 1913. Zehn Jahre zuvor hatte Lehrs bereits ein erstes Verzeichnis von fünfzig Graphiken veröffentlicht: Lehrs, Max: Käthe Kollwitz, in: Die Graphischen Künste XXVI, Wien 1903, S. 55–67.
34. TB, S. 476.
35. Ebd.
36. Ebd., S. 480.
37. TB, S. 483.
38. Ebd.

39. Kollwitz, Käthe: Briefe an Hans Erich Blaich [Pseudonym Owlglaß], 1918–1927, Deutsches Literaturarchiv Marbach, A: Blaich (Mappe 1–3).
40. Ebd.
41. BdF, S. 95.
42. Arndt, Karl: Die graphischen Zyklen im Werk von Käthe Kollwitz, in: Kölner Museums-Bulletin. Berichte und Forschung aus den Museen der Stadt Köln, Sonderheft 1–2 (1997), S. 29–50; TB, S. 168.
43. Käthe Kollwitz las 1914 über das Opfer der Frauen in einem Zeitungsartikel, dem sie zunächst widersprach; sie handelte aber schließlich doch genau so, wie die Verfasserin es in ihrem Artikel beschrieben hatte. Reuter, Gabriele: Was fordert der Krieg von den Frauen?, in: Der Tag. Moderne illustrierte Zeitung (26.8.1914). Ausführlicher: Schymura, S. 157–159.
44. TB, S. 542–543.
45. Kollwitz schilderte den ganzen Hochzeitstag im Tagebuch: TB, S. 488–490.
46. Ebd., S. 484.
47. Kollwitz, Arne Andreas/Weidemann, Friedegund: Nähe und Distanz. Die Graphikerin Ottilie Ehlers-Kollwitz, Berlin 1914.
48. TB, S. 434.
49. Ebd., S. 129.
50. Ebd., S. 454.
51. Ebd., S. 486–487.
52. Ebd., S. 490.
53. Ebd., S. 505.
54. Ebd.
55. Kollwitz/Weidemann.
56. TB, S. 527.
57. Ebd., S. 527–528.
58. Ebd., S. 905 (Anmerkungen).
59. Ebd., S. 593.
60. Ebd., S. 334.
61. Kollwitz, Käthe: Brief an Anna Karbe vom 8. September 1919, AdK, Berlin, KKA, Nr. 284.
62. TB, S. 446.
63. Ebd., S. 132; BadS, S. 218.
64. Ebd., S. 549.
65. Ebd., S. 550.
66. Ebd., S. 404.
67. Ordentliche Mitglieder, AdK, Berlin, Historisches Archiv, PrAdK 2.2/074, Bl. 91. Zur Ernennung vgl. TB, S. 413, 420.
68. TB, S. 410.

69. Kollwitz, Käthe: Brief an das Ministerium für Wissenschaft, Kunst und Volksbildung vom 27. August 1919, in: Einheit, 1 (1946) 4, Bl. 250–251, zitiert nach: TB, S. 853–854 (Anmerkungen).
70. Ebd.
71. Berliner Tageblatt (9.9.1919).
72. Kollwitz, Käthe: Brief an Sella Hasse vom 17. September 1919, AdK, Berlin, Sella Hasse Archiv, Nr. 4.
73. Protokoll der Sitzung der Ausstellungskommission, AdK, Berlin, Historisches Archiv, PrAdK 2.2/053.
74. Ebd.
75. Ebd.
76. Ebd.
77. Kollwitz, Käthe: Brief an Erna Krüger vom 13. November 1923, Staatsbibliothek zu Berlin, Handschriftenabteilung, Autogr. I/1570–4.
78. Jungspartakus bei Käthe Kollwitz, in: Die Rote Fahne (1927) 163.
79. Kollwitz, Käthe: Brief an Max Lehrs vom 29. Juli 1927, Bayerische Staatsbibliothek, Ana 538 Kollwitz, Käthe an Lehrs, Max.
80. Meisteratelier und Meisterschulen, Wiederbesetzung, AdK, Berlin, Historisches Archiv, PrAdK Nr. 1117.
81. Meisteratelier für Graphik Professor Käthe Kollwitz, AdK, Berlin, Historisches Archiv, PrAdK Nr. 1197.
82. TB, S. 641.
83. Ebd., S. 641–644.
84. Die Idee mit der Inschrift kam schon 1917 auf. TB, S. 323.
85. Ebd., S. 565.
86. BadS, S. 214. Käthe Kollwitz erläuterte in diesem Brief, dass Ottilie sie zu diesem Werk inspiriert hatte, darum ging man lange davon aus, die Mutter halte Zwillinge im Arm. Bei genauerer Betrachtung ist aber klar, dass die Kinder ein Säugling und ein Kleinkind sind.
87. TB, S. 606.
88. BadS, S. 197.
89. TB, S. 619.
90. Ebd., S. 609.
91. Das nationale Ehrenmal scheiterte an den gegensätzlichen Anforderungen der verschiedenen politischen Gruppen. Stattdessen etablierte sich seit Kriegsende eine kleinteilige und vielgestaltige Denkmalslandschaft, die sich über das gesamte Reichsgebiet erstreckte. Vgl. Saehrendt, Christian: Der Stellungskrieg der Denkmäler. Kriegerdenkmäler als Medium politischer Konflikte in Berlin, in: Duppler, Jörg/Groß, Gerhard P. (Hg.): Kriegsende 1918. Ereignis, Wirkung, Nachwirkung, München 1999, S. 73–86.

92. TB, S. 641.
93. Ebd., S. 654.
94. Ebd.
95. Fischer, Hannelore (Hg.): Käthe Kollwitz. Die trauernden Eltern. Ein Mahnmal für den Frieden, Köln 1999, S. 49, 51.
96. B.: Käthe Kollwitz-Totenmal, in: Die Rote Fahne (14.6.1932), S. 10.
97. TB, S. 661.
98. Fechter, Paul: Das Totenmal von Käthe Kollwitz, in: Museum der Gegenwart, 3 (1932) 2, S. 54–58, abgedruckt in: Fischer 1999, S. 107–108.
99. Bonus-Jeep, Beate: Ein Totenmal von Käthe Kollwitz, in: Die christliche Welt (1932), S. 797–799.
100. Ein ausführlicher Bericht von der Aufstellung: TB, S. 662–668.

5. «Das Dritte Reich bricht an»

1. Kessler, Harry Graf von: Tagebücher 1918–1937, Frankfurt/Main 1996, S. 747.
2. TB, S. 673.
3. Staeck, Klaus/Thierse, Wolfgang: Ausgeschlossen, ausgetreten: 1933 bis 1938. Reden zur Einweihung der Inschrift am 7. Mai 2008, http://www.adk.de/de/blog/?we_objectID=31027 [letzte Überprüfung: 29.4.2016].
4. Kollwitz, Käthe: Brief an Max Lehrs vom 20. Februar 1933, Bayerische Staatsbibliothek, Ana 538 Kollwitz, Käthe an Lehrs, Max.
5. TBB, S. 150.
6. Protokolle Senat und Genossenschaft, Bk., AdK, Berlin, Historisches Archiv, PrAdK 2.1/005, Bl. 21.
7. Zitiert nach: Koopmann, Helmut: Thomas Mann – Heinrich Mann. Die ungleichen Brüder, München 2005, S. 340.
8. Lüdecke, Heinz: Käthe Kollwitz und die Akademie. Zum 100. Geburtstag 1967, Berlin/DDR 1967.
9. Ebd., S. 34.
10. Ebd., S. 32–34. Als Ernst Barlach die Akademie der Künste im Juli 1937 verließ, griff er diese Erklärung in seiner Begründung ironisch auf und gab an, dass das Regime jeden höheren Takt habe vermissen lassen.
11. TB, S. 913; Bonus-Jeep, S. 201.
12. Bekenntnisse, S. 74.
13. TB, S. 673.
14. Ebd.

15. Reidegeld, Eckart: Staatliche Sozialpolitik in Deutschland, Sozialpolitik in Demokratie und Diktatur 1919–1945, Wiesbaden 2006, S. 444; Kollwitz, Käthe: Brief an Max Lehrs vom 12. Juli 1934, Bayerische Staatsbibliothek, Ana 538 Kollwitz, Käthe an Lehrs, Max.
16. Kollwitz, Käthe: Brief an Mathilde Rüstow vom 29. April 1933, AdK, Berlin, KKA, Nr. 342.
17. Kollwitz, Käthe: An Dr. Heinrich Becker. Briefe, Bielefeld 1967, S. 12; Dies.: Brief an Erna Krüger vom 12. September 1933, Staatsbibliothek zu Berlin, Handschriftenabteilung, Autogr. I/1570–11.
18. Bonus-Jeep, S. 216–217.
19. Meisteratelier für Graphik Professor Käthe Kollwitz, AdK, Berlin, Historisches Archiv, PrAdK Nr. 1197, Bl. 23.
20. Kollwitz, Käthe: Brief an Max Lehrs vom 20. Februar 1933, Bayerische Staatsbibliothek, Ana 538 Kollwitz, Käthe an Lehrs, Max.
21. TB, S. 678. In den Akademieunterlagen gibt es dazu keinen Hinweis.
22. Ebd., S. 674.
23. Ebd.
24. Ebd., S. 671–672.
25. Ebd., S. 481–482.
26. Ebd. S. 677–678.
27. Ebd., S. 676.
28. Drei weitere Blätter – «Ruf des Todes», «Tod wird als Freund erkannt» und «Tod auf der Landstraße» – sollten 1937 hinzukommen.
29. Kollwitz, Käthe: Brief an Kurt Harald Isenstein vom 5. Januar 1935, AdK, Berlin, KKA, Nr. 176.
30. Zitiert nach: Schmidt, Gudrun: «Ich wollte, ich wäre so wortgewaltig wie Hölderlin, dann würde ich Oden der Freundschaft schreiben», in: Lammert, Angela (Hg.): Ateliergemeinschaft Klosterstraße Berlin 1933–1945. Künstler in der Zeit des Nationalsozialismus, Berlin 1994, S. 10.
31. Roter, Eberhard: Das Helle im Dunklen – Das Dunkle im Hellen, in: Lammert, S. 41.
32. Tucholski, Herbert: Bilder und Menschen, Leipzig 1985, S. 26.
33. Tucholski, Herbert: Vom Werden eines Werkes. Über die Arbeitsweise von Käthe Kollwitz, in: Bildende Kunst (1955), S. 101–105, hier S. 101. Im Juli 1937 tauschte Kollwitz das Atelier mit ihrem ehemaligen Schüler Heinrich Boese, dessen Arbeitsraum im Erdgeschoss des Hauses lag.
34. Tucholski 1985, S. 25.
35. Faustmann, Uwe Julius: Die Reichskulturkammer. Aufbau, Funktion und Grundlagen einer Körperschaft des öffentlichen Rechts im nationalsozialistischen Regime, Aachen 1995.

36. Lammert, S. 23–24; Kollwitz, Käthe: Brief an Kurt Harald Isenstein vom 5. Januar 1935, AdK, Berlin, KKA, Nr. 176.
37. TBB, S. 150–151.
38. TB, S. 687.
39. Ebd., S. 686.
40. BadS, S. 201–202.
41. Buchartzew, Dimitri: Bei Käthe Kollwitz, in: Iswestija (3.7.1936). Erstmalig in deutscher Sprache abgedruckt in: TB, S. 919–921.
42. Ebd., S. 684.
43. Kollwitz, Käthe: Gedächtnisprotokoll zum Gestapo-Verhör, Anlage zum Tagebuch, AdK, Berlin, KKA, Nr. 244.
44. TB, S. 684.
45. Kollwitz, Käthe: Stellungnahme für die Gestapo (nach dem Artikel in der russischen Zeitung Iswestija), Anlage zum Tagebuch, AdK, Berlin, KKA, Nr. 234.
46. Politische Beurteilung von Käthe Kollwitz vom 14. September 1937, Landesarchiv Berlin, A. Rep. 243–04 Nr. 4538.
47. Kollwitz, Käthe: Brief an Kurt Harald Isenstein vom 1. Januar 1937, AdK, Berlin, KKA, Nr. 177.
48. Gabler, Josephine: «Vor allem aber, er hat keine Angst, sich durch die Ausstellungen zu schaden». Die Buch- und Kunsthandlung Karl Buchholz in Berlin, in: Lammert, S. 84–95.
49. Bonus-Jeep, S. 217.
50. Kollwitz, Käthe: Brief an Stolt vom 15. März 1937, AdK, Berlin, KKA, Nr. 191, Brief 2.
51. Ebd.
52. Kollwitz, Käthe: Brief an Max Lehrs vom 6. August 1937, Bayerische Staatsbibliothek, Ana 538 Kollwitz, Käthe an Lehrs, Max.
53. Deutsche Allgemeine Zeitung (7.7.1937); Berliner Tageblatt (7.7.1937); Frankfurter Zeitung (8.7.1937); Düsseldorfer Nachrichten (7.7.1937).
54. BdF, S. 42.
55. Bonus-Jeep, S. 218.
56. TB, S. 711, 930.
57. BdF, S. 87.
58. Zitiert nach: TB, S. 700. Es handelt sich um die ersten vier Zeilen der zweiten Strophe aus dem Gedicht «An Schleiermacher».
59. Todesanzeige in einem Brief an Sella Hasse vom 20. Juli 1940, AdK, Berlin, Sella Hasse Archiv, Nr. 34.
60. TB, S. 696.
61. Ebd.

62. Ebd., S. 702.
63. Ebd., S. 700.
64. Ebd., S. 705.
65. Todesanzeige für Peter Kollwitz vom 14. Oktober 1942, AdK, Berlin, KKA, Nr. 251.
66. TBB, S. 14.
67. Kollwitz, Käthe: Brief an Ernst Blaich vom 29. Oktober 1942, Deutsches Literaturarchiv Marbach, A: Blaich (Mappe 3).
68. BadS, S. 240.
69. Kollwitz, Käthe: Brief an Anna Karbe vom 11. August 1943, AdK, Berlin, KKA, Nr. 310.
70. Kollwitz, Hans: Einführung, in: TBB, S. 14.
71. Ebd.
72. BdF, S. 72, 107.
73. BadS, S. 228.
74. Stern, Clara: Brief an Otto Nagel vom 4. Februar 1944, abgedruckt in: Nagel, Otto: Käthe Kollwitz, Dresden 1963, S. 90.
75. BadS, S. 226.
76. Nagel 1963, S. 90.
77. Die erwähnten Fotos wurden offensichtlich doch gerettet, denn sie finden sich in diversen Publikationen, etwa in: TB, S. 718, 730.
78. BadS, S. 226, 230.
79. Nagel 1963, S. 90.
80. BadS, S. 245.
81. Kollwitz, Hans: Brief an Käthe Kollwitz vom 15. Juni 1944, AdK, Berlin, KKA, Nr. 165.
82. Ebd.
83. BadS, S. 246.
84. TBB, S. 190.
85. Bonus-Jeep, S. 256.
86. TBB, S. 172.
87. BadS, S. 252.
88. Käthe Kollwitz in Moritzburg, TV-Dokumentation von Ulrich Teschner, DEFA-Studio für Trickfilm, Abteilung Realfilm, Dresden 1987, zitiert nach: Winterberg, S. 376.
89. BdF, S. 188.

6. Nachleben

1. Plievier, Theodor: Käthe Kollwitz ist nun 78 Jahre alt geworden, in: Deutsche Volkszeitung (8.7.1945).
2. W. G. O. [Walter G. Oschilewski]: Käthe Kollwitz. Dank und Gruß zum 78. Geburtstag, in: Das Volk. Tageszeitung der Sozialdemokratischen Partei Deutschlands (10.7.1945).
3. Ziegler, Ulrike: Kulturpolitik im geteilten Deutschland. Kunstausstellungen und Kunstvermittlung von 1945 bis zum Anfang der 60er Jahre, Frankfurt/Main 2006, S. 177.
4. Käthe Kollwitz. Gedächtnisausstellung, hrsg. vom Magistrat der Stadt Berlin, Abteilung für Volksbildung, Kammer der Kunstschaffenden, Berlin 1945.
5. Kronberger-Frentzen, Hanna: Einführung, in: Käthe Kollwitz zum Gedächtnis, hrsg. vom Landesamt für Museen, Sammlungen und Ausstellungen, Freiburg 1946, S. 7–10.
6. Zur Expressionismusdebatte in der Sowjetunion vgl. Steinkamp, Maike: Das unerwünschte Erbe. Die Rezeption «entarteter» Kunst in Kunstkritik, Ausstellungen und Museen der SBZ und DDR, Berlin 2008, S. 179–182.
7. Grabowski, Max: Zur bildenden Kunst der Gegenwart, in: Einheit, 10 (1947), S. 983–986; Steinkamp, S. 185–190.
8. Grotewohl, Otto: Rede zur Berufung der staatlichen Kommission für Kunstangelegenheiten, in: Neues Deutschland (2.9.1951), zitiert nach: Schubbe, Elimar (Hg.): Dokumente zur Kunst-, Literatur- und Kulturpolitik der SED, Bd. 1, 1949–1970, Stuttgart 1972, S. 208.
9. Magritz, Kurt: Käthe Kollwitz. Eine Studie, in: Bildende Kunst, 3 (1949) 9, S. 271–275. Der vollständige Aufsatz befindet sich im Archiv der AdK, Berlin, AdK-O, Nr. 185.
10. Magritz, Kurt: Käthe Kollwitz. Ihr Werk und seine Grenzen, in: Tägliche Rundschau (30.3.1951).
11. Strauss, Gerhard: Käthe Kollwitz, Dresden 1950 [1951].
12. Ebd., S. 12.
13. Käthe Kollwitz. Ausstellung der Deutschen Akademie der Künste, Berlin/DDR 1951.
14. Ebd., S. 22.
15. Stiftung und Verleihung des Käthe-Kollwitz-Preises, AdK, Berlin, AdK-O, Nr. 583.
16. Kollwitzplatz im Berliner Norden, in: Neues Deutschland (16.7.1947).
17. Käthe-Kollwitz-Denkmal, in: Tribüne (18.7.1950).
18. Bezirksrat Prenzlauer Berg, Gedenkstätten, Landesarchiv Berlin, C Rep.

134–15, Nr. 21; Ratssitzungen vom Juli 1957, Landesarchiv Berlin, C Rep. 134–02–02, Nr. 500.

19. Käthe-Kollwitz-Ehrung anläßlich ihres 100. Geburtstags, Mappe 2: Bildung des Käthe-Kollwitz-Komitees und dessen Arbeitssekretariat, AdK, Berlin, AdK-O, Nr. 720, Blatt 69–70.
20. Käthe-Kollwitz-Ehrung anläßlich ihres 100. Geburtstags, Mappe 5: Ausstellung und Festakt, AdK, Berlin, AdK-O, Nr. 720.
21. Käthe Kollwitz und ihre Zeitgenossen. Ausstellung zum 100. Geburtstag von Käthe Kollwitz am 8. Juli 1967, Berlin/DDR 1967.
22. Ebd.
23. Ebd., S. 1.
24. Käthe-Kollwitz-Ehrung anläßlich ihres 100. Geburtstags, Mappe 5: Ausstellung und Festakt, AdK, Berlin, AdK-O, Nr. 720.
25. Saatfrüchte sollen nicht vermahlen werden, Dokumentarfilm von Kurt Tetzlaff, DEFA 1967. Vgl. Käthe-Kollwitz-Ehrung anläßlich ihres 100. Geburtstags, Mappe 4: Vorbereitung des Dokumentarfilms «Saatfrüchte dürfen nicht zermahlen [sic] werden», AdK, Berlin, AdK-O, Nr. 720.
26. Käthe-Kollwitz-Ehrung anläßlich ihres 100. Geburtstags, Mappe 5: Ausstellung und Festakt, AdK, Berlin, AdK-O, Nr. 720.
27. Abusch, Alexander: Der Weg der Käthe Kollwitz, in: Sinn und Form (1967) 5, S. 1035–1050.
28. Käthe-Kollwitz-Ehrung anläßlich ihres 100. Geburtstags, Mappe 6: Festakt in Moskau und Feierstunde in Moritzburg, AdK, Berlin, AdK-O, Nr. 720.
29. Der Morgen, National-Zeitung und Neuer Tag (8.7.1967); Berliner Zeitung und Neues Deutschland (9.7.1967); Lüdecke, Heinz: Sie suchte Aktualität und fand Unsterblichkeit. Zum 100. Geburtstag von Käthe Kollwitz am 8. Juli, in: Sonntag (2.7.1967); A. G.: Ihr Vermächtnis, in: Sonntag (23.7.1967).
30. Begegnungen mit Käthe Kollwitz, in: Bildende Kunst (1967) 7, S. 378–379. Außerdem: Martschenko, Jelena: Ich sah Rußland im Lichte dieses Sterns. Über die Wirkung des Schaffens von Käthe Kollwitz in der Sowjetunion, in: Bildende Kunst (1967) 11, S. 595–599; Brix, Karl: Die Bittstellerin von Käthe Kollwitz, in: Bildende Kunst (1967) 7, S. 364–365.
31. Lüdecke, Heinz: Unbekannte Werke von Käthe Kollwitz. Zum 100. Geburtstag der Künstlerin, in: Bildende Kunst (1967) 7, S. 346–351.
32. Feist, Peter H.: Käthe Kollwitz. Eine große sozialistische Realistin, in: Einheit, 22 (1967) 6, S. 756–765.
33. Ministerrat der DDR (Abusch): Käthe Kollwitz Ehrung zum 100. Geburtstag, Bundesarchiv, Berlin, DC 20/7482.
34. Feist, Peter H.: Die Bedeutung der Arbeiterklasse für den Realismus der Kä-

the Kollwitz, in: Wissenschaftliche Zeitschrift der Humboldt-Universität zu Berlin. Gesellschafts- und Sprachwissenschaftliche Reihe, 17 (1968) 5, S. 705–726; Förster, Ruth: Die Wirkung von Käthe Kollwitz auf jüngere Künstler, in: Ebd., S. 727–740.

35. Uhse, Bodo: Die Aufgabe. Eine Kollwitz-Erzählung, Dresden 1958; Klose-Greger, Hanna: Käthe Kollwitz. Ein Lebensbild. Als Fortsetzungsroman in der Sächsischen Volkszeitung. 57 Folgen, o. J. [1969]; Birnbaum, Brigitte: Tintarolo, Berlin/DDR 1975; Dies.: Kathusch, Berlin/DDR 1988.

36. Langer Abschied, Fernsehfilm von Renate Apitz und Juri Kramer, DEFA 1982.

37. Nündel, Harri: Zu Leben und Werk, in: Käthe Kollwitz-Druckgraphik. Sammlung der Akademie der Künste der Deutschen Demokratischen Republik, Berlin/DDR 1987, S. 5–7.

38. Käthe Kollwitz. Gedächtnisausstellung zum 90. Geburtstag, Krefeld 1957. Der Ausstellungskatalog stellte in liebevollen Details Fotografien, Bilder, Zeitungsartikel und Autographen zusammen. Der achtzehnzeilige Text brachte das Werk von Käthe Kollwitz auf die Begriffe Mitleid, Entrüstung, Mütterlichkeit und Nützlichkeit.

39. Halm, Peter: Käthe Kollwitz. Zeichnungen und Graphik, München 1952.

40. Ebd., S. 6.

41. Fischer 1999, S. 151–152.

42. Ebd.

43. Ebd., S. 146–149.

44. Ebd., S. 156–157.

45. Ebd., S. 157–158.

46. Scholz, Stephan: Schmerzens-Mutter-Liebe. Das Motiv der Mutter im bundesdeutschen Bildgedächtnis zu Flucht und Vertreibung, in: Fendl, Elisabeth (Hg.): Zur Ästhetik des Verlusts. Bilder von Heimat, Flucht und Vertreibung, Münster 2010, S. 165–191.

47. Wirken in dieser Zeit. Zu Käthe Kollwitz. Veranstaltet vom Ost- und Mitteldeutschen Arbeitskreis für Kultur- und Sozialpolitik im Land Nordrhein-Westfalen, Bad Godesberg 1960; Rehs, Reinhold: Was will die Käthe-Kollwitz-Gemeinde?, in: Käthe Kollwitz Gemeinde. Blätter des ostpreußischen Arbeitskreises für soziale und kulturelle Besinnung, 1 (1956), S. 5.

48. Gerke, Friedrich: Vorwort. Ein zwiefacher Dank, in: Brot den Armen aller Welt. Radierungen, Lithographien, Zeichnungen und Bronzen von Käthe Kollwitz, Mainz 1964.

49. Käthe Kollwitz. Handzeichnungen und graphische Seltenheiten. Eine Ausstellung zum 100. Geburtstag, München 1967; Käthe Kollwitz. Zum 100. Geburtstag. Graphik, Handzeichnungen, Plastik, Berlin 1967.

50. Käthe Kollwitz 1867–1945. Das graphische Werk (Slg. Helmut Goedeckemeyer). Ausstellung anläßlich des 100. Geburtstages, hrsg. von der Overbeck-Gesellschaft, Lübeck 1967; Gedächtnisausstellung zum 100. Geburtstag von Käthe Kollwitz, hrsg. von der Stiftung Haus des Deutschen Ostens, Düsseldorf 1967.
51. Käthe Kollwitz. Handzeichnungen und Graphik, Hannover 1967; Käthe Kollwitz 1867–1945, Bielefeld 1967; Die Zeichnerin Käthe Kollwitz. Ausstellung zum 100. Geburtstag, Stuttgart 1967.
52. Elisabeth Killy an Eberhard Roters, Brief vom 8. Februar 1967, AdK, Berlin, AdK-West, Nr. 1058, Blatt 10.
53. Briefwechsel zwischen Elisabeth Killy und der Galerie von der Becke, AdK, Berlin, AdK-West, Nr. 1058, Blatt 39–41.
54. Ahlers-Hestermann, Friedrich: Käthe Kollwitz, in: Käthe Kollwitz 1867–1945. Das graphische Werk. Zuerst abgedruckt in: Die Großen Deutschen. Deutsche Biographie, Bd. 4, Berlin 1957, S. 353–363.
55. Sello, Gottfried: Hoch gepriesen und hochbezahlt. Käthe Kollwitz war der Prototyp des total engagierten Künstlers, in: Die Zeit (14.7.1967).
56. Käthe Kollwitz. Fahnen hoch, in: Der Spiegel (12.6.1967), S. 104–106.
57. TB, S. 542.
58. Käthe Kollwitz, Frankfurt/Main 1973.
59. Brackert, Gisela: Plädoyer für die Parteilichkeit. Die Kollwitz-Ausstellung im Frankfurter Kunstverein, in: Süddeutsche Zeitung (18.7.1973); Sello, Gottfried: Kunstkalender, in: Die Zeit (22.6.1973).
60. Dreimal Deutschland. Lenbach – Liebermann – Kollwitz, Hamburg 1981/82; Käthe Kollwitz. Graphiken – Zeichnungen – Plastiken, Stuttgart 1985; Käthe Kollwitz 1867–1945. Zeichnungen, Druckgraphik, Skulpturen aus dem Bestand der Galerie Pels-Leusden, Berlin und anderen Sammlungen, Hoechst 1985; Fecht, Tom (Hg.): Käthe Kollwitz. Das farbige Werk, Berlin 1987.
61. Röttger, Friedhelm: Das Leid der Welt gesehen. Käthe Kollwitz in Tagebüchern und Briefen, in: Käthe Kollwitz. Radierungen, Lithographien, Holzschnitte, Esslingen 1979, S. 5–16.
62. Robel, Hella: Einführung, in: Käthe Kollwitz. Zeichnungen, Köln 1973.
63. Schneede, S. 5–10.
64. Wissenschaftliche Abteilung Bildende Kunst – Bereich Ausstellung (1988): Recklinghausen 3.5.1988–19.6.1988, AdK, Berlin, AdK-O, 6009.
65. Recklinghäuser Zeitung (22.4.1988; 2.6.1988; 7.6.1988); Westdeutsche Allgemeine Zeitung (4.5.1988); Reinke, Klaus: Beim Wort genommen, in: Handelsblatt (13.5.1988); Neue Ruhr-Zeitung (2.6.1988); Westfalenpost (1.6.1988).
66. Lamza, Klaus: Eine Bekenntnis-Kunst, aus dem Inneren hervorgegangen.

Druckgraphische Werke von Käthe Kollwitz bei den Ruhrfestspielen, in: Recklinghäuser Zeitung (3.5.1988).

67. Fischer, Hannelore: Das Käthe Kollwitz Museum Köln, in: Kölner Museums-Bulletin. Berichte und Forschung aus den Museen der Stadt Köln, Sonderheft 1–2 (1997), S. 5–10.
68. Wissenschaftliche Abteilung Bildende Kunst: Beziehung zum Käthe Kollwitz Museum der Kreissparkasse Köln und zu Jutta Bohnke-Kollwitz, AdK, Berlin, AdK-O, 6074.
69. Schmidt, Werner (Hg.): Die Kollwitz-Sammlung des Dresdner Kupferstich-Kabinettes. Graphik und Zeichnungen 1890–1912, Köln 1988.
70. Erklärung von Helmut Kohl zur Einweihung der «Zentralen Gedenkstätte» der Bundesrepublik Deutschland, 14. November 1993, zitiert nach: Jeismann, Michael: Mahnmal Mitte. Eine Kontroverse, Köln 1999, S. 53.
71. Koselleck, Reinhart: Stellen uns die Toten einen Termin?, in: Streit um die Neue Wache. Zur Gestaltung einer zentralen Gedenkstätte, hrsg. von der Akademie der Künste, Berlin 1993, S. 27–43, hier S. 27–29.
72. Jens, Walter: Vorwort, in: Streit um die Neue Wache, S. 5.
73. TB, S. 690.
74. Ebd., S. 697–698.
75. Koselleck, Reinhart: Bilderverbot. Welches Totengedenken?, in: Frankfurter Allgemeine Zeitung (8.4.1993).
76. Deutscher Bundestag, Stenographischer Bericht 12/159, S. 13447–13449.
77. Schulz, Bernhard: Wo die Bundesrepublik der Toten gedenkt, in: Der Tagesspiegel (28.3.1993), abgedruckt in: Streit um die Neue Wache, S. 93–96.
78. Offener Brief an die Bundestagspräsidentin Frau Prof. Dr. Rita Süssmuth. Betr.: «Mutter mit totem Sohn» in der Bundesgedenkstätte Berlin, in: Die Tageszeitung (18.5.1993), abgedruckt in: Streit um die Neue Wache, S. 103–104.
79. Ebd.; auch Koselleck: Bilderverbot, S. 96–100.
80. Streit um die Neue Wache, S. 60.
81. Ulrich, Bernd: Bronzeskulptur für die Kriegsopfer, http://www.deutschlandfunk.de/gedenkstaette-bronzeskulptur-fuer-die-kriegsopfer.871.de.html?dram:article_id=268822 [letzte Überprüfung: 1. Februar 2016].
82. Käthe Kollwitz. Druckgraphik, Handzeichnungen, Plastik, Stuttgart 1990.
83. Käthe Kollwitz. Schmerz und Schuld. Eine motivgeschichtliche Betrachtung. Ausstellung anläßlich des 50. Todestages von Käthe Kollwitz und zum Gedenken der 50. Wiederkehr des Endes des Zweiten Weltkrieges, Berlin 1995.
84. Käthe Kollwitz. Das Bild der Frau, Bielefeld 1999. Bei den Dissertationen handelt es sich um Knesebeck 1998 und Schirmer.

Literaturverzeichnis

Unveröffentlichte Quellen

Berlin, Archiv der Akademie der Künste (AdK)
Fritz Heyder Verlag Archiv
Gerda Rothermund Archiv
Historisches Archiv der Akademie der Künste der DDR (AdK-O)
Historisches Archiv der Preußischen Akademie der Künste (PrAdK)
Historisches Archiv der West-Berliner Akademie der Künste (AdK-West)
Käthe Kollwitz Archiv (KKA)
Max Lingner Archiv
Philipp Franck Archiv
Sella Hasse Archiv

Berlin, Archiv Verein Berliner Künstlerinnen 1867 e. V.
Chronologie der Zeichen- und Malschule
Künstlerinnen-Dossier Käthe Kollwitz
Lehrerinnen der Zeichen- und Malschule des VKKB, 1868–1945

Berlin, Bundesarchiv
Korrespondenz, Kulturbund (DDR)
Ministerrat der DDR, Arbeitsgruppe III – Kultur, Wissenschaft und Bildung
Ministerrat der DDR, Käthe Kollwitz Ehrung zum 100. Geburtstag

Berlin, Landesarchiv
Bezirksamt Prenzlauer Berg, 8.7.1950
Bezirksrat Prenzlauer Berg, Gedenkstätten, 1957–1961
Käthe Kollwitz Kunstschule
Kinderferienlager Käthe Kollwitz des VEB Funk- und Fernmeldeanlagenbau Berlin, 1962

Kollwitz-Ausstellung 1945
Korrespondenz des Regierenden Bürgermeisters Eberhard Diepgen, 1986
Korrespondenz Frau Dr. Glaser mit Hans Kollwitz, 1957–1958
Politische Beurteilung von Käthe Kollwitz vom 14. September 1937
Ratssitzungen vom Juli 1957

Berlin, Staatsbibliothek, Handschriftenabteilung
Bestand Hauptmann
Nachlass Breysig
Nachlass Tschudi
Sammlung Autographen Kollwitz
Sammlung Darmstaedter 2n 1899

Berlin, Zentralarchiv Staatliche Museen
Acta betreffend Ausleihungen 1927–1928, 1932–1933, 1935–1936
Autographensammlung 0770
Künstlerdokumentation Käthe Kollwitz
Nachlass Bonus
Personalia Käthe Kollwitz

Bremen, Staats- und Universitätsbibliothek
Brief von Käthe Kollwitz an Herman Henrich Meier

Bonn, Stadtarchiv und Stadthistorische Bibliothek
Briefe von Käthe Kollwitz an Wilhelm Schmidtbonn

Dortmund, Stadt- und Landesbibliothek, Handschriftenabteilung
Einzelne Briefe an Philipp Bloch; Martin Winkler; Grete Hart; Hans Gerhard Weiß; Max Lehrs; Hedwig Weiß; Dr. Winkler; Käthe Weiß; Dr. Schikowsi; Herrn Danke; Herrn Dörfler
Nachlass Julius Hart

Hannover, Stadtbibliothek, Niedersächsisches Handschriftenarchiv
Mappe Kollwitz (Korrespondenz Käthe Kollwitz an Marie und Elisabeth Huch, 1904–1914)

Heidelberg, Universitätsbibliothek, Handschriftenabteilung
Brief von Käthe Kollwitz an Marie Baum

Koblenz, Bundesarchiv
Nachlass Dorothee von Velsen

Marbach, Schiller Nationalmuseum und Deutsches Literaturarchiv, Handschriftenabteilung
A: Blaich
A: Goes
A: Huch, Briefe Dritter
A: Lindner
A: Pieper, R. Verlag
A: Tucholsky
A: Wegner
B: Kollwitz
Cotta IX 75, Bund Schaffender Künstler

München, Bayerische Staatsbibliothek, Handschriftenabteilung
Privatkorrespondenz Kollwitz, Käthe an Lehrs, Max, 1898–1938

Selbstzeugnisse von Käthe Kollwitz

BadS Briefe an den Sohn 1904–1945, hrsg. von Jutta Bohnke-Kollwitz, Berlin 1992.
BdF Briefe der Freundschaft und Begegnungen. Mit einem Anhang aus dem Tagebuch von Hans Kollwitz und Berichten über Käthe Kollwitz, München 1966.
TB Die Tagebücher, 1908–1943, hrsg. von Jutta Bohnke-Kollwitz, Berlin 1989.
TBB Tagebuchblätter und Briefe, hrsg. von Hans Kollwitz, Berlin 1949.

Ich will wirken in dieser Zeit. Auswahl aus den Tagebüchern und Briefen, aus Graphik, Zeichnungen und Plastik, Berlin 1952.
Aus meinem Leben. Mit einer Einführung von Hans Kollwitz, München 1957.
An Dr. Heinrich Becker. Briefe, Bielefeld 1967.
Ich sah die Welt mit liebevollem Blick. Ein Leben in Selbstzeugnissen, hrsg. von Hans Kollwitz, Wiesbaden 1968.
Bekenntnisse, hrsg. von Volker Frank, Leipzig 1981.
Hilscher, Eberhard und Ute: Würdigungen und Briefe von Käthe Kollwitz und Gerhart Hauptmann, Berlin/DDR 1987.

Schriften von Käthe Kollwitz

Rodin, in: Sozialistische Monatshefte, 23 (1917), S. 1226–1227.
Antwort auf Richard Dehmel, in: Vorwärts (30.10.1918).
An die Berliner, in: Vorwärts (17.11.1918).
Erinnerungen an Steinlen, in: Sozialistische Monatshefte, 30 (1924), S. 27–28.

Œuvre-Kataloge

Lehrs, Max: Käthe Kollwitz, in: Die Graphischen Künste XXVI, Wien 1903, S. 55–67.
Sievers, Johannes: Die Radierungen und Steindrucke der Käthe Kollwitz innerhalb der Jahre 1890–1912. Ein beschreibendes Verzeichnis, Dresden 1913.
Klipstein, August: Käthe Kollwitz. Verzeichnis des graphischen Werkes, Bern, New York 1955.
Nagel, Otto/Timm, Werner: Käthe Kollwitz. Die Handzeichnungen, Berlin/DDR 1972.
Knesebeck, Alexandra von dem: Käthe Kollwitz. Werkverzeichnis der Graphik. Neubearbeitung des Verzeichnisses von August Klipstein, Bern 2002.

Sonstige Literatur

A. G.: Ihr Vermächtnis, in: Sonntag (23.7.1967).
Abusch, Alexander: Der Weg der Käthe Kollwitz, in: Sinn und Form (1967) 5, S. 1035–1050.
Andersen-Nexö, Martin: Für die russischen Kinder, Berlin 1922.
B.: Käthe Kollwitz-Totenmal, in: Die Rote Fahne (14.6.1932).
Bebel, August: Die Frau und der Sozialismus, Zürich 1879.
Begegnungen mit Käthe Kollwitz, in: Bildende Kunst (1967) 7, S. 378–379.
Berger, Renate: Malerinnen auf dem Weg ins 20. Jahrhundert. Kunstgeschichte als Sozialgeschichte, Köln 1986.
Birnbaum, Brigitte: Kathusch, Berlin/DDR 1988.
Birnbaum, Brigitte: Tintarolo, Berlin/DDR 1975.
Bonus[-Jeep], Beate: Ein Totenmal von Käthe Kollwitz, in: Die christliche Welt (1932), S. 797–799.
Bonus-Jeep, Beate: Sechzig Jahre Freundschaft mit Käthe Kollwitz, Berlin 1967 (1. Auflage 1948).

Bourdieu, Pierre: Die Regeln der Kunst. Genese und Struktur des literarischen Feldes, Frankfurt/Main 1999.

Brackert, Gisela: Plädoyer für die Parteilichkeit. Die Kollwitz-Ausstellung im Frankfurter Kunstverein, in: Süddeutsche Zeitung (18.7.1973).

Brix, Karl: Die Bittstellerin von Käthe Kollwitz, in: Bildende Kunst (1967) 7, S. 364–365.

Brot den Armen aller Welt. Radierungen, Lithographien, Zeichnungen und Bronzen von Käthe Kollwitz, Mainz 1964.

Brühl, Georg: Die Cassirers. Streiter für den Impressionismus, Leipzig 1991.

Büttner, Frank: Die Akademie und das Renomee Münchens als Kunststadt, in: Zeitenblicke, 5 (2006) Nr. 2, http://www.zeitenblicke.de/2006/2/Buettner/?searchterm=Büttner [letzte Überprüfung: 13.2.2016].

Cancik-Lindemaier, Hildegard: Opfersprache. Religionswissenschaftliche und religionsgeschichtliche Begriffe, in: Kohn-Waechter, Gudrun (Hg.): Schrift der Flammen. Opfermythen und Weiblichkeitsentwürfe im 20. Jahrhundert, Berlin 1991, S. 38–56.

Daniel, Ute: Arbeiterfrauen in der Kriegsgesellschaft. Beruf, Familie und Politik im Ersten Weltkrieg, Göttingen 1998.

Dehmel, Richard: Einzige Rettung, in: Vorwärts (22.10. 1918).

Die Zeichnerin Käthe Kollwitz. Ausstellung zum 100. Geburtstag, Stuttgart 1967.

Domansky, Elisabeth: Der Erste Weltkrieg, in: Niethammer, Lutz u. a. (Hg.): Bürgerliche Gesellschaft in Deutschland. Historische Einblicke, Fragen, Perspektiven, Frankfurt/Main 1990, S. 285–319.

Dreimal Deutschland. Lenbach – Liebermann – Kollwitz, Hamburg 1981/82.

Dunker, Charlotte/Lobedahn, Helene: Der Verein der Künstlerinnen und Kunstfreundinnen zu Berlin. Seine Entstehung und seine Wirksamkeit, in: Die Frau im gemeinnützigen Leben, hrsg. von Amalie Sohr, Stuttgart 1886.

E. A. [Emil Arnoldt]: Carl Schmidt, in: Sozialistische Monatshefte, 2 (1898) 5, S. 244–246.

Elias, Julius: Die Freie Berliner Kunstausstellung, in: Die Nation, 10 (1893) 44, S. 673.

Elias, Julius: Schwarz-Weiss, in: Kunst und Künstler, 5 (1906/07), S. 183.

Engel, Helmut: Weißenburger Straße 25, in: Fritsche, Gudrun u. a. (Hg.): Käthe Kollwitz, Berlin 2013, S. 55–75.

Faustmann, Uwe Julius: Die Reichskulturkammer. Aufbau, Funktion und Grundlagen einer Körperschaft des öffentlichen Rechts im nationalsozialistischen Regime, Aachen 1995.

Fecht, Tom (Hg.): Käthe Kollwitz. Das farbige Werk, Berlin 1987.

Feist, Peter H.: Die Bedeutung der Arbeiterklasse für den Realismus der Käthe Kollwitz, in: Wissenschaftliche Zeitschrift der Humboldt-Universität zu Berlin. Gesellschafts- und Sprachwissenschaftliche Reihe, 17 (1968) 5, S. 705–726.

Feist, Peter H.: Käthe Kollwitz. Eine große sozialistische Realistin, in: Einheit, 22 (1967) 6, S. 756–765.

Fiedler, Gudrun: Jugend im Krieg. Bürgerliche Jugendbewegung, Erster Weltkrieg und sozialer Wandel 1914–1923, Köln 1989.

Fischer, Hannelore: Das Käthe Kollwitz Museum Köln, in: Kölner Museums-Bulletin. Berichte und Forschung aus den Museen der Stadt Köln, Sonderheft 1–2 (1997), S. 5–10.

Fischer, Hannelore (Hg.): Käthe Kollwitz. Die trauernden Eltern. Ein Mahnmal für den Frieden, Köln 1999.

Fischer, Hannelore (Hg.): Käthe Kollwitz. Meisterwerke der Zeichnung, Köln 1995.

Fischer, Hannelore (Hg.): «Paris bezaubert mich ...». Käthe Kollwitz und die französische Moderne, München 2010.

Gedächtnisausstellung zum 100. Geburtstag von Käthe Kollwitz, hrsg. von der Stiftung Haus des Deutschen Ostens, Düsseldorf 1967.

Geschichte der freien evangelischen-katholischen Gemeinde Königsberg i. Pr. 1846–1896, Königsberg 1895.

Glaser, Curt: Die XXVI. Ausstellung der Berliner Secession, in: Die Kunst für Alle, 28 (1913), S. 457–474.

Grabowski, Max: Zur bildenden Kunst der Gegenwart, in: Einheit, 10 (1947), S. 983–986.

Halm, Peter: Käthe Kollwitz. Zeichnungen und Graphik, München 1952.

Hauptmann, Gerhart: Eine Kundgebung der Künstler und Dichter, in: Berliner Tagesblatt (16.11.1918).

Hauptmann, Gerhart: Notiz-Kalender 1889–1891, hrsg. von Martin Machatzke, Frankfurt/Main 1982.

Heilborn, Adolf: Die Zeichner des Volks. Käthe Kollwitz, Heinrich Zille, Berlin o. J. [1924].

Heilbut, Emil: Aus der achten Ausstellung der Berliner Secession, in: Kunst und Künstler, 2 (1904), S. 139.

Helft! Russland in Not!, Berlin 1921.

Hölscher, Lucian: Die Entdeckung der Zukunft, Frankfurt/Main 1999.

Illustrierter Katalog der III. Internationalen Kunstausstellung (Münchener Jubiläumsausstellung) im Königlichen Glaspalaste zu München, München 1888.

Jeismann, Michael: Mahnmal Mitte. Eine Kontroverse, Köln 1999.

Kaiser Wilhelm II.: Rede vom 18.12.1901 anläßlich der Enthüllung des letzten Denkmals auf der Berliner Siegesallee, in: Penzler, Johannes (Hg.): Die Reden Kaiser Wilhelms II., Bd. 3: 1901–1905, Leipzig o. J., S. 60–62.

Katalog der achten Kunstausstellung der Berliner Secession, Berlin 1903.
Käthe Kollwitz. Frankfurt/Main 1973.
Käthe Kollwitz 1867–1945, Bielefeld 1967.
Käthe Kollwitz 1867–1945. Das graphische Werk (Slg. Helmut Goedeckemeyer). Ausstellung anläßlich des 100. Geburtstages, hrsg. von der Overbeck-Gesellschaft, Lübeck 1967.
Käthe Kollwitz 1867–1945. Zeichnungen, Druckgraphik, Skulpturen aus dem Bestand der Galerie Pels-Leusden, Berlin und anderen Sammlungen, Hoechst 1985.
Käthe Kollwitz und ihre Zeitgenossen. Ausstellung zum 100. Geburtstag von Käthe Kollwitz am 8. Juli 1967, Berlin/DDR 1967.
Käthe Kollwitz zum Gedächtnis, hrsg. vom Landesamt für Museen, Sammlungen und Ausstellungen, Freiburg 1946.
Käthe Kollwitz. Ausstellung der Deutschen Akademie der Künste, Berlin/DDR 1951.
Käthe Kollwitz. Das Bild der Frau, Bielefeld 1999.
Käthe Kollwitz. Druckgraphik, Handzeichnungen, Plastik, Stuttgart 1990.
Käthe Kollwitz. Fahnen hoch, in: Der Spiegel (12.6.1967), S. 104–106.
Käthe Kollwitz. Gedächtnisausstellung, hrsg. vom Magistrat der Stadt Berlin, Abteilung für Volksbildung, Kammer der Kunstschaffenden, Berlin 1945.
Käthe Kollwitz. Gedächtnisausstellung zum 90. Geburtstag, Krefeld 1957.
Käthe Kollwitz. Graphiken – Zeichnungen – Plastiken, Stuttgart 1985.
Käthe Kollwitz. Handzeichnungen und Graphik, Hannover 1967.
Käthe Kollwitz. Handzeichnungen und graphische Seltenheiten. Eine Ausstellung zum 100. Geburtstag, München 1967.
Käthe Kollwitz. Meisterwerke der Zeichnung, Köln 1995.
Käthe Kollwitz. Radierungen, Lithographien, Holzschnitte, Esslingen 1979.
Käthe Kollwitz. Schmerz und Schuld. Eine motivgeschichtliche Betrachtung. Ausstellung anläßlich des 50. Todestages von Käthe Kollwitz und zum Gedenken der 50. Wiederkehr des Endes des Zweiten Weltkrieges, Berlin 1995.
Käthe Kollwitz. Zeichnungen, Köln 1973.
Käthe Kollwitz. Zum 100. Geburtstag. Graphik, Handzeichnungen, Plastik, Berlin 1967.
Käthe-Kollwitz-Denkmal, in: Tribüne (18.7.1950).
Käthe Kollwitz-Druckgraphik. Sammlung der Akademie der Künste der Deutschen Demokratischen Republik, Berlin/DDR 1987.
Kessler, Harry Graf von: Tagebücher 1918–1937, Frankfurt/Main 1996.
Klatt, Fritz: Biographische Aufzeichnungen, Bremen 1965.
Klein, Peter: Ein Menzelbrief aus dem Nachlaß von Linda Kögel, in: Henning,

Martin/Gebhardt, Heinz (Hg.): Jahrbuch für brandenburgische Landesgeschichte, Bd. 6, Berlin 1955, S. 43–45.
Klinger, Max: Malerei und Zeichnung, Leipzig 1891.
Klose-Greger, Hanna: Käthe Kollwitz. Ein Lebensbild. Als Fortsetzungsroman in der Sächsischen Volkszeitung. 57 Folgen, o. J. [1969].
Knesebeck, Alexandra von dem: «Dass überhaupt der Aufenthalt in Paris so kurz war – Anregung in Fülle brachte, brauche ich Ihnen nicht zu sagen.» Die erste Parisreise von Käthe Kollwitz 1901, in: «Paris bezaubert mich», S. 83–105.
Knesebeck, Alexandra von dem: Käthe Kollwitz. Die prägenden Jahre, Petersberg 1998.
Knesebeck, Alexandra von dem: «Mein zweimonatiger Aufenthalt in Paris war, wie Sie sich denken können, wundervoll.» Die zweite Parisreise von Käthe Kollwitz 1904, in: «Paris bezaubert mich», S. 107–135.
Kollwitz, Arne Andreas/Weidemann, Friedegund: Nähe und Distanz. Die Graphikerin Ottilie Ehlers-Kollwitz, Berlin 1914.
Kollwitzplatz im Berliner Norden, in: Neues Deutschland (16.7.1947).
Koopmann, Helmut: Thomas Mann – Heinrich Mann. Die ungleichen Brüder, München 2005.
Koselleck, Reinhart: Bilderverbot. Welches Totengedenken?, in: Frankfurter Allgemeine Zeitung (8.4.1993).
Lammert, Angela (Hg.): Ateliergemeinschaft Klosterstraße Berlin 1933–1945. Künstler in der Zeit des Nationalsozialismus, Berlin 1994.
Lamza, Klaus: Eine Bekenntnis-Kunst, aus dem Inneren hervorgegangen. Druckgraphische Werke von Käthe Kollwitz bei den Ruhrfestspielen, in: Recklinghäuser Zeitung (3.5.1988).
Lehmann, Henni: Einiges von Künstlern; von solchen, die es waren, von solchen die es sein und solchen die es werden wollten, in: Meister der Farbe. Europäische Malerei der Gegenwart, 12 (1915), S. 33–40.
Leistikow, Walter: Über den Deutschen Künstlerbund und die Tage von Weimar, in: Die Kunst für Alle, 19 (1904), S. 201–205.
Lessing, Gotthold Ephraim: Die Erziehung des Menschengeschlechts (1780), in: Lessings Werke, Teil 6, Berlin 1925.
Liebermann, Max: Reden zur Eröffnung von Ausstellungen der Berliner Secession von 1899–1912, Frühjahr 1899, in: Ders.: Gesammelte Schriften, hrsg. von Paul Cassirer, Berlin 1922.
Loeser, Charles: Käthe Kollwitz, in: Sozialistische Monatshefte, 6 (1902) Heft 2, S. 107–111.
Lüdecke, Heinz: Käthe Kollwitz und die Akademie. Zum 100. Geburtstag 1967, Berlin/DDR 1967.

Lüdecke, Heinz: Sie suchte Aktualität und fand Unsterblichkeit. Zum 100. Geburtstag von Käthe Kollwitz am 8. Juli, in: Sonntag (2.7.1967).

Lüdecke, Heinz: Unbekannte Werke von Käthe Kollwitz. Zum 100. Geburtstag der Künstlerin, in: Bildende Kunst (1967) 7, S. 346–351.

Magritz, Kurt: Käthe Kollwitz. Eine Studie, in: Bildende Kunst, 3 (1949) 9, S. 271–275.

Magritz, Kurt: Käthe Kollwitz. Ihr Werk und seine Grenzen, in: Tägliche Rundschau (30.3.1951).

Martschenko, Jelena: Ich sah Rußland im Lichte dieses Sterns. Über die Wirkung des Schaffens von Käthe Kollwitz in der Sowjetunion, in: Bildende Kunst (1967) 11, S. 595–599.

Marx, Carola: «Ich will wirken in dieser Zeit.» Käthe Kollwitz in der Kunstmetropole Berlin zwischen Gründerzeit und Drittem Reich, in: Weltfabrik Berlin, eine Metropole als Sujet der Literatur. Studien zu Literatur und Landeskunde, hrsg. von Matthias Harder u. a., Berlin 2006, S. 53–66.

Matz, Cornelia: Die Organisationsgeschichte der Künstlerinnen in Deutschland von 1867 bis 1933, Leonberg 2001.

Meister, Sabine: Die Vereinigung der XI. Die Künstlergruppe als Keimzelle der organisierten Moderne in Berlin, Dissertation, Freiburg 2006, http://www.freidok.uni-freiburg.de/volltexte/2769/ [letzte Überprüfung: 2.2.2016].

Miller, Susanne: Kleine Geschichte der SPD. Darstellung und Dokumentation 1848–1983, Bonn 1983.

Moßmann, Walter/Schleuning, Peter: Alte und neue politische Lieder, Hamburg 1978.

Münkler, Herfried: Der große Krieg. Die Welt 1914–1918, Berlin 2014.

Muther, Richard: Aufsätze über bildende Kunst, Bd. 2: Betrachtungen und Eindrücke, Berlin 1914.

Muysers, Carola (Hg.): Die bildende Künstlerin: Wertung und Wandel in deutschen Quellentexten 1855–1945, Dresden 1999.

Nagel, Otto: Käthe Kollwitz, Dresden 1963.

Nansen, Fridtjof: Für unsere kleinen russischen Brüder. Gaben westeuropäischer Schriftsteller und Künstler für die notleidenden Kinder in den Hungernotdistrikten Russlands, Genf 1922.

Nipperdey, Thomas: Deutsche Geschichte 1866–1918. Machtstaat vor der Demokratie, München 1995.

Nobs-Greter, Ruth: Die Künstlerin und ihr Werk in der deutschen Kunstgeschichtsschreibung, Zürich 1984.

Nowacki, Bernd: Der Bund für Mutterschutz (1905–1933), Husum 1983.

Oppenheimer, Franz: Erlebtes, Erstrebtes, Erreichtes. Lebenserinnerungen, Düsseldorf 1964.

Ostini, Fritz von: Die Frühjahrsausstellung der Münchener Secession, in: Die Kunst für Alle, 23 (1908), S. 337–350.

Paret, Peter: Die Berliner Secession. Moderne Kunst und ihre Feinde im kaiserlichen Deutschland, Berlin 1981.

Plehn, Anna: Die neuen Radierungen von Käthe Kollwitz, in: Die Frau. Monatsschrift für das gesamte Frauenleben unserer Zeit. Organ des Bundes deutscher Frauenvereine, 11 (1903/04), S. 234–238.

Plievier, Theodor: Käthe Kollwitz ist nun 78 Jahre alt geworden, in: Deutsche Volkszeitung (8.7.1945).

Praschek, Helmut (Hg.): Gerhart Hauptmanns «Weber». Eine Dokumentation, Berlin 1981.

Profession ohne Tradition. 125 Jahre Verein der Berliner Künstlerinnen, hrsg. von der Berlinischen Galerie, Berlin 1992.

Rehs, Reinhold: Was will die Käthe-Kollwitz-Gemeinde?, in: Käthe Kollwitz Gemeinde. Blätter des ostpreußischen Arbeitskreises für soziale und kulturelle Besinnung, 1 (1956), S. 5.

Reidegeld, Eckart: Staatliche Sozialpolitik in Deutschland. Sozialpolitik in Demokratie und Diktatur 1919–1945, Wiesbaden 2006.

Reinke, Klaus: Beim Wort genommen, in: Handelsblatt (13.5.1988).

Reuter, Gabriele: Was fordert der Krieg von den Frauen?, in: Der Tag. Moderne illustrierte Zeitung (26.8.1914).

Rosenhagen, Hans: Die sechste Ausstellung der Berliner Secession, in: Die Kunst für Alle, 18 (1903), S. 190.

Rosenhagen, Hans: Von Ausstellungen und Sammlungen. Der Verein der Künstlerinnen und Kunstfreundinnen zu Berlin, in: Die Kunst für Alle, 20 (1905), S. 189.

Rupp, Julius: Gesammelte Werke in zwölf Bänden, hrsg. von Paul Chr. Elsenhans, Jena 1913–1916.

Ruppert, Wolfgang: Der moderne Künstler. Zur Sozial- und Kulturgeschichte der kreativen Individualität in der kulturellen Moderne im 19. und 20. Jahrhundert, Frankfurt/Main 2000.

Saehrendt, Christian: Der Stellungskrieg der Denkmäler. Kriegerdenkmäler als Medium politischer Konflikte in Berlin, in: Duppler, Jörg/Groß, Gerhard P. (Hg.): Kriegsende 1918. Ereignis, Wirkung, Nachwirkung, München 1999, S. 73–86.

Scheffler, Karl: Die Frau und die Kunst, Berlin 1908.

Scheidemann, Philipp: Ausrufung der Republik (1918), in: Longerich, Peter (Hg.): Die erste Republik. Dokumente zur Geschichte des Weimarer Staates, München 1992, S. 45–56.

Schieler, C[aspar]: Dr. Julius Rupp, ehemaliger Privatdozent, Oberlehrer und Divisionsprediger zu Königsberg i. Pr. und die freie religiöse Bewegung in der katholischen und evangelischen Kirche Deutschlands im 19. Jahrhundert. Ein Beitrag zur Kirchengeschichte des 19. Jahrhunderts, Dresden u. a. 1903.

Schirmer, Gisela: Käthe Kollwitz und die Kunst ihrer Zeit. Positionen zur Geburtenpolitik, Weimar 1998.

Schmengler, Helga: Der Simplicissimus. Eine satirische Wochenzeitschrift, in: Einblicke, 3 (1999), S. 2–8.

Schmidt, Werner (Hg.): Die Kollwitz-Sammlung des Dresdner Kupferstich-Kabinettes. Graphik und Zeichnungen 1890–1912, Köln 1988.

Schneede, Uwe M. (Hg.): Käthe Kollwitz. Das zeichnerische Werk, München 1981.

Scholz, Stephan: Schmerzens-Mutter-Liebe. Das Motiv der Mutter im bundesdeutschen Bildgedächtnis zu Flucht und Vertreibung, in: Fendl, Elisabeth (Hg.): Zur Ästhetik des Verlusts. Bilder von Heimat, Flucht und Vertreibung, Münster 2010, S. 165–191.

Schubbe, Elimar (Hg.): Dokumente zur Kunst-, Literatur- und Kulturpolitik der SED, Bd. 1, 1949–1970, Stuttgart 1972.

Schumann, Paul: Die Ausstellung von Handzeichnungen im Kunstsalon Arnold in Dresden, in: Die Kunst für Alle, 21 (1906), S. 89.

Sello, Gottfried: Hoch gepriesen und hochbezahlt. Käthe Kollwitz war der Prototyp des total engagierten Künstlers, in: Die Zeit (14.7.1967).

Sello, Gottfried: Kunstkalender, in: Die Zeit (22.6.1973).

Sprengel, Peter: Gerhart Hauptmann. Bürgerlichkeit und großer Traum, München 2012.

Springer, Jaro: Die freie Berliner Kunstausstellung, in: Die Kunst für Alle (1892/93) Heft 2, S. 314–316.

Staeck, Klaus/Thierse, Wolfgang: Ausgeschlossen, ausgetreten: 1933 bis 1938. Reden zur Einweihung der Inschrift am 7. Mai 2008, http://www.adk.de/de/blog/?we_objectID=31027 [letzte Überprüfung: 29.4.2016].

Steinkamp, Maike: Das unerwünschte Erbe. Die Rezeption «entarteter» Kunst in Kunstkritik, Ausstellungen und Museen der SBZ und DDR, Berlin 2008.

Stern, Lisbeth: Aus Käthes Jugendjahren. Erinnerungen ihrer Schwester Lisbeth Stern, in: Vorwärts (8.7.1927).

Strauss, Gerhard: Käthe Kollwitz, Dresden 1950 [1951].

Streit um die Neue Wache. Zur Gestaltung einer zentralen Gedenkstätte, hrsg. von der Akademie der Künste, Berlin 1993.

Stroever, J.: Zum Thema «Kombinationsdrucke». Zwei Entgegnungen, in: Die Kunst für Alle, 17 (1902) 20, S. 464.

Strohmeyer, Klaus: James Hobrecht und die Modernisierung der Stadt, Potsdam 2000.

Tucholski, Herbert: Bilder und Menschen, Leipzig 1985.

Tucholski, Herbert: Vom Werden eines Werkes. Über die Arbeitsweise von Käthe Kollwitz, in: Bildende Kunst (1955), S. 101–105.

Uhse, Bodo: Die Aufgabe. Eine Kollwitz-Erzählung, Dresden 1958.

Ulrich, Bernd: Bronzeskulptur für die Kriegsopfer, http://www.deutschlandfunk.de/gedenkstaette-bronzeskulptur-fuer-die-kriegsopfer.871.de.html?dram:article_id=268822 [letzte Überprüfung: 1.2.2016].

Verhey, Jeffrey: Der «Geist von 1914» und die Erfindung der Volksgemeinschaft, Hamburg 2000.

W. G. O. [Walter G. Oschilewski]: Käthe Kollwitz. Dank und Gruß zum 78. Geburtstag, in: Das Volk. Tageszeitung der Sozialdemokratischen Partei Deutschlands (10.7.1945).

Weipert, Axel: Das Rote Berlin. Eine Geschichte der Berliner Arbeiterbewegung 1830–1934, Berlin 2013.

Wieland, E.: Die Jahres-Ausstellung im kgl. Glaspalast zu München, in: Die Kunst für Alle, 14 (1898/99), S. 305–313.

Winterberg, Yury und Sonya: Kollwitz. Die Biographie, München 2015.

Wirken in dieser Zeit. Zu Käthe Kollwitz. Veranstaltet vom Ost- und Mitteldeutschen Arbeitskreis für Kultur- und Sozialpolitik im Land Nordrhein-Westfalen, Bad Godesberg 1960.

Wolff-Thomsen, Ulrike (Hg.): Die Pariser Boheme (1889–1895). Ein autobiographischer Bericht der Malerin Rosa Pfäffinger, Kiel 2007.

Ziegler, Ulrike: Kulturpolitik im geteilten Deutschland. Kunstausstellungen und Kunstvermittlung von 1945 bis zum Anfang der 60er Jahre, Frankfurt/Main 2006, S. 177.

Zimmermann, Wilhelm: Allgemeine Geschichte des großen Bauernkrieges, 1. Auflage, Stuttgart 1840–1843.

Zuelzer, Wolf: Der Fall Nicolai, Frankfurt/Main 1981.

Bildnachweis

1 © SLUB Dresden/Deutsche Fotothek/Erich Höhne & Erich Pohl/df_hp_0013185_002
2 © SLUB Dresden/Foto: Unbekannter Fotograf, 1870, df_hauptkatalog_0258852, Reproduktion nach Aufnahme AdK
3 © Privatbesitz
4 © Landesarchiv Berlin/F Rep 290, Nr. 0270088
5 © bpk/Sprengel Museum Hannover/Stefan Behrens
6 © bpk/Kupferstichkabinett, SMB/Volker-H. Schneider
7 © bpk/Kupferstichkabinett, SMB/Volker-H. Schneider
8 © bpk/Kupferstichkabinett, SMB/Jörg P. Anders
9 © bpk/Kupferstichkabinett, SMB/Jörg P. Anders
10 © bpk/Staatsbibliothek zu Berlin
11 © bpk
12 © bpk/Kupferstichkabinett, SMB/Jörg P. Anders
13 © bpk/Kupferstichkabinett, SMB/Jörg P. Anders
14 © bpk/Kupferstichkabinett, SMB/Volker-H. Schneider
15 © bpk/Kupferstichkabinett, SMB/Volker-H. Schneider
16 © Kunsthalle Bremen – Der Kunstverein in Bremen, Kupferstichkabinett/Lars Lohrisch
17 © bpk/Kupferstichkabinett, SMB/Volker-H. Schneider
18 © bpk/Kupferstichkabinett, SMB/Jörg P. Anders
19 © bpk/Kupferstichkabinett, SMB/Jörg P. Anders
20 © bpk/Kupferstichkabinett, SMB/Volker-H. Schneider
21 © Fotostudio Bartsch/Käthe-Kollwitz-Museum Berlin
22 © Fotostudio Bartsch/Privatsammlung Berlin
23 © bpk
24 © ullstein bild/von der Becke
25 © bpk

26 © ullstein bild/ullstein bild
27 © ullstein bild/ullstein bild
28 © ullstein bild/ullstein bild
29 © ullstein bild/ullstein bild
30 © getty images/Arie J. De Regt/Kontributor
31 © bpk/Arthur Grimm
32 © Bundesarchiv: Bild 183-H25304
33 © bpk/Nationalgalerie, SMB, Leihgabe aus Privatbesitz/Klaus Göken
34 © bpk/Arthur Grimm
35 © ullstein bild/Erich Salomon
36 © Bundesarchiv: Bild 183-S76204
37 © ullstein bild/ullstein bild
38 © Bundesarchiv: B 145, Bild-00345583/Marvin Ibo Güngör, 2015

Personenregister

Kunst bei C.H.Beck

Hans Belting

Faces

Eine Geschichte des Gesichts

2. Auflage. 2014. 343 Seiten mit 134 Abbildungen, davon 58 in Farbe. Gebunden

Werner Busch

Adolph Menzel

Auf der Suche nach der Wirklichkeit

2015. 304 Seiten mit 167 Abbildungen. Leinen

Sybille Ebert-Schifferer

Caravaggio

Sehen – Staunen – Glauben

Der Maler und sein Werk

Sonderausgabe. 2012. 327 Seiten mit 195 Abbildungen, davon 166 in Farbe. Gebunden

Arne Karsten

Bernini

Der Schöpfer des barocken Rom

Leben und Werk

2007. 272 Seiten mit 51 Abbildungen und 1 Karte. Paperback

C.H.Beck Paperback Band 1778

Kia Vahland

Michelangelo & Raffael

Rivalen im Rom der Renaissance

2. Auflage. 2012. 207 Seiten mit 54 Abbildungen, davon 20 in Farbe. Gebunden

Musik bei C.H.Beck

Eva Gesine Baur

Chopin

oder Die Sehnsucht. Eine Biografie

3., durchgesehene Auflage. 2010. 564 Seiten mit 27 Abbildungen. Gebunden

Jan Caeyers

Beethoven

Der einsame Revolutionär

Eine Biographie

Aus dem Niederländischen von Andreas Ecke

3., durchgesehene Auflage. 2015. 832 Seiten mit 47 Abbildungen und 24 Notenbeispielen. Gebunden

Bryan Gilliam

Richard Strauss

Magier der Töne

Eine Biographie

Aus dem Englischen von Ulla Höber

2014. 234 Seiten mit 18 Abbildungen. Gebunden

Susanne Rode-Breymann

Alma Mahler-Werfel

Muse, Gattin, Witwe

Eine Biographie

2. Auflage. 2014. 335 Seiten mit 28 Abbildungen. Gebunden

Christian Thielemann

Mein Leben mit Wagner

Unter Mitwirkung von Christine Lemke-Matwey

3., durchgesehene Auflage. 2015. 320 Seiten mit 27 Abbildungen. Gebunden